HISTOIRE
DE
LOUIS-PHILIPPE

SOUS PRESSE

ILLUSIONS

SUR LA

SITUATION POLITIQUE ET FINANCIÈRE DE LA FRANCE

ET COMPÉTITION DES PARTIS

Par A. E. BILLAULT DE GÉRAINVILLE

PARIS. — IMP. SIMON RAÇON ET COMP., RUE D'ERFURTH, 1.

HISTOIRE
DE
LOUIS-PHILIPPE

PAR

A.-E. BILLAULT DE GÉRAINVILLE

Major privato visus, dum privatus fuit, et omnium consensu capax imperii, nisi imperasset.

Il parut au-dessus d'un particulier tant qu'il fut dans la condition privée, et, de l'aveu général, digne de l'empire s'il n'eût été empereur.

TACITE, *Hist*, 1. XLIX.

TOME DEUXIÈME

PARIS

CHEZ TOUS LES LIBRAIRES

ET BOULEVARD ORNANO, 26

1871

Tous droits réservés.

HISTOIRE
DE
LOUIS-PHILIPPE

CHAPITRE XI

Rappel du duc d'Orléans. — Mot attribué à Louis XVIII. — Prétendue démarche du duc au sujet de Ney. — Adieux à Dumouriez. — Souscription en faveur des réfugiés. — Active surveillance exercée sur le prince. — Procès avec le Théâtre-Français.

Le duc d'Orléans, après dix-huit mois d'exil, obtint de rentrer en France au commencement de février 1817. Cédant aux prières du prince et aux sollicitations persévérantes de sa famille, Louis XVIII consentit enfin à son rappel. La cour s'y montrait fort opposée. On rappelait au Roi les paroles qu'il avait prononcées en 1815 : « Il faut, pour le bonheur de la France, que Buonaparte en sorte le plus tôt possible, et, pour le repos de ma famille, que le duc d'Orléans n'y rentre jamais. » L'exil perpétuel du premier prince du sang, s'il n'était pas chose résolue, était donc entré au moins dans les prévisions de Louis XVIII. Monsieur et le duc de Berry, son fils, s'étaient activement employés en faveur de leur cousin. On raconte qu'en signant l'ordonnance devant les membres de sa famille, le Roi, remettant la plume à son frère, lui dit : « Gardez-la bien, elle vous servira à signer votre abdication. » J'ai peine à croire à l'authenticité de cette anecdote. Quelle que fût la clairvoyance de Louis XVIII, il paraît difficile qu'il ait pu être doué d'une faculté de divination si merveilleuse.

Je suis obligé également, non pas seulement de révoquer en doute, mais de rejeter absolument une démarche qu'on a prêtée bien gratuitement au duc d'Orléans pendant son séjour en Angleterre. Suivant M. Dupin[1], *dans une lettre pressante au prince régent, il aurait invoqué en faveur du maréchal Ney la convention de Paris, et soutenu avec autant de logique que de courage qu'on ne pouvait mettre en accusation le maréchal sans violer outrageusement cette capitulation.* Malheureusement cette assertion est dépourvue de tout fondement. On peut affirmer que le duc d'Orléans, loin de tenter rien de pareil, n'en conçut pas même la pensée. Le récit imaginaire de M. Dupin ne paraît avoir eu d'autre but que d'accroître la popularité de son illustre client.

A la nouvelle de l'autorisation impatiemment attendue, le prince avait témoigné sa joie en termes excessifs, presque immodérés : lui-même avait peine à y croire. Avant de quitter Twickenham, il eut une dernière entrevue avec Dumouriez, qu'il ne devait plus revoir. On peut supposer qu'il lui promit ses bons offices auprès de Louis XVIII pour obtenir sa rentrée en France.

---

[1] *Mémoires*, t. I, p. 54. Ils fourmillent, au surplus, de faits controuvés et d'erreurs de tout genre.

Mais le Roi demeura inflexible dans son refus. Il avait pu condescendre à des tempéraments à l'égard de son cousin, en raison des liens du sang. Mais son parti était pris, sa résolution irrévocable de ne jamais se départir des règles d'une inexorable prudence à l'égard du *Mentor*, dont, au cours de son long exil, il avait été constamment obligé de surveiller les intrigues et même de déjouer les trames.

Suivant le récit du duc d'Orléans à ses familiers, Louis XVIII n'aurait jamais pu pardonner à Dumouriez la victoire de Jemmapes, qui avait renversé toutes les espérances de l'émigration. Il aurait proposé au Roi, en 1814, d'élever son ancien général à la dignité de maréchal de France, mais le monarque lui aurait répondu sèchement : « Ce n'est qu'un général de second ordre. » — « Lorsque je revis Dumouriez en Angleterre pendant les Cent-Jours, ajoutait le duc d'Orléans, je lui fis part de mes regrets. » — « Ne voyez-vous pas, s'écria le général, avec un sourire amer, que j'ai là sur le front écrit en lettres de feu un mot qu'ils ne me pardonneront jamais : « Champagne ! » Quoi qu'il en soit de la version du prince, il est certain que Dumouriez ne put obtenir son rapatriement malgré les plus actives démarches tentées en sa faveur et les instances du duc d'Orléans. Ne pouvant réussir à mettre un terme à son exil, il s'efforça du moins, par tous les moyens en son pouvoir, de lui en adoucir l'amertume. Du jour où il recueillit l'héritage de sa mère, il porta la pension du général à dix mille francs. Il avait l'attention délicate de lui envoyer couramment les ouvrages les plus remarquables qui paraissaient sur la politique. Il lui fit don d'une tabatière enrichie de diamants, sur laquelle était son portrait entouré de ceux de sa famille. Lors de sa dernière maladie, informé de ses souffrances, il demanda une consultation aux plus célèbres docteurs de Paris, d'après les symptômes qu'on lui transmit d'Angleterre. Elle fut approuvée des praticiens anglais et arriva encore à temps au vieux général. Mais son mal le plus irrémédiable était l'âge. Il s'éteignit à Turville-Park, le 14 mars 1823, âgé de plus de quatre-vingt-quatre ans. Au général Lamarque, qui le visita dans les derniers temps de sa vie, il disait : « Le gouvernement de Louis XVIII rend le nom des Bourbons si odieux en France, que l'on comprendra dans la haine qu'ils inspirent jusqu'à mon élève chéri, ce bon et vertueux duc d'Orléans[1]. »

Le duc d'Orléans se trouvait donc, à sa grande satisfaction, réinstallé au Palais-Royal. Il n'avait garde désormais de commettre témérairement sa fortune aux hasards de la politique. « Les bruits malveillants, dit un historien, qui le présentaient comme en état de conspiration permanente contre la branche régnante

---

[1] *Mémoires du général Lamarque*, t. II, p. 110. On sait que Dumouriez a laissé des *Mémoires* (3 vol. in-8°). Tout homme qui écrit ses *Mémoires* ou sa vie doit mentir, et l'on s'y attend en ouvrant son livre. Mais, à cet égard, Dumouriez passe toutes les bornes. Ce qui doit étonner davantage encore, c'est que les plus grossiers et les plus graves de ses mensonges ont été copiés successivement, sans examen, par tous les historiens de la Révolution, et qu'ils ont ainsi acquis une sorte de consécration historique. Le général a laissé, en outre, une volumineuse correspondance presque absolument inexplorée avant nous.

de la maison royale, et qu'accréditaient certains journaux étrangers, étaient tombés peu à peu, ou du moins s'étaient beaucoup affaiblis. Cependant, ni le Roi ni les ministres ne le voyaient revenir sans quelques inquiétudes, parce que, indépendamment de toute complicité et même de toute arrière-pensée de sa part, un pressentiment facile à expliquer le présentait aux mécontents comme un prétendant éventuel, comme le successeur possible et naturel de ses cousins dans le cas où ils ne réussiraient pas à s'affermir en se popularisant. Malgré sa circonspection habituelle, il n'évitait pas toujours ce qui pouvait lui donner cette attitude. Pendant son séjour en Angleterre, il avait pris part à une souscription ouverte pour secourir les exilés français réfugiés aux Pays-Bas. On l'apprit à Paris, et Louis XVIII en éprouva quelque mécontentement. Le duc de Richelieu, dans le premier entretien qu'il eut avec le duc d'Orléans, appela son attention sur les interprétations regrettables que pouvait recevoir cette manifestation de sympathie pour les ennemis du trône, et lui témoigna le désir de recevoir de sa bouche des explications qu'il pût transmettre au roi. Le duc d'Orléans lui avoua qu'un an ou quinze mois auparavant, sur les instances du duc de Kent, fils du roi d'Angleterre et membre de l'opposition, il s'était, en effet, laissé entraîner à souscrire pour les réfugiés; mais ajouta-t-il, il y avait mis la condition expresse que son nom ne serait pas prononcé; ce n'était pas sans la plus pénible surprise qu'il avait vu cette condition violée par les distributeurs de ces fonds de secours, et il saisissait avec d'autant plus d'empressement l'occasion de présenter les choses sous leur véritable aspect qu'il n'ignorait pas les bruits répandus sur de prétendues entrevues qu'il avait eues avec les exilés. Louis XVIII parut ou voulut paraître satisfait de cet éclaircissement. Le duc d'Orléans se louait d'ailleurs beaucoup de l'accueil du Roi et de sa famille. S'entretenant avec le général Pozzo de la situation de la France, il parla avec de grands éloges du système de large modération opposé par le gouvernement aux exagérations de tous les partis ; il dit que, sans se mettre en évidence, il le soutiendrait toujours par son langage et par sa conduite, mais que si Monsieur venait à se compromettre, il ne pouvait pas empêcher que les regards des mécontents ne se tournassent vers lui[1]. »

C'était lord Castlereagh lui-même qui, au mois d'avril 1817, avait cru devoir donner avis au duc de Richelieu que le duc d'Orléans avait fait passer, par l'entremise d'un agent anglais, une somme de deux cents livres sterling[2] à des réfugiés français réduits à la détresse. L'intermédiaire n'était autre que lord Kinnaird, homme bizarre et d'un caractère équivoque, naguère expulsé de France pour ses opinions révolutionnaires et résidant à Bruxelles où il entretenait des relations avec les réfugiés. Le gouvernement de Louis XVIII, frappé à bon droit de l'avertissement, avait pris ses mesures en con-

---

[1] *Histoire de la Restauration*, par M. de Viel-Castel, t. VI, p. 101.
[2] 5,000 fr.

séquence. De ce moment, un service d'espionnage avait été organisé autour de ce personnage et de l'entourage du duc d'Orléans. Sans cesse surveillé et tracassé lui-même, il ne pouvait aller de Paris à Londres, ni revenir de Londres à Paris, sans que la police suivît sa piste. A Paris, il était l'objet d'une surveillance non moins inquiète et non moins active; mais son attitude calme et réservée déjouait tous les efforts des limiers. Les rapports des agents constataient bien que le prince proclamait ouvertement la nécessité de tenir fidèlement les promesses de la Charte, d'enter la monarchie sur les intérêts nés de la Révolution; mais ils reconnaissaient aussi qu'il avait déclaré à ceux qui sondaient ses intentions que jamais il ne ferait rien contre Louis XVIII, ni même contre Monsieur[1]. Cette ambiguïté de langage et de conduite mettait aux champs le parti royaliste, qui persistait à ne voir qu'un conspirateur dans le duc d'Orléans. On a vu, par la démarche de lord Castlereagh, que les ministres anglais eux-mêmes ne savaient trop qu'en penser.

Le prince en ce moment était livré tout entier à ses affaires privées, absorbé dans des soins domestiques. Son rôle politique et ostensible avait pris fin, du moins officiellement. L'ouverture de la session des Chambres avait eu lieu le 5 novembre 1817. Cette fois le Roi ne crut pas devoir autoriser aucun des membres de sa famille à siéger à la Chambre haute, et cette interdiction devait se prolonger jusqu'à la fin de la Restaura-

[1] *Rapports de police.*

tion. Pour des motifs absolument différents, Louis XVIII redoutait également l'influence que Monsieur et le duc d'Orléans pouvaient exercer par leur présence sur les délibérations de la pairie.

Ce n'était pas tout à fait sans fondement que le duc d'Orléans, sollicitant d'Angleterre sa rentrée en France, avait à diverses reprises allégué à Louis XVIII l'état de ses affaires. Pendant son absence, son conseil de contentieux, mû d'un beau zèle, comme toujours, lui en avait mis une assez fâcheuse sur les bras : il s'agit de sa revendication du Théâtre-Français, que je vais succinctement exposer.

Cette affaire, où la popularité du duc d'Orléans faillit sombrer, a été étrangement racontée ou plutôt défigurée par M. Dupin, son avocat, dans les quelques pages qu'il y consacre dans ses *Mémoires*. Le résumé qu'on va lire résulte de l'examen approfondi des pièces et documents du procès.

Le duc d'Orléans, père du duc actuel, ployant sous le fardeau de ses dettes, avait obtenu par lettres patentes du Roi, en date du 13 août 1784[1], enregistrées au Parlement le 26 du même mois, l'autorisation de

---

[1] « Les travaux du Palais-Royal languissent, la rareté de l'argent ou du moins la difficulté d'en trouver, en est la cause. Le bizarre emprunt, dessiné par l'abbé Beaudeau sous le nom d'*actions survivancières* n'a produit que quinze mille livres. Jugez le beau commencement pour quatre millions! Le duc de Chartres a cherché une autre ressource dans des lettres patentes qui lui permettent d'aliéner les maisons qui forment son beau *Trou-madame*, pour me servir de l'expression de mademoiselle Arnould. » (*Correspondance secrète de Métra*, Londres, 1788, t. XV, p. 355.) L'abbé Beaudeau était trésorier du prince.

vendre les galeries et annexes du Palais-Royal, composant une superficie de plus de trois mille cinq cents toises. Ces dépendances formaient l'encadrement du jardin à l'est, à l'ouest et au nord. L'autorisation de vendre ne s'appliquait qu'aux biens aliénables : comme bien d'apanage, le Palais-Royal était assujetti à la condition de retour à l'État au cas où l'apanage viendrait à s'éteindre, faute d'héritiers mâles de l'apanagiste. Le lotissement des parcelles à vendre avait été dressé par l'architecte Louis, à ce commis. Son plan établit nettement les démarcations : les parties aliénables et mises en vente son teintées en rouge.

Elles comprenaient l'emplacement connu sous le nom de *Cour des Fontaines* et le sol qui supporte le Théâtre-Français. L'adjudication, précédée des publications usuelles, entourée des formes et de la garantie administratives, eut lieu sans dires ni protestations.

L'aliénation était consommée, et le possesseur du Théâtre-Français devait se croire propriétaire à titre incommutable, quand, sur la fin de 1846, se produisirent les premières réclamations du conseil de contentieux du duc d'Orléans. On sait de quelle espèce de consultants il l'avait formé. Voici la trouvaille qu'un ou plusieurs d'entre eux avaient faite.

En fouillant les anciens titres, on avait cru découvrir que la ligne de démarcation avait été inexactement établie entre les parcelles dont la vente pouvait être légalement poursuivie et la portion inaliénable du domaine. Suivant certains membres, c'était frauduleusement que les agents chargés de la vente avaient étendu la teinte rouge sur l'emplacement du Théâtre-Français, dépendant de l'apanage, et, à ce titre, inaliénable. Sorti indûment du domaine de l'État, il était sujet à revendication. D'après eux, le feu duc d'Orléans n'avait pu vendre qu'à l'aide d'une falsification matérielle, pratiquée en vue d'appliquer au terrain du Théâtre-Français la faculté d'aliénation concédée seulement pour le bien patrimonial du prince.

Dans l'opinion du conseil, la vente était donc nulle, et il y avait lieu, de la part du duc d'Orléans apanagiste, d'introduire une demande en revendication du théâtre contre M. Julien, qui en était alors détenteur. En conséquence, une action fut intentée sur la fin de 1816. L'année 1817 fut employée par les avoués des parties au barbouillage des requêtes et à l'échange des grimoires d'habitude. Le 18 janvier 1818, on était à l'audience et les plaidoiries allaient commencer.

Le duc d'Orléans s'était consacré tout entier à l'étude de cette affaire. On ne saurait rendre l'activité dévorante qu'il y déploya dans l'intervalle de temps entre sa rentrée à Paris et les débats à l'audience. Explications détaillées, notes, correspondances, consultations, mémoires, visites sur les lieux, plans relevés et lithographiés, il suffit à tout, il prodigua tout ce qui pouvait concourir efficacement dans sa pensée au succès de sa cause.

M. Dupin, son avocat, devait commencer le feu et ouvrir la brèche.

Avocat renommé, esprit incisif mais sans élévation, M. Dupin était alors en possession d'une assez belle popularité par ses défenses des victimes de la réaction royaliste. Il prétend, dans ses *Mémoires*, que, sollicité par M. Laffitte de se charger de la cause du duc d'Orléans, il répondit : « Oui, si elle est juste. » Il n'en plaidait jamais d'autres. M. Dupin était déjà en relations étroites, presque confidentielles avec le duc d'Orléans. Il ne pouvait, d'ailleurs, manquer de trouver dans l'affaire du prince des raisons probantes, capables d'édifier sa religion, de dissiper ses scrupules. Le duc d'Orléans était un homme trop expert en affaires pour omettre de fournir son dossier de ces arguments que le bon Basile appelait *irrésistibles*. Aux débats, son avocat se présenta muni encore du renfort de trois consultations : la première de M. Delacroix-Frainville, l'un des doyens du barreau ; la deuxième, plus exclusivement historique et littéraire, de M. de Jouy, rédacteur au *Constitutionnel* et ancien confrère du duc d'Orléans au collége de Reichenau. La troisième portait la signature de M. Hennequin, jeune avocat qui avait marqué sa place au barreau par de brillants débuts.

L'opinion publique s'était fort émue de ce procès, qui n'était, je dois le dire, rien de moins qu'une audacieuse entreprise contre les ventes de biens nationaux.

M. Dupin, avec sa verve et sa vigueur ordinaires, fit valoir, dans l'intérêt de son illustre client, tous les moyens de procédure et de droit que pouvait lui suggérer sa science de jurisconsulte et une longue pratique judiciaire. Sa tâche était ardue : il avait affaire à de rudes jouteurs. MM. Tripier et Bonnet, deux des meilleures lames du barreau, s'étaient chargés de la défense des intérêts de Julien, propriétaire du Théâtre-Français.

Dans une argumentation serrée, écrasante, ils démontrèrent que la fraude alléguée n'existait point. La vente du sol du Théâtre-Français avait eu lieu au même titre et dans la même forme que les biens nationaux, par voie administrative, et la garantie qui s'attachait à ce mode d'aliénation était de tout point inéluctable. L'État, ayant perçu le produit de la vente, lui avait par cela même imprimé le caractère d'aliénation nationale, et l'avait rendue inattaquable au même degré que si c'eût été en son nom qu'on eût vendu. Ils ajoutaient, non sans raison, qu'à provoquer et se croire fondé à obtenir la rescision d'un pareil contrat, il faudrait, dorénavant, de quelques précautions qu'on s'entourât, renoncer à se croire jamais propriétaire incommutable. Et M. Bonnet termina malicieusement sa plaidoirie par cette fine et piquante observation, « que le duc d'Orléans ayant combattu sous l'étendard de la République, à l'effet de défendre les propriétés nationales, il était bien singulier de rencontrer ce même prince tournant aujourd'hui ses efforts, ses agressions contre elles! »

De fait, l'alarme s'était de nouveau répandue parmi les acquéreurs de biens nationaux que la Restauration n'avait déjà que trop inquiétés. La presse périodique fit judicieusement observer que si cette tentative réussissait, elle serait infailliblement suivie d'autres et non moins vexatoires recherches. Comment n'être pas effrayé à cette première attaque ouverte partant d'un prince, de celui-là même que l'opinion publique s'était plu jusque-là à séparer de ses aînés, à considérer comme étranger aux idées et voies rétrogrades de l'émigration ?

En dépit du courant de l'opinion, de tout point favorable à son adversaire, le duc d'Orléans avait la presque certitude de l'emporter. Une seule raison, mais « la meilleure de toutes, dit-on, celle du plus fort, » militait en sa faveur. Le vent soufflait alors violemment à la réaction : la magistrature ultra-royaliste avait bien autre chose à voir qu'à compter avec le droit et avec sa conscience ; pouvait-on attendre d'elle un divorce avec la cause du premier prince du sang ? Il y avait là une montagne d'éléments défavorables. Et pourtant l'opinion publique eut encore la puissance de lui faire contre-poids. Ce fut elle qui apporta heureusement sa décisive assistance au malheureux propriétaire menacé d'éviction.

Les plaidoiries étaient closes. La cause avait été renvoyée à quinzaine pour entendre les conclusions de l'avocat du Roi, toujours favorables, comme on sait, au plaideur le mieux en cour ou le plus en crédit, et, à ce titre, aux yeux du minstère public naturellement préférable et prépondérant.

Adepte, comme M. Dupin, du parti d'Orléans, mais esprit équitable, cœur chaud et généreux, M. Laffitte, honnête homme dans toute la force du mot, avait été frappé d'abord de l'iniquité, ensuite du retentissement et de la portée du procès. Il alla trouver le duc d'Orléans. L'opinion était montée contre lui au point que le prince ne put en disconvenir. M. Laffitte lui représenta qu'il avait certainement toutes chances de gagner son procès devant la justice, mais qu'il était déjà perdu au tribunal de l'équité, au jugement de l'opinion publique. A part tant d'autres considérations, il allait donc, par sa faute, rester livré, désormais, sans soutiens ni contradiction, aux fâcheuses impressions, aux idées défavorables qu'on s'efforçait de répandre sur son compte. Il donnait beau jeu à ses ennemis politiques pour accréditer, non plus sourdement mais au grand jour, leurs calomnies contre lui. Bref, il lui conseilla de transiger.

Le duc d'Orléans n'avait pas laissé que de se montrer sensible à l'échec fait à la bonne réputation qu'il savait qu'on avait de lui. Il tenait essentiellement à la conserver, il redoutait tout ce qui était de nature à l'affaiblir ou à la compromettre. Une lutte intérieure s'établit en lui : l'ambition était aux prises avec l'avarice.

Son conseil de contentieux lui revenait toujours à l'esprit avec ses assurances qui l'obsédaient. Là figuraient avec traitement, comme je l'ai dit, nombre de magistrats, âmes damnées du prince, qui n'avaient plus qu'à homologuer sur leurs sièges, qu'à sanctionner, comme juges, les délibérations antérieurement arrêtées entre eux dans leurs séances au Palais-Royal. Aussi le prince hésitait-il, et il ne se rendit pas tout de suite. Sans méconnaître la valeur des raisons alléguées par M. Laffitte, il se retranchait sous toute sorte de prétextes et de faux-fuyants. Il excipait de sa condition d'usufruitier, de simple gardien de son apanage. En sa qualité de non-propriétaire, un arrangement amiable, si désirable qu'il fût, lui semblait bien périlleux. A une argumentation de ce genre, il était facile de reconnaître l'inspiration et l'influence du conseil.

Il entretenait effectivement la résistance du duc d'Orléans. M. Dupin, au surplus, était de l'avis commun. Seul, le président Henrion de Pansey opinait timidement pour une transaction. Malgré les preuves irrécusables du contraire, M. Dupin, intervertissant les situations, n'hésite pas, dans ses *Mémoires*, à se donner le beau rôle, à se faire honneur, contrairement à la vérité, de l'initiative honorable prise par M. Laffitte.

L'opulent banquier insistait toujours : dans la voie du devoir et de la raison, il n'avait pas un seul instant dévié de sa ligne. Ses efforts triomphèrent. Le duc d'Orléans consentit enfin, en rechignant, à un arrangement amiable ; et, contradiction qui n'est pas rare dans les choses humaines, ce fut M. Dupin qui fut chargé d'arrêter les bases de la conciliation, celui-là même qui avait jeté le plus d'huile sur le feu !

A cet effet, il dut s'entendre avec ses confrères, MM. Tripier et Bonnet. Leur grande position les dispensait de toute recherche de bruit et de scandale ; et ils avaient trop conscience de l'infériorité de forces de leur client pour ne pas acquiescer avec empressement à toute proposition raisonnable. Ils reconnurent facilement l'avantage qu'il y avait pour lui à s'assurer, par transaction, le prix d'un immeuble qui, s'il venait à perdre son procès, lui échapperait et entraînerait sa ruine. On tomba d'accord que, moyennant 1,100,000 francs, Julien renoncerait à la propriété du Théâtre-Français. Louis XVIII approuva l'arrangement et fit remise des droits d'enregistrement. Il fit plus : une ordonnance royale autorisa le duc d'Orléans à faire une coupe extraordinaire dans les futaies de l'apanage pour payer les 1,100,000 francs. Elle se fondait sur ce que le théâtre n'étant pas la propriété particulière du prince, mais dépendant de l'apanage, il était virtuellement destiné à faire retour au domaine de l'État, partant que l'usufruitier devait être tenu indemne des charges de la transaction.

M. Dupin prétend, dans ses *Mémoires*, qu'à cette époque il ne faisait pas encore partie du conseil de contentieux du duc d'Orléans. « Il y assistait, dit-il, seulement comme avocat plaidant, lorsqu'on délibérait sur les causes qu'il était chargé de soutenir. » Ce ne serait qu'en 1820 qu'il y serait entré en qualité de membre titulaire. Pourtant son nom figure dans les états du prince sans acception particulière. Quoi qu'il en soit, il fit agréer plus tard au même titre son frère Philippe, comme avocat plaidant.

CHAPITRE XII

Mariage du duc de Berry. — Intimité de l'Élysée et de Palais-Royal. — Efforts de la duchesse de Berry pour obtenir au duc d'Orléans l'Altesse royale. — Visite d'Alexandre et du roi de Prusse à Louis XVIII. — Exclusion du duc d'Orléans. — Son manége pour recouvrer son siége à la Chambre des pairs. — Découragement de son parti. — Opposition constitutionnelle. — Coryphées de l'orléanisme : MM. Laffitte, Benjamin Constant, Manuel, Foy et Talleyrand. — Position à part de Lafayette. — Tactique du duc d'Orléans. — Le duc de Chartres au collége Henri IV. — Entretien de Louis XVIII avec le duc d'Orléans. — Pamphlet de Courier.

Le mariage du duc de Berry avec la princesse Caroline[1], fille aînée de l'héritier du trône de Naples, parut cimenter l'union des deux branches de la famille des Bourbons. « Ce fut, dit un historien, après le mariage de M. le duc de Berry que devinrent plus fréquents les dîners de famille, où tous les princes sans distinction d'Altesses royales ou d'Altesses sérénissimes furent invités. La jeune princesse prit en vive amitié sa tante madame la duchesse d'Orléans, et cette intimité effaça tout à fait les légères préventions qui existaient encore contre M. le duc d'Orléans. Son Altesse sérénissime, pro-

---

[1] Au moment où j'écris ces lignes, les journaux annoncent la mort de cette princesse. Madame la duchesse de Berry a succombé, le 27 avril 1870, dans son château de la haute Styrie, d'une paralysie du cerveau. Elle avait soixante-douze ans.

fondément pénétrée de ces prévenances de la branche aînée, s'efforçait de témoigner, par des démonstrations vives et multipliées, ses sentiments pour le Roi. Lorsque M. le duc d'Orléans venait à la cour, c'était une politesse profonde envers le dernier officier, le dernier des gardes ; c'était une profusion de gestes expressifs et de témoignages de sensibilité. Il fallait voir Son Altesse sérénissime au banquet royal. Il portait la main sur son cœur à chaque toast au Roi, à Madame, aux ducs d'Angoulême et de Berry ; lui-même plusieurs fois dans le dîner s'écriait : *Vive le roi !* comme poussé par un sentiment puissant, et qui ne pouvait attendre le moment d'étiquette[1]. »

La plus étroite intimité unissait le duc et la duchesse de Berry à la famille d'Orléans : l'Élysée et le Palais-Royal faisaient échange de fréquentes visites. En 1818, la naissance d'un prince suivie, deux heures après, de sa mort, remplit de deuil la première de ces résidences. A quelques jours de là, le duc de Berry rendait visite au duc d'Orléans. Le jeune duc de Chartres était dans le cabinet de son père. En voyant entrer le duc de Berry, le duc d'Orléans fit un mouvement pour éloigner son fils, appréhendant sans doute que le spectacle de ses prospérités de famille ne redoublât l'amertume des regrets de son cousin. Le duc de Berry retint doucement le jeune prince, et, l'attirant près de lui, il dit avec une affectueuse mélancolie : « Voilà un beau

---

[1] Capefigue, *Hist. de la Restauration.*

garçon qui sera peut-être mon héritier. Ma femme peut ne plus me donner d'enfant, ou ne me donner que des filles ; alors la couronne passera après moi à votre fils. » A ces mots, le duc d'Orléans répondit avec une vive émotion : « Du moins, monseigneur, si, un jour, il obtenait la couronne, ce serait vous qui la lui donneriez en qualité de second père ; car vous êtes plus jeune que moi et mon fils tiendra tout de vos bontés. » Cette scène d'effusion précédait de bien peu d'années le jour fatal où l'infortuné prince devait tomber sous le couteau d'un assassin, et le moment où le duc d'Orléans serait appelé à présider à ses obsèques. Mais n'anticipons pas sur la série des événements.

La duchesse de Berry aimait tendrement sa tante ; cette affection rejaillissait sur son oncle, le duc d'Orléans. Le premier prince du sang souffrait cruellement de voir la duchesse, sa femme, passer la première dans toutes les cérémonies politiques, conformément aux règles de l'étiquette. Il s'en plaignait à toute occasion, ne manquant jamais de dire que toute l'ambition qu'il pouvait avoir serait satisfaite le jour où le Roi daignerait mettre le titre d'Altesse royale devant son nom.

La duchesse de Berry, plus à même que personne d'apprécier la vivacité des désirs de son oncle à cet égard, s'évertuait au service d'un parent bien-aimé. Elle organisa au sein de la famille royale une sorte de conspiration bienveillante à l'effet d'amener le roi à souscrire au vœu du duc d'Orléans. Louis XVIII affectionnait sa nièce dont la gentillesse et les saillies l'amusaient et répandaient sur cette cour un peu morose un air de gaieté dont autrement elle eût été privée. La princesse en profita pour livrer au vieux roi de rudes assauts. Mais il fut inébranlable : il eut la force de résister à ses plus affectueuses caresses. « Ma nièce, lui répondait-il avec douceur, il m'en coûte de vous refuser ; mais, en cela, je remplis un devoir de père plus encore que de souverain : le duc d'Orléans est assez près du trône, je me garderais bien de l'en approcher davantage. »

Le jour de la Saint-Louis de l'an 1818 avait été choisi pour l'inauguration de la statue d'Henri IV sur le terre-plein du pont Neuf, à cette même place d'où les révolutionnaires l'avaient naguère précipitée[1] ; cette solennité eut lieu en grande pompe. Dans le cortége royal on remarqua la brillante tenue du duc d'Orléans, à cheval à l'un des côtés de la voiture du roi.

Les relations entre les Tuileries et le Palais-Royal étaient excellentes, l'intimité ne pouvait être plus étroite. Cependant l'étiquette ou une politique mal entendue établissait parfois entre les deux branches de la famille de Bourbon une ligne de démarcation blessante pour la ligne cadette, choquante même pour les étran-

---

[1] Cette statue était destinée à remplacer celle en plâtre qu'on avait érigée provisoirement, le 3 mai, lors de l'entrée du Roi à Paris. Son piédestal portait l'inscription suivante, suggérée à Louis XVIII par M. Beugnot :

Ludovico reduce
Henricus redivivus.

gers. On en vit un exemple à la visite que l'empereur Alexandre et le roi de Prusse firent gracieusement à Louis XVIII pour le féliciter du résultat si heureux pour lui du congrès d'Aix-la-Chapelle.

Cette grande réunion diplomatique venait de procurer à la France un inestimable bienfait : son affranchissement du fardeau et de l'impopularité de l'occupation étrangère. A cette occasion, les deux souverains décidèrent de se rendre à Paris pour complimenter Louis XVIII. Ils y arrivèrent le 28 octobre 1818, sans gardes et presque sans suite. Descendus dans les hôtels de leurs envoyés respectifs, ils y reçurent la visite des princes français, et, vers cinq heures, ils se rendirent aux Tuileries, accompagnés du grand-duc Constantin, frère de l'empereur, du prince Charles, fils du roi de Prusse et de son beau-frère le duc de Mecklembourg-Strelitz. Louis XVIII les avait invités à dîner. Un moment après leur entrée dans son cabinet, Monsieur, Madame, le duc d'Angoulême, le duc et la duchesse de Berry s'y présentèrent. A l'issue du dîner, après s'être longuement entretenu avec le Roi, l'empereur Alexandre monta en voiture et alla coucher le même soir à Senlis.

Par un de ces raffinements de courtoisie qui lui étaient habituels, il avait voulu, en partant aussitôt après son entretien avec le Roi, proclamer en quelque sorte que le désir de le voir avait été le seul mobile de son voyage. Le roi de Prusse, au contraire, demeura plusieurs jours à Paris et dîna une seconde fois avec Louis XVIII, aux Tuileries. Ce monarque, habituellement mélancolique et taciturne, s'était pris d'un goût très-vif pour les distractions dont Paris abonde, et j'ai le regret d'ajouter que ses préférences étaient pour les moins délicates. Les spectacles étaient sa plus puissante ressource contre l'ennui qui le dévorait, et sa prédilection s'attachait aux moins graves. En jubilation devant les nymphes de coulisses des petits théâtres, il se délectait surtout des représentations égrillardes, il se pâmait de satisfaction aux lazzis effrontés des comiques, aux pièces les plus folichonnes. C'était là son thème de conversation ordinaire avec Louis XVIII. Le roi raconta au duc d'Orléans qu'il s'était particulièrement récréé à une représentation de Brunet, célèbre acteur du temps. L'artiste l'avait ravi par cette exclamation bouffonne : « Moi, comme mon père, je resterai garçon. » Il n'en avait pas fallu davantage pour dérider cette majesté ennuyée et morose, pour dissiper soudain les nuages et le voile de tristesse dont sa royale physionomie était habituellement assombrie. L'auguste spectateur témoigna sa gratitude à l'acteur par l'envoi d'une tabatière ornée de son portrait et enrichie de diamants [1].

J'ai dit les banquets dont la visite d'Alexandre et du roi de Prusse avait été l'occasion. Eh bien, le croira-t-on ? le duc d'Orléans n'avait pas été invité à un seul de ces dîners ! Exclusion blessante et, encore plus, impolitique. L'empereur de Russie, tout le premier, en fut choqué. Alexandre, quand il revit

---

[1] *Mémoires* (inédits) de M. Edme Gittard.

depuis le duc de Richelieu, lui témoigna sa surprise de n'avoir pas rencontré au dîner royal le duc et la duchesse d'Orléans. M. de Richelieu lui-même jugea *très-maladroite* cette exclusion dont on frappait le premier prince du sang, alors qu'il eût été d'une saine politique de réunir, comme en un faisceau, toutes les branches de la famille royale. Il existe une lettre de lui à M. Decazes, où il s'en exprime avec la plus grande liberté. Il dit en propres termes qu'une pareille exclusion « n'avait pas le sens commun, que, dans le cas même où l'étiquette l'aurait prescrite, on aurait dû changer l'étiquette, et que l'on avait assez de difficultés à surmonter sans se mettre encore un autre embarras sur les bras, en blessant l'amour-propre d'un homme qui n'était pas sans importance; non qu'il le crût dangereux; celui qui l'était, c'était, à son avis, Eugène de Beauharnais. » Il paraît, en effet, qu'à cette époque, les ennemis de la maison de Bourbon, dégoûtés de l'inertie et de l'attitude ambiguë du duc d'Orléans, fatigués des inconséquences et des contradictions du prince d'Orange, tournaient leurs espérances vers le prince Eugène et lui faisaient parvenir des propositions.

Le duc de Richelieu en cela se trompait : il manquait du discernement qui aurait dû lui faire voir où était le péril pour la dynastie. Mais son opinion sur les égards qu'il convenait d'avoir pour le duc d'Orléans est d'autant plus remarquable qu'il avait peu de penchant pour ce prince, et était même animé à son égard d'un sentiment de défiance très-prononcé. C'est que la rectitude de son esprit et l'élévation de ses sentiments lui faisaient envisager avec dédain ces petitesses de cour, qu'elles fussent fondées ou non sur des exigences d'étiquette qu'il méprisait.

Je ne saurais dire jusqu'à quel point le duc d'Orléans ressentit l'offense du procédé dont il avait été l'objet. S'il en éprouva du déplaisir, du dépit, il est certain qu'il sut dissimuler et n'en laissa rien voir. Il avait peut-être autre chose plus fortement encore sur le cœur.

J'ai dit l'exclusion dont Louis XVIII avait frappé les membres de sa famille des délibérations de la pairie. Le duc d'Orléans, tout en y paraissant extérieurement résigné, en avait été bien autrement affecté que Monsieur et ses fils. A cette interdiction, il avait été on ne peut plus sensible; il ne pouvait en prendre son parti, se consoler de l'absence de cette participation au gouvernement, si restreinte et décolorée qu'elle fût. A cela il y avait chez lui une raison de tempérament plus encore que des motifs politiques. Doué d'une facilité d'élocution peu commune, le prince était loquace, verbeux à l'excès. Sa faconde était moins de l'éloquence qu'une abondance stérile, fatigante à la longue pour ses interlocuteurs ou plutôt ses auditeurs, tant rarement ils avaient leur tour de parole! Combien de fois plus tard n'a-t-on pas entendu Louis-Philippe se plaindre et regretter amèrement que son rang et sa qualité de souverain ne lui permissent pas de paraître aux Chambres, où, bien mieux que ses ministres, il eût supporté le poids des délibérations et efficacement défendu les actes de son gouvernement.

Doué d'un esprit fin et délié plutôt que profond, absolument exempt d'entêtement, facile à convaincre et à persuader, quand on faisait appel à sa raison, à son droit sens, Louis XVIII revenait difficilement, d'ailleurs, sur ses déterminations réfléchies et mûrement arrêtées. Le duc d'Orléans, qui le savait, ne pouvait donc se flatter de modifier son sentiment sur la convenance de la participation des princes aux délibérations de la pairie. Il crut pourtant en avoir trouvé l'occasion, et, dans ce dessein, il fit une tentative malheureuse en usant d'un singulier détour.

On sait qu'au premier ministère du duc de Richelieu succéda le cabinet libéral présidé par le général Dessoles : c'était une conséquence de la loi des élections du 5 février 1817. Le parti ultra-royaliste, profondément atteint par la législation nouvelle, avait dû rendre les armes, sortir en masse du ministère, du conseil d'État, des grandes administrations. Un moment abattu, atterré d'un coup si violent, il aspira bientôt à ressaisir les rênes qu'il avait laissé échapper par son imprudence et ses folles témérités.

A cette fin, une intrigue s'ourdit à la Chambre des pairs. Pour attacher le grelot, on mit en avant un homme qui, dans sa longue carrière politique, avait su acquérir et conserver l'estime générale : c'était M. de Barthélemy. Son âge et ses souvenirs l'autorisant à se dire effrayé du mouvement qui commençait à agiter les esprits et dont la loi des élections était le levier le plus puissant, ce fut lui qu'une coterie politique chargea de provoquer le changement de la loi électorale. Il en fit la proposition à la Chambre haute dans la séance du 20 février 1819.

La loi du 5 février avait considérablement accru l'influence des classes moyennes ; elle devait avoir encore, dans l'avenir, une portée que n'avaient pas soupçonnée ses auteurs. La pairie, plus clairvoyante ou agissant d'instinct, lui était devenue décidément hostile ; mais la Chambre élective était bien résolue à la maintenir, et elle entraînait dans son orbite le Roi et ses ministres.

Monsieur, Madame et le duc de Berry désiraient vivement, on le comprend, le succès de la proposition de M. de Barthélemy. Le duc d'Angoulême, moins accessible aux influences de parti, s'était rallié au sentiment du Roi et des ministres pour le maintien de la loi électorale. En politique, le Dauphin marchait généralement d'accord avec Louis XVIII, dont il était le neveu de prédilection.

La Chambre des pairs, en autorisant le développement de la proposition Barthélemy, avait fixé au 26 février la discussion pour la prise en considération.

Le débat allait donc s'engager à fond. Le Roi, ainsi qu'il l'avait fait précédemment en plusieurs occasions, essaya d'agir sur les courtisans membres de la pairie, pour assurer au ministère l'appui de leurs suffrages. Mais cette fois la tâche était extraordinairement ardue :

ce n'était plus un petit nombre de voix seulement qu'il était nécessaire de gagner pour constituer une majorité. On ne pouvait y réussir à moins du déplacement d'une trentaine de voix de la noble Chambre. On s'ingénia à trouver les moyens de franchir le pas ou de tourner la difficulté. On avait perdu l'espoir d'y réussir, quand le duc d'Orléans, qui paraissait confiné dans ses soins de famille et plus que jamais résolu à se tenir à l'écart des accidents de la politique, donna tout à coup signe de vie, sans pourtant sortir ostensiblement de sa réserve ordinaire. Son mobile, je l'ai dit, c'était de reprendre son siége dans la haute assemblée. Pour cela, voici ce qu'il avait imaginé.

M. de Lally, membre de la pairie, lui était entièrement dévoué. Le prince le chargea de s'aboucher avec M. Decazes, et, en déniant de venir de la part du duc d'Orléans, de suggérer au ministre l'idée d'envoyer le duc d'Angoulême défendre la loi électorale à la tribune du Luxembourg. Le Dauphin n'était rien moins qu'orateur, et, à tous égards, absolument impropre au rôle qu'on lui destinait. Mais le duc d'Orléans comptait bien que, si son idée était admise, ce serait à lui que reviendraient l'honneur et la charge de la mission à remplir. Il n'est guère possible de supposer que M. Decazes ait pu se méprendre sur l'arrière-pensée du premier prince du sang. Ce qui est sûr, c'est qu'il en parla au Roi. Ce fut là tout le succès du manége. Louis XVIII, qui pénétra le jeu de son cousin, n'avait garde de suivre le conseil. Il se contenta de répondre à son favori, non sans raison, que l'idée était belle en spéculation, mais impossible en pratique.

Le duc d'Orléans était depuis longtemps presque en froideur avec le parti libéral par suite du double rôle que, depuis 1816, il avait entrepris de soutenir. On lui reprochait sa conduite ambiguë et tortueuse. Problème difficile à résoudre, il prétendait demeurer libre de tout engagement de situation ou de parti sans pour cela s'isoler des chefs de l'opposition, pour n'en pas perdre les bénéfices. Tendance innée chez lui ou fruit de l'éducation, il cherchait sa sécurité dans tous les rangs sans s'établir ouvertement dans aucun. Cette tactique avait plus d'un inconvénient. Le procès du maréchal Ney avait été la première expérience que les amis de la liberté avaient faite du libéralisme du prince. On s'était flatté que, pair du royaume, il aurait, d'après ses antécédents et dans l'intérêt de son avenir, le courage de protester contre la violation du traité qui, disait-on, devait protéger la vie d'une des gloires de la France. La déception fut grande. Le duc d'Orléans se borna, comme les autres princes du sang, à s'abstenir de prendre part au jugement du maréchal. A cette occasion, on fit judicieusement observer qu'une conduite plus franche consistait à ne pas se récuser et à voter hardiment la condamnation. Aussi bien, Ney, coupable au premier chef, avait mérité le sort qui lui était réservé.

Mais il n'y avait rien de tranché dans la couleur, l'allure et les agissements politiques du duc d'Orléans.

On qualifia en cette circonstance son procédé de honteux sacrifice. Ainsi qu'il arrive toujours, le parti avait prétendu s'imposer à lui. On croyait ou on feignait de croire que le rôle de chef de l'opposition libérale dans la Chambre des pairs lui appartenait de droit. On eût voulu établir à ses dépens un contraste entre la Chambre élective, où les passions et les vengeances s'ouvraient un libre cours, et la haute assemblée, où il eût été digne de lui, après une mémorable déclaration, d'enseigner la prudence et l'humanité au milieu des fureurs d'une réaction frénétique. Tout n'était pas imaginaire dans cette visée. Le calcul se fondait sur les antécédents du prince que la rénovation de 1789 avait compté au nombre de ses plus ardents zélateurs. Le duc d'Orléans ne voulut point accepter ce rôle. Au contraire, il prit à tâche de s'effacer dans toutes les questions de liberté et de justice politique.

Après la triste expérience de Grenoble, on ne saurait s'étonner de sa persistance à refuser son concours direct aux complots, aux machinations ténébreuses, à toute menée compromettante contre le gouvernement. Il avait reconnu que la voie la plus sûre qu'il eût à suivre pour voir ses rêves d'ambition se réaliser, c'était de se tenir à l'écart et en dehors des voies occultes, de laisser les événements s'accomplir sans essayer de les provoquer. Le zèle de ses partisans en fut considérablement attiédi. La France était alors couverte d'associations clandestines ou sociétés secrètes. Le nom du duc d'Orléans cessa d'y être prononcé.

Deux grands partis étaient en présence : le parti national ou prétendu tel et celui de l'émigration. Ce dernier était compacte et victorieux, l'autre morcelé et vaincu. Dans le désarroi où l'on était, en raison même de l'assemblage et de la disparate des couleurs, il fallait un centre de ralliement, un drapeau. Le Palais-Royal servit d'enseigne : par la force naturelle des choses, on revint au duc d'Orléans. Son salon était un terrain neutre où se rencontraient les débris de tous les partis opposés à la cour. On se groupa autour du chef de la branche cadette. Chacun se disait à l'oreille qu'en lui seulement pouvait se trouver le point d'appui le principe de résistance au mal. Le prince sut exploiter avec habileté le bénéfice de cette situation. Il devint l'objectif, le point de départ d'une école qui prétendait faire à la France l'application des idées anglaises et de la révolution de 1688. Là-dessus je laisserai la parole à l'historien de prédilection de la monarchie de Juillet : son aveu est précieux à recueillir.

« Alors, dit M. Capefigue, l'histoire, la poésie, tout vivait par les rapprochements de la révolution de 1688. On exploitait cette idée anglaise. Les doctrinaires la caressaient comme une pensée d'ordre après la tempête, comme une question d'érudition et de philosophie résolue par un événement qui secouerait le moins d'existences. M. le duc d'Orléans, sans prendre d'engagement avec personne, fort bien en cour et avec l'opposition, favorisait tout ce qui se rapprochait de cette idée, qu'il caressait comme les espérances d'une couronne ; mais ces tentatives n'allaient pas au delà ; il profitait des fautes, et on en faisait tant ! »

La position du prince ne laissait pas que d'être embarrassante à plus d'un égard. Il appartenait à la cour par son rang, par les gages irrécusables qu'il avait donnés à la cause monarchique pendant l'émigration, par ses intérêts de fortune, qu'il n'était disposé ni à sacrifier ni à laisser en souffrance ; d'autre part, il faisait cause commune avec l'opposition dans l'intérêt de son ambition, de sa convoitise ardente du trône. Le même historien apprécie en ces termes les incertitudes, les perplexités de cette situation.

« Le parti d'Orléans manquait d'organisation précise, par cela seul que son chef ne se dessinait pas et jouait un rôle tout à fait négatif. Je n'accuse pas M. le duc d'Orléans d'avoir manqué de cœur ; le courage individuel est indépendant de ces résolutions énergiques qui saisissent fortement la tête d'un homme et le font chef de parti. M. le duc d'Orléans sentait également sa position ; une qualité qu'on ne pouvait lui refuser, c'était d'être homme d'esprit, et un mot de lui à M. le marquis de Vérac révélait tout entier son embarras : « Je « suis trop Bourbon pour les uns et pas assez pour les « autres, » avait dit Son Altesse sérénissime. Ce mot indiquait toutes les difficultés d'un gouvernement déposé dans les mains de M. le duc d'Orléans. Au reste, les projets de ceux qui pensaient à Son Altesse sérénissime s'attachaient plutôt au besoin d'un nom, à une similitude historique, à la révolution de 1688, qu'à un dévouement personnel au prince. On apercevait dans cette combinaison une éventualité de changement politique sans grande secousse, sans commotion, et cela plaisait aux esprits timides et poltrons. Aux époques molles et efféminées, les changements qui doivent s'opérer avec le moins de déplacement possible sont préférés[1]. »

Si le duc d'Orléans parut complétement oublié dans les conspirations alors ourdies contre le gouvernement de la Restauration, il n'en était pas de même dans le camp d'un parti qui entreprit de saper ses bases d'une façon d'autant plus dangereuse qu'il prétendait se placer sur le terrain constitutionnel. Cette opposition était une ennemie autrement redoutable que la faction ouvertement agressive qui, sous des drapeaux divers, n'a jamais, durant la Restauration, désemparé le champ du combat. Émanation du régime représentatif dont Louis XVIII avait doté la France, l'opposition constitutionnelle conquit une influence d'autant plus intense, que ses chefs, dans leur action, apportèrent plus de mesure. Elle se composait d'un noyau de mécontents plus ou moins compromis dans l'épreuve des Cent-Jours, auxquels s'étaient ralliés beaucoup de royalistes timorés, dégoûtés des excès de 1815. La bourgeoisie en faisait le fond. Il en était sorti nombre de représentants aux Chambres, appartenant à l'aristocratie financière et aux professions libérales. Ce parti avait pris

---

[1] *Histoire de la Restauration*, par un homme d'État.

son levier, son point d'appui dans la Charte elle-même. Son but, son programme, ses moyens d'action ont été nettement caractérisés et définis par celui des ministres du gouvernement royal qui en a essuyé les premiers et redoutables coups. « Tout l'art des factieux, dit M. de Vaublanc, consiste à se faire un droit puissant de toutes les concessions qu'on leur accorde, et leur logique consiste à regarder le refus de nouvelles concessions comme une atteinte criminelle portées aux premières [1]. »

Les élections et la presse étaient les principaux engins de guerre de cette opposition. Son but ostensible, c'était d'assurer par les voies légales le maintien et le développement à un degré illimité des institutions constitutionnelles. En somme, le parti était composé en majeure partie d'hommes probes, conservateurs, ennemis du désordre, mais passionnés et à vues bornées. Ils ne s'apercevaient pas que leurs défiances systématiques devaient tôt ou tard être fatales à la Restauration, et qu'ils se trouveraient emportés bien plus loin qu'ils ne pensaient, par leur union à la faction démocratique pure, qui, elle, avait son instinct, sa notion plus nette et plus précise, son but bien tranché, la ruine du trône des Bourbons. De cette alliance devaient découler pour le pays les plus funestes conséquences, des résultats désastreux : la perte, en 1830, de la fixité d'un principe, et, comme corollaire et suite nécessaire, une série indéfinie de bouleversements et de révolu-

---

[1] *Mémoires*, t. IV, p. 169.

tions. Un autre résultat, ce fut l'éclosion de principes démagogiques, dits *socialistes*, une décomposition de la société française et surtout du corps politique, une désorganisation de ses éléments vitaux. Quant à cette autre société qu'avaient illustrée l'amabilité de son commerce, l'exquise urbanité de ses formes, l'aménité de ses relations, sa culture intellectuelle et morale, elle avait sombré et disparu sans retour dans la tourmente de 1789.

Le système d'hostilité indirecte que je viens de signaler, le duc d'Orléans en était sinon l'âme, l'inspirateur, au moins le mobile et le but. Au demeurant, il n'était pas des derniers à viser de ses traits, à frapper dans l'ombre de coups multipliés l'édifice du gouvernement royal. Dans ses épanchements intimes avec les coryphées de l'opposition, qu'il recevait en particulier plus souvent encore qu'en public, il attaquait sans ménagement la marche et les intentions du pouvoir. On se dédommageait amplement, dans les salons du Palais-Royal, de l'accès fermé à la Chambre des pairs. C'était le rendez-vous des artistes les plus en renom, des gens de lettres marquants du parti libéral, des membres des deux Chambres qui voulaient le régime constitutionnel dans toute sa sincérité, de ces hommes dont le général Foy avait brièvement formulé les tendances politiques par ces mots : « La Charte, toute la Charte, rien que la Charte. » Là on déplorait en commun les entreprises de la Cour contre les libertés publiques et les principes de 89. On se plaisait à gémir sur ces incorrigibles royalistes, sur ces esprits incurables, qui *n'avaient rien appris, rien oublié*. On marquait du doigt les fautes continues, persistantes, les projets sinistres de la contre-révolution, qu'on se promettait bien d'abandonner à sa pente, à la fatalité qui l'entraînait. Telle était la stratégie adoptée. La dextérité avec laquelle le duc d'Orléans sut se maintenir entre la ligne monarchique et la voie révolutionnaire, nager, qu'on me passe le mot, entre deux courants si contraires, flotter à la surface sans dériver sensiblement ni à droite ni à gauche, évitant toujours le péril de couler à fond, rend un témoignage irrécusable de sa prodigieuse flexibilité. Sa tenue constamment en équilibre sur la corde politique, alors pourtant si tendue, offre un tour de force presque sans exemple dans l'histoire. Et c'est avec autant de justesse que de naïveté qu'un écrivain à ses gages lui a adressé après coup ses compliments à cet égard. « Ses relations, dit-il, avec la gauche étaient si admirablement mesurées qu'elles ne nuisaient en rien à ses relations avec le Château ; et celles-ci, à leur tour, étaient tellement circonspectes qu'elles n'altéraient pas cette teinte de popularité qui chatoyait, pour ainsi dire, entre le demi-jour et l'ombre [1]. »

MM. Laffitte, Benjamin Constant, Manuel, Foy et Talleyrand étaient les plus éminents des amis du prince. Ce furent eux qui semèrent le germe et déposèrent la pierre d'attente de l'œuvre qui devait recevoir son

---

[1] *Histoire de la révolution de 1830*, par Cauchois-Lemaire, t. I, p. 529.

accomplissement du temps. Après les illustrations et célébrités de premier ordre, le salon du duc d'Orléans était ouvert à tous ceux qui avaient ou croyaient avoir sujet de se plaindre du gouvernement royal. Autant que le lui permettait son excessive parcimonie, le prince réparait les torts ou les injures commises à leur égard par l'éclat populaire de ses bienfaits. La branche aînée oubliait-elle un homme de lettres, un artiste en vogue, un poëte aimé du public, vite au Palais-Royal on agréait une dédicace, on achetait un tableau, une statue. Cela ornait les galeries, ne compromettait guère, coûtait peu et rapportait beaucoup de popularité.

Accouru subitement à Paris lors de la première Restauration, le duc d'Orléans avait laissé, en Angleterre et en Sicile, de nombreux intérêts en suspens. Ce fut là l'origine de sa liaison avec M. Laffitte, le prince alors des banquiers de la capitale. L'opulent financier s'était chargé avec empressement du règlement de ces intérêts. En peu de temps, les cajoleries de son illustre client achevèrent de lui tourner la tête. On l'entendait vanter partout son savoir, sa prudence, son intelligence des affaires. M. Laffitte était pourtant à cette époque loin d'être hostile aux Bourbons de la branche aînée, il était même attaché à eux par le souvenir et l'éclat des services. En partant pour Gand, Louis XVIII avait déposé entre ses mains partie des fonds qui formaient ses dernières ressources. Après Waterloo et la seconde occupation de Paris, il avait fait au gouvernement royal l'avance de deux millions nécessaires pour payer la solde arriérée de l'armée française, frémissante et presque en révolte au delà de la Loire. Ce souvenir était toujours resté dans la mémoire de Louis XVIII. Quoique M. Laffitte inclinât dès lors vers l'opposition, dont plus tard il devait être le banquier, il paraît certain qu'à cette époque, des pourparlers eurent lieu avec lui, et qu'un portefeuille lui fut offert. Il était loin de repousser ces avances; mais, avec son incroyable suffisance et son orgueil démesuré, il mettait pour condition de son entrée au ministère que le vieux roi jetterait ses *deux béquilles*. Il entendait par là qu'il renoncerait à l'appui de la noblesse et du clergé. « J'y consens, répondit spirituellement Louis XVIII, pourvu qu'il m'en donne deux autres. » Et la négociation en resta là. M. Laffitte ne devait pas tarder à se faire l'agent actif du duc d'Orléans.

Plus tranchée était dès cette époque la position de Benjamin Constant, autre porte-drapeau du parti orléaniste. Il était tout entier livré à l'influence de sa célèbre compatriote, madame de Staël, son admiratrice passionnée, qui trouvait, disait-elle, sa conversation *étonnante*, se défendant à peine, dans ses hystériques ardeurs, d'une autre espèce de sentiment, qui lui donnait sur sa personne un véritable despotisme. Atteint par l'ordonnance de proscription du 24 juillet, Benjamin Constant avait eu quelque raison de croire qu'il ne lui serait pas donné de remettre de longtemps le pied sur cette terre de France, théâtre de ses trop choquantes variations politiques. Il n'en fut rien. Un mémoire justificatif, et, par-dessus tout, la protection de M. Decazes le firent rayer des catégories. C'était là, par parenthèse, un singulier service que le favori rendait à Louis XVIII. Benjamin Constant se trouva placé de prime abord et pour toujours dans l'opposition : là seulement étaient pour lui l'espérance et l'avenir. Son âge, sa capacité, l'ironie de ses attaques, qu'il avait apprise à l'école de Voltaire, enfin sa juste renommée, l'en établirent sans conteste le chef. L'ardeur de son tempérament le portait à la lutte. Courier disait malignement de lui : « Il est tapageur, surtout en bonnet de coton. » Ami de la liberté, mais amant de la puissance, Benjamin Constant ne fut rien moins qu'un adepte désintéressé du parti d'Orléans. Il avait de grands besoins, et, en 1830, on le vit ouvertement aux crochets du prince. Il reçut alors du lieutenant général 200,000 fr., en avancement d'hoirie. « C'est à condition, dit-il en les acceptant, que je garderai mon franc parler? — Vous me ferez plaisir, répondit Louis-Philippe ; et c'est bien comme cela que je l'entends[1] ! »

De toutes les recrues de l'orléanisme, Benjamin Constant était sans contredit la plus précieuse ; de tous il était le plus capable de frayer la voie du trône au duc d'Orléans. Il mit à son service une habileté consommée dans l'art, dans le système consistant à saper et battre

---

[1] Toujours aux expédients, il avait emprunté, en 1814, 20,000 francs à madame de Staël, qui venait de recevoir 2 millions du Trésor. Il fut longtemps sans les lui rendre, et alors il redoubla de galanterie. Un jour, il vantait ses beaux yeux. « On m'en a souvent dit autant, répondit cette dame, mais à meilleur marché. »

en brèche la dynastie par les voies légales, la Charte à la main. C'était jouer le jeu du prince *cartes sur table*, comme disait M. de Villèlé. Avec sa prodigieuse dextérité et ses ressources infinies, Benjamin Constant fit contre le gouvernement royal l'usage le plus meurtrier des armes que la Restauration elle-même avait forgées et imprudemment fournies à ses implacables adversaires.

Un autre rude jouteur, infatigable préparateur de l'avénement du parti, c'était Manuel, démolisseur plus impétueux de la royauté des Bourbons. Ses improvisations, tantôt froides, tantôt brûlantes, toujours audacieuses et inépuisables, avaient leur correctif utile dans le tact et la mesure pleine de finesse de Benjamin Constant, qui excellait à dissiper, à l'occasion, le mauvais effet des indiscrétions pseudo-républicaines de cet irréconciliable ennemi de la branche aînée. Manuel fut un de ceux qui ébranlèrent le plus fortement le trône des Bourbons. Quand il proclama à la tribune que la France ne les avait reçus qu'*avec répugnance*, on ne put se faire illusion sur le but ni sur le personnage pour lequel il travaillait. Homme pratique autant qu'orateur véhément, Manuel était destiné à un ministère, à l'avénement de la branche cadette. Il aurait probablement fait, s'il eût vécu, un ministre souple de Louis-Philippe. Il mourut à temps pour sa gloire. Il a pu mériter ainsi et conserver l'auréole dont Béranger a entouré son nom :

« Bras, tête et cœur, tout était peuple en lui. »

La fortune réservait la même faveur au général

Foy, brillant orateur, qui, plus certainement encore que Manuel, eût rencontré le tombeau de sa bonne renommée dans la révolution de 1830. De lui justement on peut dire : *Felix non solum claritate vitæ, sed opportunitate mortis* [1]. Heureux, lui surtout, d'avoir pu mourir à temps ! A survivre aux journées de Juillet, il aurait probablement emboîté le pas à Casimir Périer dans des fonctions ministérielles où, comme lui, il eût perdu sa popularité. Le général Foy était un ami particulier du duc d'Orléans ; et ici on admirera le discernement du prince dans les raisons qui l'avaient décidé à se l'attacher. Les antécédents du général, sa glorieuse carrière militaire, son noble caractère, ses opinions désintéressées, lui donnaient un relief et une position politique exceptionnels. Il était le représentant incarné des souvenirs militaires et de la gloire française. Doué au plus haut degré du don de plaire, avec un fond d'honnêteté dont actes et paroles étaient chez lui visiblement empreints, une grande popularité s'était attachée à sa personne et à son nom. Il en rejaillissait un reflet précieux sur le duc d'Orléans, avec lequel on le savait en relations intimes. Le général Foy était le trait d'union du parti d'Orléans avec les débris bonapartistes.

Dans cette galerie des notabilités du parti, je n'ai pas à comprendre le vétéran de la liberté, Lafayette, qui fut pourtant le véritable fondateur de l'établisse-

---

[1] Tacite, *Vie d'Agricola*.

ment de 1830. C'est qu'il ne fréquentait guère le duc d'Orléans, pour lequel il éprouvait une instinctive répulsion. Au début de la Restauration, leurs rapports s'étaient bornés à un échange banal de politesses dont Lafayette circonscrit lui-même la portée dans ses *Mémoires*. « La manière, dit-il, dont M. le duc d'Orléans demanda de mes nouvelles à mon fils, qu'il avait vu aux États-Unis, me fit un devoir d'aller chez lui. Il me témoigna sa sensibilité à cette démarche, faisant sans doute allusion à mes anciennes querelles avec sa branche. Il parla de nos temps de proscription, de la communauté de nos opinions, de sa considération pour moi, et ce fut en termes trop supérieurs aux préjugés de sa famille pour ne pas reconnaître en lui le seul Bourbon compatible avec une constitution libre. »

Je ferai observer que ces lignes ont été certainement écrites après 1830 ; et qu'à l'époque où nous sommes, Lafayette était loin de juger le duc d'Orléans compatible avec une *constitution libre*. Elles portent visiblement la trace du besoin qu'éprouvait le général de se faire illusion à lui-même sur la condescendance qui fut le trait final et empoisonné de sa vie.

Destiné à être toujours la dupe d'hommes moins naïfs que lui, Lafayette, sans en avoir conscience, devait jouer d'un bout à l'autre de la Restauration le jeu du duc d'Orléans. Comme son coopérateur M. Laffitte, mais celui-là marchant au but sciemment, il devait plus tard se repentir amèrement de son œuvre, en demander pardon à Dieu et aux hommes. Lafayette fut assurément l'acteur le plus sincère, on pourrait presque dire le seul sincère, à part M. Dupont (de l'Eure) et quelques autres, parmi tous ceux qui ont occupé la scène politique dans ce qu'on est convenu d'appeler la *comédie de quinze ans*. Il était plus qu'homme à paroles et à représentation : c'était, par excellence, l'homme d'action. On ne pouvait lui reprocher que d'être trop souvent guidé, dans sa conduite, par un inextinguible besoin de popularité. Cette ambition aveugle et constante de sa vie, seule récompense humaine qu'il se soit proposée, devait causer les aberrations les plus fatales de sa longue existence. Le général était au plus haut point désintéressé, et, comme simple citoyen, il eût fourni une carrière irréprochable. Avec un des plus grands noms de France, son aversion pour l'aristocratie nobiliaire était à la hauteur de son intégrité. On lui exprimait, en 1816, le désir de voir s'opérer une *fusion* entre l'ancienne et la nouvelle noblesse. « Soit, répliqua-t-il, mais pourvu qu'elle ait lieu jusqu'à l'évaporation. » Lafayette avait autant d'esprit que de courage. Son tort fut de s'être infatué d'un rôle modelé sur Washington, impossible à reproduire en France. Toute sa vie il fut le jouet d'intrigants et d'ambitieux. Il eut toujours les meilleures intentions pour aboutir aux plus pitoyables résultats. Or la postérité juge moins les intentions que les résultats, et les vertus privées, à tort ou à raison, pèsent d'un faible poids dans sa balance. Au duc d'Orléans, qu'il méprisait, Lafayette donna un trône presque à son corps défendant.

Autant le rôle du général, si aveugle qu'il fût, était chevaleresque et généreux, autant celui d'un dernier personnage, hôte habituel du Palais-Royal, était subalterne et vil, en dépit de son masque trompeur et de ses dehors fastueux. Le lecteur devine Talleyrand. Orléaniste plus ou moins déguisé, vaniteux incorrigible, ambitieux toujours aux aguets de la fortune, celui-là avait son crédit politique à rétablir. L'homme qui s'était si complaisamment prêté à l'assassinat du duc d'Enghien, qui avait proposé à Napoléon de se défaire pour quelques millions de tous les Bourbons, aurait dû s'estimer heureux d'être oublié et laissé à l'écart par la Restauration. Loin de là, son orgueilleuse vanité trouvait son supplice dans l'effacement auquel il était réduit. Il s'était mis sur un pied d'hostilité sourde et incessante contre le gouvernement de la branche aînée depuis le jour où Louis XVIII, n'ayant plus la main forcée, avait goûté la satisfaction profonde de ne plus être contraint à l'employer.

Sans avoir jamais l'importance active d'un chef de parti, sans aspirer même à ce rôle pour lequel la nature ne l'avait pas fait, Talleyrand, pendant toute la durée de la Restauration, devait travailler, sans projet bien arrêté, à miner un gouvernement qui avait le tort de ne plus vouloir de ses services, en attaquant successivement tous les ministères par de méprisantes railleries, et en entretenant, en excitant les espérances de toutes les oppositions par les appréciations sévères et dédaigneuses qu'il exprimait sur les actes et la politique du pouvoir. « Ces appréciations, dit un historien, dont la forme tranchante, sentencieuse et épigrammatique, dissimulait souvent l'insignifiance ou le peu de justesse, étaient complaisamment accueillies par ceux qui avaient intérêt à les croire fondées, et la longue expérience de Talleyrand, son immense réputation d'habileté et de prévoyance, justifiaient à leurs yeux la confiance qu'ils se plaisaient à accorder à ses opinions [1]. » Par ses coups de langue, par son persiflage sans discernement ni mesure, Talleyrand, encore bien qu'en possession d'une des plus hautes charges de la cour, frayait à sa manière la voie au chef de la branche cadette.

A la suite des coryphées, le gros du parti s'était mis à l'œuvre. Le duc d'Orléans n'avait pas autre chose à faire qu'à voir opérer sa milice. Patient et réservé dans son ambition, il évitait soigneusement tout ce qui eût pu donner à ses vues et à ses espérances la couleur d'une intrigue. Il laissait en quelque sorte la royauté venir doucement à lui ; il semblait moins occupé de faire naître les occasions de la conquérir, que de se tenir prêt à profiter des chances que les fautes ou les embarras de la Restauration pouvaient créer en sa faveur : politique la plus dangereuse pour les gouvernements qu'elle menace, en ce que, active dans son immobilité, elle procure à la longue tous les avantages d'une agression décidée, sans en avoir les périls.

[1] M. de Viel-Castel, *Histoire de la Restauration*, t. VI, p. 27.

Le prince excellait à faire à la branche aînée un genre d'opposition qui devait avoir son effet tôt ou tard, sans qu'il fût possible d'incriminer sa conduite ni ses intentions. Avec ses magnifiques toiles, il faisait revivre, dans ses salons, la gloire de la République et de l'Empire. Paris y courut en foule admirer l'exposition de tableaux d'Horace Vernet. M. de Jouy, à cette occasion, publia une notice descriptive qui n'était qu'un prétexte pour entretenir le public du duc d'Orléans. Outre les batailles de Jemmapes et de Valmy, il avait commandé au grand artiste celles de Montmirail et de Champaubert. Il fit de plus l'acquisition du *Cuirassier* et du *Hussard* de Géricault.

Casimir Delavigne, l'auteur des *Messéniennes*, investi, en 1821, de l'emploi de bibliothécaire à la chancellerie, venait d'en être congédié, sous prétexte d'économie, par le garde des sceaux, M. de Peyronnet, moins indulgent que son prédécesseur, M. Pasquier, pour les belles-lettres de l'opposition. Le duc d'Orléans, qui s'appliquait à s'entourer des renommées du libéralisme avec cette sagacité dont une couronne devait être le prix, n'avait garde de manquer une si belle occasion. Il s'empressa d'écrire au nourrisson des muses tombé en disgrâce. « Le tonnerre, disait le billet, est tombé sur votre maison : je vous offre un abri dans la mienne. » Un appartement au Palais-Royal était mis à la disposition du poëte disgracié. Casimir Delavigne eut la direction de la bibliothèque du Palais-Royal, et, depuis ce moment, la place du chantre de nos cyprès « beaux comme des lauriers » fut marquée avec éclat dans les rangs de l'opposition libérale. Le futur chantre des journées de Juillet devint de ce moment l'un des amis les plus dévoués du prince. En même temps le duc d'Orléans souscrivait aux monuments d'Abbatucci et de Kléber. Il faisait placer à ses frais, dans la nef de Saint-Roch, une table de marbre au-dessus du tombeau de Corneille. Protecteur de plusieurs sociétés savantes, entre autres de la Société Asiatique, dont il était président d'honneur, il comptait parmi les fondateurs de la Société Royale pour l'amélioration des prisons; il associait son nom à nombre de fondations philanthropiques et de bonnes œuvres. Il avait établi au Palais-Royal un *bureau de secours*. Sa munificence s'étendait jusqu'aux comédiens français, auxquels il faisait de loin en loin remise d'une partie du loyer de quarante-cinq mille francs qu'ils devaient lui payer pour la location de leur salle.

La Restauration faisait une guerre sourde et absurde aux écoles d'enseignement mutuel : le duc d'Orléans en établit dans ses domaines de la Ferté-Vidame et de Dourdan. Dans cette dernière résidence, il céda une partie d'un vieux château pour y bâtir à ses frais une maison de détention. Je n'énumérerai pas les actes de bienfaisance par lesquels il signala maintes fois son passage dans les départements. Le prince et sa famille y gagnaient d'être entourés des plus ardentes sympathies. L'effet moral de cette popularité était d'autant plus redoutable pour les aînés, qu'elle ne s'ap=

puyait que sur la puissance des bienfaits, et n'avait garde d'altérer son caractère ni sa nature par aucun acte ouvertement hostile au gouvernement.

La sagacité du duc n'avait pu se méprendre sur le rôle nouveau et considérable dévolu à la presse. Il avait à son service nombre d'écrivains subventionnés et je dirai plus tard les organes de publicité qui durent à ses libéralités leur fondation ou leur existence. Dès cette époque, il était l'inspirateur de nombreuses publications, livres, brochures, écrits de toute sorte, où les éloges, on le devine, ne lui étaient point ménagés. Ainsi parurent maintes notices biographiques, tour à tour sérieuses et frivoles, où la vérité historique était étrangement dénaturée, les faits effrontément travestis dans son intérêt et celui de la mémoire de son père, que les historiens n'ont pas manqué ensuite de reproduire servilement et de copier. Dans ces rapsodies, aujourd'hui justement tombées dans l'oubli, il ne manque jamais de se donner le beau rôle, par contraste avec la branche aînée, dont les actes et le langage sont présentés sous les plus fausses couleurs. C'était l'ombre au tableau, un moyen assuré de plus de se faire valoir.

MM. de Jouy, Jay et Arnault avaient conçu le plan d'une *Biographie des contemporains*, écrite à un point de vue libéral et destinée à contre-balancer l'effet de la *Biographie universelle* des frères Michaud. Le duc d'Orléans se fit le protecteur de la publication. Il lui vint en aide, non-seulement de sa bourse, mais encore de ses souvenirs, fournissant à ses rédacteurs des matériaux, souvent même corrigeant les épreuves.

Ce goût affiché pour les lettres et les arts avait encore l'avantage d'écarter le soupçon de préoccupations moins innocentes. Le duc paraissait, de plus, absorbé dans la gestion de son immense fortune, et particulièrement occupé de l'éducation de ses enfants.

Il avait établi, au sein de sa famille, une discipline sévère qui rappelait presque les rigueurs d'étiquette de la cour de Louis XIV. Ce ne fut donc pas sans surprise que le public apprit un matin que le duc d'Orléans avait décidé d'envoyer ses enfants aux cours publics d'un collége. A pareille dérogation aux antiques usages de la cour, on se montra d'abord incrédule. Mais la détermination du prince était réelle ; on sut positivement que son fils aîné allait suivre les classes du collége Henri IV, à partir du 25 octobre 1819. Nombre de gens n'y virent qu'un calcul politique, une résolution prise dans un but de popularité.

A la cour, elle avait fait une sensation bien autrement considérable. Louis XVIII n'en revenait pas : tant il estimait que c'était déroger et se rapprocher jusqu'au scandale des idées de la Révolution ! Par l'intermédiaire de M. Decazes, il fit prier l'ambassadeur de Naples de faire, à cet égard, des représentations officieuses au duc et à la duchesse d'Orléans. L'ambassadeur accepta cette mission d'autant plus volontiers « que son royal maître ne pouvait pas approuver non plus que le prince, son neveu, allât à l'école avec *tous les mauvais sujets de*

Paris[1]. » Mais, malgré sa bonne volonté et ses efforts, il échoua dans sa tentative.

Le duc et la duchesse d'Orléans ne pouvaient, néanmoins, faire ouvertement litière des usages de cour en se passant de l'agrément de Louis XVIII. L'obtenir fut toute une affaire. Le chef de la branche cadette crut, d'abord, devoir faire poser la question au roi par la princesse Amélie, sa femme, qui, d'après sa naissance, jouissait du titre et des priviléges d'Altesse royale. A sa visite ensuite au monarque, il n'eut donc point à aborder le premier la question.

Le roi ouvrit l'entretien. Il fulmina tout d'abord contre l'éducation universitaire, insistant sur l'esprit irréligieux qui régnait dans les colléges. Ce n'était pas là une des moindres bizarreries de la tournure d'esprit de Louis XVIII. Mais chez lui les traditions, l'étiquette et les usages de la monarchie primaient même les croyances. En conséquence et à l'appui de sa thèse, il rappela au duc d'Orléans des précédents, tels que le prince de Condé, dont l'éducation s'était faite dans une université pourtant *bien autrement aristocratique que celle du temps.* A suivre cet exemple, il prétendit que l'esprit de turbulence de la bourgeoisie gagnerait infailliblement les princes, et il cita la Fronde comme le fruit politique des éducations faites en commun. « Sire, répondit le duc d'Orléans, je vois que vous aimez les princes qui ne sont point embarrassants. Mais pour avoir des princes instruits, expérimentés, habiles,

---

[1] *Lettre de l'ambassadeur de* Naples, prince de Casteleicala.

il faut bien risquer quelque chose. *Les rasoirs qui font le mieux la barbe sont aussi ceux qui pourraient le mieux nous couper le cou*[1]. Il importe aujourd'hui que les princes soient connus des jeunes générations, qu'ils vivent au milieu d'elles, et, qu'au besoin, ils échangent, dès le collége, quelques coups de pied, quelques coups de poing avec la bourgeoisie, pour que plus tard ils puissent trouver en elle des sentiments sympathiques. Mes fils ne se sépareront pas entièrement de moi, et l'esprit de famille, croyez-le bien, les mettra à l'abri des dangers que vous redoutez pour eux, pour l'avenir de la France et du trône. »

A cette discussion entre les deux augustes interlocuteurs, se mêla un incident assez plaisant. Louis XVIII ne portait jamais de gants, le duc d'Orléans en avait toujours[2]. Dans la chaleur de la conversation, le roi, tirant par l'extrémité des doigts les gants du duc d'Orléans, parvenait à les lui ôter et les plaçait sur la table. Le prince, les reprenant, les remettait tout en causant. Ce double manége se reproduisit plusieurs fois sans que les deux personnages fussent un moment distraits de leur entretien.

Comme exemple de cette éducation de la bourgeoisie, antireligieuse et subversive, Louis XVIII cita en-

---

[1] Après celui-là, je donnerai bien d'autres échantillons des adages bourgeois ou plutôt vulgaires qu'affectionnait Louis-Philippe.

[2] On sait que l'usage des gants dans le monde est une importation anglaise. A la cour, sous l'ancien régime, on ne connaissait que les manchettes de dentelles. Les gants ne servaient que lorsqu'on montait à cheval.

core au duc d'Orléans le prince de Conti, qui n'y avait puisé, dit-il, que des sentiments d'indépendance, voire même d'hostilité ouverte, ayant saisi l'occasion des troubles du Parlement pour se former un parti d'opposition dans la magistrature. Le duc d'Orléans fit observer à Sa Majesté, qu'en regard d'incontestables travers, il y avait aussi lieu de tenir compte à leur parent de grandes et précieuses qualités, singulièrement développées par son éducation, par exemple, son activité, son aptitude aux affaires, sa popularité à l'armée, où il avait déployé un grand talent militaire. Il dit les preuves qu'il avait données d'une valeur éprouvée et d'une rare habileté dans la campagne de 1744, en Italie, et dans celle de 1745, en Allemagne. A Coni, il avait eu sa cuirasse percée de deux coups de feu et deux chevaux tués sous lui. Le duc d'Orléans rappelait encore la confiance, l'ardeur qu'il avait su inspirer aux troupes qui, sous sa conduite, s'étaient montrées admirables. Le prince de Conti et ses soldats avaient valu à nos armes de la part du général espagnol, notre allié, dans une dépêche à sa cour, ce bel et simple éloge : « Il se présentera quelque occasion où nous ferons aussi bien que les Français; car il n'est pas possible de faire mieux. » Mais l'argument était peu capable de toucher Louis XVIII, de tout temps dédaigneux de la gloire militaire. Ces mérites, répliquait-il, ne compensaient pas chez le prince de Conti son oubli des bienséances extérieures, tel qu'il l'avait signalé au terme de sa carrière. C'était là, selon le Roi, encore un fruit de son éducation complétement émancipée des règles et coutumes des cours. Là-dessus il s'étendit avec complaisance sur l'originalité, la pétulance et les excentricités du prince de Conti, dont, au surplus, il était le premier à rire. Il racontait que, dans sa dernière maladie, certain de ne pouvoir guérir, il avait commandé son cercueil de plomb, et, s'y couchant, n'avait pas tari de plaisanteries sur ce qu'il s'y trouvait à l'étroit et mal à son aise. « Si au moins, continuait Louis XVIII, il y fût entré finalement avec décence ! Mais non : il était demeuré le même jusqu'au bout, le prince qui, voyant un jour se promener ensemble son aumônier et son trésorier, avait dit tout haut en riant : « Voilà bien les deux hommes les plus « inutiles de ma maison ! » Le duc d'Orléans qui, lui aussi, à l'occasion, savait aiguiser le trait mordant, dit « que, quant au trésorier, il ne lui paraissait pas aussi superflu qu'à leur cousin, mais que pour l'aumônier, il avait bien pu le croire inutile, ayant su très-bien s'en passer *in extremis*, assisté qu'il était de son confesseur ordinaire. » C'était une allusion piquante à la marquise de Boufflers, dans les bras de laquelle avait trépassé le prince. Louis XVIII, prenant ici un ton plus sérieux, plaça un blâme sévère. « Le prince de Conti était, disait-il, le premier de la maison de Bourbon, toujours très-édifiante au lit de mort, qui eût, bien qu'ayant conservé sa tête jusqu'au dernier moment, persisté dans l'impénitence finale en refusant de recevoir les sacrements de l'Église. » Alarmé sur le sort de cette ouaille auguste, l'archevêque de Paris, de Beaumont, s'était présenté à son chevet. Le prince l'avait reçu très-honnêtement ; mais il avait prié le prélat de ne point entamer la question religieuse, « parce que, disait-il, il avait mûrement examiné la chose et savait à quoi s'en tenir. » L'archevêque s'en était allé comme il était venu. Mais ses subalternes ne s'étaient pas si facilement résignés. Piqués au vif de voir cette proie leur échapper, ils avaient eu recours à la ruse. Le zèle des serviteurs de la maison préalablement intéressé, ils s'étaient présentés munis des saintes huiles, et, entrés par une porte, ils étaient sortis par l'autre. Louis XVIII dit au duc d'Orléans qu'on croyait même qu'ils avaient oint le malade déjà mort!

Le Roi s'était déridé à son propre récit. Il raconta encore au duc d'Orléans d'autres fredaines de leur cousin. « Il n'était presque aucune des filles d'Opéra qui n'eût un *contrat* de lui, sans compter les autres! C'était bien la peine à lui, observait Louis XVIII, d'avoir manqué d'égards pour les maîtresses de Louis XV, ce qui lui avait valu de ne plus être employé! » De sa disgrâce, il n'avait pourtant pas gardé rancune au monarque. Il assistait aux prières de quarante heures qu'on disait à la paroisse du Temple pour le rétablissement de Louis XV, lorsqu'on vint lui annoncer sa mort. Avec sa pétulance ordinaire, il fit immédiatement renfermer le Saint-Sacrement dans le tabernacle, par forme de reproche au bon Dieu de l'inutilité des prières qu'on lui adressait pour le Roi, et au grand scandale du peuple, obligé de se retirer sans bénédiction. Son langage avait été plus facétieux encore. Au messager qui était venu lui annoncer que Louis XV avait succombé à la petite vérole, il avait, sans sourciller, fait cette réponse : « Apprenez, monsieur, que le roi de France n'a rien de petit ! »

Les deux illustres cousins en étaient là de leur conversation, qui avait pris le tour le plus désopilant. Louis XVIII, en bonne humeur, était en veine de récits. Il avait perdu tout à fait de vue l'objet essentiel de la visite du duc d'Orléans. Il le mit dans la confidence d'un scandale du jour, tout frais éclos, avec des circonstances telles que je ne saurais le rapporter ici. Il y avait intercalé un singulier axiome en matière d'amour[1]. C'était un besoin impérieux pour Louis XVIII de raconter des aventures licencieuses, des anecdotes grivoises où il se mettait souvent en jeu, vantant les prouesses de sa jeunesse, auxquelles personne ne croyait, et affichant des prétentions à des facultés qu'il n'avait jamais possédées. Ce prince, à qui la nature n'avait donné que de la tête, ne pouvait, dans le commerce le plus intime avec le sexe, apporter ni goûter que les jouissances de l'esprit. Les dames, qu'il ne courtisait que de propos, tout en affectant de donner beaucoup d'éclat à ses liaisons, lui prêtaient certains penchants très-particuliers, imputation qui *péchait par sa base*, est-il dit dans les *Souvenirs* de son valet de garde-robe Arnault, car *où il n'y a rien, le roi perd ses droits*[2].

[1] « Ce n'est pas l'amour qui nous perd, c'est la manière de le faire. »
[2] *Mémoires inédits* de M. Edme Gittard. — *Mémoires* du duc de Raguse, t. VII, p. 49. — *Biogr. univ.*, art. Balbi, t. II, p. 664.

L'habileté de M. Decazes à exploiter ce faible du monarque avait été la principale cause de sa prodigieuse fortune. Je dis la principale, car il ne faut pas omettre la part qu'y eut la belle madame Princeteau, sa sœur, qu'en galant et *bon sujet* il avait complaisamment introduite dans les petits appartements des Tuileries. Chaque jour, après dîner, il communiquait au Roi, au moyen du dépouillement du *cabinet noir* et des rapports de police, la chronique scandaleuse de la journée. Le ministre, la tête farcie de citations latines, faisait alors assaut avec le maître d'histoires libertines, de contes graveleux, en ayant bien soin de se faire battre, de laisser l'avantage au Roi dans cette lutte d'un nouveau genre. Indépendamment de ces longues audiences du soir, Louis XVIII éprouvait fréquemment le besoin de correspondre avec son favori pour l'entretenir d'objets le plus souvent du caractère le plus futile. Ainsi, un jour qu'on avait tiré aux Tuileries le gâteau des Rois, le sort ayant favorisé le duc d'Orléans, il a hâte d'écrire à M. Decazes pour lui raconter que « le duc d'Orléans n'a pas pris sa royauté très-gaiement; peut-être, dit-il malicieusement, parce qu'il trouve que cette royauté est bien peu de chose [1]. » Dans une autre lettre, à propos d'une question de préséance, le jour d'une représentation théâtrale, il se plaint, non sans amertume, des prétentions de son cousin, qui de son côté, probablement, se plaignait qu'on voulût toujours le faire dé-

---

[1] *Lettre* de Louis XVIII à M. Decazes, 7 janvier 1819.

choir de son rang¹. Mais où sa bonne humeur éclate et s'épanouit, c'est, dans une autre circonstance, au rapport que lui fait son ministre de prédilection d'une intrigue galante qu'il a découverte ou cru découvrir du duc d'Orléans. C'était par allusion sans doute au mystère et aux précautions dont s'était enveloppé le prince, que le Roi avait énoncé la maxime que j'ai dite, pierre bien inoffensive jetée dans le jardin de son cousin. Là-dessus, cependant, on aurait tort de juger trop sévèrement Louis XVIII, de ne voir en lui, qu'on me pardonne le mot, qu'une vieille commère. Pour être équitable à son égard, il faut songer que, condamné par son obésité et par ses infirmités à un repos souvent absolu et à une sorte d'isolement au milieu de son palais, il était obligé, en fait de distractions, de s'accrocher à toutes les branches².

Si le duc d'Orléans avait eu de la peine à obtenir l'assentiment du Roi à l'envoi du duc de Chartres au collège, en revanche il obtint d'emblée l'approbation bruyante de la bourgeoisie et les sympathies du peuple. Paul Courier s'en rendit l'organe, vantant outre mesure, et, à certains égards, sans grand respect de la vérité, un système d'éducation qui, nouveau pour un prince, ne laissait pas que de continuer d'être privilégié et exclusif sous beaucoup de rapports, comme je l'expliquerai plus tard à l'occasion de l'en-

---

[1] *Lettre* du Roi à M. Decazes, du 14 octobre 1819, citée par M. Duvergier de Hauranne, dans son *Histoire du gouvernement parlementaire*.
[2] *Mémoires inédits* de M. Edme Gittard.

trée au collége des autres fils du duc d'Orléans.

« La jeunesse, dit le célèbre pamphlétaire, croît chez nous et voit croître avec elle les princes; je dis avec elle, et je m'entends. Nos enfants, plus heureux que nous, vont connaître leurs princes élevés avec eux et en seront connus. Déjà voilà le fils aîné du duc d'Orléans, je sais cela de bonne part, et vous le garantis plus sûr que si toutes les gazettes le disaient; voilà le duc de Chartres au collége, à Paris. Chose assez simple, direz-vous, s'il est en âge d'étudier : simple, sans doute, mais nouvelle pour les personnes de ce rang. On n'a point encore vu des princes au collége; celui-ci, depuis qu'il y a des colléges et des princes, est le premier qu'on ait élevé de la sorte, qui profite du bienfait de l'instruction publique et commune; et de tant de nouveautés écloses de nos jours, ce n'est pas celle qui doit le moins surprendre. Un prince étudier, aller en classe! un prince avoir des camarades! Les princes jusqu'ici ont eu des serviteurs, et jamais d'autre école que celle de l'adversité, dont les rudes leçons étaient perdues souvent.

« Isolés à tout âge, loin de toute vérité, ignorant les choses et les hommes, ils naissaient, ils mouraient dans les liens de l'étiquette et du cérémonial; n'ayant vu que le fard et les fausses couleurs étalées devant eux, ils marchaient sur nos têtes et ne nous apercevaient que quand par hasard ils tombaient. Aujourd'hui, connaissant l'erreur qui les séparait des nations, comme si la clef d'une voûte, pour user de cette comparaison, pouvait en être hors et ne tenir à rien, ils veulent voir des hommes, savoir ce que l'on fait, et n'avoir plus besoin des malheurs pour s'instruire ; tardive résolution, qui, plus tôt prise, leur eût épargné combien de fautes et à nous combien de maux ! Le duc de Chartres au collége, élevé chrétiennement et monarchiquement, mais je pense aussi un peu constitutionnellement, aura bientôt appris ce qu'à notre grand dommage ignoraient ses aïeux, et ce n'est pas le latin que je veux dire, mais ces simples notions de vérités communes que la cour tait aux princes, et qui les garderaient de faillir à nos dépens. Jamais de dragonnades ni de Saint-Barthélemi, quand les rois, élevés au milieu de leurs peuples, parleront la même langue, s'entendront avec eux sans truchement ni intermédiaires : de jacquerie non plus, de ligues ni de barricades.

« L'exemple ainsi donné par le jeune duc de Chartres aux héritiers des trônes, ils en profiteront sans doute. Exemple heureux autant qu'il est nouveau ! Que de changements il a fallu, de bouleversements dans le monde pour amener là cet enfant ! et que dirait le grand Roi, le roi des honnêtes gens? Louis le Superbe, qui ne put souffrir, confondus avec la noblesse du royaume, ses bâtards, même ses bâtards ! tant il redoutait d'avilir la moindre partie de son sang ! Que dirait ce parangon de l'orgueil monarchique, s'il voyait aux écoles, avec tous les enfants de la race sujette, un de ses arrière-neveux, sans pages, ni jésuites, suivre des exercices et disputer des prix, tantôt vainqueur, tantôt vaincu; jamais, dit-on, favorisé ni flatté en aucune sorte, chose admirable au collége même (car où n'entre pas cette peste de l'adulation?), croyable pourtant, si l'on pense que la publicité des cours rend l'injustice difficile, qu'entre eux les écoliers usent peu de complaisance, peu volontiers cèdent l'honneur, non encore exercés aux feintes qu'ailleurs on nomme déférence, égards, ménagements, et qu'a produits l'horreur du vrai; là, au contraire, tout se dit : toutes choses ont leur vrai nom et le même nom pour tous; là tout est matière d'instruction, et les meilleures leçons ne sont pas celles des maîtres. Point d'abbé Dubois, point de menins; personne qui dise au jeune prince : Tout est à vous; vous pouvez tout; il est l'heure que vous voulez. En un mot, c'est le bruit commun qu'on élève là le duc de Chartres comme tous les enfants de son âge; nulle distinction, nulle différence[1], et les fils de banquiers, de juges, de négociants, n'ont aucun avantage sur lui; mais il en aura, lui, beaucoup, sorti de là, sur tous ceux qui n'auront pas reçu cette éducation; il n'est, vous le savez, meilleure éducation que celle des écoles publiques, ni pire que celle de la cour. »

[1] On verra plus loin combien Courier était dans l'erreur sur ce point.

CHAPITRE XIII

Assassinat du duc de Berry. — Le duc d'Orléans préside à ses obsèques. — Naissance du duc de Bordeaux. — Protestation du duc d'Orléans. — Sa démarche inconvenante auprès du maréchal Suchet. — Irritation de la cour et délibération de famille. — Vues divergentes des politiques. — Le duc d'Orléans cherche à se faire oublier. — Mort de la duchesse douairière, sa mère, et accroissement considérable de sa fortune. — Commencement des relations de la famille d'Orléans avec madame de Feuchères. — Procès avec Maret, duc de Bassano. — Piquante réplique du duc d'Orléans à Louis XVIII.

Après trois années d'une existence effacée, presque entièrement remplie par des soins domestiques, le duc d'Orléans allait, par sa faute, provoquer contre lui, à l'occasion de l'assassinat du duc de Berry, une recrudescence du déchaînement des passions ultra-royalistes.

Le duc d'Angoulême n'ayant pas d'enfants, et le duc de Berry, son frère, ne se mariant pas, le duc d'Orléans avait espéré pendant quelque temps que la branche aînée viendrait prochainement à s'éteindre, et qu'ainsi, sans effort ni secousse, il arriverait au terme de ses vœux. Le mariage du duc de Berry lui avait causé un premier désappointement. Ses espérances se ranimèrent quand la jeune princesse parut condamnée à ne pas conserver d'enfants. Les deux premiers, dont l'un était un prince, étaient morts en bas âge; le troisième, Mademoiselle, avait survécu. Partagé entre l'espoir et la crainte, balancé entre des alternatives diverses, le duc d'Orléans était plus que jamais, au jour de l'assassinat du duc de Berry, en proie à ses anxiétés dynastiques.

Douloureuse catastrophe de famille, la fin malheureuse de ce prince est encore un événement important dans l'histoire.

Le 13 février 1820, dernier dimanche de carnaval, le duc de Berry s'était rendu à l'Opéra avec la duchesse sa femme. Vers onze heures, lorsque celle-ci voulut se retirer, il la reconduisit à sa voiture. A peine venait-il de lui donner la main pour l'aider à monter, qu'un homme, passant rapidement entre le factionnaire qui lui présentait les armes et le valet qui relevait le marchepied, appuie sa main gauche sur l'épaule du prince et le frappe de la main droite au-dessous du sein droit. Croyant d'abord n'avoir reçu qu'une faible contusion, le prince y porte la main. Mais dès qu'il a senti la plaie et le poignard qui y restait attaché, il s'écrie : « Je suis assassiné... Cet homme m'a tué... Je suis mort... » Et, retirant lui-même l'arme ensanglantée, il répand des flots de sang et tombe en défaillance. L'assassin était Louvel, garçon sellier, agent du parti bonapartiste, entré dans la sellerie du Roi avec le projet bien arrêté d'assassiner les Bourbons. Il épiait depuis longtemps les membres de cette famille dans leurs voyages et leurs parties de chasse. Il s'était plus particulièrement attaché au duc de Berry, et ce fut contre ce prince qu'il dirigea ses premiers coups, parce que, dit-il, il *faisait souche*. Louvel, comme des révélations récentes nous l'ont appris, avait reçu d'un des frères de Napoléon, à deux fois différentes, une assistance pécuniaire plus que suspecte. L'infortuné duc de Berry survécut peu de temps au coup mortel. Sur son lit de douleur, il eut encore la force et la générosité de demander à Louis XVIII, qui éluda la réponse, la grâce de son assassin. Louvel fut exécuté en Grève le 7 juin 1820. Le résultat le plus immédiat du crime fut la chute du ministère Decazes, qui l'avait au moins laissé commettre par son incurie[1].

Le duc d'Orléans, au moment du crime, était présent dans la salle avec sa famille. A la première nouvelle, il accourut, entouré des siens, et, comme on devait s'y attendre, donna les marques d'une vive émotion, de la plus profonde douleur. Il ne parut pas, au surplus, se préoccuper beaucoup de l'arrestation de l'assassin, ni de découvrir les mobiles du crime. Il retourna au Palais-Royal, tandis que sa femme et sa sœur reconduisaient à l'Élysée l'infortunée duchesse avec des démonstrations de douleur sincère ou affectée.

Le meurtre fut-il l'effet d'une haine isolée ou d'une combinaison politique? L'histoire fournit des indices à l'appui de l'une et de l'autre hypothèse. Des charges accablantes, comme je l'ai dit, pèsent aujourd'hui sur

---

[1] *Relation historique, heure par heure, des événements funèbres de la nuit du 13 février 1820, d'après des témoins oculaires*, par M. Hapdé, 5ᵉ édition, Paris, 1820, in-8°. — *Histoire du procès de Louvel*, par M. Maurice Méjan.

la faction bonapartiste : on les ignorait alors. Le duc d'Orléans, lui, fut soupçonné, accusé à demi-voix. L'intérêt qu'il avait à la mort du duc de Berry le désignait aux soupçons, sans cependant les justifier. Quant à sa complicité, supposition absurde, je ne perdrai pas mon temps à la réfuter : le bon sens en fait suffisamment justice. Mais il est un fait à la charge de la mémoire de Louis-Philippe, fait regrettable qu'on peut alléguer aujourd'hui, parce qu'il fut rendu public sous son règne sans motiver aucune réclamation ni poursuite judiciaire : on sait pourtant si les parquets de Louis-Philippe, étroitement tenus sous sa main, en étaient avares! La maîtresse de Louvel touchait, dès avant 1830, une pension du Palais-Royal, et, après Juillet, elle entra comme lingère aux Tuileries. M. Germain Sarrut, le premier, avait dénoncé ce fait dans sa *Biographie des hommes du jour*, sans être cité en justice, au temps de la puissance de Louis-Philippe. Il a, depuis, été plusieurs fois reproduit par des écrivains qui n'ont pas davantage été inquiétés. Il demeure aujourd'hui acquis à l'histoire, qui a le droit et le devoir d'en tirer la moralité.

Le 16 février, le corps embaumé du duc de Berry fut exposé au Louvre sur un lit de parade, et, trois jours après, dans une chapelle ardente disposée avec une grande magnificence. Après les grands dignitaires de la couronne et les fonctionnaires de l'État, civils et militaires, les simples citoyens furent admis à rendre les derniers devoirs au prince en lui jetant de l'eau bénite.

Le duc d'Orléans fut chargé de représenter le Roi dans cette triste solennité.

On ignorait que la duchesse de Berry fût alors enceinte. L'enfant qu'elle portait dans son sein ne devait venir au monde que six mois après la mort de son père. La branche cadette de la maison de Bourbon n'était donc plus séparée du trône que par l'existence problématique d'un enfant non encore né. En pareille occurrence, Louis XVIII avait des devoirs sérieux à remplir : il n'y faillit point. « Des précautions, dit M. de Viel-Castel, furent prises pour prévenir les doutes et les suppositions calomnieuses que les partis ne manquent jamais de propager lorsqu'ils ont intérêt à contester la légitimité d'un enfant royal. Le maréchal Suchet et le maréchal de Coigny, désignés comme témoins de l'accouchement, étaient logés aux Tuileries, pour qu'on fût sûr de les avoir sous la main quand il en serait temps. Peu s'en fallut que ces précautions ne fussent déjouées par l'événement. Dans la nuit du 28 au 29 septembre, vers deux heures du matin, la duchesse de Berry se sentit prise des douleurs, et, avant qu'on eût eu le temps d'appeler personne, elle avait mis au jour le prince qu'on appelle aujourd'hui le comte de Chambord. Avec une rare présence d'esprit, elle défendit que l'on détachât l'enfant de sa personne avant l'arrivée des témoins. Elle ordonna de faire entrer, avec quelques gardes nationaux, un garde du corps et un officier de la garde qui se trouvaient de service. Le Roi, qu'on était allé avertir, arriva bientôt dans la chambre de la princesse, où se trouvaient déjà Monsieur, Madame, le duc d'Angoulême, et où le duc et la duchesse d'Orléans vinrent se réunir à eux quelques moments après [1]. »

A l'événement qui venait contrarier au plus haut point ses secrètes espérances, la circonspection du duc d'Orléans cette fois se démentit. Son désintéressement politique se trouva tout à fait en défaut. Résonnaient-elles encore à son oreille, ces paroles de Louis XVIII : « Mon cousin, vous êtes le plus rapproché du trône après Berry ? » La naissance malencontreuse du duc de Bordeaux venait tout à coup fermer la lice aux prétentions collatérales et affermir le sceptre dans la ligne directe. Ce contre-temps, le prince le ressentit d'autant plus vivement, que la mort du duc de Berry semblait devoir mettre un terme à la rivalité des deux branches de la maison de Bourbon, en faisant, dans un temps peu éloigné, passer la couronne à la branche cadette. Un mot du duc d'Orléans avait antérieurement trahi les passions envieuses que la proximité du trône avait allumées en lui. Quand on lui annonça la naissance du fils posthume du duc de Berry, il s'était écrié : « Nous ne serons donc jamais rien dans ce pays ! » — Rien ! Il comptait pour rien la position de prince du sang royal et les 300 millions de biens que Louis XVIII lui avait donné !

En attendant, le prince comprit la nécessité de dissimuler : il assista en grand appareil au *Te Deum* qui

---

[1] *Histoire de la Restauration*, t. IX, p. 90.

fut chanté à Notre-Dame, en actions de grâces de la naissance du fils du duc de Berry [1].

La naissance du duc de Bordeaux, en ranimant la légitimité défaillante, porta jusqu'au délire l'enthousiasme de ses partisans. Les puissances étrangères, de leur côté, saluèrent cet événement par des acclamations peu encourageantes pour les convoitises supposées de la maison d'Orléans. S'exprimant au nom du corps diplomatique, le nonce du pape disait à Louis XVIII : « Voici le grand bienfait que la Providence a daigné accorder à la tendresse paternelle de Votre Majesté. Cet

---

[1] La lettre suivante, adressée au prince de Condé, à l'occasion de cette cérémonie, témoigne de l'importance que le duc d'Orléans attachait aux prérogatives de son rang.

« Neuilly, ce 1ᵉʳ octobre 1820.

« Comme je sais, Monsieur, que vous désirez savoir d'avance ce que j'apprends sur les cérémonies auxquelles nous sommes invités, je m'empresse de vous informer de ce que M. de Brézé est venu me dire hier au soir, relativement au *Te Deum* qui doit être chanté mardi à Notre-Dame, en actions de grâce de la naissance du duc de Bordeaux. Il m'a dit que le Roi n'y serait pas, mais que Sa Majesté serait censée y être ; que, par conséquent, son fauteuil serait placé au centre de nos pliants qui seraient tous sur la même ligne, avec un carreau devant *chaque*; qu'il avait ordonné que les neuf pliants fussent pareils ainsi que les carreaux et de la même étoffe ; que Monsieur mènerait dans sa voiture M. le duc d'Angoulême, vous et moi, et que nos voitures précéderaient immédiatement les leurs dans le cortège. D'après cela, j'ai dit à M. de Brézé que j'irais à la cérémonie, et je serai mardi matin à dix heures chez Monsieur pour l'y accompagner. Je serai en grand uniforme, en bottes, avec le cordon bleu sur l'habit, et M. de Brézé doit nous faire savoir si les voitures du cortège seront à huit chevaux ou à deux, afin que nos attelages *soient pareils à ceux de nos aînés*. S'il ne me faisait rien dire, je mettrais la *mienne à huit chevaux*. Madame la duchesse d'Angoulême mènera de même toutes les princesses, qui seront par conséquent cinq dans la voiture.

« Je profite avec plaisir, Monsieur, etc.

« L.-Ph. d'Orléans. »

enfant de douleurs, de souvenirs et de regrets, est aussi *l'enfant de l'Europe*. Il est le présage et le garant de la paix et du repos qui doivent suivre tant d'agitations. »

L'empereur Alexandre, de son côté, écrivait au roi : « La naissance du duc de Bordeaux est un événement que je regarde comme très-heureux pour la paix de l'Europe, et qui porte de justes consolations au sein de votre famille; je prie Votre Majesté de croire que je ratifie le titre d'enfant de l'Europe qui a salué le duc de Bordeaux. » Le tzar et les puissances entendaient sans doute par là, qu'en rattachant indéfiniment les Français à l'ordre héréditaire de succession monarchique, cet événement leur semblait un gage de paix et de sécurité pour les autres nations.

Tout le monde ne l'envisageait pas ainsi, et l'accouchement de la duchesse de Berry devint l'objet d'une ardente controverse où la calomnie se donna carrière. Les journaux anglais avaient annoncé, comme inévitable et à jour fixe, la naissance d'un rejeton mâle de la branche aînée des Bourbons. Des rumeurs étranges circulèrent. Dans une foule de pamphlets clandestins, l'authenticité de la grossesse de la mère d'Henri V fut révoquée en doute, et la malveillance allait jusqu'à en faire remonter la source au Palais-Royal.

Le duc d'Orléans lui-même feignit de se croire dépossédé de la couronne par une supercherie. Le 30 septembre 1820, il faisait rédiger secrètement une protestation qui, à part les indiscrétions inévitables en pareil cas, devait, à raison de sa précipitation même, trahir sa trop haute origine. Elle fut par lui adressée à Londres au *Morning-Chronicle*, qui l'inséra dans ses colonnes[1]. C'était le même journal qui, en 1815, avait le premier annoncé le refus du duc d'Orléans de combattre à Waterloo, et qui, pendant la grossesse de la duchesse de Berry, s'était porté garant en termes ironiques du sexe de l'enfant auquel elle devait donner le jour.

Cette protestation ne pouvait manquer d'avoir du retentissement aux Tuileries. Ainsi qu'il arrive à ceux qui sont allés trop loin, le duc d'Orléans prit peur et recula après un coup si audacieux. Accouru effaré au Château, il n'avait pas de paroles assez véhémentes pour protester, pour exhaler son indignation contre le faussaire qui s'était servi de son nom pour calomnier ses sentiments et le compromettre. Il alla jusqu'à solliciter une enquête et des poursuites judiciaires contre la « machination infâme ourdie contre lui! » A quelques années de là, en 1830, il devait, non-seulement avouer la protestation, mais encore la faire reproduire au *Moniteur officiel* et dans les journaux à ses gages!

[1] Voir aux Pièces justificatives, à la fin du volume.
On désigna dans le temps le duc de Dalberg comme s'étant chargé de porter cette protestation en Angleterre. C'est une erreur. Ce diplomate était parfaitement convaincu de la légitimité de la naissance du duc de Bordeaux. D'ailleurs, le premier voyage du duc de Dalberg en Angleterre n'eut lieu qu'en mai 1825, c'est-à-dire trois ans après l'événement.

M. Louis de Viel-Castel, dans son *Histoire de la Restauration* (t. IX, p. 95), pense que la protestation publiée en Angleterre sous le nom du duc d'Orléans fut l'œuvre d'un faussaire. Je ne puis sur ce point partager l'opinion de l'estimable auteur. C'est sur un examen approfondi des faits et circonstances de cette publication que je fonde ma conviction et non pas seulement sur l'adage de droit : *Is fecit cui prodest*, qui a bien aussi sa valeur.

A la cour, les dénégations bruyantes du duc d'Orléans n'avaient rencontré que des incrédules. Pour expliquer cette infraction à ses habitudes de réserve et de circonspection, c'est le moins qu'on doive supposer qu'il avait été frappé de ces mots : « Enfant de l'Europe ! » N'était-ce pas, de la part des puissances, la déclaration qu'on avait su lire dans la pensée de la branche cadette, et qu'on redoutait, à l'égal d'une calamité européenne, son avénement au trône, même après l'extinction naturelle de la branche aînée ? Le duc d'Orléans mit le comble à ses torts par une démarche inconsidérée.

On a vu que le maréchal Suchet avait été chargé par le Roi d'assister à la naissance de l'enfant royal. Le duc d'Orléans ne craignit pas d'aller le trouver. « Monsieur le maréchal, lui dit-il, votre loyauté m'est connue ; vous avez été témoin de l'accouchement de madame la duchesse de Berry : est-elle réellement mère d'un prince ? — Aussi réellement que monseigneur est père de M. le duc de Chartres, » répondit le maréchal. A madame de Gontaut, qui lui exprimait sa surprise de l'étrange démarche de son frère, madame Adélaïde, qui ne péchait pourtant pas par la naïveté, répliqua : « Vous aussi, Joséphine, vous êtes en colère contre mon frère ; mais il faut pardonner un premier mouvement : on ne perd pas sans regret une couronne. »

L'attestation demandée au maréchal Suchet n'avait pas seulement blessé profondément Louis XVIII et la famille royale, elle avait révolté la cour. Il se tint à cette occasion un conseil où l'on agita la question si le duc d'Orléans ne serait pas exilé, ou si, tout au moins, l'entrée des Tuileries ne lui serait pas interdite. Louis XVIII, sans doute pour éviter le scandale, s'abstint de toute mesure de rigueur. Il exigea seulement que son cousin renouvelât en sa présence le serment de chevalier de l'ordre du Saint-Esprit[1]. S'il était facile d'obtenir le serment du duc d'Orléans, autre chose était d'y fonder beaucoup d'espoir. Louis XVIII se flattait de n'avoir rien à craindre du prince, sa vie durant, tant qu'il le tiendrait sous son étroite surveillance, mais il était loin d'être rassuré pour son frère. Il exprimait à ce sujet de sinistres appréhensions.

Tous les politiques, je l'ai dit, n'avaient pas également battu des mains à la naissance du duc de Bordeaux. Il en était qui, loin d'y trouver un gage de sécurité pour l'avenir, n'y voyaient qu'un grave empêchement à la conciliation des intérêts dynastiques. « Parmi les hommes que leurs sentiments ou leurs intérêts attachaient de la manière la moins équivoque à la cause de la légitimité, dit un historien, il en était quelques-uns dont la sagacité entrevoyait une source de dangers là où la masse du public n'apercevait que

---

[1] Voici la finale de ce serment : « Je jure à mon Dieu, Sire, qu'en telle occasion, je n'abandonnerai jamais votre personne, ou le lieu où vous m'aurez ordonné de servir, sans votre exprès commandement, ou celui auprès de qui vous m'aurez ordonné d'être ; que je révélerai fidèlement ce que je saurai importer à votre service et à l'État, et ne consentirai ni permettrai jamais en tant qu'à moi sera qu'il soit rien innové ou attenté contre le service de Dieu, ni contre votre présence royale. »

des motifs de tranquillité et de confiance. Ils craignaient que le parti royaliste, se croyant désormais sûr de l'avenir, n'en conçût une confiance exagérée qui l'entraînerait à de fatales imprudences, et que, d'un autre côté, le parti libéral, perdant définitivement l'espérance de voir arriver au trône la maison d'Orléans, plus sympathique à la France nouvelle, ne devînt plus violent, plus irréconciliable encore. Le général Pozzo et M. de Sémonville n'étaient pas étrangers à cette préoccupation. Un homme moins connu pour sa perspicacité, M. de Lally, écrivait dans le même sens à M. Decazes une lettre bien remarquable. Après avoir exprimé, avec son emphase ordinaire, la part qu'il prenait à la joie du Roi et de la famille royale : « Quand je vous disais, ajoutait-il, que j'ai joui *surtout pour le Roi*, de cette naissance, c'est que tous les jours je doute davantage si c'était la combinaison à souhaiter pour la France, pour la monarchie, pour cette dynastie qui nous est si chère... si ce qu'il y aurait eu de plus propice à ces grands intérêts, de plus propre à fixer les idées, à consolider la Charte, à dissiper les ombrages, à éteindre les haines, à forcer la conciliation, n'eût pas été la naissance d'une princesse qu'on eût fiancée dès le berceau à ce prince si admirablement élevé. L'allure que prennent les affaires donne lieu de craindre que de nouvelles discordes ne sortent de ce berceau qui eût dû être l'arche d'alliance et le symbole de la réunion. » Il n'est pas besoin d'expliquer que le jeune prince auquel M. de Lally faisait allusion était le fils aîné du duc d'Orléans, le duc de Chartres, alors âgé de dix ans[1]. »

Il existe un curieux témoignage des vives appréhensions que l'attitude du duc d'Orléans avait fait naître à cette époque dans l'esprit de Louis XVIII. C'est un portrait du premier prince du sang, esquissé par la main même du Roi, qui, selon ses propres expressions, s'efforce de trouver la solution du difficile problème que son cousin lui a donné à résoudre.

On sait que, sous la Restauration, les gentilshommes de la chambre, quand ils étaient de service, avaient l'honneur de déjeuner à la table royale. Au mois d'avril 1821, c'était le tour de M. d'Haussez, depuis ministre de la marine sous Charles X. La conversation tomba pendant le déjeuner sur le duc d'Orléans. Quel était le fond de sa pensée? Que voulait-il? Pourquoi voyait-on au Palais-Royal tous les gens qui ne venaient pas aux Tuileries? Comment se faisait-il que, parmi les gens qui allaient au Palais-Royal, un si petit nombre vinssent au Château? M. d'Haussez, qui appartenait à la droite pure par ses idées et ses sentiments politiques, éprouvait peu de sympathie pour le premier prince du sang. Jamais il n'allait faire sa cour au Palais-Royal, et le duc d'Orléans, qui l'avait remarqué, s'en était plaint lui-même obligeamment à ce royaliste réfractaire, un soir qu'il l'avait rencontré au Château. « Si maintenant, lui avait-il dit, vous ne venez pas me voir, je croirai que c'est chez vous un parti pris de me bouder. »

En parfaite conformité d'opinion et de sentiments avec

---

[1] M. de Viel-Castel, *Histoire de la Restauration*, t. IX, p. 101.

M. d'Haussez à l'égard du duc d'Orléans, Louis XVIII savait le reproche que lui avait fait le prince. Tout à coup, avec une confiance et un laisser-aller qui ne lui étaient pas habituels : « D'Haussez, dit-il, par une assez singulière coïncidence, je me suis amusé hier à tracer le portrait du duc d'Orléans. Après le déjeuner, je vous le montrerai. » On sait que cet usage [1] de faire des portraits avait cours dans l'ancienne société française. Louis XVIII, monarque lettré et dont l'esprit fin et cultivé excellait à saisir les nuances, avait conservé sur ce point la tradition des salons du dix-septième siècle. Il réussissait à merveille dans ce genre.

Emmenant effectivement le baron d'Haussez dans son cabinet, le Roi lui fit gracieusement la communication promise. On pense bien que M. d'Haussez n'eut pas besoin de se souvenir des devoirs du courtisan pour louer convenablement cette esquisse où l'on ne saurait, selon moi, rien reprendre, si ce n'est un éloge exagéré de madame de Genlis. Encouragé par la belle humeur du Roi, il exprima le souhait de prendre copie de ce petit chef-d'œuvre, aussi précieux par la finesse des vues que par les grâces spirituelles du style. Louis XVIII y consentit de la meilleure grâce du monde, et c'est vraisemblablement à cette communication que nous pouvons le donner à notre tour au lecteur.

[1] On le retrouve, au dix-septième siècle, dans la société de mesdames de Longueville, de Sablé, de la Fayette et du duc de la Rochefoucauld, à l'hôtel de Rambouillet, et jusque dans le *Cyrus* de mademoiselle de Scudéry.

« Le duc d'Orléans a reçu une éducation excellente. On l'a élevé en homme, et il le doit à une femme : c'est le chef-d'œuvre de madame de Genlis.

« Il débuta prince, puis il se fit jacobin ; ensuite soldat, citoyen des États-Unis d'Amérique, maître de mathématiques, voyageur pédestre, plus tard hôte de l'Angleterre, naturalisé Sicilien, sollicitant en Espagne un rôle quelconque, et, en définitive, redevenu prince du sang ; il porta successivement les noms de duc de Valois, de duc de Chartres, d'Égalité et de duc d'Orléans.

« C'est un prince sage, si économe qu'il semble être avare : il n'en est rien. Son seul désir, c'est que sa nombreuse famille soit riche. Je ne l'ai jamais aperçu où je l'aurais voulu. Est-ce sa faute ou la mienne?

« Depuis sa rentrée, il est chef de parti, et il n'en fait mine. Son nom est un drapeau de menaces, son palais un point de ralliement. Il ne se remue pas, et cependant je m'aperçois qu'il chemine. Cette activité sans mouvement m'inquiète. Comment s'y prendre pour empêcher de marcher un homme qui ne fait aucun pas? C'est un problème qu'il me reste à résoudre. Je voudrais bien n'avoir pas à en laisser la solution à mon successeur. »

En attendant qu'il l'eût trouvée, Louis XVIII ne devait pas discontinuer durant son règne d'avoir l'œil ouvert sur son cousin.

Le duc d'Orléans, faisant trêve pour le moment à ses préoccupations dynastiques, parut ne chercher qu'à se faire oublier, et se concentrer exclusivement dans l'administration de ses affaires domestiques. Nous le trouvons, en 1821, en instance devant le conseil d'État, ayant pour adversaire le ministre des finances, qui défendait les intérêts du Trésor. Une ordonnance royale du 10 janvier déclara que « les ordonnances qui avaient restitué sans réserve aux héritiers du feu duc d'Orléans les biens dépendant de l'apanage de sa maison, avaient compris les arrérages de deux mille quatre cent quarante actions de la tontine d'Orléans, qui leur ont été remis échus et non perçus au jour où ces ordonnances ont été rendues[1]. »

On sait comment, en pareille circonstance, les intérêts du Trésor, c'est-à-dire des contribuables, sont, à l'égard des princes, invariablement défendus! Puisant un encouragement dans cette décision, le duc d'Orléans allait bientôt soulever un autre débat d'un genre analogue, mais sur une scène plus retentissante. Il ne semblait alors dominé que de la pensée d'agrandir son immense fortune, qui venait encore de s'accroître considérablement par la part qu'il avait recueillie dans l'héritage de sa mère.

Nous avons vu, à la première Restauration, cette respectable princesse revenir en France et se réunir à ses enfants. Elle avait passé plusieurs mois dans un état de félicité auquel rien ne paraissait manquer, lorsqu'un accident cruel, la fracture d'une jambe, vint de nouveau l'affliger. Elle n'était pas au terme des agitations de sa vie : un plus grand malheur lui était encore réservé.

[1] *Recueil des arrêts du conseil d'État*, par Macarel, t. I, p. 37.

Le 20 mars 1815, au retour de Bonaparte de l'île d'Elbe, les Bourbons avaient été obligés de quitter précipitamment la France. Hors d'état de les suivre, la duchesse d'Orléans resta seule à Paris. Elle vit ses biens de nouveau confisqués, et Napoléon y ajouta la petitesse de faire enlever de sa maison jusqu'à la batterie de cuisine[1]! Certes, il se multipliait, il était prodigieux, l'homme qui, ayant alors l'Europe sur les bras, trouvait encore le temps de descendre à ces tracasseries, de s'occuper de matériel de fourneau, d'ustensiles de cuisine!

Un procédé si mesquin avait soulevé l'opinion contre Napoléon. La ci-devant reine de Hollande, Hortense, duchesse de Saint-Leu, lui remontra le tort qu'il se faisait par ces inutiles et stupides rigueurs. Elle usa de son crédit pour procurer réparation à la duchesse. Antérieurement, et dès le débarquement de Napoléon au golfe Juan, elle avait fait offrir au duc et à la duchesse d'Orléans de prendre sous sa protection leurs enfants. « Je répondrai d'eux, dit-elle, car je n'ai rien à redouter du peuple. Je ne puis oublier la manière dont le duc d'Orléans a accueilli mon frère Eugène[2], en lui rappelant qu'il était l'ami de son père. C'est un devoir pour moi de lui être utile. » Le duc d'Orléans n'avait point accepté cette offre; il avait dit d'Hortense : « C'est cette duchesse de Saint-Leu qui nous perd. » Mais il n'en perdit jamais le souvenir. On verra plus tard, en 1831,

---

[1] *Biogr. univ.*, art. de la duchesse d'Orléans, t. XXXII, p. 138.
[2] En 1814.

que Louis-Philippe sut amplement reconnaître la générosité de la princesse.

Ce fut sur les observations d'Hortense, que Napoléon, revenu à de plus équitables sentiments, permit à la duchesse douairière d'Orléans et à la duchesse de Bourbon de demeurer en France. En dédommagement de la confiscation de leur immense fortune, il attribua à la première 400,000 livres de rente, et 200,000 à la seconde. Les princesses écrivirent à ce sujet à la duchesse de Saint-Leu des lettres que celle-ci nous a conservées, remplies d'expressions de gratitude et de déférence[1].

Mais le temps ne devait pas tarder à venir où la duchesse d'Orléans, tant de fois et si diversement éprouvée, n'aurait plus besoin de cette protection. Napoléon

---

[1] Voici la lettre de la duchesse d'Orléans, où elle donne à Hortense le titre de *Majesté*. On regrette la formule si humble qui la termine. Les termes de la lettre de la duchesse de Bourbon sont beaucoup plus dignes.

« Ce 2 avril 1815.

« Madame,

« Je suis vraiment affligée que le mauvais état de ma santé me prive d'exprimer à *Votre Majesté*, comme je le voudrais, ma sensibilité à l'intérêt qu'elle a témoigné à ma position. Elle est encore bien pénible, ma jambe ne prenant aucune force. Mais je ne veux pas différer d'exprimer à *Votre Majesté*, et à *Sa Majesté l'Empereur*, auprès duquel j'ose vous prier d'être mon bon interprète, les sentiments dont fait profession,

« Madame,

« De *Votre Majesté*,

« La servante,

« Louise-Marie-Adélaïde DE BOURBON-PENTHIÈVRE,

« D. D. D'ORLÉANS. »

(*La reine Hortense en Italie, en France et en Angleterre pendant l'année* 1831, Paris, 1861, in-12.)

venait de tenir son va-tout; il avait définitivement perdu l'Empire, à force de le jouer sur le funeste tapis des batailles. Il allait disparaître de la scène du monde, l'homme dont Daunou a résumé en deux mots le règne : « Conscrire et proscrire! » Il allait cesser de figurer activement sur la liste des fléaux de l'humanité; mais il laissait encore après lui son exécrable famille, si pernicieuse à la France.

Dès le 8 juillet, la duchesse douairière d'Orléans, entièrement remise de son cruel accident, put aller de sa personne porter ses félicitations au Roi, de retour aux Tuileries.

Rentrée en possession de ses biens, elle s'était rendue à Dreux, au mois de septembre 1816, pour y poser la première pierre du monument destiné à recevoir les restes des princes qui avaient habité le château d'Anet. Profanées par le vandalisme révolutionnaire, ces précieuses dépouilles de famille avaient pu cependant être conservées par le zèle et la piété de quelques serviteurs fidèles. De retour à Paris, la duchesse avait continué d'y vivre au milieu de sa famille et de quelques amis. Elle partageait son temps entre la capitale et sa belle résidence d'Ivry-sur-Seine. C'est dans son château d'Ivry qu'elle s'éteignit doucement, le 23 juin 1821, dans de grands sentiments de piété, après avoir fait un testament où l'on reconnaît tout l'esprit de justice, de bonté et de reconnaissance qui l'avait animée durant toute sa vie[1]. Elle donnait à son fils, eu égard au nombre de ses

[1] « Madame la duchesse d'Orléans, digne en tout de son vertueux

enfants, les deux tiers de ses biens, l'autre tiers à sa fille, et laissait un grand nombre de legs à des serviteurs fidèles.

Ces légataires eurent plus d'une fois maille à partir avec le duc d'Orléans. A l'âpreté qu'il apportait à la conservation, à l'accroissement de son immense fortune, on eût dit que ce prince, à travers toutes les agitations de sa vie, n'avait médité que son apanage. La politique et l'attention du public, qu'il semblait fuir en ce moment, allaient cependant renaître pour lui précisément de la source à laquelle il avait cru puiser les moyens de s'y soustraire.

Cette même époque voyait éclore encore les germes d'une nouvelle affaire, celle-là bien autrement retentissante et scandaleuse que les menus litiges qu'il me reste à raconter. C'est effectivement de 1822 que datent les premiers rapports du duc d'Orléans avec madame de Feuchères, maîtresse notoire, sinon avouée, du dernier des Condé. C'est le lieu ici d'en exposer l'origine.

Louis-Henri-Joseph, duc de Bourbon, né le 13 août 1756, avait émigré dès 1789 avec son fils, l'infortuné

---

père, ne partagea jamais les infâmes opinions de son mari. Elle eut surtout une juste horreur du régicide dont il se souilla; elle avait écrit à la Reine cette phrase remarquable :

« Tant que la famille royale existera dans sa branche aînée, tout avénement au trône d'un prince du sang serait une usurpation coupable. Quant à moi, je ne me souillerai pas en y prenant ma part ; et si Dieu, dans sa colère, donnait le sceptre à M. le duc d'Orléans, jamais je n'accepterais le titre de reine. Je connais mes devoirs et les respecterai tous... » (*Mémoires de Louis XVIII*, t. XII, p. 212.) Ces mémoires apocryphes, attribués à Lamothe-Langon, abondent néanmoins en particularités curieuses et authentiques.

duc d'Enghien. Sous le prince de Condé, son père, le duc de Bourbon avait fait preuve d'une valeur brillante sur le Rhin, au milieu de la petite armée de Français demeurés fidèles au drapeau blanc. De retour à Paris, en 1814, il s'était tenu éloigné avec dignité de la cour de Louis XVIII, où il n'avait pu voir sans une poignante indignation des hommes qui, comme Talleyrand, avaient trempé plus ou moins directement dans le lâche attentat d'Ettenheim. Après le second retour du Roi, il ne s'était point hâté de venir en France. D'Espagne, il était passé en Angleterre, où, jusqu'à la mort de son père, en 1818, il avait résidé presque aussi souvent qu'en France. Ce fut pendant son séjour en Angleterre qu'il fit la connaissance de Sophie Dawes, devenue si tristement fameuse sous le nom de baronne de Feuchères. Les charmes et l'esprit séduisant de la jeune Anglaise avaient subjugué cet adorateur sexagénaire. Comme tous les vieillards, il avait cru se donner une maîtresse, il s'était donné un maître.

Née, vers l'année 1795, d'un pêcheur de l'île de Wight, que les désordres de sa conduite avaient rapidement conduit à la misère, Sophie Dawes avait été élevée par la charité de sa paroisse. Quand le duc de Bourbon la vit pour la première fois, elle était à l'école du vice, j'allais dire dans un mauvais lieu.

Il y avait à Londres, dans Piccadilly, une maison bien connue, que fréquentaient les courtisanes de haute volée, pour s'y donner à prix d'argent, passer dans les bras des riches émigrés et de l'opulente aristocratie anglaise. Le comte d'Artois et le duc de Bourbon s'y rendaient comme les autres. Un jour, ce dernier y était venu, accompagné d'un vieux serviteur, son valet de chambre Guy. « Monseigneur, dit celui-ci, il y a ici mieux que toutes vos belles dames, il y a un bijou que vous n'avez pas remarqué. » Et il appela l'attention du duc de Bourbon sur une jeune servante qui n'était autre que Sophie Dawes, alors au service de ces dames. Sa figure fatiguée, mais non flétrie, frappa le duc par le dessin correct et la pureté de ses traits, par l'éclat incomparable de ses yeux, qui reflétaient une vive intelligence et les plus heureuses dispositions. Il proposa à la jeune Anglaise de l'emmener en France, et celle-ci, avec cette décision dont elle devait donner plus tard une si funeste preuve à son bienfaiteur, le suivit incontinent, sans même changer de toilette[1].

Comme la jeune Anglaise annonçait des dispositions extraordinaires et la ferme volonté de refaire son éducation, plus que négligée, le duc de Bourbon lui donna des maîtres de toute espèce. Aux arts d'agrément,

[1] M. Louis Blanc, dans son *Histoire de dix ans*, t. II, p. 41, s'exprime ainsi sur madame de Feuchères : « Une femme dont l'origine était obscure, dont le nom de famille était incertain, qui jadis avait paru, disait-on, sur les planches du théâtre de Covent-Garden, qui, depuis, liée à un étranger d'une prodigue opulence, avait vécu, à Turnham-Green, du salaire d'un attachement illégitime. » L'honorable historien a été mal renseigné. Jamais madame de Feuchères n'a paru sur les planches d'un théâtre. Sa liaison avec l'étranger « de prodigue opulence » est également dépourvue de fondement. Quand le duc de Bourbon fit sa connaissance, Sophie Dawes n'était pas encore sortie du milieu des femmes de sa condition, de la société de valets de chambre et de laquais. Mes informations sont puisées à la source la plus sûre.

aux langues vivantes, elle voulut joindre l'étude du grec et du latin. Sa volonté était de fer. Avec des dispositions et une facilité vraiment prodigieuses, trois années ne s'étaient pas encore écoulées que, sur ces langues, elle était de première force[1].

Sa beauté et ses séductions lui avaient complétement gagné le duc de Bourbon. En très-peu de temps elle était devenue toute-puissante sur son cœur. Mais sa position auprès du prince était plus qu'équivoque : il lui fallait un nom et un état honorables. Elle les eut bientôt en épousant, en 1818, le baron de Feuchères, officier dans la garde royale, qu'elle introduisit dans la maison de Condé, et qui devint aide de camp du duc de Bourbon. Elle s'était donnée comme sa fille naturelle : ce fut lui qui fit sa dot. Ainsi, la bonne foi trompée d'un brave et loyal officier servit à couvrir d'adultères amours. Mais au bout de quelque temps, quand cet homme d'honneur apprit que la prétendue fille naturelle du duc ne tenait à Son Altesse que par une liaison d'une tout autre nature, il s'empressa de demander la dissolution de cette union. En raison du scandale que causa le procès, Louis XVIII interdit à madame de Feuchères l'entrée des Tuileries.

Ce fut pour son orgueil une cruelle blessure. De cette chute elle aspirait vivement à se relever. Elle crut un

---

[1] J'ai sous les yeux des cahiers de composition et de traduction de madame de Feuchères, consistant en extraits des *Œuvres morales* de Plutarque et de la *Cyropédie* de Xénophon. Juge, ce me semble, compétent, je puis affirmer qu'à entrer en lice elle eût lutté avec avantage contre nos plus forts élèves de rhétorique.

moment en avoir trouvé le moyen. Elle fit offrir à la duchesse de Berry d'user de son irrésistible influence sur le vieux duc de Bourbon pour faire passer l'immense héritage de la maison de Condé sur la tête de Mademoiselle, fille de la duchesse de Berry. Un jour, une personne de la maison du duc se présente à l'un des grands officiers de la princesse, et, après bien des circonlocutions, amène la conversation sur madame de Feuchères. « On l'a mal jugée, dit-elle. On a été bien rigoureux à son égard. Cet esclandre lui cause un chagrin mortel. S'il y avait moyen d'effacer ce souvenir, de faire admettre de nouveau la baronne de Feuchères à la cour, et que Madame daignât y employer son influence, je crois pouvoir dire qu'elle ferait à la fois preuve de bonté et d'habileté. M. le duc de Bourbon est dans un âge avancé. L'influence de madame de Feuchères sur lui est plus grande que jamais, et la maison de Condé est riche, vous le savez. Pour M. le duc de Bordeaux, son héritage est tout trouvé, c'est la couronne de France; mais il n'en est pas ainsi de Mademoiselle. » Il fut répondu que, d'abord, on n'avait pas la moindre disposition à se charger de cette négociation, et qu'ensuite on ne doutait pas que quiconque s'en chargerait serait fort mal reçu. La duchesse de Berry, à qui cette conversation fut rapportée le soir même, approuva fort la réponse, et ajouta qu'elle *ne voulait pas entendre parler de pareilles affaires.* Par ce refus, fait avec la dignité et l'élévation de sentiments qui l'ont de tout temps caractérisée, la duchesse de

Berry ne fut pas moins utile au duc d'Orléans, son oncle, qu'elle l'avait été précédemment par sa demande pour lui de l'Altesse royale[1].

Battue de ce côté, la baronne de Feuchères s'était rejetée sur le Palais-Royal. Ici elle ne rencontra pas les mêmes scrupules. Son désir fut exaucé aussitôt qu'exprimé : elle fut immédiatement admise dans le sein de la famille d'Orléans.

A gagner les bonnes grâces de la favorite du duc de Bourbon, de la reine de Chantilly, comme on l'appelait, le duc d'Orléans attachait un prix infini. Sa cupidité s'était éveillée à la pensée de recueillir un jour, pour lui ou ses enfants, l'opulente succession des Condé. Dans la poursuite de ce but, personne n'était en position plus que madame de Feuchères de le servir efficacement. Elle devait être toute disposée à s'y employer, tant son intérêt s'alliait étroitement à celui du duc d'Orléans. Elle ne se faisait aucune illusion sur sa position. Son ascendant lui permettait bien, dès cette époque, de dicter au duc de Bourbon ses dernières volontés, et il lui eût été facile d'obtenir pour elle-même ce qu'elle n'obtint qu'après tant d'efforts et de combats en faveur du duc d'Aumale. Mais la rectitude de son jugement ne devait pas un seul instant lui laisser prendre le change sur les dangers qu'elle eût courus, et le cri qui se fût élevé si l'immense fortune des Condé fût passée sur sa tête. Comment lutter contre la puissance et l'indignation d'une maison royale dépouillée tout entière? Un

---

[1] *Biographie des hommes du jour*, par MM. Sarrut et Saint-Edme

acte de cette nature s'annulait lui-même par la force des choses. Madame de Feuchères le comprit, et ne pensa plus qu'à s'assurer un légataire qui, lui devant tout, lui garantirait, par son pouvoir et son crédit, la riche part qu'elle saurait se faire. Ce plan profond et réfléchi qu'elle s'était tracé, elle le suivit jusqu'au bout avec l'inflexibilité et la mâle vigueur de son caractère.

Déjà, au mois de mai 1822, le vieux duc de Bourbon, cédant à ses sollicitations, avait consenti à se prêter à un acte communément sans conséquence, mais qui, dans la circonstance, était destiné à une bien grande portée. Il venait de promettre de tenir un des fils du duc d'Orléans, le duc d'Aumale, sur les fonts baptismaux.

Il n'avait pas fallu moins que tout l'empire qu'exerçait la favorite sur le cœur du prince pour le décider à cette condescendance. Le duc de Bourbon[1], en effet, n'éprouvait que de la répulsion pour cette branche d'Orléans, qui lui rappelait tant de souvenirs odieux, et principalement le contraste de son père, le prince de Condé, et de son fils regretté, le duc d'Enghien, qui avaient constamment levé leur épée contre le drapeau de la République, tandis que le duc de Chartres se signalait sous sa bannière en compagnie de ce Dumouriez, si fatal à l'émigration.

Au duc de Bourbon qui, jusque-là, n'avait jamais voulu avoir que des égards, des relations de convenance

[1] Depuis la mort du prince de Condé, son père, le duc de Bourbon avait continué de porter et de signer ce nom.

avec la famille d'Orléans, madame de Feuchères fit valoir l'intérêt de sa position, la protection dont elle aurait besoin si elle avait le malheur de le perdre. Elle lui demandait pour elle le sacrifice de ses plus légitimes répugnances. Son débile amant n'était plus en état de lui rien refuser.

Le baptême du duc d'Aumale devait être accompagné de fêtes. Ce fut l'occasion pour madame de Feuchères de se produire ostensiblement, pour la première fois, dans les salons du Palais-Royal. Le futur parrain écrivait au duc d'Orléans, au sujet de la cérémonie, « que les personnes attachées à son service manifestaient le désir de le suivre ce jour-là... Vous m'avez autorisé, ajoutait-il, à amener celles que je voudrais, et vous avez eu la bonté d'inviter madame de Rully. Trois autres dames de ma maison, mesdames de Quesnay, de Feuchères et de Choulot, qui ont été présentées à la cour, n'ont pas eu l'honneur de vous l'être encore, non plus qu'aux princesses. Mais depuis longtemps elles en ont le désir. Si ce n'était pas braver l'étiquette, ce serait une occasion bien flatteuse pour elles, et qui ferait époque dans leur vie, si vous et les princesses leur en donniez la permission. »

Le duc d'Orléans s'empressa de répondre, le même jour, « qu'il s'en rapporte au prince pour faire ce qu'il jugera à propos, et qu'il peut être sûr que le Palais-Royal recevra toujours gracieusement toutes les personnes qu'il plaira à son parent de lui amener. »

La courtisane de haute volée, la femme adultère

bannie des Tuileries allait donc se trouver admise, de l'agrément du chef de la branche d'Orléans, du père de famille, dans son intimité, face à face avec la duchesse sa femme, avec madame Adélaïde, sa sœur, en la compagnie des princes et des princesses, ses enfants! Cela fit chuchoter dans le public et à la cour; mais le duc d'Orléans n'en parut nullement affecté. Pourvu qu'il arrivât à ses fins, peu lui importait le choix ou la délicatesse des moyens.

Il avait vu ainsi venir le duc de Bourbon et sa maîtresse. Il prit bientôt lui-même l'initiative d'une non moins saillante démarche. Dans cette année 1822, l'intimité entre le duc de Bourbon et les d'Orléans ne marchant pas assez vite au gré de madame de Feuchères, elle provoqua l'occasion de rapports plus familiers. C'était l'époque de la fête de saint Hubert. Le vieux duc, absorbé pour le moment dans sa passion pour la chasse et la vénerie, comptait fêter le saint en famille, entouré seulement de ses gentilshommes et de ses officiers. La baronne avait pris sur elle d'inviter le duc d'Orléans à la réunion intime des chasseurs. Malgré son peu de goût pour ce genre d'amusement, le duc d'Orléans avait accepté avec empressement. Prévenu un peu tardivement de cette politesse faite à son insu, le duc de Bourbon en témoigna un déplaisir assez vif. Mais la bouderie fut de courte durée. Il fit un accueil convenable à son hôte improvisé. C'est à l'occasion de cette visite, que M. Sosthène de la Rochefoucauld rapporte une anecdote qui me paraît bien suspecte : « On annonça, dit-il, M. le duc d'Orléans, qui parut aussitôt, armé d'un énorme bouquet de roses. Après avoir salué le prince, le duc d'Orléans se retourna du côté de madame de Feuchères, et, s'inclinant profondément, il offrit à la maîtresse le bouquet qu'il avait fait cueillir à son intention [1]. »

En dépit des artifices employés par la baronne, les relations entre Chantilly et le Palais-Royal n'allaient se resserrant que faiblement. Près de quatre années devaient s'écouler sans incident remarquable. Ce n'est qu'en 1827, à l'époque du voyage du duc d'Orléans en Auvergne, dans les domaines de sa sœur, que j'aurai sujet de les reprendre.

Le duc d'Orléans avait, pour le moment, des intérêts d'une réalisation plus immédiate que cet héritage en perspective, qu'au surplus il était bien résolu à ne pas perdre de vue un seul jour. J'ai dit à quelle incessante besogne était livré son conseil de contentieux, dans cette laborieuse officine du Palais-Royal où le prince continuait d'employer tout ce qu'il pouvait rencontrer de légistes madrés, de procureurs et d'avocats retors. Sous la direction de M. Dupin aîné et de l'avoué Rouchet, ses membres n'avaient pas désemparé de leur interminable besogne. Ils continuaient à dépouiller force dossiers, à compulser des titres anciens ou périmés, à déchiffrer de vieux parchemins, intarissable source de revendications, inépuisable arsenal de chicanes et de

---

[1] *Mémoires*, t. IV, p. 163.

procès. Dans ces réclamations sans nombre comme sans terme, l'opinion publique avait d'abord paru ne voir que la sollicitude invincible du prince pour ses intérêts. Le côté politique ne l'avait encore frappée qu'à l'occasion de l'affaire du Théâtre-Français. Elle allait envisager la question de nouveau et sous un jour sérieux à propos du litige qui, en 1825, devait trancher au vif dans la question révolutionnaire. Je vais ici rapporter brièvement le procès du duc d'Orléans avec Maret, duc de Bassano, l'ancien ministre et confident de Napoléon.

L'objet du litige, bien simple en apparence, était le droit à la propriété d'actions de canaux qui provenaient de l'apanage d'Orléans. Il s'agissait de savoir si le cas de retour aux anciens propriétaires, prévu par la loi de 1814, était applicable à quarante actions d'Orléans et Loing, que Napoléon, pendant les Cent-Jours, avait remises au duc de Bassano, et que le duc d'Orléans revendiquait comme sa propriété. Maret alléguait que Napoléon, désirant doter un fils naturel, l'avait chargé d'acheter vingt mille francs de rente sous le nom de cet enfant. Cependant l'empereur avait négligé de lui compter les fonds nécessaires. Lors de la seconde abdication, voulant réparer cet oubli, il avait remis au duc de Bassano ces quarante actions pour le couvrir de ses avances.

Plaidée avec éclat par M. Mauguin pour Maret, et par M. Dupin pour le duc d'Orléans, cette affaire mettait en quelque sorte aux prises l'Empire et la Restauration. En effet, aux lois et sénatus-consultes de l'Empire, on opposait les lois et ordonnances rendues par Louis XVIII. Le duc d'Orléans revendiquait les actions, non-seulement dans l'intérêt de sa fortune, mais encore « *au nom des principes,* » attendu, disait-il, qu'un « *gouvernement de fait et illégitime n'avait pu les transférer légalement.* » On conviendra que c'était fort. Ce système, imperturbablement soutenu par M. Dupin, obtint pourtant un plein succès. Par un de ces aphorismes vulgaires que j'ai déjà signalés dans la bouche du duc d'Orléans et que nous aurons encore plus souvent l'occasion de rencontrer sur les lèvres de Louis-Philippe, voici comment le prince définissait ses chances et celles de son adversaire : « Maret tient le fil, mais moi j'ai l'aiguille, » entendant par là les juges. Il aurait pu dire plus justement encore qu'il avait le fil et l'aiguille. Pouvait-il en effet grand'chose, de par son droit et l'équité seulement, l'homme en si mauvaise odeur auprès de cette judicature d'ultras, lui, Maret, l'ancien correspondant de Napoléon à l'île d'Elbe? Le pauvre Maret, « il ne tenait qu'une chose, disait son avocat M. Mauguin, celle-là pour assurée, la perte de son procès. » Résultat inévitable quand on plaide contre les princes, hormis, dit-on, à Berlin. Bassano dut restituer au duc d'Orléans les actions dont il s'était reconnu détenteur. Comme fiche de consolation, la cause qu'il avait perdue devant la justice, il la gagna au tribunal de l'opinion publique.

Ce n'était là que le prélude de la nuée de procès qui,

du Palais-Royal, allait crever et fondre sur nombre d'acquéreurs de biens nationaux, simples particuliers et communes. Le principe une fois posé et admis qu'aucune transaction valable de propriété, aucune mutation légitime n'avait pu s'opérer sous un *gouvernement de fait et illégitime*, les amateurs de procès avaient beau jeu à provoquer la rescision de toute espèce de contrats. On ne s'en fit pas faute. En même temps circulait plus que jamais le bruit du rétablissement de la dîme et des droits féodaux. Il en résulta de nouvelles transes pour les propriétaires, partout agitation, trouble, perturbation profonde. Les esprits s'envenimaient; c'était un redoublement de haine, une recrudescence de ressentiments contre la Restauration, à qui tout le mal était imputé.

Ce faisant, le duc d'Orléans avait encore l'adresse de faire croire à l'absence de sa part de toute immixtion dans la politique. Un trait de lui, curieux et authentique, se réfère à cette époque. Il prouve que, jouant au plus fin avec Louis XVIII, il aurait pu parfois rendre des points à son royal adversaire. On était au plus fort des attaques dirigées contre le ministère Villèle. Le Roi fit appeler le duc d'Orléans. Affectant une grande confiance dans son dévouement et ses lumières : « Mon cousin, lui dit-il, je connais votre affection pour moi aussi bien que la rectitude de votre jugement; aussi je n'hésite pas à m'adresser à vous pour vous demander un conseil dans une grave occurrence. Mon premier ministre Villèle est vivement attaqué dans les Chambres, et je ne sais si je dois le conserver ou lui donner un successeur. Dans ma perplexité à ce sujet, j'ai cru devoir vous faire juge de la chose. Parlez donc, mon cousin. — Sire, répondit le prince, pour ouvrir un avis profitable sur une question quelconque, il faut la connaître, et je déclare à Votre Majesté ne pas savoir le premier mot de celle-là. Je suis tellement absorbé par l'éducation de ma famille, que je ne m'occupe nullement des affaires publiques. Simple passager sur le vaisseau de l'État, je vogue heureux et tranquille en bénissant la main habile qui le dirige. » — Louis XVIII sourit à cette réponse adroite, semblant se dire à lui-même : « J'en ai trouvé un plus fin que moi [1]. »

Le duc d'Orléans paraissait alors plus exclusivement adonné à des occupations littéraires. Au personnel de sa maison, recruté de préférence parmi les victimes du pouvoir, il venait d'adjoindre, comme bibliothécaire, un littérateur destitué par le duc d'Angoulême des fonctions de sous-préfet de Semur, M. Vatout, suspect alors d'idées libérales. Ce fut lui qu'il chargea de la publication des *Mémoires* de son frère. Lui-même travaillait à la rédaction des siens. Le prince, M. Vatout et l'éditeur se trouvaient réunis dans le salon de Neuilly, causant de la publication des *Mémoires* du duc de Montpensier. « J'ai aussi mes Mémoires, dit le duc d'Orléans, » et il ajouta : « Monsieur Vatout, allez, je vous prie, en prendre le manuscrit dans le tiroir à

---

[1] *Souvenirs et réflexions*, par M. Servan de Sugny.

droite de mon grand bureau. » M. Vatout sortit, revint cinq minutes après, et, du ton le plus sérieux : « Monseigneur, dit-il, il faut avoir le courage de dire la vérité aux grands : cette clef-là n'est pas celle de votre grand bureau. » C'était bien la vérité, et l'unique que, durant toute sa vie, ce parfait courtisan dût exprimer à son auguste maître.

CHAPITRE XIV

Fautes multipliées, entrainements funestes de la Restauration. — Réveil du parti libéral. — Basses persécutions de la police et surveillance dont elle entoure le duc d'Orléans. — Fête à Saint-Ouen. — Popularité croissante du duc d'Orléans. — Pamphlet de Courier. — Restauration du Palais-Royal et réformes du duc d'Orléans. — Maladie et mort de Louis XVIII, 16 septembre 1824.

Le langage et la conduite ostensibles du duc d'Orléans ne l'empêchaient pas de manifester assez hautement sa désapprobation de la ligne politique suivie par le ministère Villèle. Louis XVIII régnait encore, mais du fait de madame du Cayla, et, par suite de l'affaiblissement graduel de la santé du Roi, l'autorité résidait dans les mains de Monsieur. Louis XVIII n'aspirait plus qu'à finir paisiblement les jours qui lui étaient désormais comptés, satisfait, selon son expression, « d'échapper aux surplis de son frère. »

Au train dont allaient les choses, on pouvait effectivement s'apercevoir que les rênes de l'État avaient passé en d'autres mains : la Restauration roulait de fautes en fautes. Dans la discussion de la loi des donataires de 1821, la faction ultra-royaliste s'était donné la folle et dangereuse satisfaction d'humilier, d'exaspérer l'armée. L'insulte, si témérairement déversée sur les militaires, devait laisser dans leurs cœurs ulcérés les ferments d'une haine implacable. Une longue série d'immolations sanguinaires n'était pas de nature à la calmer. L'exécution impitoyable des quatre sergents de la Rochelle sembla donner raison à ceux qui disaient que les exécutions en masse étaient seules capables d'étancher la soif de sang dont la Restauration paraissait tourmentée.

Nature égoïste, cœur inaccessible aux élans de la pitié, Louis XVIII semblait encore prendre à tâche de signaler son gouvernement à l'animosité du peuple par de regrettables outrages à la pudeur publique. Le jour de l'exécution des infortunés sous-officiers, on célébrait à la cour l'anniversaire de la naissance de la fille du duc de Berry. Les journaux racontèrent les détails de la fête en même temps que ceux de la tragédie de la place de Grève. On voulut y voir autre chose qu'une coïncidence malheureuse, plus qu'une déplorable inadvertance. Un distique sanglant courut Paris :

> Louis sait se donner deux plaisirs en un jour :
> On égorge à la Grève et l'on danse à la cour.

Le duc d'Orléans avait eu le bon goût de s'abstenir ce jour-là d'aller aux Tuileries. Dans l'opposition, on ne manqua pas d'en faire l'observation et de prodiguer les éloges à une absence qui avait la couleur d'une protestation.

Contenues en la forme, les critiques du prince n'en

étaient que plus assurées de porter coup. Elles s'attachaient surtout au cynisme déployé par le ministère dans les élections. MM. de Villèle, de Peyronnet et Corbière étaient de ces hommes qui ont deux morales : leur intégrité personnelle leur paraissait parfaitement compatible avec l'emploi des plus honteuses pratiques de gouvernement; elle s'accommodait à merveille de la fraude et de l'arbitraire les plus éhontés. Mais il est digne de remarque de voir ici le blâme, si bien justifié d'ailleurs, sortir de la bouche de celui-là même qui, en matière d'élections et de fraudes électorales, devait porter l'immoralité et la corruption à leur comble, y trouver le décri de son gouvernement, sa ruine et celle de sa dynastie.

Le duc d'Orléans ne s'en tenait même pas aux paroles. Le jour où, d'après un rapport du préfet de police sur les élections de la Seine, le baron Louis fut rayé de la liste des ministres d'État, il lui adressa une invitation à dîner. M. Louis se rencontra au Palais-Royal avec Casimir Périer, les généraux Foy et Lamarque, et d'autres notabilités du parti libéral[1].

Une nouvelle faute de la Restauration, ce fut l'expulsion de Manuel de la Chambre des députés. De tous ses actes, c'est celui qui, encore aujourd'hui, est apprécié

---

[1] « M. Louis devait aller dîner chez le duc d'Orléans avec Foy, Casimir Périer et quelques autres députés. Il semble que depuis quelque temps ce prince craint moins de se compromettre. Son parti se recrute de ces hommes timides qui voudraient bien un changement, mais qui ne veulent pas une révolution : reste à savoir si ce serait un changement. » (*Mémoires du général Lamarque*, t. I, p. 418.)

avec la plus unanime sévérité. La Restauration par là se mettait en quelque sorte hors la loi. Un autre effet bien grave en résulta. Disparue de la Chambre élective, la gauche laissa la carrière libre à la faction ultra-royaliste, qui s'abandonna à tous les entraînements. L'intervention contre-révolutionnaire en Espagne, en montrant le ministère à la remorque des ultras, en attestant qu'il ne s'appartenait plus, révéla aux moins clairvoyants la pente au bas de laquelle était l'abîme.

A cette époque, le parti libéral était revenu de la défaillance prolongée et du désarroi où l'avaient jeté ses imprudences et l'espèce de mutilation qu'il avait subie après l'avortement misérable des nombreuses conspirations militaires. Un instant il eut la pensée d'envoyer Benjamin Constant en Espagne pour y guider l'inexpérience du gouvernement des cortès. Il fallait bien peu connaître l'orgueil castillan, la fierté espagnole pour espérer le succès d'un pareil projet. Mais il échoua par une autre cause. Dans l'expatriation à laquelle il se serait ainsi condamné, il fallait nécessairement à l'illustre publiciste des moyens d'existence. On s'adressa à cet effet au duc d'Orléans. Mais il n'était pas facile de l'amener à délier les cordons de sa bourse : il refusa nettement son assistance.

L'intervention en Espagne avait groupé en un seul faisceau les libéraux de toute nuance, les bonapartistes et le parti d'Orléans. A ce dernier se rattachaient, d'une façon plus ou moins étroite et cauteleuse, MM. Daru, de Ségur, Pontécoulant, Valence, et surtout M. Molé, que le dépit de ne pas être employé par la Restauration avait tout à fait mis dans les intérêts de l'orléanisme.

Talleyrand, outré de la persistance du Roi à ne plus vouloir de sa direction, s'était aussi plus étroitement uni au parti. Son hôtel était devenu le foyer d'une conspiration d'un nouveau genre : on s'y tenait en quelque sorte les mains pour ne pas faire de gestes, on s'attachait les pieds de peur de marcher trop précipitamment. Le complot était essentiellement diplomatique. Cependant, malgré cette prudence, on négociait avec les confidents ou du moins réputés tels du duc d'Orléans, dans l'hypothèse d'une *chance possible*, celle où, par suite de la guerre que le gouvernement allait porter *inconstitutionnellement* en Espagne, il surviendrait en France une révolution. *On sentait* que, dans ce cas, la branche aînée ne pourrait pas conserver la couronne; dès lors, et afin qu'elle ne fût pas perdue pour la famille, on devait s'employer pour qu'elle passât à la branche cadette. Mais il était nécessaire, avant que l'événement eût lieu, de s'y préparer, ce qui ne pouvait se faire qu'après s'être entendu avec le duc d'Orléans.

Les amis du prince répondirent qu'il était trop attaché à ses devoirs pour entrer dans une conspiration tendant à renverser Louis XVIII; mais que si la force des choses enlevait le trône au monarque ainsi qu'à Monsieur, aux ducs d'Angoulême et de Bordeaux, il était résolu à ne plus sortir du royaume et à subir toutes les chances du sort qui lui était réservé.

Au cours de ces sourdes menées, on votait dans les Chambres la double adresse dont les termes laissaient au gouvernement toute latitude relativement à l'intervention en Espagne. Elle ne fut pas plutôt décidée que le duc d'Orléans se rendit aux Tuileries pour solliciter du Roi la faveur d'un commandement supérieur dans l'armée qui allait envahir la Péninsule.

« Je n'ai pu encore, dit-il à Louis XVIII, montrer tout mon dévouement à la cause royale, et je tiens à prouver aux souverains de l'Europe que si, dans ma jeunesse, j'ai été entraîné vers des idées exaltées et démagogiques, c'était par respect pour mon père. Il me sera doux de manifester au roi d'Espagne mon attachement. J'ai déjà voulu combattre pour lui, et la jalousie de l'Angleterre a pu seule me fermer cette noble carrière. Je sais qu'on a cherché à dénaturer mes intentions, à rendre mes démarches suspectes, en prétendant que je désirais me substituer au roi d'Espagne et offrir aux cortès d'accepter leur constitution; mais tout cela est faux et calomnieux. J'ai un rang à soutenir, et jamais on ne m'accusera avec justice de jouer le rôle d'un usurpateur. »

Louis XVIII avait écouté, non sans quelque surprise, cette déclaration de son loyal cousin. Il parut en ressentir une vive satisfaction, peut-être pour tempérer l'effet du refus d'accéder à sa demande. Du premier jour de son rétablissement sur le trône, et surtout depuis 1815, il s'était bien promis de ne jamais conférer de commandement militaire au duc d'Orléans. Il était déterminé à l'obliger, tant qu'il vivrait, à se reposer sur les lauriers qu'il avait pu cueillir à Valmy et à Jemmapes. Il considérait comme une souveraine imprudence de fournir au premier prince du sang l'occasion de se concilier affection et popularité parmi les troupes. Il avait fait pour lui, disait-il, plus peut-être qu'il n'eût dû faire en lui accordant de s'établir en France. « Qu'il se tienne à sa place, ajoutait le Roi ; il n'en aura pas d'autre tant que je serai sur le trône. »

Louis XVIII manifesta à son cousin son regret d'être obligé de refuser ses services, par la raison que tous les commandements étaient donnés, et que le duc d'Angoulême, chef de l'expédition, était dans l'impossibilité d'en changer le plan. « Mais vous pouvez compter, lui dit-il, que je ne laisserai rien ignorer de ceci aux puissances continentales, et qu'elles recevront par moi l'impression favorable que vous tenez à leur donner de vos sentiments. » Le duc d'Orléans quitta le Roi, résigné en apparence, mais au fond peu satisfait.

J'ai dit son refus de faire les frais d'une mission de Benjamin Constant en Espagne. Peut-être doit-on l'attribuer moins à l'avarice qu'à l'extrême circonspection qui, alors plus que jamais, était pour lui de mise. Le gouvernement, tenu sans doute au courant du jeu double du prince, en était venu à un point de défiance à son égard tel que la police était incessamment à ses trousses et employée à son active surveillance. On épiait ses moindres démarches, et surtout celles de ses gens, des habitués et commensaux du Palais-Royal. L'espionnage organisé autour du duc d'Orléans en était venu à descendre aux plus infimes, aux plus misérables tracasseries. Au surplus, cette administration était alors aux mains de deux hommes, Franchet, directeur général, et Delavau, préfet, qui avaient trouvé le moyen de faire de ce service un fléau public. Ces deux adeptes de la congrégation jésuitique, croyants du budget et saints de la police, avaient obtenu leur haute position par le canal de leurs femmes, qui étaient fort belles et fort recherchées. Ils auraient mieux fait, disait-on dans le peuple, de s'en tenir à l'Église, capables qu'ils étaient d'y soutenir leur figure, le premier comme bedeau, le second dans l'emploi de sacristain, dont il avait la mine. D'une institution d'ordre public et de protection ils avaient fait l'instrument le plus vexatoire, le plus inquisitorial. Le régime révolutionnaire n'avait jamais été plus tracassier ni plus tyrannique, et il avait eu l'hypocrisie de moins. Eux, pour gras ou maigre, à propos de rien, ils ne savaient que molester les citoyens[1].

Dès son arrivée à Paris, le duc de San-Lorenzo, envoyé des cortès et ami particulier du duc d'Orléans, avait été l'objet d'une surveillance particulière. On lui prêtait des desseins d'embauchage d'officiers français pour le compte du gouvernement constitutionnel d'Es-

---

[1] *La Police dévoilée*, par Froment. — Peuchet, *Archives de la police*, passim. — *Rapports remis au lieutenant général* par M. Bavoux, en juillet 1830.

pagne, et autour de lui fonctionnait un service d'espionnage qui s'étendait à tout l'entourage du duc d'Orléans.

Le prince avait fait la connaissance du duc de San-Lorenzo sous l'Empire, lors de ses courses dans la Péninsule. Depuis, il n'avait pas cessé d'entretenir avec lui des relations d'amitié dont la politique paraît bannie. Néanmoins, l'éveil avait été donné à la police. Mise par M. Delavau sur le pied de pénétrer partout, de ne respecter rien, de ne s'arrêter à aucune considération, elle ne pouvait faire d'exception pour le premier prince du sang. Le 2 février 1823, le duc de San-Lorenzo devait dîner au Palais-Royal. Prévenu que la police allait mettre à ses trousses ses limiers, pour l'insulter à son entrée ou à sa sortie du palais, il crut devoir s'abstenir, et en prévint le duc d'Orléans. Celui-ci lui fit dire que cette considération ne devait point l'arrêter; qu'il se rendît au dîner, mais avec ses gens armés, de façon à pouvoir réprimer sur-le-champ toute espèce d'incartade. Il l'informait en même temps qu'il avait pris ses dispositions pour, au besoin, lui prêter main-forte. Instruit de la résolution du prince, M. Delavau donna contre-ordre à ses agents[1].

Mais il allait bientôt revenir à la charge. Le Palais-Royal recommença d'être entouré d'une myriade de mouchards. On leur faisait prendre toutes les formes,

---

[1] *Répertoire de la police politique*, par M. Année, t. I, p. 57. — *Rapports de police remis au lieutenant général* par M. Bavoux. On y rencontre encore la dénomination surannée d'*exempts*.

revêtir toute espèce de costumes et de déguisements, pour mieux pénétrer dans la maison du prince. Des misérables étaient stylés à séduire à prix d'argent, à corrompre ses serviteurs. Il s'ensuivit pour la police des déboires qui, en rejaillissant sur le gouvernement, le livrèrent en pâture à la risée publique.

Informée que la domesticité du duc d'Orléans se rendait tous les matins chez un sieur Kasriel, cabaretier dans la rue du Lycée, elle crut voir là, sinon une conspiration, du moins des conciliabules dont il lui importait de pénétrer le mystère. A cet effet, les agents reçurent l'ordre de s'y introduire pour tirer la chose au clair. Il fut constaté que le personnel du duc d'Orléans n'y venait que pour *prendre le vin blanc du matin !* Ce fut le seul indice de complot qu'il fut possible de relever à sa charge. Mais une mésaventure désagréable allait en résulter pour la police.

Profitant de l'absence du marchand de vin, le cocher du prince et ses camarades, en associant en apparence fraternellement les agents à leurs libations, en choquant amicalement les verres, allaient leur jouer un tour diabolique, tirer d'eux une vilaine vengeance. Pendant qu'une prostituée du lieu les amusait de vains propos, ils leur avaient versé d'abondants pavots au moyen d'un narcotique glissé dans les verres. Ce fut pour les sbires un calice amer à boire jusqu'à la lie. En pleine léthargie, dépouillés de leurs vêtements, on avait procédé sur leurs personnes à une cynique toilette. Cela fait, enfilant la venelle, les gens du duc d'Orléans s'esquivèrent. A son réveil, la milice de M. Delavau se vit ignominieusement en butte aux huées, aux quolibets de la foule, qui la couvrit encore des plus outrageantes humiliations. Cette équipée coûta au cabaretier son établissement ; mais il en fut amplement dédommagé par le duc d'Orléans, qui le plaça plus avantageusement à Neuilly. Louis XVIII se fit raconter en détail cette farce scandaleuse, et s'en divertit beaucoup avec *la femme à Franchet*, comme il l'appelait[1].

A quelque temps de là, la police s'attirait un autre châtiment, moins éclatant, mais tout aussi désagréable. Un de ses espions s'était furtivement introduit dans l'hôtel de Lafayette, rue d'Anjou-Saint-Honoré. Reconnu et fustigé d'importance par les gens du marquis, il ne put que rapporter ses coups de bâton au préfet. Mais rien n'était capable de corriger M. Delavau de sa manie d'introduction subreptice dans l'intérieur des familles. Un autre de ses émissaires, ex-commissaire de police à Nîmes, se présenta au caissier du duc d'Orléans en qualité d'ancien militaire pressé par le besoin. Il en obtint un secours et s'efforça d'amener la conversation sur la politique. M. de Broval, à qui le caissier avait communiqué ses soupçons, le poussa dehors par les épaules. La police essaya encore de corrompre un valet de pied qui demeurait rue Saint-Dominique. Un agent nommé Lavigne lui fit des propositions, mais elles furent repoussées avec mépris. Elle échoua également

---

[1] *Rapports et notes de police précités*, juillet 1850. — Peuchet, *Archives de la police*.

dans toutes ses tentatives de séduction sur une des femmes de chambre de la duchesse [1].

Taquin et tracassier, décousu en toutes choses, le gouvernement de la Restauration se laissait aller, comme à plaisir, à toutes les inspirations fausses, faisant chaque jour pour lui une abondante récolte d'impopularité et de haines. Du même coup et par contre, les faveurs de l'opinion refluaient sur ses adversaires. Le libraire Bossange avait eu l'idée d'ouvrir rue de Richelieu, sous le nom de *Musée encyclopédique*, un centre littéraire destiné aux savants, aux auteurs et gens de lettres, qui y donneraient lecture de leurs ouvrages inédits et y tiendraient des conférences sur des matières politiques ou littéraires. Le duc d'Orléans en avait accepté le patronage. Ces réunions n'avaient aucun caractère public; les conditions d'admission pour les membres étaient même assez sévères. Mais il suffisait que cette fondation portât l'attache du prince pour qu'elle fût mise à l'*index*. La police suscita toute sorte d'entraves à la réunion de ces hommes parfaitement inoffensifs, et dont l'ensemble ne tranchait sur aucune couleur. Ils durent se séparer [2].

Le ministère Villèle ne tarissait pas de maladresses à chacune desquelles on était sûr de voir correspondre un acte de bon goût ou de prévoyante politique du duc

---

[1] *La police dévoilée*, par Froment, t. I, p. 375. — *Rapports et notes*, juillet 1830.

[2] *Répertoire de la police politique*, t. III, p. 282. — *Livre noir*, de MM. Franchet et Delavau.

d'Orléans. Un homme dont l'existence entière, dévouée au bien public et à la philanthropie, n'était, pour ainsi dire, qu'un cours de morale en action, M. de La Rochefoucauld, encourut, lui aussi, l'animadversion de ce brutal pouvoir. Fondateur d'utiles établissements, membre de nombre de commissions et de conseils gratuits où il dépensait l'activité de sa verte vieillesse et les trésors de son inépuisable bienfaisance, il s'attira une disgrâce qui mit le comble à l'impopularité du ministère. Irrité des trop justes critiques qu'il avait librement formulées sur le régime intérieur des prisons, alors déplorable, M. Corbière notifia un même jour à M. de La Rochefoucauld sa destitution de quatre de ses fonctions gratuites. Il avait cru les comprendre toutes; mais il se trouva en avoir oublié une, ce qui lui valut de la part du duc cette piquante réponse : « Je ne sais pas comment les fonctions de président de la Société pour la propagation de la vaccine ont pu échapper à la bienveillance de Votre Excellence, à laquelle je me fais un devoir de les signaler. » On sait que M. de La Rochefoucauld, vingt-cinq ans auparavant, s'était fait le plus ardent propagateur de la vaccine en France.

Cette quadruple destitution, véritablement stupide, avait soulevé une réprobation universelle. En même temps que les adresses des masses populaires affluaient, M. de La Rochefoucauld reçut de nombreuses et sympathiques visites. L'une des premières fut celle du duc d'Orléans, accompagné de ses deux fils aînés. Elle déchaîna contre lui les fureurs de la presse royaliste, et particulièrement du *Drapeau blanc*, de tous ses organes le plus forcené.

Une démarche d'un caractère si honorable devait couvrir sans peine, aux yeux des puritains de l'opposition, une autre visite d'un genre bien différent. Ce fut celle dont le duc d'Orléans se crut obligé d'honorer la fête magnifique donnée par madame Du Cayla, la favorite de Louis XVIII, dans sa splendide résidence de Saint-Ouen. On sait que le Roi avait fait construire l'habitation exprès pour elle. Le 2 mai 1825, elle voulut fêter l'anniversaire de la journée signalée par la déclaration célèbre dans laquelle le monarque avait posé les bases de la Charte. La fine fleur du parti royaliste avait été conviée à cette fête. Le duc d'Orléans s'y rendit avec le duc de Chartres, son fils aîné. Les journaux royalistes ne tarirent pas d'éloges sur les circonstances de cette réception brillante. « La France, disait le *Journal des Débats*, était représentée à cette fête par tout ce que Paris renferme de personnes illustres par leur naissance, élevées par leurs dignités : le corps diplomatique, les ministres, des maréchaux, des pairs de France, les grands fonctionnaires, des magistrats, des maires de Paris, des colonels de la garde nationale, et une foule de personnes que leurs qualités personnelles recommandent dans la condition privée. Les grâces, surtout, étaient très-bien représentées : plus de deux cents dames ornaient et embellissaient cette fête. » Le récit continuait sur ce ton : tout, suivant le galant journal, s'était admirablement passé, et, *chose inouïe*, les *toilettes même n'avaient occasionné aucun retard*[1] !

La fête avait commencé par un déjeuner splendide, *malgré les rigueurs du vendredi scrupuleusement observées*, servi sous une tente, comme par enchantement. Puis on avait passé sous une seconde tente, préparée en salle de spectacle, où les artistes réunis des théâtres lyriques avaient joué deux pièces, dont l'une était un vaudeville fait pour la circonstance, dans lequel étaient habilement intercalés les airs de *Vive Henri IV!* et de *Charmante Gabrielle*, et qui se terminait par l'arrivée d'un courrier annonçant la prise de Saragosse. Après le spectacle, on avait fait l'inauguration d'un portrait du Roi, peint par Gérard, qui représentait Louis XVIII assis devant son bureau et méditant la Charte. Cette inauguration avait eu lieu au bruit des accords d'une musique *délicieuse*. Le *Journal des Débats* ne trouvait pas d'expressions suffisantes pour rendre un juste hommage aux soins prévenants, à l'aimable accueil de la maîtresse de la maison. « Saint-Ouen, avait dit, avec beaucoup de grâce et de bonheur, madame Du Cayla, est, le 2 mai, à toute la France ; je n'en suis pas la propriétaire, je n'en suis que le concierge [2] »

Plus encore que la châtelaine de Saint-Ouen ne se l'imaginait, cette solennité fut le divertissement de la France entière. Rapprochée de l'âge, de la figure, de toute la personne de Louis XVIII, son étrangeté, son ridicule amenèrent un débordement du rire. On s'en

---

[1] *Mulieres dum comuntur, annus est.* a dit Térence.
[2] *Histoire de la Restauration*, par M. de Viel-Castel, t. XII, p. 457.

amusa jusque dans les salons du Palais-Royal, et le duc d'Orléans rit comme les autres quand, à quelques jours de là, Stanislas Girardin lui dit : « Eh bien, j'espère que vous vous êtes diverti à Saint-Ouen ? » Une avalanche de quolibets, de sarcasmes, de mots piquants avait suivi la relation donnée par le plus grave et le plus accrédité des organes du parti royaliste ; et, à défaut des journaux libéraux, pour qui il eût été trop périlleux de s'attaquer à la personne royale, des écrits clandestins, des caricatures qui circulaient de main en main et qu'on s'arrachait avec avidité, livrèrent à la dérision, avec plus ou moins d'esprit et de cynisme, la personne du Roi et la majesté du trône. Plus amer, plus implacable encore fut Béranger : dans la chanson d'*Octavie*, satire aussi cruelle qu'exorbitante, il alla jusqu'à représenter Louis XVIII sous les traits de Tibère à Caprée !

La prudence du monarque l'avait préservé d'une avanie d'une autre espèce : c'était celle que lui préparait la multitude gouailleuse, qui ne voyait, elle, dans la favorite, qu'une femme bien née prostituée aux caprices libertins d'un vieillard infirme et impuissant. Accourue de Paris et des environs, elle s'était donné rendez-vous sur la route par laquelle elle comptait voir arriver le Roi. Saint-Ouen, en effet, était un des cinq itinéraires fixes et tracés d'avance pour les longues promenades journalières de cinq, six et même dix lieues qu'affectionnait Louis XVIII. Sa grosse berline courant sur le pavé, chevaux ventre à terre, et une escorte nombreuse ne l'eussent peut-être pas complétement garanti contre les huées de ce public. Mais il avait eu la prévoyance de diriger, ce jour-là, sa promenade du côté de Choisy.

Après cette fête, qui n'était autre chose qu'un retour aux habitudes d'une autre époque, le parti libéral avait beau jeu pour prédire la résurrection prochaine des abus de l'ancien régime. Tout concourait à fortifier cette opinion. Saint-Ouen avait fourni au chroniqueur galantin du *Journal des Débats* l'occasion de manier la houppe et la poudre de riz, d'étaler sa science pratique des choses de boudoir. A peine de retour de la fête, encore tout musqué, M. Bertin allait passer à d'autres exercices de voltige. A la phalange voltairienne de son journal, il commandait maintenant sauts et cabrioles devant l'arche sainte de la congrégation. En attendant qu'il coiffât Charles X de la calotte de jésuite, le parti congréganiste, ne pouvant triompher de l'aversion de Louis XVIII pour les « surplis, » s'était plus que jamais lancé dans son œuvre de propagande par missions, véritables mascarades du treizième siècle se promenant au milieu du dix-neuvième, à travers la France ébahie[1]. Le ridicule dont elles couvraient le gouverne-

---

[1] A Chartres, terre classique d'idolâtres mysticités et d'indigènes superstitions, l'évêque, M. de Latil, à l'occasion d'une mission, publia un mandement où on lisait le passage suivant : « La science est une arme nuisible à tout le monde et un obstacle insurmontable aux progrès de l'Évangile. » Montesquieu avait fait d'avance la réponse : « Les ecclésiastiques sont intéressés à tenir les peuples dans l'ignorance : sans cela, comme l'Évangile est simple, on leur dirait : Nous savons tout cela

ment eût été le moindre des inconvénients, s'il ne s'y était joint l'odieux des destitutions qui, comme une grêle malfaisante, pleuvaient sur le pays. Du plus élevé au plus infime, les fonctionnaires étaient frappés en masse : on n'épargnait même pas les plus humbles praticiens.

Une sorte de vertige emportait le gouvernement et, avec lui, satellite habituel, la magistrature, dans d'inconcevables égarements. Elle n'en était plus à lui marchander les crimes judiciaires, et le jury, soigneusement trié dans les rangs des plus forcenés royalistes, dépassait en servilité les commissions militaires des plus mauvais jours. Ce n'était plus seulement chez les magistrats ce pédantisme judiciaire qui porte les juges et les hommes de parquet à voir partout des coupables, à outrer les rigueurs de la loi. A Paris, jamais on n'avait vu le ministère public plus violent, plus passionné, plus outrageant pour l'accusé. Dans ses déclamations furibondes et extravagantes, il en était venu à franchir l'enceinte de la justice dans des sorties grossières, capables de donner lieu de croire, chez leurs auteurs, à « un état mental particulier. » L'un de ces

---

comme vous. » (Œuvres de Montesquieu, t. II, p. 590, Paris, 1817.)

Dans la même ville, à la suite de l'évêque et de son clergé, encensant publiquement l'idole de l'obscurantisme, on vit des autorités béotiennes et un maire balourd promener en pleine cité leurs insignes de l'*Ordre de l'Éteignoir*. C'étaient bien là les descendants de ceux qui, au témoignage de Pidansat de Mairobert, montraient, de son temps, une chemise de la Vierge !

> Qui croit que des Chartrains pour honorer l'Église,
> Marie ait de Judée envoyé sa chemise ?

(*Espion anglais*, t. III, p. 205.)

énergumènes, étrange organe de la loi, n'avait pas craint de qualifier de « sales doctrines » les discours prononcés dans les Chambres par les orateurs de l'opposition. C'était pis encore en province, où les parquets, croyant se mettre à l'unisson, n'étaient que la caricature de celui de Paris. Les charges à fond d'une nuée de méchants robins se drapant ridiculement sous la robe et enflant leur voix aigre et colérique, prêtent à rire aujourd'hui à force d'excentricité et de grotesque. Mais elles aboutissaient alors à des condamnations aussi injustes qu'exorbitantes, que les tribunaux ne refusaient jamais contre la presse. Les avertissements les plus solennels s'émoussaient sur ces esprits infatués. Dans la session de 1822, M. Bignon, du haut de la tribune, avait vainement rappelé la magistrature à ses devoirs : « On ne saurait, s'était-il éloquemment écrié, assez rappeler aux hommes chargés des fonctions judiciaires qu'il n'y a pas de milieu pour eux : de toutes les classes de la société, ils doivent être la plus vénérée ou la plus méprisable et la plus avilie. »

Au sentiment de tous les gens sensés, des écarts si graves et si multipliés, exclusifs d'un régime normal et régulier, devaient tôt ou tard amener une crise. Le vaisseau de l'État allait manifestement à la dérive : si un pilote moins téméraire ne se hâtait d'en saisir le gouvernail, il courait risque de rencontrer l'abîme. Le nom du duc d'Orléans était dans toutes les bouches.

« Les yeux, dit M. de Viel-Castel, se tournaient de plus en plus vers le duc d'Orléans à mesure que les imprudences des dépositaires de l'autorité royale rappelaient sur la branche régnante de la maison de Bourbons des préventions et des défiances. Son attitude et son langage conservaient toujours le caractère d'une réserve prudente, mais sa maison était ouverte aux représentants de l'opposition, et il les recevait avec une absence d'étiquette, une familiarité qui paraissaient alors fort extraordinaires de la part d'un membre de la famille royale. On racontait avec stupéfaction, dans les salons du faubourg Saint-Germain, qu'il avait *présenté* son fils aîné, encore enfant, à M. Laffitte. Ce qui, de sa part, indignait les royalistes, excitait l'admiration de leurs adversaires; ils croyaient voir en lui l'idéal d'un prince libéral; et ils pensaient que, si quelque jour il se trouvait en mesure de présider aux destinées de la France, on n'aurait plus rien à désirer[1]. »

Ces dispositions des classes moyennes, le pamphlétaire de la bourgeoisie, Paul-Louis Courier, les avivait avec un art et un esprit infinis. A un prétendu correspondant anonyme qui, disait-il, l'accusait d'une haine systématique contre les princes, voici ce qu'il répondait :

« Je ne sais et ne devine pas ce qui a pu vous faire croire que je n'aimais ni le duc d'Orléans ni aucun prince : assurément rien n'est plus loin de la vérité, j'aime au contraire tous les princes et tout le monde en général, et le duc d'Orléans particulièrement (voyez

[1] *Histoire de la Restauration*, t. XII, p. 468.

comme vous vous trompiez); parce qu'étant né prince, il daigne être homme; du moins n'entends-je pas dire qu'il attrape les gens; nous n'avons, il est vrai, aucune affaire ensemble, ni pacte ni contrat; il ne m'a rien promis, rien juré devant Dieu; mais le cas avenant, je me fierais à lui, quoiqu'il m'en ait mal pris avec d'autres déjà. Si faut-il néanmoins se fier à quelqu'un, lui et moi, nous n'aurions, m'est avis, nulle peine à nous accommoder, et l'accord fait, je pense qu'il le tiendrait sans fraude, sans chicane, sans noise, sans en délibérer avec de vieux voisins, gentilshommes et autres, qui ne me veulent pas de bien, ni en consulter les jésuites. Voici ce qui me donne de lui cette opinion : il est de notre temps, de ce siècle-ci, non de l'autre, ayant peu vu, je crois, ce qu'on nomme ancien régime; il a fait la guerre avec nous : d'où vient, dit-on, qu'il n'a pas peur des sous-officiers, et depuis, émigré malgré lui, jamais ne la fit contre nous, sachant trop ce qu'il devait à la terre natale et qu'on ne peut avoir raison contre son pays. Il sait cela et d'autres choses, qui ne s'apprennent guère dans le rang où il est; son bonheur a voulu qu'il en ait pu descendre, et jeune, vivre comme nous : de prince il s'est fait homme. En France, il combattait nos ennemis communs; hors de France, les sciences occupaient son loisir; de lui n'a pu se dire le mot : *Rien oublié ni rien appris*. Les étrangers l'ont vu s'instruire et non mendier. Il n'a pas prié Pitt, ni supplié Cobourg de ravager nos champs, de brûler nos villages pour venger les châteaux; de retour, n'a point fondé des messes, des séminaires pour doter des couvents à nos dépens; mais, sage dans sa vie, dans ses mœurs, donne un exemple qui prêche mieux que les missionnaires; bref, c'est un homme de bien. Je voudrais, quant à moi, que tous les princes lui ressemblassent, aucun d'eux n'y perdrait et nous y gagnerions; ou je voudrais qu'il fût maire de la commune, j'entends s'il se pouvait (hypothèse toute pure) sans déplacer personne; je hais les destitutions. Il ajusterait bien des choses, non-seulement par cette sagesse que Dieu a mise en lui, mais par une vertu non moins considérable et trop peu célébrée : c'est son économie, qualité, si l'on veut, bourgeoise, que la cour abhorre dans un prince et qui n'est pas matière d'éloges académiques ni d'oraison funèbre, mais pour nous si précieuse, pour nous administrés, si belle dans un maire, si... comment dirai-je?... devinez, qu'avec celle-là je le tiendrais quitte quasi de toutes les autres.

« Lorsque j'en parle ainsi, ce n'est pas que je le connaisse plus que vous, ni peut-être autant, ne l'ayant même jamais vu. Je ne sais ce qui se dit : mais le public n'est pas sot et peut juger les princes, car ils vivent en public. Ce n'est pas non plus que je veuille être son garde champêtre, au cas qu'il devienne maire. Je ne vaux rien pour cet emploi, ni pour quelque autre que ce soit : capable tout au plus de cultiver ma vigne, quand je ne suis pas en prison. J'y serais, je crois, moins souvent; mais cela même n'étant pas sûr, je puis dire que tout changement dans la mairie et les adjoints, pour mon compte, m'est indifférent; au reste, ce qu'on pense de lui généralement, vous l'avez pu voir ou savoir ces jours-ci, lorsqu'il parut au théâtre avec sa famille. On ne l'attendait pas, l'assemblée n'était point composée, préparée comme il se pratique pour les grands... c'était bien là le public! et il n'y avait rien que l'on pût soupçonner d'être arrangé d'avance. La police n'eut point de part aux marques d'affection qui lui furent données en cette occasion; ou si, de fait, elle était là, comme on peut le croire aisément, partout inévitable et présente, ce n'était pas pour accueillir le duc d'Orléans. Il entra, on le vit, et les mains et les voix applaudirent de toutes parts. On ne m'a point mis, que je sache, le parterre en jugement, ni traduit l'assemblée de la salle Saint-Martin. Aussi, ne crois-je pas, moi qui l'ai loué moins haut de ce qu'il a fait de louable, que ce soit pour cela qu'on me réemprisonne; mais vous pouvez être là-dessus beaucoup moins instruit.

« Ainsi, contre votre opinion, monsieur, j'aime le duc d'Orléans, mais son ami, je ne le suis pas comme ces gens le croient, dites-vous : à moi tant d'honneur n'appartient; et sans vouloir examiner ce dont on a douté quelquefois, si les princes ont des amis, ou si lui, moins prince qu'un autre, ne pourrait pas faire exception. Je vous dirai que j'ai toujours ri de Jean-Jacques Rousseau, philosophe, qui ne peut souffrir ses égaux, ni s'en faire supporter : et en toute sa vie, crut n'avoir eu d'ami que le prince de Conti.

« Bien moins suis-je son partisan, car il n'a point de parti, premièrement. Le temps n'est plus où chaque prince avait le sien, et jamais je ne serai du parti de personne. Je ne suivrai pas un homme, ne cherchant pas fortune dans les révolutions, contre-révolutions, qui se font au profit de quelques-uns. Hé ! d'abord, dans le peuple, j'y suis resté par choix. Il n'a tenu qu'à moi d'en sortir comme tant d'autres qui, pensant s'anoblir de fait, ont dégénéré. Quand il faudra opter, suivant la loi de Solon, je serai du parti du peuple, des paysans comme moi. »

Le duc d'Orléans *maire de la commune!* L'allusion était-elle assez transparente? Et sur la poursuite du but, était-il permis de se méprendre?

Le hardi pamphlétaire saisissait toutes les occasions de mettre son héros en scène. Un autre jour, il racontait que Louis XVIII ayant engagé son cousin à faire un voyage en Italie, celui-ci s'y était refusé : « Je ne quitte la France, avait-il dit, que quand je ne puis pas faire autrement. »

Le Roi, on le sait, était loin de se faire illusion sur cette situation du duc d'Orléans. Sa sollicitude pour les siens s'en était émue de bonne heure, et, obligée même de lutter contre son frère et ses neveux, moins clairvoyants que lui, jamais elle ne s'était démentie. A M. Portal, ancien ministre de la marine, qui avait toute sa confiance, et à d'autres encore, il avait, comme je l'ai dit, communiqué plus d'une fois ses craintes. J'ai rappelé le portrait, aussi fin que ressemblant, qu'il avait tracé de son redoutable cousin, et ces mots qui le terminent : « Comment s'y prendre pour empêcher de marcher un homme qui ne fait aucun pas? » « A cette question que se posait Louis XVIII, dit un écrivain, il n'était pas difficile de répondre. Si le duc d'Orléans marchait sans faire un pas, c'est que les folies, les violences du parti royaliste le poussaient[1]. »

Autant que personne, le duc d'Orléans était convaincu de la chute inévitable et prochaine de la branche aînée, et il faisait beaucoup plus de pas que ne croyait Louis XVIII. C'est, en effet, à cette époque que remontent les ouvertures qu'il adressa au prince Eugène. Il lui fit dire par M. de Broval qu'il était « superflu de démontrer que les Bourbons ne pouvaient pas régner; lui, duc d'Orléans, et Eugène avaient chacun leurs partisans, et il lui proposait de les réunir, le cas d'une révolution arrivant, pour donner la couronne à celui des deux qui aurait le plus de suffrages. » Eugène répondit que « si jamais la France était de nouveau en révolution, son influence serait au profit du fils de son bienfaiteur. » La démarche du duc d'Orléans et la réponse d'Eugène furent portées à la connaissance de l'empereur d'Autriche[2].

Aux congrès de Troppau, de Laybach et de Vérone, cette puissance avait vu des succès continus couronner sa politique réactionnaire : de la Sainte-Alliance elle avait recueilli tous les profits. Le duc d'Orléans en fut

---

[1] M. Duvergier de Hauranne, *Histoire du Gouvernement parlementaire*, t. VII, p. 443.
[2] *Mémoires* du duc de Raguse, t. VIII, p. 355.

vivement affecté, et le général Lamarque nous a conservé l'expression de ses sentiments et de sa disposition d'esprit à cet égard. « M. le duc d'Orléans, dit-il, disait hier à un député qui l'a trouvé pensif, rêveur, triste, que tout ce qui se passait était la suite d'une vaste conspiration ourdie par la maison d'Autriche, par la Bavière, et à laquelle l'Angleterre elle-même n'était peut-être pas étrangère; que l'Autriche était au moment de réaliser la monarchie de Charles-Quint; qu'elle avait un archiduc à Milan, un autre à Florence; que bientôt l'archiduc Rodolphe serait souverain de Rome; qu'on ne voulait pas de son cousin, le prince de Calabre, pour roi de Naples, parce qu'on le regardait comme un jacobin, et qu'on enverrait le frère de ce cousin régner en Sicile; qu'alors l'Italie tout entière appartiendrait à la maison d'Autriche. « Qui empêchera, a-t-il
« ajouté, qu'on offre aussi un archiduc à l'Espagne,
« pour en devenir roi constitutionnel, à la place de Fer-
« dinand, qui ne veut être que roi absolu? Quant à la
« France, tout le monde sait quel moyen a l'Autriche
« pour s'en emparer; soyez sûr que Metternich s'en oc-
« cupe, qu'il y travaille depuis longtemps. Sans cela,
« pourquoi aurait-on fait venir Marie-Louise à Vérone,
« où elle avait l'air d'être la reine du congrès? Pour-
« quoi ses longues conférences avec Alexandre et Wel-
« lington? Le fils de Napoléon sera empereur des Fran-
« çais, et on ne me permettra pas à moi, qui aime tant
« ma patrie, d'y rester comme un particulier, comme un
« paysan? » « Je ne suis peut-être pas convaincu, ajoute

le général Lamarque, de la modération des désirs de Son Altesse, mais je crois fort à la réalité de ses appréhensions[1]. »

Avec autant de circonspection que de savoir-faire, le duc d'Orléans poussait de toutes ses forces à la démolition de l'édifice royal, persuadé qu'il était qu'il trouverait bien moyen de se loger dans les décombres. Il se comportait en homme si avisé que, loin d'incriminer sa conduite, on l'eût hardiment réputé exempt de convoitise et désintéressé de toute visée ambitieuse. Certes, il ne conspirait pas, il était bien au-dessus des pratiques ténébreuses et des voies souterraines, celui qu'il était loisible à tout venant de contempler en plein air, comme un simple bourgeois, perché au haut d'une longue échelle! Il se livrait alors à corps perdu à sa passion favorite, au maniement de la truelle. La chasse, ce plaisir devenu, depuis plusieurs générations, la grande occupation des princes de la maison de Bourbon, et la non moins grande désolation des pauvres campagnards, était pour lui de nul attrait. Incapable il était de s'associer dignement aux exploits cynégétiques de Monsieur, qui, dans ses campagnes de Rambouillet, toujours le premier au feu le plus meurtrier, couvrait la plaine de sang et de carnage! Le duc d'Orléans n'avait que du dédain pour ces trophées. Dans ses bois dévastés par la Révolution, par lui replantés et maintenant florissants, il cueillait, à son gré, de plus beaux lauriers : d'une ex-

---

[1] *Mémoires* du général Lamarque, t. II, p. 71.

ploitation judicieuse, d'aménagements bien entendus, il tirait d'abondants produits. Mais là où il revenait toujours, parce qu'il y excellait, c'était à l'art du maçon, à la pratique de la truelle. Il apportait une infatigable ardeur à terminer le Palais-Royal, cette grande œuvre interrompue par la mort de son père.

Dans l'état où il avait été rendu au duc d'Orléans, en 1814, le Palais-Royal offrait un spectacle navrant de dégradation. Une partie, celle dite des *galeries de bois*, menaçait ruine. Des constructions conduites à moitié avaient été abandonnées; celles achevées et mises en location n'avaient guère un aspect plus satisfaisant. L'intérieur des arcades, particulièrement, offrait une bigarrure insupportable à l'œil. Le boutiquier parisien, envahissant de sa nature, y empiétait sur la voie par des devantures en saillie et des appendices abusifs, un chacun à l'envi du voisin, pour sa plus grande commodité et la plus grande gêne du public. C'était un assemblage d'établissements fantaisistes, et, encore plus, irréguliers et disparates.

Le Palais-Royal donc ne représentait pas le *Temple du Goût* : encore moins était-il l'asile et le sanctuaire des mœurs. Il y avait longtemps que les femmes honnêtes avaient cessé d'y mettre le pied : il était devenu le quartier général de la prostitution, un vaste clapier d'escrocs, de joueurs[1] et de filles perdues. De renommée de bon aloi, on n'eût pu guère en citer d'autre, au

---

[1] On sait que la Bourse se tenait au Palais-Royal.

milieu de ses famosités, que le célèbre méridien ou canon [1], qui conservait le privilége de rassembler à heure fixe et à coup sûr nombre de badauds de la capitale. Le Palais-Royal était un centre bien achalandé sans doute; mais si le duc d'Orléans pouvait s'enorgueillir à bon droit du brillant négoce qu'il y voyait prospérer, sous un autre rapport, sa moralité bourgeoise s'offusquait d'un autre trop florissant commerce, effrontément pratiqué jusque sous ses fenêtres, interlope industrie d'amour, de mercenaires caresses et de dégradantes voluptés. Priape, avec sa difformité, y trônait à découvert, et, non moins qu'à Lampsaque, rendait la population folle, extravagante dans ses plaisirs [2].

[1] « Une autre amusette attire aujourd'hui les badauds dans le jardin lorsque le temps le permet. Il faut se rappeler que, dans le *prospectus* du plan moderne de son palais, M. le duc de Chartres (Philippe-*Égalité*), afin d'adoucir les regrets des amateurs, promettait de leur rendre la jouissance même de ce méridien qui attirait tant de monde à l'heure de midi. Il a tenu parole et a enchéri ; car, outre le méridien, il a fait pratiquer dans la ligne véritable, une petite chambre qu'on remplit de poudre, ce qui forme explosion dès que le soleil frappe et avertit non-seulement les promeneurs, mais tout le quartier, que le soleil est au milieu de son cours. » (Bachaumont, *Mémoires*, t. XXVII, p. 68.)

[2] « Au Palais-Royal se retrouvent certains jours toute la pompe et la bizarrerie du repas de Trimalcion. A un certain signal, le plafond s'entr'ouvre, et du ciel descendent des chars attelés de colombes et guidés par des Vénus ; tantôt c'est l'Aurore, tantôt c'est Diane qui vient chercher son cher Endymion. Toutes sont vêtues en déesses. Les amateurs choisissent, et les divinités, non de l'Olympe mais du plafond, s'unissent aux mortels. Il fut un temps où le massage des Égyptiens y avait lieu. On était massé par des mains féminines dans une étuve de vin; mais cet acte salutaire à la santé et qui favorisait une utile transpiration, a cessé, quoiqu'il appartînt également à la propreté et à la volupté. » (Mercier, *Nouveau Paris*, t. I, p. 568.) Le duc d'Orléans fit enlever la statue de Priape.

Cambacérès, sous l'Empire, avait mis en vogue le tour de promenade dans les galeries; mais, après lui et son fidèle d'Aigrefeuille, la médisance, sinon la calomnie, y avait attaché un vilain renom. Le fonds s'y perpétuait d'une clientèle à fantaisies bizarres, à goûts particuliers et baroques, de cette engeance contre nature et secte hétéroclite, dont le vieux duc d'Elbeuf, praticien émérite et propagateur scandaleux, avait autrefois doté la France. Toute espèce de gibier foisonnait autour de la famille d'Orléans : protecteurs et protégés obscènes, bardaches et tribades, proxénètes pourvoyeurs des étrangers, appareilleuses au service des beautés vénales et des femmes déclassées. Le prince entreprit de lui donner la chasse : sans trêve ni merci, à tous il leur courut sus. Ce n'était pas sa faute ni celle de son libéralisme si, maintenant encore, comme autrefois, le Palais-Royal fournissait un répertoire ample et varié d'esclandres infamants et de mésaventures scandaleuses, cortége du libertinage et inévitable accompagnement de la débauche. Il y avait bien peu d'années que mal avait pris à l'archevêque de Toulouse, Brienne, de s'y frotter : Sa Grandeur en était sortie contaminée[1] ! Tout récemment encore, la chronique du lieu venait de s'enrichir d'un bon scandale qu'assaisonnait en ce moment de son sel réjouissant la gaieté du public. Dans l'un de ces sanctuaires d'amour patentés qu'il recélait

---

[1] Montyon (*Min. des fin.*, p. 306) et les recueils du temps rapportent que de la divinité du lieu il avait reçu une peu glorieuse blessure, du carquois de Cupidon un trait empoisonné.

dans ses flancs impurs, l'un des coryphées du parti ultra-religieux, fougueux défenseur de l'autel, le député Puymaurin, avait oublié sa médaille[1] ! ! Du coup, dévots et dévotes se signèrent. Mais, providentiellement, elle fut retrouvée par un inspecteur des mœurs et religieusement rapportée. Dans l'impossibilité de couper le mal par sa racine, d'extirper complétement le fléau, le duc d'Orléans réussit du moins, par sa persévérance, à en restreindre les ravages. C'était déjà beaucoup qu'il fût passé le temps où, au ci-devant Palais-Égalité, les curieux allaient admirer, dans les appartements secrets de son père, les figures obscènes de l'Arétin, exécutées en cire, grandeur naturelle ; où la jeunesse venait repaître ses yeux du spectacle de ce prétendu sauvage qui s'accouplait publiquement avec une femme de son espèce, à vingt-quatre sols par tête[2] ! Au surplus, l'accomplissement du devoir cadrait ici avec les goûts et le tempérament du prince : chez le duc d'Orléans, toujours Barême fut victorieux de Cupidon.

Avec le concours de M. Fontaine, son habile architecte, il restaura et régularisa les parties les plus importantes du Palais-Royal, qui, grâce à lui, devint en peu de temps l'orgueil du commerce parisien, un but

---

[1] Le plus fâcheux de l'affaire fut que le public, trompé par le nom initial (Marcassus de Puymaurin), fit honneur de l'aventure à ce bon M. de Marcellus, déjà si ridicule à la Chambre par ses *homélies* et ses *prédications vertueuses*.

[2] *Correspondance de Louis-Philippe-Joseph d'Orléans avec Louis XVI, la Reine*, etc., publiée par L. C. R. Paris, 1801, 2 vol. in-12. — Mercier, *Nouveau Paris*, t. I, p. 365.

de première visite pour le provincial et l'étranger, un objet d'admiration universelle. L'art et les embellissements ne faisaient pas perdre de vue au prince le soin de ses légitimes intérêts. Alors furent établies ces boutiques élégantes et symétriques, si bien achalandées, qui acquirent vite une vogue immense et rapportèrent à leur heureux propriétaire d'abondants et riches loyers. Cet emploi judicieux de ses loisirs avait pour le duc d'Orléans autant de charme et d'attrait que pour ses cousins les frivoles passe-temps de la cour : aussi y paraissait-il moins souvent. A un courtisan qui s'en étonnait : « Le cousin, dit Monsieur, depuis qu'il s'est fait boutiquier, n'est libre et ne sort plus que le dimanche. »

Aussi bien, il n'avait pas besoin de sortir : du Palais-Royal, il pouvait observer et se conduire en conséquence. « Le duc d'Orléans, a dit un écrivain qui l'approchait alors tous les jours, ne perdait rien de vue : ainsi qu'un chasseur à l'affût, il cherchait à profiter de toutes les fautes du gibier royal chassé par lui. Aussi, moi qui, familier dans la maison, sentais, pour ainsi dire, *battre le pouls de son ambition, je ne faisais aucun doute de ses désirs, que chaque jour écoulé convertissait visiblement en espérances* [1]. »

Avec sa constitution saine et robuste, à l'unisson de son esprit, le duc d'Orléans jouissait de la santé la plus florissante, capable de suffire et par delà à la multiplicité de ses devoirs et de ses occupations. Celle de

---

[1] M. Alexandre Dumas, *Mémoires*.

Louis XVIII, au contraire, depuis longtemps dérangée, n'avait pas cessé dans ces derniers temps de s'affaiblir. Au commencement de juillet 1824, elle causa à sa famille les appréhensions les plus sérieuses. En peu de temps le mal fit de rapides progrès et les médecins désespérèrent de ses jours. Cependant, le 25 août, jour de sa fête, il voulut encore être roi et vit, selon l'usage, défiler devant son fauteuil [1] les grands dignitaires de l'État et toutes les autorités. « Je veux voir encore une fois tout mon monde, dit-il; le Roi de France peut mourir, mais il ne doit pas être malade [2]. » Ce n'était que par un effort violent, visible à tous les yeux, qu'il avait pu surmonter sa fatigue et ses souffrances.

Dans les premiers jours de septembre, il parut recouvrer quelques forces; il fit preuve même d'une grande énergie pour repousser de nouvelles importunités du duc d'Orléans. Le prince avait prié M. de Villèle de remettre au Roi une lettre où il rappelait à Sa Majesté que, le lendemain, son fils aîné, le duc de Chartres, aurait quatorze ans, et qu'à cet âge, d'après les précédents, le cordon bleu lui était acquis [3]. Dans l'état d'accablement

---

[1] ..... *Sedet æternumque sedebit*
Infelix Theseus !...

Avait dit un familier de Monsieur. Louis XVIII, pourtant si friand de citations latines, avait pris en mauvaise part celle-là, qui formulait la terrible sentence qui pesait sur sa tête ou plutôt sur ses jambes.

[2] « Un empereur romain doit mourir debout, » avait dit Marc Aurèle.

[3] Insigne de l'ordre du Saint-Esprit. Fondé par Henri III, privilége des premières maisons du royaume, l'ordre du Saint-Esprit ne comptait qu'un nombre très-restreint de chevaliers. De la couleur du large cordon qu'ils portaient en bandoulière, et qui soutenait la croix d'or de l'ordre, ses membres avaient reçu le nom de *cordons bleus*.

où était le Roi, M. de Villèle hésitait à lui remettre la lettre. Louis XVIII, qui s'en aperçut, la lui prit des mains et la lut tout entière. « M. le duc d'Orléans se trompe, dit-il avec animation; ce qu'il demande n'est dû qu'à quinze ans accomplis, et je ne ferai jamais pour lui que ce qui lui est dû. Le duc de Chartres n'aura le cordon bleu que de demain dans un an, pas un jour plus tôt. » Et il cita l'exemple du duc d'Enghien qui, né telle année, tel quantième du mois, tel jour de la semaine, n'avait eu le cordon bleu qu'après ses quinze ans accomplis. C'était de toute exactitude; et le duc d'Orléans lui-même dut reconnaître son erreur, qui n'était peut-être pas tout à fait involontaire.

Cependant il importait d'instruire le Roi de son état, et l'on se demandait le moyen de le déterminer à recevoir les derniers sacrements de l'Église. Ni l'évêque d'Hermopolis, ni le grand aumônier, personne n'osait s'en charger. Un valet de chambre émit l'avis de recourir à madame Du Cayla, qui voulut bien accepter cette délicate et pénible mission[1]. Le 11 septembre, après une conversation de trois quarts d'heure, elle rapporta le consentement désiré. Le 13, le Roi fut administré, et sa maladie officiellement annoncée; des prières publiques furent ordonnées, on ferma la Bourse et les théâtres. Le peuple lui-même suspendit spontanément ses divertissements, interrompit ses distractions habituelles, par son absence des guinguettes,

---

[1] *Mémoires* (inédits) de M. Edme Gittard.

bals et cabarets des barrières. C'est que Louis XVIII n'avait pas laissé que d'acquérir une certaine popularité par ses longues promenades, le jour de la Saint-Louis, dans les faubourgs de la capitale. A la différence de Napoléon, qu'une police ombrageuse et brutale et l'exagération habituelle de son escorte tenaient éloigné de la foule, le peuple, affluant au passage du Roi, le jour de sa fête, pouvait l'approcher et se presser sans empêchement autour de sa voiture ralentie à dessein au pas ordinaire des chevaux. Les ouvriers, enchantés de le faire voir, disaient à leurs femmes et à leurs enfants : « Ce gros-là, c'est le gouvernement ! »

Le lendemain 14, la fièvre du Roi augmenta : l'agonie avait commencé et dura trois jours. Ce fut seulement le 16, à quatre heures du matin, que le monarque expira, environné de toute sa famille, qui donna des marques d'une vive affliction.

Voltairien déterminé, aussi bien que le duc d'Orléans, mais imbu au plus haut degré du sentiment de sa dignité et des bienséances, c'était par pure forme que Louis XVIII avait consenti à recevoir les derniers sacrements de l'Église. Il y parut à l'incartade indécente du haut clergé à l'occasion de ses obsèques. Une douzaine de jours à peine avant sa fin, le *roi-fauteuil*, comme on l'appelait à la cour, toujours enjoué et spirituel, jusqu'au bout libertin endurci et invétéré paillard, humait voluptueusement sa prise de tabac sur le sein de lis et d'albâtre de madame Du Cayla, et, en dépit de ses souffrances, racontait gaillardement, à l'ébahissement des assistants, les *Goulées de la femme à Franchet* et la *Bavaroise à la Muraire;* celle-là, désopilante et croustilleuse polissonnerie, avait pour auteur l'ancien premier président de la Cour de cassation, beau-père de M. Decazes, qui autrefois en avait diverti et récréé Sa Majesté au possible. C'était d'elle que le Roi très-chrétien, vraiment héroïque et impassible devant la mort, avait fait son auguste et dernier régal [1].

A quelques jours de là, le 23 septembre, une famille tout entière en carrosse à huit chevaux faisait son entrée solennelle dans la cour des Tuileries. Son chef en descendit le premier. Au rayonnement de son visage, malaisément contenu, il était facile de deviner une profonde satisfaction intérieure. C'était le duc d'Orléans, auquel la bienveillance exempte de soupçons du nouveau roi venait de conférer l'*Altesse royale*, objet longtemps poursuivi, enfin atteint, de tous ses vœux! Dans ce pompeux appareil, il prenait possession de son nouveau titre en venant jeter de l'eau bénite sur le corps de Louis XVIII.

[1] *Mémoires* (inédits) de M. Edme Gittard.

CHAPITRE XV

Avénement et antécédents de Charles X. — Adulation servile des corps de l'État et des fonctionnaires publics. — Le duc d'Orléans obtient l'*Altesse royale*. — La légitimité de sa naissance est contestée. — Maria-Stella-Petronilla.

A un monarque froid, dur et égoïste, assurément, mais, à défaut de profondeur d'esprit, doué au moins d'un rare bon sens politique et d'un fin discernement, succédait un prince sans contredit honnête, loyal et chevaleresque, mais irrémédiablement imbu des idées rétrogrades de l'ancien régime, pourvu de peu de lumières, et d'une intelligence outre mesure rétrécie, rapetissée par le confessionnal et les habitudes de sacristie. Le duc d'Orléans avait senti venir bien à propos pour lui l'avénement de Charles X, à l'effet de raffermir son crédit toujours chancelant, et même, dans ces derniers temps, périclitant à la cour. Du nouveau règne il allait tirer des faveurs inespérées. Il pouvait respirer à l'aise maintenant, affranchi qu'il était du regard sûr et pénétrant de Louis XVIII. Il avait peu à redouter de la clairvoyance de son successeur. A supposer qu'elle pût s'engager sérieusement, la lutte entre les deux jouteurs devenait bien inégale. Avec Louis XVIII et dans sa tombe, la branche aînée des Bourbons était en même temps descendue !

Traits et ressouvenirs de la vie de Charles X n'avaient rien qui dût prévenir en sa faveur la bourgeoisie, classe sérieuse, et, dès cette époque, prépondérante. Dans le public, on se remémorait ses goûts libertins et passagers, les habitudes frivoles et immorales d'une jeunesse consumée tout entière dans d'éclatants désordres. Comme fait militaire, on n'avait à citer de lui que cette promenade au camp de Saint-Roch devant Gibraltar, en 1782, où, en l'absence de toute action de marque ou guerrière, les plaisants vantèrent surtout *le feu de sa cuisine*. Lui-même avait été le premier à en rire, racontant à la reine Marie-Antoinette, sa belle-sœur, quelles bonnes indigestions les officiers espagnols avaient gagnées à sa table !

A sa participation aux affaires intérieures de l'État ne se rattachaient guère de plus recommandables souvenirs. Il avait été l'ami du contrôleur général Calonne : le ministre avait payé les dettes du prince, se montant à quatorze millions[1]. « Quand je vis tout le monde tendre la main, disait le comte d'Artois, je tendis mon chapeau. » Les écus ne pouvaient manquer d'y pleuvoir. Calonne fut payé de retour alors que, ayant prononcé le mot *déficit*, Louis XVI, dans sa colère, parla de le faire pendre : « Je le veux bien, dit-il, si les augustes complices en sont. »

---

[1] *Livre rouge* produit au comité de l'Assemblée constituante.

La conduite de Monsieur, à l'île Dieu, le 2 octobre 1795, son empressement à déserter sa propre cause, tout en affectant de subir une pénible contrainte, avaient marqué sa mémoire d'une tache indélébile. En 1800, il s'était réconcilié avec le duc d'Orléans, réconciliation qui, de son côté, fut sincère, de pure forme de la part de son cousin. Depuis ce temps, ils avaient vécu dans une étroite intimité. En Angleterre, dans ses embarras pécuniaires, le comte d'Artois avait puisé plus d'une fois, assure-t-on, dans la bourse du duc d'Orléans.

Durant le règne de son frère, entouré de courtisans et d'ecclésiastiques ennemis de l'ordre constitutionnel, il ne s'était imposé d'autre tâche que de contre-carrer, autant qu'il le pouvait, son gouvernement et sa direction politique. « Il a conspiré contre Louis XVI, disait Louis XVIII au duc de Richelieu, il a conspiré contre moi, il conspirera contre lui-même. » De plus en plus effrayé de ses tendances, il ajoutait, dans sa perspicacité prophétique : « Mon frère ne mourra point sur le trône[1] ! »

Depuis la mort de sa dernière maîtresse, madame de Polastron, de libertin il était devenu bigot. Il appartenait désormais corps et âme au clergé : le confesseur seul était capable d'exercer une puissance d'inflexion sur les vues étroites et arrêtées de Charles X. Sous des formes douces, aimables et gracieuses, ce prince ca-

---

[1] *Diaries and correspondence of the earl of Malmersbury*, t. II, p. 438.

chait un aveuglement et une obstination d'esprit qui, en le maintenant jusqu'au bout dans l'ordre d'idées auxquelles il s'était attaché dès sa jeunesse, devaient inévitablement le conduire à sa chute.

Comme tous les avénements, celui-là avait été salué des acclamations enthousiastes de la foule et de celles aussi banales, mais plus intéressées, des différents corps de l'État. La lice était ouverte, la platitude allait se donner carrière. Ce fut parmi les fonctionnaires publics à qui se surpasserait. Dans cet assaut, entre tous les traits d'adulation éhontée que le concours enfanta, les basses flagorneries de la Cour de cassation et de la Cour royale de Paris méritèrent les honneurs du jour et durent, à la distance qu'elles établirent à leur profit, de remporter sans conteste la palme. De la Cour de Paris, Séguier, comme toujours, fut le digne interprète. Il trouva moyen d'enchérir encore sur ses précédentes formules[1], justifiant une fois de plus le mot de Bergasse, qui le connaissait bien : « Séguier, c'est Mascarille sous la toge[2]. »

A ces harangues, solennel concours ouvert à des rivaux en bassesse, les réponses du nouveau roi furent dignes, en général heureuses, et parurent enchanter. La nation, toujours confiante et loyale, ne demandait qu'à se faire illusion : elle était remplie de bonne volonté pour le règne. Le charme se rompit à l'acte irré-

---

[1] *Moniteur* des 25 janv. 1806, 28 juill. 1807, janv. 1809, 28 déc. 1812, 18 avril et 2 mai 1814 et 17 août 1815.
[2] *Soirées de Louis XVIII*, t. II, p. 214.

vérencieux du clergé qui, devant être présent autour du cercueil de *l'auteur de la charte*, crut pouvoir s'abstenir. De ce scandale, une question de préséance entre la grande aumônerie et l'archevêché avait été le prétexte. Le peuple ne s'y trompa guère. La population de Paris avait afflué au passage du cortége du défunt roi. Elle parut ressentir la perte qu'elle venait de faire. C'est qu'elle avait l'instinct, le sentiment que, tant que Louis XVIII vivrait, aucun coup d'État n'était à craindre[1]. Désormais, elle demeura obsédée de cette idée. La prépotence sacerdotale lui avait ouvert les yeux dans cet imprudent éclat. Elle n'eut alors que des murmures ; mais, sur ce même clergé, elle devait, à quelques années de là, appesantir sa main vengeresse, au sac de l'archevêché et à Saint-Germain l'Auxerrois !

A la distribution des grâces et faveurs de la nouvelle cour, le duc d'Orléans était accouru des premiers. Enfin il allait recueillir le fruit de ses longs et persévérants efforts, ce titre d'Altesse royale que Louis XVIII lui avait toujours refusé. Peut-être le feu roi avait-il trouvé un malin plaisir à tenir le prince à distance, faisant donner à la duchesse d'Orléans, sa femme, les *grandes entrées* à la cour, comme *Altesse royale*, en

---

[1] Ce n'était pas que les incitations aux coups d'État eussent manqué à Louis XVIII pendant son règne ; mais son bon sens avait su constamment en faire justice. Lors de l'attentat de Louvel, par exemple, Séguier n'avait-il pas prononcé ces paroles, qui frappèrent alors de stupeur : « Si Votre Majesté pensait que les magistrats pussent la servir encore efficacement, rendez-leur des moyens dont l'utilité n'est pas oubliée. » La prudence de Louis XVIII empêcha la reproduction de ce discours au *Moniteur*.

sa qualité de fille de roi, tandis que la porte ne s'ouvrait qu'à un seul battant pour son mari, simple *Altesse sérénissime*. Charles X fit cesser cette choquante inégalité, qui souvent avait permis à des principicules allemands de prendre le pas aux Tuileries sur un petit-fils de Henri IV. L'étiquette fut modifiée. La duchesse d'Orléans n'eut plus le pas sur son époux; dorénavant, quand il vint aux Tuileries, ce fut lui que l'on annonça. Il parut alors comme chef de sa branche, et non, comme le voulait sans doute en secret Louis XVIII, au titre d'inférieur de sa femme. J'ai dit plus haut quel empressement le duc d'Orléans avait mis à faire constater publiquement son nouveau titre.

C'est qu'en effet s'il l'avait obtenu de haute lutte, il ne l'avait pas emporté d'emblée : Charles X avait quelque temps balancé. Il se rappelait les sages observations de son frère : « Il n'est déjà que trop près du trône! » Mais le duc et la duchesse de Berry étaient venus à la rescousse, et, finalement, avaient gagné la partie pour le duc d'Orléans. La duchesse de Berry, qu'une étroite intimité unissait à la duchesse d'Orléans, sa tante, s'y était surtout employée avec ardeur. La plus forte objection venait de la Dauphine : « Que les enfants du prince étaient si nombreux, que ce titre deviendrait bien commun! » La duchesse de Berry, suspendue au cou de son beau-père, avait redoublé d'instances et de caresses. Finalement elle avait réussi à gagner une cause que, disait-elle avec une ineffable gentillesse : « Sa Majesté et elle avaient autrefois plaidée de concert auprès du défunt monarque. » Le Roi s'était rendu. Le titre d'Altesse royale fut donc officiellement reconnu à tous les membres de la famille d'Orléans et de Condé. Le chef de la branche cadette put désormais recevoir les hommages des différents corps de l'État concurremment avec les membres de la famille royale.

A quel point le duc d'Orléans fut enivré de cette faveur, nous en trouvons un curieux et irrécusable témoignage dans une lettre par lui adressée de Neuilly au duc de Bourbon, le 21 septembre 1824. Je dois la reproduire parce qu'elle atteste l'importance que le premier prince du sang attachait aux plus minces, aux plus insignifiantes prérogatives. Il avait bien changé, celui qui proclamait jadis en plein club, à Vendôme, *qu'il mangerait plutôt un fauteuil que de s'y asseoir!* Aujourd'hui, dans un transport tout contraire, c'est au comble de la joie qu'il s'applaudit d'avoir obtenu les honneurs « *du goupillon!* »

« Je m'empresse, monsieur, de vous faire part que le Roi m'ayant fait dire hier au soir de me trouver chez lui à midi, je suis arrivé chez Sa Majesté peu d'instants avant *qu'il n'en* sortît pour aller à la messe. Dès que j'ai été introduit dans son cabinet, j'ai commencé par le remercier de ses bontés, et j'ai ajouté que nous avions *été particulièrement sensibles à celle qu'il avait eue pour nous avant-hier, à l'occasion du goupillon.*— Oui, a-t-il repris, j'ai voulu que cela fût ainsi, parce

« que je trouve que cela devait être, et justement je vou-
« lais vous dire que je vous accorde le titre d'Altesse
« royale.—Le Roi nous l'accorde *à tous?* ai-je repris en
« hésitant. — Oui, à *tous*, m'a-t-il dit; cela n'est pas
« d'accord avec nos anciens usages, mais je trouve que,
« dans l'état actuel des choses et de l'Europe, cela doit
« être ainsi, et c'est *pour tous.* » Après cela, notre conversation a continué et il m'a dit qu'il voulait aussi me
parler pour la cérémonie de Saint-Denis, qu'il espérait
que nous trouverions convenable que M. le Dauphin fût
dans un *fauteuil*, et nous sur des *chaises à dos*. Je lui
ai répondu que, quant à moi, cela me paraissait très-
convenable, que M. le Dauphin étant *nécessairement*
appelé à succéder à la couronne, j'entendais qu'il devait avoir une prééminence sur ceux qui n'y étaient appelés qu'éventuellement, que si M. le Dauphin avait des
fils, je l'entendrais de même pour son fils aîné, mais
que je croyais devoir avouer au Roi que je ne pouvais
l'entendre que pour la ligne directe, mais non pas pour
les enfants cadets; que ceux-là me paraissaient absolument dans la même position que nous; que je n'avais
jamais conçu la distinction de famille royale et de prince
du sang, et que je ne concevais pas davantage qu'il dût
y avoir entre nous d'autre prééminence et d'autre distinction que celle de l'aînesse et du pas qui en découle.
Le Roi a paru trouver cela assez juste, mais sans m'exprimer positivement son approbation entière. Il m'a dit
que le feu Roi avait pris sur tout cela un *travers* qu'il
avait été fâché de lui voir, mais que nous n'étions qu'une

famille, que nous n'avions qu'un intérieur commun, qu'il voulait que nous le regardassions comme un père, et que nous soyons toujours tous bien unis. Je lui ai demandé quels seraient les moments où nous pourrions lui faire notre cour sans l'importuner. Il m'a dit : « Toujours, en vous présentant chez moi et en me le « faisant demander, et si j'étais occupé et que je ne « pusse pas vous recevoir dans ce moment, vous me le « pardonneriez. Au reste, a-t-il ajouté, on me tourmente « pour reprendre le déjeuner, et probablement je le re- « prendrai quand je serai aux Tuileries; alors ce sera « à dix heures et demie, comme du temps du feu Roi; « mais, en outre, je vous verrai toujours quand vous « voudrez. »

« M. le Dauphin nous mènera à Saint-Denis, dans sa voiture, les nôtres marchant devant. Il sera rendu jeudi matin aux Tuileries, à neuf heures et demie, et compte nous y trouver. Ceci m'a été dit de la part du Roi par le comte Charles de Damas, qu'il m'a envoyé comme je m'en allais. J'ai oublié de lui demander le costume, mais je présume l'habit de deuil et le manteau. D'ailleurs, je n'ai encore rien reçu de M. de Brézé, qui pourtant nous préviendra sûrement.

« Nous nous proposons d'aller demain à Saint-Cloud, entre onze heures et midi, remercier le Roi de sa bonté de nous accorder le titre d'Altesse royale, et quoiqu'il ne m'ait pas chargé de vous en instruire, cependant il est trop naturel que je me sois empressé de vous le dire pour que vous n'alliez pas aussi l'en remercier, et sur ce, monsieur, permettez-moi de vous embrasser de tout mon cœur, et veuillez recevoir l'expression de ma bien sincère amitié.

« Votre bien affectionné cousin,

« Louis-Philippe d'Orléans. »

Le titre d'Altesse royale n'était que le prélude des faveurs dont Charles X devait combler le duc d'Orléans et sa famille.

Par un bizarre et singulier contraste des choses de ce monde, c'était au moment même où le titre d'Altesse royale rapprochait le premier prince du sang aussi près que possible du trône, qu'il avait à se défendre contre une revendication d'état qui n'allait à rien de moins qu'à le faire déchoir de cette auguste position pour le ravaler à la condition d'enfant supposé et lui attribuer l'abjecte paternité d'un geôlier toscan. L'origine de cette étrange réclamation remontait aux dernières années du règne de Louis XVIII.

Un Italien de bonne famille, et non pas un *aventurier sans nom*, comme le prétend à tort M. Dupin, dans ses *Mémoires*, le chevalier Mortara, s'était rendu exprès à Paris pour mettre une étrange supplique « aux pieds de Louis XVIII. » Elle exposait les faits suivants :

Le duc et la duchesse d'Orléans, auteurs du duc actuel, s'étaient longtemps désolés de n'avoir pas d'enfants mâles : par là devaient faire retour à la couronne après eux leurs immenses propriétés apanagères. Au commencement de l'année 1772, ils étaient partis pour l'Italie, sous le nom de comte et de comtesse de Joinville. Ils séjournèrent plusieurs mois dans le bourg de Modigliana dépendant des États de l'Église, où se manifestèrent chez la princesse les premiers symptômes de grossesse. Le duc s'était trouvé en rapport avec un geôlier nommé Chiappini, dont la femme était enceinte au même terme que la duchesse. On convint que si celle-ci accouchait d'une fille et la geôlière d'un garçon, il y aurait échange. Ces conditions s'étant rencontrées, on s'exécuta de part et d'autre, et une forte somme fut remise au geôlier. Le fils de Chiappini fut aussitôt transporté à Paris et baptisé sous le nom de Louis-Philippe d'Orléans, tandis que la fille dont la duchesse était accouchée resta dans la maison du geôlier et fut élevée comme un de ses enfants, sous le nom de Maria-Stella-Petronilla, au moyen de la pension envoyée secrètement chaque année de France.

Maria-Stella était demeurée longtemps dans cette position, se doutant peu de sa haute origine, et très-maltraitée par la mère qu'une fraude lui avait donnée : cette dernière regrettant vivement son fils, dont elle ignorait la destinée. Cependant, plus belle et plus distinguée que les autres enfants du geôlier, Maria-Stella émerveillait tout le monde par ses saillies et ses dispositions précoces. A peine âgée de dix-sept ans, elle produisit sur lord Newborough, riche seigneur anglais, une impression si vive, qu'il l'épousa et l'emmena en

Angleterre, où elle vécut dans l'opulence. Il en eut plusieurs enfants dont l'aîné fut pair de la Grande-Bretagne. A la mort de son époux, lady Newborough recueillit un splendide héritage; mais elle en perdit une partie en convolant à de secondes noces avec un gentilhomme russe, le baron de Sternberg, qui la conduisit à Saint-Pétersbourg. Elle y était demeurée plusieurs années avant un voyage en Italie qu'elle fit accompagnée d'un fils qu'elle avait eu de ce seigneur. C'était peu de temps avant la mort de Chiappini, qu'elle avait toujours considéré comme son père. Mais celui-ci, avant de mourir, lui révéla dans une lettre qu'elle n'était point sa fille, mais celle d'un haut personnage qu'il ne pouvait nommer, ne le connaissant pas lui-même. Il l'engageait à ne rien faire pour en savoir davantage, et à se consoler, dans sa brillante position, d'un malheur qui, disait-il, « était sans remède. »

Douée d'un esprit élevé et de beaucoup d'énergie, la baronne de Sternberg n'était pas femme à se soumettre à ce conseil. De ce moment, elle ne fut plus occupée que du soin de découvrir sa véritable origine. On la vit bientôt partir pour la France et se diriger sur Joinville, dont elle était persuadée que son père avait été le seigneur. On lui apprit dans la localité qu'elle faisait autrefois partie des apanages de la maison d'Orléans, et que le duc, mort sur l'échafaud, en 1793, avait pris effectivement ce nom dans un voyage en Italie. Elle vole aussitôt à Paris, où elle fait d'inutiles efforts pour pénétrer jusqu'à l'héritier du prince qu'elle regarde comme son père. Elle consulte des gens d'affaires, et ne sait pas se défendre de fripons, qui lui dérobent des pièces importantes. Elle s'était annoncée, dans une gazette, comme baronne de Sternberg, chargée d'une communication du plus haut intérêt pour les héritiers du comte de Joinville. Le duc d'Orléans lui envoie le vieil abbé de Saint-Phar, son oncle naturel. A l'issue et sur le résultat de l'entrevue, il ne songe plus qu'à s'en débarrasser et lui suscite toutes sortes de vexations. A bout de ressources et dénuée de preuves suffisantes, la baronne se voit obligée de retourner en Italie pour y recueillir de plus amples et décisifs témoignages.

Elle en était bientôt revenue avec un jugement du tribunal de Faenza, établissant positivement, selon elle, qu'elle n'était point la fille de Chiappini, mais du comte de Joinville[1]. Il ne s'agissait plus que de prouver que ce comte était réellement le duc d'Orléans. C'est à quoi allait s'employer la réclamante avec une ténacité extraordinaire.

Cette étrange revendication avait fait du bruit. Tout d'abord les ennemis du duc d'Orléans songèrent à exploiter le scandale. Meilleure aubaine ne pouvait échoir au parti si puissant à la cour pour lequel le prince était un objet d'inexprimable aversion. Quelle bonne fortune, si l'on pouvait démontrer ou seulement accréditer l'opinion qu'il n'était que le fils d'un geôlier toscan! Mais là était la difficulté.

[1] Voir aux documents historiques, à la fin du volume.

Consulté par Maria-Stella, le 18 mars 1825, un avocat à la Cour de cassation, prenant pour constant son exposé des faits, lui faisait judicieusement l'objection suivante : « Tout est bien jusqu'ici ; mais les moyens, quels sont-ils ? Un jugement vous déclare fille d'un comte de Joinville ; il reste à prouver que ce nom était celui de Louis-Philippe d'Orléans. Il ne suffit pas d'alléguer l'intérêt qu'avaient les époux à la substitution : pour obtenir gain de cause, il faut administrer des preuves. »

Le duc d'Orléans était fort inquiet des démarches de Maria-Stella. Il se préoccupait beaucoup de la marche qu'elle suivrait ultérieurement pour donner corps et suite à l'affaire. Il lui importait d'être prêt à tout événement. Dans sa répugnance à en entretenir son conseil ordinaire, il chargea M. Dupin, son homme de confiance, son conseiller habituel, de l'examiner et de lui faire un rapport spécial.

En fait, la fausseté des prétentions de Maria-Stella était démontrée par les faits suivants.

Elle indiquait, comme époque précise de la présence du comte et de la comtesse de Joinville en Italie, le 17 avril 1773, date de son acte de naissance. Or nous avons la preuve authentique qu'à cette époque le duc et la duchesse d'Orléans n'avaient pas quitté Paris[1]. Il y a plus, s'il est possible : la duchesse de Chartres étant

---

[1] *Gazette de France*, n° du lundi 12 avril 1773, p. 263 ; actes notariés déposés aux archives des 1ᵉʳ et 24 avril 1773 ; *Messager de Modène*, du 27 octobre 1773.

accouchée à Paris le 6 octobre 1775, d'un fils parfaitement viable, n'avait pu faire une autre couche le 17 août précédent, à six mois seulement d'intervalle. Je ferai observer surabondamment que la duchesse ou, si l'on veut, la comtesse de Joinville, n'était allée en Italie qu'en 1776[1], et qu'à la même époque le prince, son époux, servait en mer sur la flotte française dans les eaux de Gibraltar. De fait, il n'avait pas mis les pieds en Italie avant 1783.

Toute dépourvue de fondement et dénuée de preuves que fût cette audacieuse revendication d'état, elle n'avait pas laissé de produire une vive impression sur le duc d'Orléans. Non content des arguments juridiques de ses conseils, il s'occupa activement de rassembler lui-même ses preuves. A cet effet, il rédigea de sa propre main les observations suivantes :

« Madame la duchesse de Chartres, mariée le 5 avril 1769, ne devint grosse que plus de deux ans après. Cette grossesse ne fut pas heureuse, et elle accoucha, en 1772, d'une fille qui mourut en naissant. On lui ordonna des eaux ferrugineuses pour la fortifier ; et étant redevenue grosse, elle alla à Forges, en Normandie, en 1773, où on montre encore la maison qu'elle habitait, où beaucoup d'habitants peuvent encore affirmer sa présence à cette époque. Elle y était accompagnée par madame de Genlis. Le 6 octobre de cette année, elle accoucha heu-

---

[1] *Gazette de France* des 26 juillet 1776, n° 60, p. 527 ; 10 mai 1776, n° 38, p. 347 ; et 12 juillet, n° 56, p. 491.

reusement, au Palais-Royal, d'un prince très-bien portant, que le duc d'Orléans, son grand-père, fit exposer au public pendant vingt-quatre heures, dans une des salles basses du Palais-Royal, et qui reçut le nom de duc de Valois. Deux ans après, la duchesse d'Orléans accoucha, le 3 juillet 1775, d'un second fils, Antoine-Philippe d'Orléans, duc de Montpensier, mort en Angleterre, en 1807. Le 3 août 1777, la duchesse de Chartres accoucha, au Palais-Royal, de deux jumelles, dont l'aînée, Mademoiselle d'Orléans, est morte de la rougeole le 1er février 1782, et la seconde, appelée d'abord Mademoiselle de Chartres, est Mademoiselle d'Orléans aujourd'hui. La duchesse de Chartres, devenue grosse une cinquième fois, est accouchée au Palais-Royal, le 7 octobre 1779, de Louis-Charles d'Orléans, comte de Beaujolais, mort à Malte en 1808.

« Ainsi, point de fausses couches et cinq grossesses en tout :

« 1° Une fille morte en naissant, 1772.

« 2° Le duc d'Orléans actuel, 1773.

« 3° Le duc de Montpensier, 1775.

« 4° Deux jumelles, 1777.

« 5° Le comte de Beaujolais, 1779. »

Ses moyens de défense, quant aux faits, ainsi réunis, condensés, le duc d'Orléans, n'espérant guère éviter le scandale, se déclara prêt à soutenir le débat. Il attendit de pied ferme son féminin adversaire. Mais il ne devait plus donner signe de vie que cinq ans après, au commencement de 1830. Je n'aurai plus, à cette époque, qu'à ajouter quelques lignes à ce qui précède pour clore cet épisode de la vie du prince, non pas le plus important, mais certainement l'un des plus chatouilleux de sa carrière.

CHAPITRE XVI

Vote à la Chambre des députés de la liste civile de Charles X et de l'apanage du duc d'Orléans. Opiniâtreté et passion des débats. — Loi dite du *milliard d'indemnité*. — Sacre et couronnement de Charles X. — Retour à Paris du duc d'Orléans et collation du brevet de colonel à son fils, le duc de Chartres.

Au titre d'Altesse royale, qui installait le duc d'Orléans sur les degrés mêmes du trône, Charles X allait ajouter un autre et plus important bienfait.

J'ai dit que Louis XVIII, dans sa clairvoyance de l'avenir, n'avait jamais voulu consentir à pourvoir la branche cadette, à titre irrévocable, d'une grande position indépendante. Il s'était bien donné de garde de faire consacrer par une loi la restitution de l'apanage que le duc d'Orléans ne tenait que du bon plaisir du Roi. Le prince saisit habilement, dans l'ouverture du nouveau règne, l'occasion de se faire accorder ce que n'avaient pu obtenir dix ans de persévérantes sollicitations.

Le 3 janvier 1825, M. de Villèle, ministre des finances, déposa sur le bureau de la Chambre des députés deux projets de loi : le premier portait fixation de la liste civile pour toute la durée du règne, conformément à l'article 23 de la Charte constitutionnelle ; le second proposait d'accorder une indemnité aux anciens propriétaires des biens-fonds confisqués et vendus pendant la Révolution.

L'article 1er du projet de loi concernant la liste civile réunissait à la dotation de la couronne les biens acquis par le feu roi, et dont il n'avait pas disposé. L'article 4, relatif aux biens restitués à la famille d'Orléans, assurait le retour au domaine de l'État, au cas d'extinction de la descendance masculine, de ceux de ces biens qui constituaient l'apanage. On les évaluait à 56,692 hectares payant 297,000 francs d'impôt.

La discussion s'ouvrit le 12 janvier.

Sur le chiffre affecté à la liste civile, que tous auraient voulu voter par acclamation, les orateurs s'interdirent toute réflexion. Mais il n'en fut pas de même de l'article 4, relatif aux biens restitués à la famille d'Orléans. Ici surgit une question de droit aussi grave que délicate, qui ne pouvait manquer de mettre en relief les intérêts différents des partis et les passions politiques dont l'Assemblée était diversement agitée. Pour l'intelligence approfondie du débat, aussi long qu'animé, qui s'engagea à cette occasion, il me faut, au risque de me répéter, rappeler certains faits dont j'ai antérieurement exposé l'historique et dont le lecteur pourrait peut-être mal se souvenir.

Trois édits rendus par Louis XIV en 1661, 1672 et 1692, consacrant un démembrement du domaine royal, en avaient détaché au profit du duc d'Orléans, Monsieur, son frère unique, des biens considérables qu'il devait posséder à titre d'apanage « pour lui tenir lieu de sa part héréditaire dans la succession mobilière et immobilière du feu roi Louis XIII, et pour prix de sa renonciation à tous les biens composant ladite succession. » Une loi de 1791 supprima tous les apanages, mais en laissant cependant aux anciens princes apanagers la jouissance des palais affectés à leur demeure personnelle, nommément le Palais-Royal, résidence de la famille d'Orléans. Des rentes ou pensions apanagères étaient substituées aux apanages abolis. Les biens en provenant furent réunis au domaine public, puis vendus en partie, pendant la Révolution.

A la Restauration, en 1814, nous avons vu que le duc d'Orléans s'était empressé de réclamer toutes les anciennes propriétés de sa maison demeurées en la possession de l'État. Deux ordonnances des 18 et 20 mai lui avaient accordé cette restitution. Seulement, conçues en termes généraux, sans spécification précise des conditions auxquelles les biens étaient rendus, elles laissaient incertaine la double question du titre et de la durée de la possession. Le prince n'avait-il droit qu'à une simple jouissance viagère? Était-ce une faveur purement personnelle dont ses enfants ne pourraient jouir à leur tour qu'à la condition d'un nouvel octroi royal? Sur ses pressantes sollicitations, une troisième ordonnance, rendue au mois de septembre suivant, décida que les propriétés étaient restituées à titre d'*apanage*, c'est-à-dire héréditairement, par ordre de primogéniture, aux conditions de réversibilité à la couronne en cas d'extinction de descendance mâle. Ce nouvel acte ne donnait encore au duc d'Orléans qu'une propriété résoluble et précaire : la loi de 1791, en effet, n'était pas abrogée; une simple décision royale ne pouvait en détruire les dispositions. Ce qu'une ordonnance avait fait, une autre ordonnance pouvait le défaire; il eût suffi d'un caprice du monarque pour substituer une simple pension apanagère aux revenus des immenses propriétés restituées, et qui, par leur importance même, étaient demeurées invendues. Il y a plus : le duc d'Orléans seul, de tous les membres de la famille royale, se trouvait apanagé, et cette condition exceptionnelle n'était pas sans avoir soulevé les critiques jalouses des courtisans.

Le duc d'Orléans désirait ardemment, on le conçoit, obtenir du pouvoir législatif la sanction de l'ordonnance de septembre 1814. Louis XVIII s'y était toujours refusé. Charles X, dans son inépuisable bonté pour la famille d'Orléans, avait promis à son cousin de la lui faire accorder par les Chambres. C'était beaucoup s'engager; car le duc d'Orléans, à raison du vote émis par son père dans le procès de Louis XVI et de ses antécédents personnels, n'était rien moins qu'en faveur auprès de la majorité des députés. Pour parer à la malveillance d'un grand nombre d'entre eux, Charles X enjoignit à ses ministres d'unir en quelque sorte la fortune du chef de la branche cadette de sa race à la sienne propre, en abritant cette question d'apanage sous les dispositions relatives à sa liste civile. L'expédient se trouva inefficace : l'aversion instinctive et persistante du parti royaliste pour le duc d'Orléans étant plus forte que son respect pour la volonté royale. Des dispositions avaient été prises par la droite pour combattre vigoureusement l'article 4 du projet de loi relatif à l'apanage, et, s'il était possible, pour le faire échouer.

Ce fut une bataille en règle. Dans cette mêlée, chaude autant qu'opiniâtre, la tactique avait été délibérée, les rôles convenus et distribués d'avance entre les membres de la majorité. M. Bazire, l'un des coryphées de la droite et des plus fougueux ultras, s'était chargé de commencer le feu.

Selon lui, à la dégager de tout intérêt, de tout alliage étranger, la loi proposée ne regardait que la liste civile. C'était la décolorer que d'y accoler, sans nécessité, des questions qui, disait-il, avec une expression de regrets peu sincère, obligeaient de descendre dans le champ d'une discussion à la fois compliquée et irritante.

« L'article 4, poursuivait M. Bazire, concerne le duc d'Orléans, qui a perdu, par des lois qui ne sont pas encore abolies, l'apanage réel constitué au profit du chef de sa maison, Monsieur, frère de Louis XIV. Le monarque, à son retour, lui a fait remise de cet apanage. Je m'incline avec respect devant ce grand acte de la munificence royale, que je n'entends ni attaquer ni défendre. Aujourd'hui les ministres nous demandent de le sanctionner par une loi. Il leur a paru convenable, disent-ils, de demander la sanction législative au moment où les Chambres s'occuperaient de la liste civile.

Quant à moi, il m'a été impossible de concevoir la nécessité ou l'opportunité de mêler à la loi cet objet particulier.

« Le prince, que cet article intéresse, ne participe nullement à la liste civile ; il y est même complétement étranger. Nous avons donc le droit de demander qu'on nous dise les motifs réels qui ont fait intercaler cet article dans une loi qui ne le comportait pas... Je ne voudrais pas soupçonner qu'on l'ait glissé dans la loi pour le faire passer plus facilement en si bonne compagnie. »

A cette péroraison mordante d'un discours incisif jusqu'au bout, le ministre des finances, M. de Villèle, se leva pour répondre. Il avait à justifier l'article attaqué. M. Bazire avait principalement critiqué la disposition particulière du projet dans sa *connexion forcée* avec la liste civile. M. de Villèle, l'ayant combattue lui-même au sein du conseil des ministres[1], allait parler contre sa conviction. L'argumentation du président du conseil, pénible et embarrassée, s'en ressentit.

M. de Villèle dit que l'apanage créé en faveur de Monsieur lui avait été accordé pour lui tenir lieu de sa part héréditaire dans la succession mobilière et immobilière du roi Louis XIII, et pour prix de sa renonciation à tous les biens composant cette succession...
« Que si l'on demande aujourd'hui, ajoutait-il, la sanction législative pour cette restitution sous le caractère d'apanage, c'est afin de prévenir toute contestation qu'on

---

[1] *Journal* de M. de Villèle.

serait tenté d'élever d'après la loi de 1791, dont l'article 1er porte qu'il ne sera plus concédé à l'avenir d'apanage réel et dont l'article 2 révoque toute concession antérieure à ce jour... Cette loi n'a pas été rapportée par une autre loi depuis la Restauration. En outre, il n'existe pas de statut d'après lequel serait régi l'apanage après la mort du duc d'Orléans. Il y avait donc nécessité de sortir du provisoire par une disposition législative. Elle avait sa place naturelle dans la loi de la liste civile; car c'est dans cette loi que devait être accordée au duc d'Orléans la rente apanagère, s'il n'avait pas son apanage. Je ne comprendrais pas, continuait le ministre, comment dans la même loi où sont fixées les rentes qui tiennent lieu d'apanage aux autres membres de la famille royale, on pourrait dire que nous n'aurions pas dû placer la résolution relative à la rente apanagère due à l'un des princes de la famille royale.

« Cette proposition a-t-elle, comme on l'a prétendu, besoin du passe-port que nous chercherions à lui donner? Pour résoudre la question, il suffit d'examiner si la proposition que nous vous faisons est monarchique, si elle est dans l'intérêt de l'équité ou si elle ne l'est pas. Aucun doute, suivant moi, que le principe de l'apanage en terres ne soit plus monarchique que celui des rentes apanagères. Dira-t-on que, par une rente apanagère, les princes sont plus à la disposition du monarque? Mais qui concède la rente apanagère? C'est aussi la loi, et, sous ce rapport, la question ne devient pas plus monarchique. Il n'y a pas plus de dépendance dans un cas que dans l'autre.

« Nous avons dû présenter dans la présente loi la solution d'une question qui n'avait pas été résolue auparavant, d'une question que le silence du projet de loi aurait pu faire juger différemment. Nous l'avons portée en son lieu, car si vous n'accordez pas l'apanage à monseigneur le duc d'Orléans, vous devez lui constituer une rente apanagère. »

C'étaient là des arguties, de purs paralogismes : le président du conseil s'était constamment tenu à côté de la question. M. de Labourdonnaye, le fougueux orateur de la droite, alla, lui, droit au but.

On ne pouvait, selon lui, soumettre aux délibérations de la Chambre des ordonnances royales rendues antérieurement à la Charte, et, par conséquent, émanées d'une autorité dictatoriale; on ne pouvait remettre en question ce qu'elle avait décidé. M. le duc d'Orléans ne pouvait donc posséder qu'au titre et comme ces ordonnances avaient disposé. L'orateur eût voulu même qu'on retranchât de la loi l'article qui concernait la portion de la liste civile attribuée aux princes de la maison royale : les lois de 1790 et de 1791 déclarant que les apanages attribués aux princes puînés de la maison de Bourbon doivent être considérés comme irrévocables. Au cas de difficultés, il estimait qu'une loi spéciale était indispensable pour les résoudre. « Je ne sais si le Roi lui-même, continuait M. de Labourdonnaye, peut renoncer en faveur de l'État à la portion de la liste civile de quatre millions qui lui avaient été attribués, et si cette fraction de son apanage ne descend pas à M. le Dauphin au moment où le Roi monte sur le trône. Cette question vaut bien la peine d'être examinée, et, pour cela même, elle ne doit pas faire partie d'une loi qui doit réunir l'unanimité des suffrages. »

Ce coup habile avait porté. A une attaque aussi sérieuse, la phalange orléaniste, qui n'avait pas encore donné, comprit que l'heure était venue d'entrer en lice. Son plus illustre champion, l'abondant et chaleureux général Foy, s'élança à la tribune.

Le brillant orateur, le client favori de la maison d'Orléans, se porta résolûment le défenseur du principe des apanages, dont il traça l'historique à grands traits, depuis les temps les plus reculés de la monarchie. Il s'efforça de démontrer la convenance de son application dans le projet actuel, qui, selon lui, n'établissait pas un fait nouveau, mais constituait un acte conforme aux principes du droit et à l'intérêt de l'État par la réversibilité du domaine formant actuellement l'apanage de la famille d'Orléans. Comme le ministre des finances, il approuvait que des princes eussent des apanages en terres, en ce qu'ils étaient ainsi mieux associés aux charges de la propriété et dans des rapports plus intimes avec le pays.

Cette thèse, outre qu'elle prêtait singulièrement le flanc à la critique, pouvait passer pour étrange dans la bouche de l'un des principaux organes du libéralisme.

C'était assurément par une extraordinaire et bien imprévue interversion des rôles que, dans cette question, la légalité était défendue par le parti ultra-royaliste contre l'opposition, soutenant les abus de l'ancien régime et les traditions surannées du vieux droit féodal!

Aussi M. de Berthier, tirailleur agile, faisant feu avec l'histoire, répondit au général dans les termes d'une piquante ironie, d'une incisive malice. Il démolit pièce à pièce son argumentation. Considérant le principe des apanages territoriaux comme une dérivation de la coutume funeste des premiers rois de la monarchie de partager non-seulement les biens de la couronne, mais la couronne elle-même à leurs descendants, il rappela les troubles excités par les factions d'Orléans et de Bourgogne, qui avaient divisé la monarchie et combattu le monarque à la faveur de leurs immenses domaines. Ces souvenirs, plus ou moins applicables à la circonstance, excitèrent au centre gauche de vifs murmures. M. de Berthier, au surplus, ne prétendait pas résoudre la question en elle-même; mais, dans sa perplexité sur le point débattu, il se rangeait à l'avis de M. de Labourdonnaye pour l'ajournement de l'article, qui permît de mieux étudier la matière et de la traiter avec maturité.

La question des apanages venait d'être soulevée. La discussion ainsi élargie prit un caractère de gravité qui n'était pas entré dans les prévisions des auteurs de la loi. Le garde des sceaux entreprit de circonscrire le débat.

Prétendant réduire la difficulté à ses véritables termes, M. de Peyronnet fit observer que la famille d'Orléans étant remise en possession de ses biens par une autorité dont personne ne contestait le droit, il n'y avait plus qu'à examiner la nature et le caractère de cette possession. Considérerait-on le duc d'Orléans comme propriétaire en vertu de la loi de 1814 : qui ne voyait quelles en seraient les conséquences? « Vous-mêmes, disait-il, vous auriez raison de vous plaindre de l'inattention du gouvernement qui aurait souffert que le titre de la maison d'Orléans fût dénaturé et que l'État fût privé d'un retour éventuel dont en aucun cas il ne peut être dépouillé. Voulez-vous que la disposition ne soit pas nécessaire, qu'elle ne doive pas trouver place dans la loi? Alors vous êtes obligés de vous rattacher à une ordonnance du feu Roi combinée avec la loi de 1814; et ce n'est plus comme prince apanagiste, mais comme sujet propriétaire, que monseigneur le duc d'Orléans possède ces biens et doit être envisagé. Dès lors, l'apanage étant détruit, plus de retour éventuel à l'État.

« Si, au contraire, vous adoptez la disposition présente, si vous vous associez à la pensée qui l'a dictée, l'apanage sera établi comme il doit l'être, avec ses conditions et ses charges. La maison d'Orléans en jouira tant qu'elle durera, et, si elle venait à s'éteindre, l'État redeviendra propriétaire de ces biens qui ne résident qu'éventuellement sur sa tête. Ainsi, bien loin que l'intérêt de l'État soit affecté par la disposition présente, il est au contraire sauvegardé; et loin d'avoir fait une chose inconvenante et inutile, nous croyons avoir pris une disposition utile à l'État, et, en cela, nous avons dégagé notre responsabilité, accompli notre devoir. »

Débités avec l'emphase déclamatoire habituelle au garde des sceaux, ces lieux communs n'avaient laissé qu'une froide impression sur la Chambre. L'attitude des ministres était embarrassée, leur situation pénible. Pour les tirer de ce pas et couper court à une discussion où évidemment ils figuraient avec désavantage, le centre droit demandait à aller aux voix. Mais, sur l'insistance de l'extrême droite, la discussion continua, et un ancien procureur général, que nous verrons plus tard attacher son nom à une déplorable jurisprudence, M. Bourdeau, s'empara de la tribune.

Entrant dans les entrailles de la question, il exposa que la loi de 1791 ayant statué en dernier lieu sur les apanages, on demeurait sous son empire; or elle ne permettait plus de faire des constitutions apanagères sur l'État. M. Bourdeau n'examinait pas l'avantage ou le désavantage qu'il pouvait y avoir à ce que l'apanage d'un prince fût constitué en terres ou en rentes sur l'État. « J'admets volontiers, dit-il, qu'il peut y avoir maintenant une autre législation à faire à ce sujet; mais, jusqu'à ce qu'elle ait été rapportée, la loi de 1791 est la seule qui puisse être invoquée et suivie en cette matière. Les ordonnances de 1814 ont dû rendre les biens au même titre qu'ils étaient possédés antérieurement, c'est-à-dire comme propriété apanagère, si précédemment ils étaient grevés de la réversibilité. On a donc maintenant à examiner si ces biens doivent être régis par les lois anciennes de constitution ou par la loi de 1791 ou par une loi nouvelle. Mais ce n'est pas, observait M. Bourdeau, à propos de la liste civile, qu'une pareille question doit être débattue; elle est immense, soit par rapport à la dignité de la couronne, soit relativement aux intérêts de la maison apanagée. »

M. Bourdeau avait nettement posé la question. Son raisonnement serré, précis et concluant, amena M. Méchin à la tribune.

Ancien préfet de l'Empire, révoqué par les Bourbons, maintenant commensal habituel du Palais-Royal, M. Méchin avait naturellement pris place sur les bancs de l'opposition. Sans posséder des facultés oratoires éminentes, sa parole brève, intarissable de sarcasmes, avait le don au suprême degré, en harcelant les ministres, de porter à son comble le trouble et l'exaspération dans les rangs de la droite.

Lui, il n'admettait point qu'on fût encore sous l'empire de la loi de 1791 : le décret de la Convention qui avait supprimé les rentes apanagères avait, à son avis, rapporté cette loi. « Quand la France, dit-il, sous l'Empire, revint à des formes monarchiques, un acte que les usages d'alors rendaient plus éclatant, plus solennel que la loi elle-même, un sénatus-consulte régla la matière et rétablit les apanages... Il faut reconnaître cette législation ou proposer une loi nouvelle. » M. Méchin en concluait que les ordonnances de 1814, qui avaient restitué l'apanage à la maison d'Orléans, avaient légalement tranché la question, et que le ministère avait pu intercaler dans la loi de la liste civile l'édit qui concernait l'apanage de cette famille. Quant à ces exhumations historiques, ces affreuses querelles des Bourguignons et des Armagnacs, malignement évoquées par M. de Berthier, elles étaient ici sans application véritable. « C'est dans la puissance féodale, dit l'orateur, que les grands vassaux ont puisé les moyens de briser la couronne à leur gré. Rivaux du monarque, plus souvent ses ennemis, ils ne lui laissaient qu'un vain titre, une existence précaire et incertaine. S'ils eussent été seulement des princes apanagés, ils n'eussent point laissé à leur postérité de si douloureux souvenirs de leur pouvoir et de leurs excès. »

De la confusion même du débat, des difficultés nouvelles soulevées sur un point de législation si important, M. Dudon, autre membre de la droite, et de tous le plus hostile à la maison d'Orléans, conclut d'une façon plausible à la nécessité d'un examen ultérieur et spécial de la question. Après diverses considérations puisées dans les différentes concessions d'apanages, dans la nature des biens, les uns patrimoniaux, les autres soumis à la clause de retour à l'État, dans les changements qu'ils avaient subis, dans les procès qu'ils avaient occasionnés, il termina en demandant formellement la disjonction de la disposition attaquée, puisqu'il était maintenant démontré qu'elle n'était pas à sa place, ou, au moins, qu'elle était présentée d'une manière trop incomplète.

Ce discours, qui résumait les considérations diversement développées dans le même sens par les précédents orateurs, avait produit sur la Chambre une vive impression. La majorité, visiblement ébranlée, paraissait disposée à repousser le projet de loi. Dans ce pressant danger, avant même que l'orateur eût terminé, le ministre de l'intérieur s'était précipitamment dirigé vers la tribune.

M. Corbière, à face de bouledogue, d'une laideur repoussante, de ton et de manières communes, mais esprit retors, avocat délié et subtil, représentait la bourgeoisie dans tout son lustre. Il en avait l'oreille aussi bien que l'encolure. Le feu roi avait mis du temps à s'habituer à lui, à revenir de l'insurmontable répulsion que lui inspiraient ses manières presque rustiques. On imagine sans peine qu'elles devaient choquer au plus haut degré un monarque poli, scrupuleux observateur des convenances et aussi jaloux de sa dignité que Louis XVIII. On a souvent raconté que la première fois que le ministre travailla avec le Roi, ayant, sans façon, déposé sur la table royale son mouchoir et sa tabatière, Louis XVIII, un peu surpris, lui dit : « Monsieur Corbière, vous videz vos poches, » et que celui-ci, sans se laisser déconcerter, répondit : « Il est vrai, Sire, mais Votre Majesté peut être sûre que je ne les emplirai jamais à son service. » Nous n'aurons que trop tôt l'occasion de voir, à la fin de ce volume, que c'est une justice que ne pourront se rendre tous les ministres de Louis-Philippe, à commencer par l'un d'eux, le règne à peine ébauché !

Le ministre de l'intérieur, envisageant la question sous un autre aspect, n'admettait ni la loi de 1791 ni le sénatus-consulte de 1810. Écartant les difficultés, les incidents, les questions secondaires, qui lui paraissaient étrangers à l'article 4 de la loi, il faisait observer, comme ses deux collègues, qu'il ne s'agissait pas de savoir si la maison d'Orléans posséderait ou ne posséderait pas, mais à quel titre elle possédait. « Il s'agit, dit le ministre, de la dotation de la famille des Bourbons. Il est naturel que cette dotation se trouve spécifiée dans un même projet de loi, surtout lorsqu'il n'en doit résulter aucun embarras. Vous nous auriez reproché de n'avoir pas complété le projet de loi, si notre prévoyance ne s'était pas étendue à tous les membres de la famille qui doivent avoir une dotation particulière. Or, dans la famille royale, il existe une branche qui n'a pas besoin de dotation, parce qu'elle est dotée d'un apanage. Cet apanage lui a été rendu, mais non à titre d'apanage. Il faut une disposition législative pour consacrer le retour au domaine des biens restitués. Dès lors, y avait-il rien de plus convenable que de réunir dans un seul projet de loi des dispositions en quelque sorte congénères ? L'ordre naturel des idées conduisait de la liste civile aux princes de la famille royale, et des princes pour qui une dotation était nécessaire à la branche déjà dotée, mais pour la dotation de laquelle il était nécessaire d'édicter une disposition particulière destinée à compléter la législation. »

Je me suis efforcé de résumer, aussi fidèlement qu'il

m'a été possible, l'argumentation sophistique de M. Corbière. Nonobstant son point de vue manifestement faux, elle avait réussi à jeter une sorte de désarroi dans l'assemblée. Ce n'est pas que la disposition concernant l'apanage d'Orléans ne périclitât plus. Loin de là, la discussion se généralisant, s'agrandissant toujours, de nouvelles objections surgissaient encore contre l'admission dans la loi de l'article introduit en faveur de cette famille.

M. de Labourdonnaye, et, après lui, M. Dudon, remontant à la tribune, excipèrent des difficultés afférentes à la nature de certains biens donnés à titres divers à la maison d'Orléans, dont plusieurs, tels que le canal de l'Ourcq et le Théâtre-Français, ne pouvaient être regardés comme des propriétés apanagères. Ils insistaient surtout sur cette considération, qu'il n'y avait aucune analogie entre un apanage constitué pour un prince du sang et la dotation allouée pour en tenir lieu aux fils puînés du Roi.

M. de Villèle dut prendre de nouveau la parole pour l'éclaircissement de certains points. Le président du conseil n'était rien moins que rassuré sur le sort de la loi. A tout événement, il prit acte que si l'article 4 n'obtenait pas l'assentiment de la majorité, les boules noires ne pourraient pas être considérées comme ayant été dirigées contre la liste civile. A ce cas, on voterait séparément sur elle.

J'en demande pardon au lecteur, mais j'ai dû m'étendre longuement sur cette délibération passionnée de la Chambre élective. Elle montre à quel point l'apanage de la maison d'Orléans périclitait. La droite ne le repoussait avec tant d'énergie que parce que, dans ses défiances et son animosité implacables, elle tenait à protester de la façon la plus éclatante contre les antécédents et les convoitises supposées du premier prince du sang. Il devenait manifeste que si, au lieu de l'englober dans la liste civile, le ministère avait proposé un projet de loi spécial à la branche cadette, il eût été rejeté par l'immense majorité des députés, auxquels son chef était souverainement antipathique. M. de Villèle, s'attendant à ce que la loi ne passerait pas, avait eu soin, au cours des débats, d'en aviser Charles X.

Le Roi, dans sa générosité, avait fait son affaire personnelle de la cause du duc d'Orléans. Il fit savoir immédiatement aux coryphées de la droite et aux autres députés qu'il savait les plus intraitables, qu'ils le blesseraient personnellement s'ils repoussaient l'article particulier à la maison d'Orléans. Antérieurement, il leur avait déjà déclaré qu'il considérait comme une insulte envers sa famille toute attaque ou personnalité dirigée contre les antécédents d'un prince dont *la fidélité et le dévouement n'étaient plus douteux.*

Ce dernier et décisif effort de Charles X retourna beaucoup d'esprits jusque-là récalcitrants. Il ne réussit pas, néanmoins, à modifier les dispositions hostiles de tous les députés. Il en est qui persistèrent jusqu'au bout dans leurs invincibles répugnances. Le centre gauche et la gauche étaient dans les intérêts du prince. Les boules noires allaient provenir surtout de la fraction ultra-royaliste. Le scrutin en fit foi. Ouvert sur l'ensemble du projet, il donna 278 boules blanches contre 25 noires sur 303 votants. A ceux qui n'étaient pas dans le secret des efforts du Roi en faveur de son cousin, une si faible minorité causa un profond étonnement. L'article 4 avait passé; mais, comme le dit spirituellement M. de Labourdonnaye, le ministère avait fait *la contrebande dans les carrosses du roi*. Portée le surlendemain à la Chambre des pairs, la loi y fut adoptée le même jour, sans discussion, à la majorité de 134 voix sur 137 votants. Il en coûte d'ajouter foi au récit d'un écrivain doctrinaire[1], qui fait dater de cette éclatante concession de Charles X, les développements extérieurs que prit l'opposition jusque-là timide et concentrée du duc d'Orléans.

J'ai dit qu'avec la loi de la liste civile, la Chambre des députés avait été saisie d'une autre proposition du gouvernement relative à une indemnité en faveur des anciens propriétaires de biens-fonds dépouillés par la Révolution. C'est la loi devenue fameuse sous le nom de *milliard d'indemnité*, œuvre réparatrice s'il en fut, tenue en suspens, et que M. de Villèle eut l'honneur d'accomplir. Si la majeure part d'émolument revint à l'émigration dépossédée de ses vastes domaines, nombre d'autres parties prenantes, diversement lésées, en recueillirent un appréciable dédommagement. Elles

---

[1] Capefigue, *Histoire de la Restauration*, 3ᵉ série, p. 579.

composaient en grande partie la clientèle de la maison d'Orléans. La loi, néanmoins, dans la presse comme à la tribune, rencontra un certain nombre de contradicteurs, même parmi les plus fervents adeptes du parti. Un intérêt de popularité était le mobile de leur conduite. Ils avaient la certitude de cumuler le bénéfice de l'opposition et le profit de la loi. Son adoption n'était douteuse pour personne, encore moins pour eux qui eussent été les premiers désolés de son rejet.

Le général Foy, qui, dans la question de l'apanage, avait mis son étincelante parole au service du duc d'Orléans, rentra, à cette occasion, de l'aveu et avec l'approbation du prince, dans son rôle d'opposition. Son discours fut une déclamation éloquente et pompeuse plus à l'adresse du dehors que de la Chambre. Les gens naïfs, seuls, s'en étonnèrent qui supputaient avec candeur dans quelle proportion son illustre patron était intéressé à l'adoption du projet. La loi du milliard d'indemnité, cette grande et politique mesure de réparation sociale, reçut sa sanction définitive à la Chambre des députés le 23 avril 1825, à la majorité de 221 voix contre 130.

Le bénéfice en fut énorme pour la famille d'Orléans. Le duc en tira une nouvelle et inespérée fortune, je dis inespérée, car elle était en partie acquise aux dépens du trésor public. On doit se souvenir que ses biens patrimoniaux avaient légalement passé dans le domaine de l'État, qui, ayant reconnu la validité des titres des créanciers, les avait désintéressés en partie et se trouvait subrogé à leurs droits. De l'indemnité afférente à la fortune patrimoniale du duc d'Orléans, une portion revenait donc au domaine public. Mais ce n'était pas ainsi que l'entendait le prince : il prétendait toucher le chiffre intégral de l'indemnité, arbitrée à dix-sept millions. La question fut attentivement examinée et longuement débattue dans le conseil des ministres, où M. de Villèle, gardien intègre des intérêts du trésor, n'eut pas de peine à démontrer le caractère exorbitant et insoutenable des prétentions du premier prince du sang[1].

Le duc d'Orléans se refusant à en rien rabattre, l'affaire fut portée au conseil d'État, juridiction administrative de tout temps inféodée au pouvoir, à inégales balances pour les justiciables, suivant leur crédit, leur rang et leur fortune. Sa section du contentieux ne manqua pas de rendre, comme toujours, un avis favorable au prince, dont les prétentions exorbitantes reçurent ainsi la sanction légale.

Le duc d'Orléans était en veine de prospérités. L'occasion d'en rendre grâces à la Providence s'offrit naturellement à lui dans la solennité du sacre de Charles X.

Louis XVIII s'était promis cette solennelle consécration, mais il n'avait pu l'accomplir : l'état de la France, l'occupation étrangère, ses infirmités croissantes avaient toujours rendu impossible la réalisation de son dessein de placer sous la foi du serment religieux le pacte poli-

---

[1] *Journal* de M. de Villèle. — Voir aux documents historiques, à la fin du volume, l'état d'attribution au profit de la famille d'Orléans.

tique qu'il avait conclu avec la France. Les mêmes raisons n'existaient pas pour Charles X, qui touchait seulement à sa soixante-septième année quand il monta sur le trône, et dont les écarts de jeunesse, non plus que la dissipation de l'âge mûr, n'avaient pu altérer la santé robuste. La cérémonie, qui devait avoir lieu dans la cathédrale de Reims, fut fixée au 29 mai.

D'après un procès-verbal déposé au greffe du tribunal de Reims, et dont de graves magistrats se portaient garants, la sainte ampoule, qui servait depuis quatorze siècles au sacre des Rois de France, avait miraculeusement échappé aux fureurs impies des énergumènes de la Révolution. La fiole qui contenait l'huile sainte avait bien été brisée, le 6 octobre 1793, par un commissaire de la Convention, sur le piédestal de la statue de Louis XV, cet autre oint du Seigneur, mais les sacriléges espérances des profanateurs avaient été déçues. Des mains sûres et fidèles étaient parvenues à recueillir les fragments de la fiole et une partie du baume qu'elle contenait, parcelles précieuses dont l'archevêque de Reims opéra la transfusion dans du saint-chrême, qui fut renfermé dans une fiole nouvelle. « Ainsi, dit le grave *Moniteur* [1], il ne reste plus aucun doute que l'huile sainte qui coulera sur le front de Charles X dans la solennité de son sacre est la même que celle qui, depuis Clovis, a consacré les monarques français. »

---

[1] Du 16 mai 1825.

La transfusion si heureusement opérée par un chimiste aussi habile que M. de Latil, archevêque de Reims, pouvait bien, à la rigueur, être acceptée par la foi la plus robuste de l'époque ; mais ce qui était plus difficile à faire passer, c'était le cérémonial usité pour les anciens Rois de France. Dans l'intérêt même de la majesté royale, on dut retrancher du programme certaines formules et observances par trop en dissonance avec l'esprit du siècle. A dégager la cérémonie de ces parties surannées et grotesques, la religion trouvait autant son compte que la gravité du monarque.

Le duc d'Orléans avait précédé Charles X à Reims. Infatigable dans les apprêts du sacre, empressé et en mouvement comme pas un autre, il se porta au-devant du Roi au village de Tinqueux, à une demi-lieue de Reims. C'est là que devait se former le cortége. A partir de cette station, la route, ornée dans tout son parcours de guirlandes et de fleurs, n'était plus, en quelque sorte, qu'un berceau d'arcs de triomphe couverts de fleurs, de feuillage, de banderoles formées des plus riches étoffes des fabriques de la cité rémoise. Le Roi monta dans la magnifique voiture du sacre avec le Dauphin, le duc d'Orléans et le duc de Bourbon. Les augustes personnages firent leur entrée solennelle dans la basilique de saint Remi, où la Dauphine, la duchesse de Berry, la duchesse d'Orléans et madame Adélaïde, resplendissantes de diamants, les avaient déjà précédés.

Après le *Veni Creator*, l'archevêque s'avança vers le Roi, accompagné de son clergé portant le livre des

Évangiles. Charles X, assis et couvert, la main posée sur le livre, prêta le serment suivant :

« En présence de Dieu, je promets à mon peuple de maintenir et d'honorer notre sainte religion, comme il appartient au Roi très-chrétien et au fils aîné de l'Église, de rendre bonne justice à tous mes sujets, enfin de gouverner conformément aux lois du royaume et à la Charte constitutionnelle, que je jure d'observer fidèlement. »

La cérémonie du couronnement eut lieu ensuite. Les princes, selon leur rang, furent invités à prendre place à la droite et à la gauche du Roi. Chacun d'eux reçut l'accolade du monarque en répétant : « *Vivat Rex in æternum!* » La chaleur que le duc d'Orléans mit à prononcer ces mots fut remarquée des assistants.

A l'issue eut lieu le banquet royal. Six tables avaient été dressées dans la grande salle de l'archevêché. Le Roi prit place à la première, ayant à sa droite le Dauphin et le duc de Bourbon, à sa gauche le duc d'Orléans. Les princesses se tenaient à côté dans une tribune.

Charles X quitta Reims le 1er juin, et rentra le 6 à Paris, où les ducs de Bourbon et d'Orléans l'avaient précédé.

La solennité du sacre n'avait pas manqué de mettre en verve les poëtes et rimailleurs officiels. De toutes ces élucubrations de circonstance, inévitablement dépourvues, comme d'ordinaire, du feu sacré, la moins mauvaise appartenait à un nourrisson des muses de fraîche date, à une illustration à son aurore, M. Alphonse de Lamartine. Dans la pièce qu'il offrit à cette occasion se trouvait un vers qui affecta désagréablement l'épiderme du cousin de Charles X.

« Le fils a racheté les crimes de son père. »

Par une attention pleine de délicatesse pour le duc d'Orléans, le Roi insista auprès du jeune poëte pour qu'il apportât à ce vers un léger changement. Au lieu de : « les crimes de son père, » le Roi proposait : « les armes de son père. » La substitution n'était pas heureuse, à moins d'y voir une épigramme. Courtisan soumis et respectueux, M. de Lamartine s'inclina, consentant, avec une grâce de véritable gentilhomme, à déflorer sa muse.

La série des faveurs n'était pas encore épuisée pour la famille d'Orléans. Le duc de Chartres, fils aîné du prince, reçut le cordon du Saint-Esprit[1] et le brevet de colonel du régiment de hussards auquel son père avait donné son nom. La reconnaissance du jeune colonel eut lieu à Valenciennes, sous les yeux du duc d'Orléans lui-même, qui profita de l'occasion pour visiter les champs de batailles théâtres de ses premiers exploits.

[1] Le duc de Nemours obtint plus tard la même faveur.

CHAPITRE XVII

Continuation de la liquidation du passif de Philippe-*Égalité*. — Méot; la Duthé. — Le duc d'Orléans et son conseil de contentieux. — Action contre les communes de la Manche; intervention de Charles X. — Les fils du duc d'Orléans au collége. — Obsèques du général Foy. — Souscription du duc d'Orléans. — Jubilé de février 1826.

La liquidation de la succession de Philippe-*Égalité* s'était laborieusement poursuivie au cours des événements que je viens de raconter. Elle était hérissée d'épines et de difficultés. Le duc d'Orléans y apportait des soins et une activité infatigables, et aussi parfois, j'ai le regret de le dire, une âpreté, une dureté inexorables.

Les dettes de cet héritage non liquidées par la République et dont la famille d'Orléans se trouvait passible, à l'époque de la Restauration, continuaient de fournir matière à des négociations délicates autant que difficiles. Chacun gardait son rôle : les créanciers cherchant naturellement à perdre le moins possible, et le chef de la maison d'Orléans s'efforçant d'éteindre le passif de la succession de la manière la plus avantageuse. Des *ordres* judiciaires avaient été ouverts entre les créanciers hypothécaires. On procéda ensuite à une contribution au marc le franc où furent admises les créances de toute nature. Elle ne produisit pour chacun des ayants droit guère plus de cinq pour cent. Il n'avait été que trop facile d'avoir raison des pauvres créanciers. En dépit des efforts déployés à cet effet, quelques-uns, cependant, comme je le dirai plus loin, se roidirent avec succès contre les dures exigences du prince.

Une liquidation ainsi conduite, l'attribution des dix-sept millions dans le milliard d'indemnité, une gestion aussi économe qu'intelligente et bien d'autres causes encore, ne pouvaient manquer de refaire rapidement la fortune du duc d'Orléans. Un écrivain contemporain, bien instruit à cet égard, en fait l'observation en ces termes : « D'après les excellentes dispositions de son Altesse Royale, dit Montgaillard, la maison d'Orléans possédera, en peu d'années, une fortune plus considérable que celle dont elle disposait en 1789, fortune qui, à cette époque, surpassait cependant les revenus des plus riches princes souverains de l'Allemagne, et même le revenu des rois de Naples, de Portugal et de Suède. Son Altesse Royale le duc d'Orléans a adopté et mis en pratique un bon système bourgeois dans l'exploitation de ses domaines, dans l'administration de ses finances et dans toutes ses affaires domestiques. Sa représentation, comme prince, est au meilleur marché possible ; et nous en faisons la remarque avec plaisir, parce que l'économie est une grande vertu chez les princes... Le Palais-Royal, transformé en bazar par le feu duc, donne aujourd'hui une grande augmentation de revenu par les nouvelles boutiques que son auguste propriétaire y établit jusque sous les croisées de ses appartements. Son Altesse Royale fait chaque année de grandes acquisitions territoriales et des échanges non moins lucratifs avec le domaine. Elle donne peu et reçoit beaucoup, en dernière analyse, quelles que soient les estimations réciproques des biens échangés. La maison d'Orléans poursuit la rentrée de toutes ses anciennes propriétés, à titre onéreux ou à titre gratuit, dont la vente nationale peut présenter quelques clauses ou motifs de nullité[1]. »

C'était à rechercher et à découvrir ces causes d'annulation que le duc d'Orléans employait activement les légistes de toute espèce dont il avait composé son conseil de contentieux. Il le tenait haletant à cette besogne. Ses poursuites, ses procédures n'admettaient aucun relâche. Le succès les couronnait le plus souvent. Cependant, plus d'une fois, le prince eut à recueillir d'amers déboires. C'est ce qui lui arriva notamment avec le restaurateur Méot, ce demi-dieu du fourneau, ce coryphée de la cuisine, qui, dans son art, s'était fait une réputation européenne, et que Delille lui-même n'avait pas dédaigné de chanter.

Méot, par ses talents culinaires, son esprit d'ordre et d'économie, avait laborieusement amassé une fortune considérable. Il s'était rendu acquéreur, aux feux des enchères, d'un bel hôtel, dépendant autrefois de la

---

[1] *Histoire de France*, t. I, p. 29.

chancellerie d'Orléans. Il se vit contester son droit de propriété par les gens du duc, comme n'ayant pas rempli les conditions exigées par les décrets de la Convention pour le payement régulier des biens nationaux. C'était une déraisonnable chicane. Méot, prodigue de son assistance pour les malheureux et dont la conduite durant la Révolution avait été des plus louables, jouissait de l'estime générale. De toute part, on l'encourageait à résister aux injustes prétentions du prince. Mais ces sympathies si honorables lui furent heureusement de surcroît. Il prouva facilement, au moyen de son *quitus*, qu'il avait de tout point satisfait à la loi, aux conditions et charges de son adjudication, partant que l'ancien propriétaire de l'hôtel n'avait rien à prétendre. La démonstration était péremptoire, et, dans sa forme mesurée, accablante. Les gens du duc d'Orléans en furent un moment décontenancés. Cependant, comme le duc convoitait ardemment l'hôtel, ils revinrent à la charge, mais cette fois par les voies amiables : ils offrirent au propriétaire de lui acheter son hôtel. L'artiste, courroucé de ces tracasseries, refusa de suivre l'exemple de Jullien, dans l'affaire du Théâtre-Français. Il ne s'en tint pas là : comme les intermédiaires insistaient, il déclara qu'il prendrait ses précautions et les mesures nécessaires pour que la famille d'Orléans ne pût l'acquérir à son décès.

Moins ferme ou moins heureuse fut une illustration d'un autre genre, la célèbre courtisane Duthé, fameuse avant la Révolution dans un monde interlope.

Dans sa jeunesse et l'éclat de sa beauté, elle avait fait les délices du père du duc d'Orléans, Philippe-*Égalité*[1]. Elle lui avait confié toutes ses économies, se montant à 800,000 livres. En retour, le prince lui avait constitué une rente de 40,000 livres. La Duthé avait émigré, encore qu'elle n'eût rien à démêler avec la Révolution. A sa rentrée en France, elle réclama le payement des arrérages qui lui étaient dus. Cette créance n'avait jamais été liquidée. Mais elle eut beau invoquer ses droits, et des *droits sacrés*, disait-elle, on fit la sourde oreille à toutes ses instances. « Tant pis pour elle, disaient les hommes d'affaire du duc d'Orléans, si elle ne s'est pas pas fait liquider par la République. » A éconduire de la sorte cette malheureuse, il y avait une dureté qui souleva le public. A cette infortunée, sinon intéressante créancière, le duc d'Orléans fit alors offrir 9,000 francs de rente viagère, qu'elle s'estima heureuse d'accepter. Mais au moment de passer le contrat, une pression exercée sur elle l'amena encore à se réduire à 6,000 fr. au lieu de neuf qui avaient été précédemment convenus, et pour lesquels, soit grandeur, soit légèreté, ou plutôt par confiance dans la parole du duc, elle n'avait pas retiré de signature.

Le duc d'Orléans, à cette époque, avait encore renforcé son conseil de contentieux, qu'il présidait lui-même et dont il surveillait les travaux. M. Dupin nous le représente dans ce rôle où il apportait déjà les qua-

---

[1] Bachaumont, *Mémoires secrets*, t. VI, p. 211. — Corresp. de Métra, Londres, 1787, t. I, p. 57.

lités et les défauts que j'aurai à signaler plus tard chez le roi Louis-Philippe présidant son conseil des ministres aux Tuileries. « Le duc d'Orléans, dit M. Dupin, prenait habituellement part aux discussions, et souvent avec avantage pour les affaires. Sa mémoire, d'une précision sans égale, servait à rappeler les faits anciens, les traditions de famille ; son esprit très-juste suggérait d'utiles observations. Mais, il faut le dire, il avait un défaut dont on devrait surtout se garder quand on est prince et qu'on *demande conseil :* il parlait trop souvent le premier, ouvrait son avis, et pouvait ainsi influencer les opinions. Le péril, en cela, serait plus grand en politique qu'en affaires privées ; c'était donc un tort : mais si j'ai dû le relever pour être sincère, je me hâte d'ajouter que le prince corrigeait ce défaut par une qualité bien rare. En effet, s'il s'avançait ainsi trop précipitamment, il revenait volontiers sur son premier dire, après avoir entendu celui des autres. Personne, j'aime à le constater, ne supportait plus volontiers la contradiction et ne consentait de meilleure grâce à en faire son profit. Je ne crois pas que jamais prince ait mieux permis qu'on lui dît la vérité. Mais en se pressant un peu moins, il aurait évité ces retours d'opinion, et il aurait été plus sûr d'avoir l'avis des autres que le sien propre, sauf à en user après comme il l'aurait voulu [1]. »

Le conseil de contentieux du duc d'Orléans tenait

---

[1] *Mémoires,* t. I, p. 345.

habituellement une séance par semaine ; il avait assez fréquemment des réunions extraordinaires. La série des litiges à vider était interminable, et les tempéraments adoptés n'étaient de nature ni à en avancer le terme, ni à en adoucir, pour les parties en cause, le froissement et l'amertume. On s'étonne que la popularité du prince ait pu résister à de si nombreuses contestations, à des procès multipliés où le plus souvent il avait tort. Mais l'engouement de l'opinion donne la raison de bien des choses autrement inexplicables. Déjà, au cours de l'année 1825, l'un de ces litiges avait valu au duc d'Orléans, de la part de Charles X, quelques observations bienveillantes sur ses tendances de plus en plus contentieuses et processives. C'est qu'il en était venu à ne plus même reculer devant un intempestif éclat, comme dans la circonstance suivante, que je ne ferai guère que mentionner.

M. Dupin et ses acolytes, acharnés à la poursuite des droits du prince, avaient, en inventoriant de vieux titres, mis la main sur des parchemins qui semblaient attribuer au duc d'Orléans des droits à la propriété ou au moins à la possession d'une grande étendue de dunes, marais, prés, landes et bruyères dont plus de trois cents communes du département de la Manche jouissaient paisiblement depuis un temps immémorial. En conséquence, une action judiciaire fut immédiatement introduite contre un nombre prodigieux de communes et de petits propriétaires, la plupart herbagers et cultivateurs. Ceux-ci, qui avaient à défendre la sueur de leur front, soutinrent sans broncher le choc. Les mémoires se succédaient de part et d'autre, et divers jugements, préparatoires ou interlocutoires, avaient déjà été rendus, presque tous favorables, on le pense bien, aux prétentions du prince. L'effet en fut déplorable. Charles X s'en émut, et s'interposa lui-même après des observations amicales transmises de sa part, mais demeurées complétement infructueuses. Il témoigna à son cousin son vif mécontentement de ces poursuites, pour la déconsidération et la haine qu'elles appelaient sur les deux branches de la famille de Bourbon. Il rappela au duc d'Orléans le précédent et fâcheux effet qu'avait produit l'instance qu'il avait eu la malencontreuse inspiration d'engager contre la Ville de Paris, relativement à la dérivation des eaux de la rivière d'Ourcq, action téméraire qui avait obligé le conseil général de la Seine à constater, dans son procès-verbal du 11 avril 1824, la *ténacité fâcheuse d'un prince du sang et son mauvais vouloir pour la prospérité de la capitale*[1]. A ces représentations descendues de si haut, le duc d'Orléans ne pouvait faire autrement que de se rendre, au moins pour la forme. C'est ce qui arriva. Il parut se désister de l'instance entamée contre les communes et particuliers de la Manche. Au fond il n'en était rien. Elle fut plus tard reprise au nom d'une compagnie à laquelle le duc avait cédé ses droits. C'était M. Dupin qui avait suggéré cet ingénieux expédient.

[1] Voir aux documents historiques, à la fin du volume.

A pareil manége, à ces entreprises compromettantes, la popularité d'un particulier se fût bien vite effondrée. J'ai dit qu'il en était autrement pour le prince. A part son rang et sa grande existence, il était encore protégé contre les rigueurs de l'opinion par la bonne renommée qu'à d'autres égards l'opposition entretenait à son profit. Le duc d'Orléans avait réussi à transporter, à concentrer en quelque sorte l'optique des masses sur le terrain politique, où il s'attachait studieusement à ce qu'il y eût en toutes choses, entre lui et la branche aînée, un contraste tout à fait à son avantage. En ce sens, à sa manière, doucement, indirectement, il procédait et marchait au but à coup sûr. Tous ses actes, quand il ne s'agissait plus de ses intérêts pécuniaires, étaient calculés, combinés de manière à persuader à l'opinion qu'il y avait en lui l'étoffe d'un prince exempt de préjugés et au plus haut degré libéral.

Après le duc de Chartres, son aîné, ce ne fut point par préférence réfléchie, mais bien par calcul de popularité qu'il voulut que ses autres fils, au lieu d'une éducation privée, participassent à l'éducation publique, au collége Henri IV. Le choix du lycée trahissait la pensée secrète du prince. Aussi bien, l'égalité, ostensible pour la galerie, était au fond illusoire. La présence des fils du duc d'Orléans aux classes et au réfectoire du collége ne les empêchait nullement, d'ailleurs, d'être élevés en princes et de jouir de tous les avantages attachés à cette condition. Ils dînaient au réfectoire commun, mais de mets apprêtés pour eux seuls. Quand leurs précepteurs, fort réservés à cet égard, les admettaient à partager la récréation des autres élèves, ils étaient habituellement entourés de jeunes *boursiers* placés par l'influence de leur père, qui formaient autour d'eux une sorte de cour à peu près impénétrable à leurs autres condisciples. En dépit de l'inclination qu'il affichait extérieurement pour les idées libérales et l'égalité, le duc d'Orléans se montrait, en toute circonstance un peu sérieuse, observateur scrupuleux des lois de l'étiquette. Il n'en omettait aucun détail et n'avait garde de négliger, même chez ses enfants, aucune de ses observances, d'oublier aucun des priviléges attachés à son rang.

A peu de frais et sans nul risque, le duc d'Orléans atteignait ainsi son but. En envoyant ses fils se mêler, au collége Henri IV, si peu que ce fût, aux enfants de la riche bourgeoisie parisienne, le prince flattait adroitement les vaniteux instincts d'une classe qui, sous tous les pouvoirs, aspire à s'élever, à s'*aristocratiser*, et dont, en ce moment, l'orgueil, enté sur des sacs d'écus, avait fort à souffrir de l'insolence de la caste noble. Au demeurant, il ne faisait rien de plus que de suivre d'anciens usages de la maison de France. Henri IV, son aïeul, avait été *escolier* du collége de Navarre; il y était même interne, et son père, Antoine de Bourbon, ne l'y envoyait pas chaque matin dans une voiture armoriée, en compagnie de son précepteur et flanqué de trois ou quatre valets de pied en grande livrée. L'innovation du duc d'Orléans, c'était, qu'on me passe le mot, une manière de réclame roulante à l'adresse des badauds de Paris, semblable au procédé dont font usage certains industriels pour achalander leurs boutiques. Les bourgeois du seizième siècle, plus sensés que ceux de notre époque, ne s'ébahissaient pas en voyant un prince de la maison royale partager au collége les jeux et les travaux de leurs enfants. La cour elle-même de Catherine de Médicis, pourtant si ombrageuse, trouvait la chose toute simple. Je dois le dire à l'éloge de Charles X, il n'agit pas autrement : il lui parut indifférent de savoir s'il y avait là une spéculation particulière, un calcul de popularité. Il comprit que ce n'était pas conspirer, à tout prendre, que de sympathiser par ses goûts et par ses habitudes avec la bourgeoisie. Que si l'on m'objecte qu'à agir ainsi il y avait de la popularité à recueillir, je répondrai que la faute en est alors au gouvernement assez aveugle pour s'aliéner à ce point les masses, qu'il soit possible de les séduire à si bon marché.

Charles X s'était montré parfaitement indifférent au système d'éducation suivi par le duc d'Orléans pour ses fils. Il s'émut davantage d'une démarche, celle-là plus manifestement politique, de son cousin : je veux parler de l'envoi d'une de ses voitures à la suite du cortége funèbre qui, le 30 novembre 1825, conduisit le général Foy à sa dernière demeure. Cependant les raisons ne manquaient pas au duc d'Orléans pour la justifier : le général était son ami particulier, l'hôte assidu du Palais-Royal. Aux observations que lui adressa le Roi à ce sujet, on prétend que le duc répondit : « Sire, ma voiture n'a été remarquée que parce qu'elle était la seule; » réponse évidemment supposée et que le duc d'Orléans n'était pas plus capable de faire que Charles X d'endurer.

Ce qui est moins contestable ou plutôt certain, c'est que la foule lança à profusion dans la voiture du duc d'Orléans des billets portant que « celui qui savait si bien honorer la victoire et les talents était digne de régner[1]. » Là-dessus les royalistes jetèrent les hauts cris. Le parti exhala son fiel dans des couplets satiriques dont il inonda la capitale. Voici, comme échantillon, ceux de M. de Salaberry, l'un des énergumènes de la droite.

> Bon Dieu ! quelle cohue !
> Quel attroupement noir !
> Il tient toute la rue,
> Aussi loin qu'on peut voir.
> Est-ce pompe funèbre ou pompe triomphale ?
> Est-il mort quelque gros richard ?
> Car j'aperçois là-bas le char
> D'une Altesse Royale.
>
> Est-ce un songe civique ?
> Est-ce un de ses héros
> Qu'ainsi la république
> Mène au champ du repos ?
> Un déluge nouveau fond sur la capitale[2] :
> On ferait rentrer un canard.
> Dehors pourquoi voit-on le char
> D'une Altesse Royale ?

---

[1] *Mémoires* du vicomte de La Rochefoucauld, t. IV, p. 99.
[2] Il plut à verse le jour des obsèques du général Foy.

Appuyé sur sa canne,
Un vieil et bon bourgeois
Me regarde.... ricane,
Et me dit à mi-voix :
Un carbonaro mort cause tout ce scandale.
Tout frère a son billet de part ;
C'est pourquoi nous voyons le char
De l'Altesse Royale.

Le défunt qu'on révère,
C'est Foy, l'homme de bien ;
C'est Foy, l'homme de guerre ;
C'est Foy, le citoyen.
Jamais à sa vertu, vertu ne fut égale.
Moi, je n'en crois rien pour ma part ;
Mais ici j'aime à voir le char
D'une Altesse Royale.

Ce Foy d'après nature,
Ce député fameux,
Fut un soldat parjure,
Un Français factieux.
Aux vertus des Bertons la sienne fut égale.
Ce n'est pas l'effet du hasard,
Si nous voyons ici le char
D'une Altesse Royale.

Sortis de leurs repaires,
Au tricolor signal,
Les amis et les frères
Suivent leur général.
De la France, c'est là l'élite libérale.
Qu'ils sont bien, tous, autour du char
De l'Altesse Royale !

P...., de ton père
Ne te souvient-il pas ?
Dans la même carrière,
Tu marches sur ses pas.
Tu crois mener, tu suis la horde libérale.
Elle rit sous ce corbillard,
En voyant derrière son char
Ton Altesse Royale.

Jamais la passion et l'injustice ne se dévoilèrent plus misérablement que dans ces odieux couplets, mauvaise action d'un mauvais chansonnier. Il en fut d'eux, au surplus, comme de tant d'autres, leur retentissement dura peu. Si aujourd'hui je les exhume du tombeau de l'oubli, c'est pour montrer que certains royalistes, plus clairvoyants que les autres, étaient dès cette époque bien convaincus que le duc d'Orléans, en voie de remplir le programme que s'était tracé prématurément son père, parviendrait dans un avenir prochain à s'asseoir sur un trône depuis longtemps miné, fortement ébranlé, et auquel de dernières et irréparables fautes allaient porter le coup de grâce.

Le général Foy était mort pauvre. M. Laffitte prit l'initiative d'une souscription nationale au profit de sa veuve et de ses enfants. Le duc d'Orléans s'inscrivit pour dix mille francs. A Charles X qui lui reprochait cette manifestation d'opposition, on prétend que le prince répondit : « Sire, ce n'est pas un acte politique, mais seulement un témoignage d'intérêt privé; la preuve en est dans la modicité de mon offrande. »

Si cauteleuse et réservée qu'elle fût, la participation du duc d'Orléans aux manifestations de l'opposition libérale suffisait à le préserver du ridicule que, sans cela, en certaines occurrences, il n'eût pas manqué d'encourir. Par position et devoir de famille, il était obligé, lui voltairien décidé, de s'associer parfois à des solennités qui juraient étrangement avec ses opinions connues. Je veux parler de cérémonies religieuses qui, conformes aux sentiments et dans le droit de Charles X, avaient néanmoins le grave et incontestable inconvénient, à quelque point de vue qu'on les juge, d'exposer le monarque aux risées du public. Telle fut celle de la célébration du jubilé de 1826.

Une bulle du pape en avait, par grâce insigne, accordé la faveur à la France. Il s'ouvrit le 15 février. Le clergé y déploya un pompeux appareil. Une procession solennelle commença par défiler autour de la place du parvis Notre-Dame. Des maréchaux de France, quinze ou vingt généraux, tout le troupeau des fonctionnaires, dix à douze évêques, et, en outre, quatre membres de la famille royale, la duchesse d'Orléans, sa belle-sœur la princesse Adélaïde, les duchesses d'Angoulême et de Berry, composaient le cortége. Commencée à neuf heures du matin et terminée à midi et demi, cette ouverture fut annoncée à la population par l'archevêque de Paris, M. de Quélen, dans un mandement où ce prélat fixait au 15 août la clôture du jubilé. Il y prescrivait, entre autres cérémonies, quatre *processions générales*. La première eut lieu le 17 mars avec un grand éclat. Le duc d'Orléans et son fils le duc de Chartres figuraient en première ligne dans le cortége, qui, parti de la basilique, s'arrêta successivement sous le péristyle de l'Hôtel-Dieu, où l'on avait dressé un autel, à l'église de la Sorbonne et à Sainte-Geneviève [1]. Mêmes pompe et appareil présidèrent à la deuxième et à la troisième

---

[1] Le Panthéon. Il était alors occupé par les missionnaires. L'église Saint-Étienne du Mont demeurait la paroisse du quartier.

processsion, combinées de manière à parcourir tout Paris. La quatrième et dernière, qui fut la plus brillante, eut lieu le 3 mai. Son but n'était pas exclusivement religieux. Dans l'itinéraire qui lui était tracé, Charles X devait procéder à la bénédiction et à la pose de la première pierre du monument voté à Louis XVI par la Chambre de 1815, et dont les fondations mêmes n'avaient pas encore été jetées. Je n'entreprendrai pas l'énumération des saints personnages, des bons dévots, ou, pour mieux dire, des tartufes, des renégats hypocrites qu'on y vit défiler, sur deux lignes interminables, à la suite de trois mille ecclésiastiques! Dans la partie expiatoire de la cérémonie, « la même douleur, dit *le Moniteur*, accablait le peuple et les grands; les yeux du Roi et des plus hauts personnages étaient pleins de larmes. » Aucun membre de la famille d'Orléans n'y assistait : on comprend de reste les motifs d'abstention du prince et des siens. Une note de la feuille officielle motiva cette absence sur une maladie de trois de ses enfants, sans en dire ni la nature ni la gravité. Mais, comme dédommagement, on put y contempler Talleyrand s'avançant clopin-clopant[1], chamarré d'or et de broderies, le même que Paris entier avait vu jadis célébrer au champ de Mars la messe de la Fédération, puis, prélat marié, fêter pendant plusieurs années, comme ministre du Directoire, l'anniversaire de ce même supplice, aujourd'hui source pour lui de tant de larmes!

---

[1] On sait qu'il était boiteux.

A ce spectacle trop fort pour elle, la multitude ne put contenir ses éclats : au passage du personnage, il plut sur lui une averse de quolibets, un véritable déluge de brocards. Chacun répétait le mot que lui avait appliqué jadis son intime et fidèle, le roué Montrond : « Mon ami Talleyrand, c'est de la *crotte*[1] dans des bas de soie ! »

Quant à Charles X, revêtu d'un habit violet, qui est la couleur de deuil pour les rois, comme elle est celle du vêtement des prélats, le peuple, de bonne foi et sérieusement, le crut engagé dans les ordres sacrés et promu évêque. C'était, disait-on, à cette condition qu'il figurait à la cérémonie, comme aussi pour expier les nombreuses erreurs de sa jeunesse.

Moins crédule à l'endroit du Roi, la classe bourgeoise avait, à l'égard de Talleyrand, associé franchement son hilarité à celle du peuple. Mais elle ne rit plus, elle poussa un cri d'étonnement et d'alarme lorsque parut l'ordonnance de Charles X qui donnait au duc de Bordeaux pour précepteur l'abbé Tharin, évêque de Strasbourg, le plus fougueux défenseur des jésuites.

Ce cri fut répercuté dans toute la presse. « Tant d'imprudence confond, tant d'aveuglement désole, s'écria le *Journal des Débats*. On éprouve une douleur profonde à voir ce char qui court aux abîmes sans pouvoir le retenir. En vérité, il y aurait de quoi faire croire à la fatalité ! »

[1] Je substitue, on le devine, un équivalent au terme ordurier employé par Montrond.

CHAPITRE XVIII

Voyage du duc d'Orléans aux eaux d'Aix. — *La Marseillaise* et le général Rouget. — Aventure scandaleuse d'un comptable du Palais-Royal. — Résistance du duc d'Orléans à la réduction de ses aides de camp. — Mort et prédiction de Stanislas de Girardin. — Suite des relations de la famille d'Orléans avec le duc de Bourbon et madame de Feuchères. — Intrigues au sujet de l'adoption du duc d'Aumale.

Dans le courant de cette année 1826, le duc d'Orléans se rendit aux eaux d'Aix avec sa famille. Ce voyage donna lieu d'observer combien, en toute occasion, il était attentif à caresser l'esprit militaire. Le prince évoquait avec prédilection tout ce qui avait trait à la politique et aux campagnes de la Révolution.

En traversant Lyon, il reçut les compliments du général Rouget, frère de Rouget de l'Isle, le célèbre auteur de *la Marseillaise*. Comme il lui exprimait son étonnement de son peu d'avancement dans l'armée : « Monseigneur, répondit Rouget, c'est que j'ai de par le monde une nièce qui me fait grand tort. — Elle est pourtant bien jolie, général, reprit le duc d'Orléans, et nous avons passé, ma famille et moi, d'agréables instants à la chanter en chœur le long de notre route. » En 1830, le duc d'Orléans, devenu lieutenant général du royaume, assigna sur sa cassette particulière une pension de quinze cents francs à l'auteur de *la Marseillaise*. Rouget de l'Isle en fut informé par une lettre dans laquelle nous remarquons la phrase suivante : « L'*hymne des Marseillais* a réveillé dans le cœur de M. le duc d'Orléans des souvenirs qui lui sont chers. Il n'a pas oublié que l'auteur de ce chant patriotique fut un de ses anciens camarades d'armes[1]... »

Dans la même année encore, le nom du duc d'Orléans se trouva mêlé à une poursuite criminelle singulière à propos de laquelle, à Paris et en province, les dévotes âmes se signèrent d'horreur, mais qui divertit beaucoup les esprits forts du Palais-Royal. Un sieur A..., ancien comptable de sa maison et ex-garde du corps, s'était introduit la nuit dans une maison religieuse de femmes où il s'était annoncé aux sœurs comme étant l'ange Gabriel, envoyé de Dieu pour les consoler. Invité à fournir des renseignements sur la moralité de

---

[1] *Moniteur* du 6 août 1830. — En 1832, sur les sollicitations de Béranger, Rouget de l'Isle obtint deux autres pensions de mille francs chacune, l'une du ministre de l'intérieur, M. de Montalivet, l'autre du ministre du commerce, M. d'Argout. Il est mort à Choisy-le-Roi, près Paris, le 27 juin 1836. Rouget de l'Isle est encore l'auteur de *Roland à Roncevaux*, paroles et musique (mai 1792), où se trouve le refrain :

> Mourir pour la patrie,
> C'est le sort le plus beau,
> Le plus digne d'envie.

que M. Alexandre Dumas a reproduit dans son drame *le Chevalier de Maison-Rouge*, et qui a si souvent retenti pendant et depuis la révolution de 1848. Ce fut donc aux propres accents du chant qu'il affectionnait, que Louis-Philippe fut renversé du trône. Peu de personnes savent que l'auteur de *la Marseillaise* se trouve avoir ainsi fourni le refrain du chant des *Girondins* qui, lui aussi, a sa popularité.

cet individu, le duc d'Orléans en avait donné d'excellents, considérant l'acte dont il était prévenu comme un trait d'espièglerie, peut-être de dérangement passager d'esprit, auquel il n'y avait pas lieu d'attacher trop d'importance. A.... n'en fut pas moins renvoyé devant la cour d'assises de Chartres sous l'accusation d'attentat à la pudeur avec violence sur la personne de Marie-Rose Brout, en religion Sœur de la Croix. Outre le chef principal, la chambre du conseil du tribunal de Chartres avait admis celui d'outrage *public* à la pudeur et à la religion de l'État, en ce sens que l'accusé avait prétendu être l'ange Gabriel, consolateur envoyé de Dieu. C'était une étrange absurdité, car personne dans le public ne pouvait, observait-on, déposer de son *annonciation*. Le duc d'Orléans n'avait pas besoin d'être jurisconsulte, il lui suffit de son bon sens pour en faire lui-même la remarque. Elle fut corroborée et développée dans une consultation qu'il chargea un membre éminent de son conseil, M. Delacroix-Frainville, de rédiger. La Cour royale de Paris, moins passionnée que le tribunal de Chartres, réforma son aveugle jugement, sur ce fondement tout simple que la loi ne punissait l'outrage *public* à la pudeur que quand il avait lieu dans un endroit public.

En même temps qu'en toute rencontre, au dehors, le duc d'Orléans flattait l'esprit militaire, il s'appliquait studieusement à le faire fleurir dans sa maison. A cet effet, il donnait tous ses soins à la composition d'un état militaire qu'elle ne comportait guère et qui y entretenait un esprit et des habitudes dont j'aurai à signaler plus tard les déplorables conséquences. Le personnel de ses aides de camp était nombreux, excessif même et hors de proportion avec les ressources du budget de l'État qui en faisait les frais. Cet abus donna lieu à un incident peu important en lui-même, mais caractéristique, qui vint jeter quelque froideur entre le Roi et le premier prince du sang.

C'était sous le ministère Martignac. La commission du budget réclamait vivement une réduction sur les états-majors de l'armée ; elle insistait surtout pour que les retranchements s'étendissent aux trop nombreux aides de camp des princes. Charles X, pressé par le ministre de la guerre, raya lui-même des cadres d'activité plusieurs de ses propres officiers et quelques-uns de ceux attachés à la personne des ducs d'Angoulême et d'Orléans. Le Dauphin approuva de bonne grâce cette suppression. Mais à peine M. de Caux, ministre de la guerre, eut-il informé le duc d'Orléans de la mesure qu'il avait été obligé de prendre pour échapper aux plaintes continuelles de la gauche, qu'il vit le prince accourir dans son cabinet. « Comment ! général, vous supprimez mes aides de camp? — Votre Altesse Royale n'ignore pas que les Chambres l'exigent. — Eh! qu'importe, monsieur! Vous devez résister et sauver au moins les aides de camp des princes. — Ah! monseigneur, répliqua M. de Caux, il est heureux pour votre popularité que nous soyons seuls dans ce cabinet. »

Prévoyant bien que le duc d'Orléans ne manquerait pas d'invoquer la protection du Roi en faveur de ses aides de camp, ou plutôt de sa cassette, à la charge de laquelle ils allaient tomber, le ministre courut au château et rapporta l'incident à Charles X. — « Ah! ah! s'écria le Roi, voilà bien mon cousin ; faites des économies pourvu que cela ne le touche pas. » M. de Caux était à peine sorti des Tuileries, que le duc d'Orléans s'y présentait. Mais ses efforts auprès du Roi furent infructueux : le retranchement fut maintenu. Aux sollicitations les plus pressantes de Son Altesse royale, Charles X ne répondit que par un refus formel, assaisonné de quelques réflexions peu flatteuses sur son libéralisme économique.

On a prétendu que les agitations dont Paris fut le théâtre à l'occasion des événements de 1827 exaltèrent les espérances du parti d'Orléans et que de nombreux conciliabules se tinrent au Palais-Royal. Je n'en crois rien : il n'y avait pas de raisons suffisantes pour que le prince se départît de la circonspection dont antérieurement, en 1823, il avait fait preuve. D'ailleurs il n'en était pas besoin : l'affaire du prince allait toute seule. L'impopularité croissante du gouvernement de la branche aînée ouvrait à la maison d'Orléans une perspective sur laquelle elle n'avait garde de se méprendre. La perspicacité du parti pouvait encore moins s'y tromper. Le 27 avril 1827, Stanislas de Girardin, à son lit de mort, tenant dans sa main défaillante celle du duc d'Orléans : « J'ai du moins la consolation, dit-il, d'emporter au tombeau la pensée que vous serez roi. » Dès janvier 1823, le comte de Montalivet, au point où il voyait le ciel politique se rembrunir, avait dit à ses fils, assistant à ses derniers moments : « Les fautes de la Restauration amèneront une révolution nouvelle. Elle peut finir par le duc d'Orléans; mais à tout événement préparez-vous, mes enfants, à une vie aussi agitée que celle de votre père; et afin de pouvoir résister à l'adversité, travaillez à devenir des hommes. »

De participation directe et active aux complots du jour, il n'y en avait plus eu de la part du duc d'Orléans après la conspiration de Grenoble. Il se montrait de plus en plus esprit prudent, nullement disposé à se livrer. Il avait le coup d'œil trop juste pour ne pas voir vers quel dénoûment on s'acheminait : l'opinion publique parlait avec une énergie qu'à moins d'être tout à fait aveugle, il était impossible de méconnaître. A ce mouvement il assistait avec un acquiescement secret, se possédant trop bien pour être capable de le trahir.

Il avait à pourvoir à des soins, sinon plus intéressants, au moins plus immédiats et positifs, tels que l'établissement de ses enfants. Les questions d'argent n'avaient rien perdu de leur valeur aux yeux du duc d'Orléans. Depuis la mort de la duchesse douairière sa mère, il n'avait pas discontinué d'avoir les yeux fixés sur l'opulent héritage du duc de Bourbon. Le moment était venu où il allait reprendre plus activement les négociations par lui antérieurement entamées avec madame de Feuchères relativement à cette succession des Condés, que Charles X, dans son aveugle imprévoyance, allait lui abandonner comme une proie facile à dévorer.

J'ai raconté précédemment les relations nouées entre la famille d'Orléans et le duc de Bourbon, dans lesquelles la baronne de Feuchères avait figuré à la fois comme pivot et intermédiaire. Dans ces rapports intermittents et variables, près de quatre années s'étaient écoulées sans incident remarquable. En 1827, à la veille de faire un voyage en Auvergne, dans les terres de sa sœur, le duc d'Orléans écrivit au duc de Bourbon. Il lui mandait qu'avant de s'éloigner de Paris, il désirait lui faire une visite avec son fils aîné, le duc de Chartres.

Le duc de Bourbon avait tracé ces mots de réponse : « Je n'ai reçu votre lettre, monsieur, qu'aujourd'hui à Paris, où j'étais depuis quelques jours. Demain et samedi, j'ai partie de chasse arrangée en Brie; mais je serai positivement à Saint-Leu dimanche toute la journée. »

Ce laconique billet, empreint d'une sécheresse à peine déguisée, avait choqué madame de Feuchères. Elle voulut y apporter changements et corrections de sa main. Le vieillard la laissa faire. Si froide à l'origine, la missive acquit à son contact chaleur, grâce et courtoisie. Je n'en citerai que la fin : « ... mais je serai positivement à Saint-Leu toute la journée, et charmé, comme vous pouvez bien le penser, de vous recevoir, ainsi que M. le duc de Chartres, soit à déjeuner, soit à dîner, ou à tous les deux, si cela peut vous être agréable. » Convenablement reçu à Saint-Leu, lui et son fils, le duc d'Orléans prit congé du duc de Bourbon et partit pour Randan avec sa famille.

De ses caresses félines, de son ascendant tour à tour câlin et impérieux sur le duc de Bourbon, madame de Feuchères avait déjà obtenu, en 1824, le don testamentaire des domaines de Saint-Leu et de Boissy, et, en 1825, diverses sommes s'élevant à près d'un million. Elle comptait bien ne pas en rester là ; mais en même temps et plus que jamais elle était obsédée d'un sentiment d'inquiétude. Les héritiers dépouillés du prince lui apparaissaient dirigeant contre elle, à la mort du duc de Bourbon, un procès en captation. Elle le redoutait extrêmement. Aussi, pour conjurer le péril, pour détourner l'orage, était-elle tout à fait décidée à conquérir le patronage d'une maison puissante. Rien ne lui parut plus efficace pour atteindre ce but, que de faire adopter le duc d'Aumale par le duc de Bourbon. A un autre égard, sa prévoyance avait été éclairée : on lui avait fait comprendre qu'une donation entre-vifs l'affranchissait des chances de l'instabilité d'un testament, sans rien lui faire perdre de l'espoir, de l'attente d'autres libéralités par la voie testamentaire.

Sur ces entrefaites, le duc d'Orléans était revenu d'Auvergne. Avec le soin et l'activité qu'il apportait à ses affaires privées, il reprit avec madame de Feuchères les négociations qu'il avait précédemment entamées au point où il les avait laissées. Pour assurer, à lui ou aux siens, l'opulent héritage des Condés, adoption ou testament, la voie lui importait peu.

Selon son habitude constante de traiter en dehors de son conseil les objets qui exigeaient mystère et discrétion, le duc d'Orléans interrogea là-dessus M. Dupin, son confident, j'ai presque dit son complice en pareilles circonstances. Il s'agissait de l'option de la voie, du choix des moyens les plus propres à se mettre à l'abri pour l'avenir de réclamations de la part des héritiers du sang du vieux duc. Le premier entretien sur cet objet entre le duc d'Orléans et M. Dupin eut lieu à Neuilly vers la fin de juin 1827[1].

Dans un premier entretien, on examine les avantages et les inconvénients de l'une et de l'autre forme. M. Dupin fait observer au duc d'Orléans qu'au point de vue de la solidité de l'acte et de ses conséquences, la

---

[1] A l'exposé de cette grave et scabreuse affaire, M. Dupin ne consacre que quatre pages de ses *Mémoires*, sous la rubrique : « Projet d'adoption du duc d'Aumale par le duc de Bourbon. » C'est exclusivement aux mois de mai, juin et juillet 1829 qu'il rapporte les pourparlers, conférences et avis auxquels elle donna lieu. Il y a ici, de sa part, non-seulement réticences, mais encore altération flagrante de la vérité, détermination arrêtée de faire prendre le change, de dévoyer le lecteur sur cette ténébreuse négociation. Les fragments de lettres qu'il cite sont d'une insignifiance absolue, pour ne pas dire complétement étrangers à l'affaire. M. Dupin a dû certainement avoir en sa possession des pièces bien autrement importantes qu'il n'a garde de communiquer. Le 3 mai 1829 qu'il donne comme date du jour où le duc d'Orléans fit appel sur la question pour la première fois à ses lumières, est de toute fausseté. Des pièces et documents authentiques que j'ai sous les yeux il ressort surabondamment que dès la fin de 1827, il était expressément mandé en conférence à Neuilly relativement à l'héritage du duc de Bourbon.

voie d'adoption lui semble préférable à la forme testamentaire, pour la transmission de l'héritage du duc de Bourbon sur la tête du duc d'Aumale, dont il est le parrain. Elle lui paraît une garantie plus sûre contre la possibilité de retours soudains, de changement de volonté de la part du vieux prince, en même temps qu'elle est plus *présentable*. « Le titre de fils adoptif, dit-il, est plus honorable que celui de légataire universel ; il est plus personnel, et, par cela même, doit toucher davantage M. le duc de Bourbon, qui trouvera dans l'adoption une sorte de paternité plus propre à tromper sa douleur, et une manière de perpétuer le grand nom de Condé, en le transmettant à un fils adoptif[1]. »

Indifférent d'abord, comme je l'ai dit, quant à l'option de la voie, le duc d'Orléans éprouvait maintenant pour l'adoption une répugnance dont il lui était difficile de dire le motif à M. Dupin. Tout récemment édifié, il prévoyait la difficulté, pour ne pas dire l'impossibilité, de décider le duc de Bourbon à un acte régulier et solennel d'adoption. Il avait reconnu qu'il y avait moins à espérer de la volonté réfléchie, de l'assentiment libre du prince, que d'une sorte de violence faite à ses sentiments.

M. Dupin, qui n'avait pas le secret de la cause de l'indécision du duc d'Orléans, s'imaginant que si son avis n'avait pas prévalu, c'était faute de force de persuasion

---

[1] *Mémoires* de M. Dupin, t. I, p. 335. — *Documents inédits*.

de sa part, avait fait renvoyer la solution de la question à un subséquent conseil, où devaient figurer des consultants dont les noms faisaient autorité dans la matière, MM. Gairal et Tripier. Le duc d'Orléans avait fait l'acquisition pour son conseil de ce dernier avocat depuis qu'il avait reconnu son mérite pour en avoir été si malmené dans l'affaire du Théâtre-Français.

Dans la nouvelle réunion, M. Tripier qui, pas plus que M. Dupin, n'était dans la confidence des motifs du duc d'Orléans, émit des doutes sur la solidité parfaite d'un acte d'adoption, par des raisons exclusivement tirées du droit civil, dont il importait, suivant lui, de respecter scrupuleusement les conditions et les formes. M. Gairal, tout en reconnaissant la force des objections soulevées par son confrère, s'attacha à démontrer que l'état civil des membres de la famille royale étant placé sous la haute tutelle du Roi, la perfection et la solidité d'un acte d'adoption étaient suffisamment garantis par la sanction royale, par la participation de Charles X, qu'on disait assurée. La question ayant été définitivement résolue en ce sens, le duc d'Orléans chargea ses conseils de lui libeller sans retard un projet d'adoption.

Il s'empressa de le transmettre à madame de Feuchères. Il ne s'était pas trompé dans sa prévision des répugnances qu'un pareil acte soulèverait chez le duc de Bourbon. Le vieillard, auquel madame de Feuchères l'avait communiqué, ne montrait aucun empressement à s'en occuper. C'est ce qu'atteste une lettre d'elle au duc d'Orléans, de Saint-Leu, le 2 juillet 1827.

« Monseigneur,

« Je n'ai pas trouvé d'occasion favorable pour remettre le projet d'adoption à notre prince que lundi dernier; il est entre ses mains depuis ce jour, mais il ne m'en a pas encore ouvert la bouche, et comme il ne me paraît pas vouloir se presser, je crois qu'il serait bon que Votre Altesse nous honorât d'une visite avec monseigneur le duc d'Aumale.

« M. le duc de Bourbon m'a répété plusieurs fois, dans une longue conversation que j'ai eue avec lui, qu'il vous verrait toujours avec le plus grand plaisir.

« Je prie Votre Altesse royale d'être bien persuadée des sentiments de respect et de dévouement avec lesquels je suis, etc.

« Baronne DE FEUCHÈRES. »

Le duc d'Orléans pouvait absolument faire fond sur la bonne volonté de madame de Feuchères. Outre l'intérêt qu'elle avait personnellement à l'acte en question, suffisant et par delà à lui garantir son concours empressé et sincère, le prince venait récemment d'acquérir un nouveau titre à sa gratitude.

La baronne avait fait la connaissance de Talleyrand dans les salons du Palais-Royal. Il avait un neveu, elle avait une nièce, au moins soi-disant telle : un mariage pouvait s'ensuivre. Elle pria le duc d'Orléans de s'en faire le négociateur, et celui-ci y consentit gracieusement. La chose fut bientôt conclue à la satisfaction de madame de Feuchères. On en parla seulement au vieux duc de Bourbon à l'occasion du règlement pécuniaire, du cadeau de noces. Le prince n'eut garde de décliner l'honneur qu'on lui faisait d'une nouvelle saignée à sa caisse. Alors seulement, et avec un contrat en bonne forme, le marquis de Chabannes agréa mademoiselle Dawes dont les charmes se trouvaient puissamment rehaussés de l'éclat d'un million.

Du même coup l'adoption du duc d'Aumale se trouvait avoir un coopérateur madré de plus : Talleyrand avait promis au duc d'Orléans de s'atteler au char, de pousser vigoureusement à la roue, en relançant incessamment madame de Feuchères, à défaut de pouvoir paraître devant le duc de Bourbon, tant il lui inspirait d'aversion ! Bannie des salons du faubourg Saint-Germain, sa diplomatie décriée, faute d'une scène plus relevée, en était alors réduite à l'alcôve. Le grand dignitaire de l'Empire, le diplomate en titre de Napoléon, était bien déchu de ses premières et considérables attributions : maintenant, pacificateur de querelles d'amoureux, il négociait un raccommodement entre madame de Feuchères et le général Lambot, secrétaire des commandements du duc de Bourbon, et l'un des trois amants que la baronne s'était donnés dans la maison, au nez et à la barbe du vieux prince.

Cependant les répugnances du duc de Bourbon à l'encontre de l'adoption du duc d'Aumale, qu'on sollicitait toujours de lui, n'allaient pas s'amoindrissant. La favorite elle-même n'avait pas cru à tant de résistance de sa part. Elle se voit obligée d'avouer à la duchesse d'Orléans qu'il ne lui paraît pas possible d'amener la réussite de l'affaire autrement que « par degrés, » comme elle le marque dans la lettre suivante :

« Palais-Bourbon, ce 6 août 1827.

« Madame,

« Votre Altesse royale daignera-t-elle me permettre de lui exprimer ma reconnaissance pour la bienveillance avec laquelle elle a bien voulu accueillir les sentiments de dévouement et de respect que j'aurai toujours pour son auguste famille?

« D'après la conversation que j'ai eue avec M. le prince de Talleyrand, je prends la liberté de réitérer à Votre Altesse royale le désir extrême que j'ai de voir l'adoption de M. le duc d'Aumale par monseigneur le duc de Bourbon ; mais Votre Altesse royale sentira que, malgré le vif désir de voir réaliser un projet qui perpétuerait le nom de monseigneur le duc de Bourbon et comblerait les vœux de toute la France, je ne puis que, *par degrés*, toucher le cœur de mon bienfaiteur sur un sujet qui réveille toujours des souvenirs pénibles. Je puis assurer néanmoins Votre Altesse royale que je mettrai toute ma sollicitude à obtenir un résultat qui remplirait ses vœux et à entretenir le tendre intérêt que M. le duc de Bourbon porte déjà à monseigneur le duc d'Aumale.

« Votre Altesse royale me permettra-t-elle de saisir cette occasion pour lui faire part du prochain mariage de ma nièce avec M. le marquis de Chabannes? Sa famille ayant l'honneur d'être alliée à la maison de Bourbon, il serait bien doux pour moi de présenter ma nièce à Votre Altesse royale, ainsi qu'à son auguste famille, et de solliciter personnellement leur appui et leurs bontés.

« Je suis, etc.

« Baronne DE FEUCHÈRES. »

La réponse ne se fait pas attendre. On ne saurait trop en méditer les termes : c'est un monument de prévoyance maternelle et de fine diplomatie.

« Neuilly, ce 10 août 1827.

« J'ai reçu, madame, par M. le prince de Talleyrand, votre lettre du 6 de ce mois, et je veux vous témoigner moi-même combien je suis touchée du désir que vous m'exprimez si positivement de voir mon fils le duc d'Aumale adopté par M. le duc de Bourbon. J'étais déjà instruite de votre intention d'engager M. le duc de Bourbon à faire cette adoption, et puisque vous *avés* (*sic*) cru devoir m'en entretenir directement, je crois devoir à mon tour ne pas vous laisser ignorer combien mon cœur maternel serait satisfait de voir perpétuer dans mon fils ce beau nom de Condé si justement célèbre dans les fastes de notre maison et dans ceux de la monarchie française. Toutes les fois que nous avons entendu parler de ce projet d'adoption, ce qui est arrivé plus souvent que nous ne l'aurions voulu, nous avons constamment témoigné, M. le duc d'Orléans et moi, que si M. le duc de Bourbon se déterminait à le réaliser, et que le Roi daignât l'approuver, nous serions très-empressés de seconder ses vues; mais nous avons cru devoir à M. le duc de Bourbon autant qu'à nous-mêmes de nous en tenir là et de nous abstenir de toute démarche qui pourrait avoir l'apparence de provoquer son choix ou de vouloir le presser. Nous avons senti que plus cette adoption pouvait présenter d'avantages pour celui de nos enfants qui en serait l'objet, plus nous devions observer à cet égard le respectueux silence dans lequel nous nous sommes renfermés jusqu'à présent. Les douloureux souvenirs dont vous nous *parlés* (sic) et dont il est si naturel que notre bon oncle soit tourmenté sans cesse, sont pour nous un motif de plus de continuer à l'observer, malgré la tentation que nous avons quelquefois éprouvée de le rompre dans l'espoir de contribuer à l'adoucir; mais nous avons cru nécessaire de toutes manières de nous borner à attendre ce que son excellent cœur et l'amitié qu'il nous a constamment témoignée, ainsi qu'à nos enfants, pourront lui inspirer à cet égard.

« Je suis bien sensible, madame, *de ce que* vous me dites de votre sollicitude d'amener ce résultat que vous *envisagés* (sic) comme devant remplir les vœux de M. le duc de Bourbon. Je vous assure que je ne l'oublierai jamais, et *croyés* (sic) que si j'ai le bonheur que mon fils devienne son fils adoptif, vous *trouverés* (sic) en nous, dans tous les temps et dans toutes les circonstances, pour vous et pour tous les vôtres un appui que vous *voulés* (sic) bien me demander et dont la reconnaissance d'une mère doit vous être un sûr garant.

« Je vous remercie, madame, de la part que vous *voulés* (sic) bien me faire du mariage de votre nièce avec M. le marquis de Chabannes. Je crois que le Roi et les princesses mes aînées recevront sa présentation avec tous les égards qui sont dus à la famille dans laquelle elle va entrer ; mais je dois vous faire observer que nous ne pouvons pas nous écarter des règles établies à la cour pour les présentations. Nous ne pouvons les recevoir que de la même manière qu'elles ont été reçues par le Roi et par la reine, lorsqu'il y a une reine, ou par madame la dauphine, et par les princes et princesses qui nous précèdent dans l'ordre de primogéniture, et il ne dépend pas de nous de choisir les dames par qui les présentations nous sont faites.

« *J'éprouve bien du regret, madame, de me trouver obligée d'entrer avec vous dans ces détails dont la demande qui termine votre lettre ne m'a pas permis de m'en* (sic) *dispenser*[1].

« Croyez au moins, madame, que les formes dont ma position m'interdit de m'écarter, ne changent rien à tous les sentiments que je viens de vous exprimer et dont je vous réitère, madame, l'assurance bien vive et bien sincère.

« Marie-Amélie. »

---

[1] Ces mots sont rayés à l'original.

Dans cet échange de bonnes dispositions, madame de Feuchères n'a garde de demeurer en reste : de Saint-Leu, le 14 août 1827, elle répond à la duchesse d'Orléans pour l'assurer de son absolu dévouement.

« Madame,

« La bonté avec laquelle Votre Altesse royale a daigné répondre elle-même à ma lettre m'a si émue, que je ne puis résister au besoin de mon cœur de lui en témoigner ma respectueuse reconnaissance.

« La réserve que Votre Altesse royale croit devoir s'imposer vis-à-vis de monseigneur le duc de Bourbon, me laisse une tâche douce à remplir, et je puis assurer Votre Altesse royale que rien n'égalera mon bonheur plus que de pouvoir lui prouver mon dévouement et de réaliser ses vœux de tendre mère. En engageant mon bienfaiteur à conserver son nom à la postérité, je sens en même temps que je lui donne une marque de ma gratitude.

« Je supplie Votre Altesse royale de daigner agréer de nouveau l'expression de mon respectueux dévouement.

« Je suis, etc.

« Baronne de Feuchères. »

A tant de bon vouloir la famille d'Orléans répondait par d'extraordinaires prévenances et des cajoleries qu'on aurait peine à croire, si elles n'étaient pas dûment attestées. Un jour c'est le duc d'Orléans qui, de retour d'un voyage en Angleterre, entre chez la baronne, tenant sous son bras un paquet volumineux dont on s'efforce vainement de le débarrasser. Après une résistance victorieuse, il arrive jusqu'au fauteuil de la favorite, et lui mettant dans les mains une collection de belles peaux anglaises pour chaussures : « Madame, dit-il, sur le ton d'une galanterie raffinée, ce sera pour moi un moyen d'être toujours à vos pieds. » La duchesse d'Orléans et madame Adélaïde ne sont ni moins aimables, ni moins empressées auprès de madame de Feuchères. La duchesse d'Orléans, en visite au Palais-Bourbon, met elle-même le petit duc d'Aumale sur les genoux de la baronne avec ces mots : « Daignez, madame, embrasser votre protégé. » Une autre fois, madame Adélaïde prend cavalièrement la protectrice sous son bras, comme on prend une amie, et, s'extasiant, dit à M. de Choulot : « Mais, mon Dieu, qu'elle est belle ! regardez donc, monsieur, s'il est possible d'être plus jolie. » Les rôles étaient intervertis : l'épouse et la sœur du duc d'Orléans étaient les complaisantes de madame de Feuchères. « L'amour de l'or, dit un historien, produit de ces métamorphoses[1]. »

Le duc de Bourbon, cependant, résistait toujours à l'acte qu'on attendait de lui : un temps d'arrêt allait s'ensuivre. Les relations deviennent plus rares entre le Palais-Royal et Saint-Leu. Ce n'est qu'au commence-

[1] M. Nettement, *Histoire de Louis-Philippe*, in-18, p. 53. — *Documents et papiers inédits*. — Mon récit rectifie et complète sur plus d'un point M. Nettement, qui ne paraît pas avoir eu sous les yeux des documents originaux.

ment de novembre 1828 qu'un fait un peu saillant rappelle l'attention sur cette laborieuse intrigue.

Le 12 novembre, une feuille obscure, *l'Aristarque*, publiait l'entrefilet suivant :

« Un journal assure que Son Altesse royale le duc de Bourbon a fait des dispositions d'après lesquelles M. le duc de Nemours, second fils de M. le duc d'Orléans, est institué son héritier, à condition de prendre le titre de prince de Condé. »

Cette note n'eut pas plutôt paru que M. de Broval, secrétaire des commandements du duc d'Orléans, adressait à M. de Glatigny, intendant du duc de Bourbon, la lettre suivante :

« Monseigneur le duc d'Orléans a lu dans plusieurs journaux publiés hier et ce matin un article portant que monseigneur le duc de Bourbon a fait des dispositions d'après lesquelles M. le duc de Nemours est institué héritier de Son Altesse royale, à condition de prendre le titre de prince de Condé. Dans une occasion à peu près semblable, j'eus l'honneur de vous voir, monsieur, et vous voulûtes bien vous charger d'assurer monseigneur le duc de Bourbon que Leurs Altesses royales et les personnes qui leur sont attachées étaient entièrement étrangères à ces bruits ainsi qu'à la publication de tels articles dans les gazettes. Je viens vous faire la même prière de la part de Leurs Altesses royales, à présent qu'ils se renouvellent. *Elles ne se dissimulent pas le grand avantage dont seraient pour un de leurs enfants et sa postérité les dispositions que l'on suppose ainsi, et pour un prince descendant de nos rois qui y serait appelé, quel honneur que celui d'hériter du nom de Condé, si cher à la France et si brillant de gloire!* Mais les sentiments de Leurs Altesses royales pour l'auguste parent à qui elles sont tendrement et vivement attachées, leur ont fait extrêmement regretter qu'on ait publié de semblables articles dans les journaux. Voilà, monsieur, ce que je suis chargé de vous exprimer en vous priant de l'élever à la connaissance de Son Altesse royale monseigneur le duc de Bourbon. »

Cette lettre avait été mise immédiatement sous ses yeux.

Après la publication de la note de *l'Aristarque* et les indiscrétions résultant nécessairement d'une pareille correspondance, on ne doutait plus, dans l'entourage du duc de Bourbon, que la transmission de son nom et de son héritage ne fût accomplie ou à la veille de l'être au profit de l'un des fils du duc d'Orléans. Causant un jour familièrement avec le prince, un de ses officiers lui disait : « Monseigneur a donc nommé le donataire de Chantilly ? — Non, répondit le duc de Bourbon ; c'est une pensée que l'on veut me suggérer ; mais vous connaissez bien ma volonté à ce sujet ; vous savez à qui je le destine. » Ce destinataire était toujours le duc de Bordeaux.

Jusque-là, les tentatives de madame de Feuchères pour amener l'adoption du duc d'Aumale avaient échoué, ou, tout au moins, elle n'avait pas encore jugé à propos d'aborder résolûment la question dans un suprême effort. Elle crut enfin le moment venu de tenter cet assaut décisif. Voici la lettre que le 1ᵉʳ mai 1829 elle écrivit au prince :

« Il y a bien longtemps, *my dearest friend*, qu'un projet bien important m'occupe; mais jusqu'à présent je n'ai pas eu le courage de vous ouvrir mon cœur entièrement dans la crainte de vous affliger. Le moment est venu où je me vois forcée de remplir un devoir sacré envers vous. Les malveillants ne cessent de publier que je veux profiter de la tendre amitié que vous me portez pour m'emparer de votre fortune. Forte de la pureté de mes intentions à cet égard, j'ai négligé jusqu'à ce jour de faire les démarches nécessaires pour me justifier auprès de la famille royale, qui, je ne puis en douter, me rendra justice quand cette démarche auprès de vous sera connue. Lorsque je vous ai vu, *my dearest friend*, si indisposé dernièrement à Chantilly, les réflexions les plus cruelles se sont emparées de moi; et, en effet, si cette maladie était devenue plus grave, quelle aurait été ma position? Moi qui, dans un tel moment, devais espérer de vous rendre les soins les plus tendres, j'aurais été la première qu'on eût éloignée de vous, et cela par suite des vues intéressées qu'on me suppose sur votre fortune.

« Pardonnez-moi, *my dearest friend*, si je suis obligée d'entrer ici dans des détails trop déchirants pour mon cœur; mais je vous ai déjà dit que c'est un devoir sacré que je m'impose pour vous implorer à genoux, s'il le fallait, pour vous décider à remplir le devoir imposé à tout homme de quelque classe qu'il soit, et bien plus encore à un prince qui porte un nom aussi illustre que le vôtre. Le Roi et la famille royale désirent que vous fassiez choix d'un prince de votre famille pour hériter un jour de votre nom et de votre fortune. On croit que c'est moi seule qui mets obstacle à l'accomplissement de ce vœu ; et même on va jusqu'à croire que si je n'étais pas auprès de vous, cette espérance de la France entière aurait été réalisée. Cette position m'est trop pénible pour que je puisse la supporter plus longtemps, et je vous supplie, *my dearest friend*, au nom du tendre attachement que vous m'avez témoigné depuis tant d'années, de faire cesser cette cruelle position où je me trouve en adoptant un héritier.

« Après bien des réflexions, mon opinion est que c'est le jeune duc d'Aumale qui réunit le plus de titres à cette haute faveur ; le jeune prince est votre filleul et vous est doublement attaché par les liens du sang. Il annonce de plus, dans un âge aussi tendre, des moyens qui le rendent digne de porter votre nom. Ne vous arrêtez, pas, je vous en conjure, à l'idée que cette adoption va vous causer le moindre embarras. Rien ne sera changé dans votre manière de vivre habituelle, c'est une simple formalité à remplir, et alors vous serez tranquille sur l'avenir, et on me laissera auprès de vous sans penser à m'éloigner dans aucune circonstance. Si, malgré tout ce que je viens de vous dire, votre cœur trop froissé ne vous portait pas à faire cette adoption, j'ose dire que l'affection et le désintéressement que je vous ai toujours montrés méritent que vous le fassiez pour moi ; vous assurerez par là, *my dearest friend*, la bienveillance de la famille royale et un avenir moins malheureux à votre pauvre Sophie [1]. »

En même temps qu'elle adresse cette lettre au duc de Bourbon, madame de Feuchères en fait passer un double au duc d'Orléans, qui est à la veille de partir pour Londres. Le prince lui mande qu'il va se rendre auprès d'elle, et lui fait tenir par la même voie une missive pour le duc de Bourbon.

La baronne la fait remettre accompagnée du billet suivant :

« Je viens à l'instant, *dearest*, de recevoir la lettre ci-jointe de M. le duc d'Orléans. Ce n'est qu'en tremblant que je vous l'envoie ; cependant, au fond, vous ne pouvez m'en vouloir. Je vous assure que je serais au désespoir si je croyais que ma démarche près de vous serait sans effet. Pensez, *dearest*, que c'est pour votre Sophie que vous le ferez, qui vous a toujours tendrement aimé. »

---

[1] « La pauvre Sophie, » richement dotée par le duc de Bourbon, avait joui encore, depuis le 1ᵉʳ avril 1814, du revenu de Saint-Leu se montant à vingt mille francs.

Les sommes reçues par elle, au cours de 1825, atteignent presque un million.

Enfin, à partir de 1829, le revenu de la baronne, qui joignait à la jouissance anticipée de Saint-Leu celle de la forêt d'Enghien, s'élevait à cent mille francs.

Dans sa plaidoirie, Mᵉ Lavaux, son imperturbable avocat, exalte pourtant le désintéressement de madame de Feuchères, et elle-même s'écrie devant le juge d'instruction : « L'argent n'est rien, l'honneur est tout ! »

La lettre du duc d'Orléans était ainsi conçue :

« Neuilly, ce 2 mai 1829.

« Je ne puis, monsieur, résister au désir de vous exprimer moi-même combien je suis touché de la démarche si honorable pour elle que madame de Feuchères vient de faire *envers vous* (sic), et dont elle a bien voulu m'instruire. Il ne m'appartient pas sans doute, dans une circonstance où il dépend de votre seule volonté de procurer un si grand avantage à l'un de mes enfants, de présumer ce qu'elle peut être, avant que vous me l'*ayés* (sic) fait connaître; mais j'ai cru devoir aussi à ce même sang qui coule dans nos veines, de vous témoigner combien je serais heureux de voir de nouveaux liens resserrer ceux qui nous unissent déjà de tant de manières, et combien je m'enorgueillirais qu'un de mes enfants fût destiné à porter un nom qui est si précieux à toute notre famille, et auquel se rattachent tant de gloire et de souvenirs. »

« L.-Ph. d'Orléans. »

Madame de Feuchères avait trop présumé de son ascendant sur son débile amant. Naturellement bouillant et emporté, le duc de Bourbon, à se voir forcer la main, s'abandonna à de violents transports de colère. Il reprocha amèrement à la baronne d'avoir mis indiscrètement le duc d'Orléans dans la confidence des démarches qu'elle avait faites en sa faveur. Décidé à en finir avec cette pression, il lui déclara formellement que jamais il ne se résoudrait à l'acte qu'on voulait lui faire faire.

Madame de Feuchères était habituée à ces scènes, à ces emportements séniles de son triste amant. Sans autrement s'en émouvoir, elle lui adresse quelque temps après le billet suivant :

« Vous m'avez reproché d'une manière si dure la démarche que j'ai faite auprès de monseigneur le duc d'Orléans, que je crois à présent de mon devoir de vous dire que monseigneur le duc d'Orléans doit venir chez moi ce matin pour vous voir avant son départ pour l'Angleterre. Je vous en prie, ne me refusez pas de venir déjeuner avec moi comme à l'ordinaire. Cette visite vous sera beaucoup moins embarrassante de cette manière, et cela vous évitera une réponse par écrit, ou de rien dire de *positif;* et si vous ne venez pas, cela va faire un bien mauvais effet. Si vous aimez mieux que je ne sois pas avec vous, alors monseigneur le duc d'Orléans irait chez vous. »

La campagne d'adoption entreprise en faveur du duc d'Aumale était terminée : le projet avait définitivement échoué. Mais l'affaire n'allait pas en rester là : elle devait être reprise plus tard dans d'autres conditions et sous une forme nouvelle. J'aurai à raconter, dans mon troisième volume, la confection du testament, à suivre jusqu'au bout cette œuvre ténébreuse si artificieusement conduite. Grâce à Dieu et à des révélations inespérées, je pourrai y répandre la lumière, une évidente clarté : son tragique dénoûment cessera d'être un problème historique. Dans le drame funèbre qu'il me reste à raconter, on verra un malheureux vieillard pris de suffocation à la suite d'une scène violente, maintenu sous une étreinte de fer, la tête enroulée dans les draps de son lit, étouffé, porté, accroché à l'espagnolette de sa croisée par une main funestement chérie, qui, un instant avant, lui prodiguait de fausses caresses et les démonstrations hypocrites d'un perfide attachement.

CHAPITRE XIX

Physionomie politique du duc d'Orléans. — Lettre de Cauchois-Lemaire — Le prince défini par M. de Rambuteau. — Fautes et impopularité de Charles X. — Immixtion du duc d'Orléans dans les affaires de Grèce. — Nouvel ordre de succession en Espagne, dit *abolition de la loi salique*. — Protestation sollicitée par le duc d'Orléans.

Ne pouvant scinder mon récit des efforts pratiqués sur le duc de Bourbon pour l'amener à l'adoption du duc d'Aumale, j'ai dû anticiper sur l'ordre chronologique des faits. Il me faut maintenant revenir un peu en arrière, et ramener l'attention du lecteur sur la physionomie politique du duc d'Orléans au cours des événements du nouveau règne.

De participation, d'ingérence directe et personnelle dans les affaires du gouvernement, il n'y en avait pas plus maintenant de sa part que sous Louis XVIII. Le duc d'Orléans continuait d'être sous l'œil d'un parti défiant, soupçonneux à l'excès à son égard, et qui, avec les dispositions notoires de Charles X, s'attendait à ce que d'un moment à l'autre on lui lâcherait la bride. Le premier prince du sang n'avait garde de commettre un acte, de se permettre même une parole dont on pût se servir pour le rendre suspect. A l'extérieur comme au dedans, sa circonspection était sans égale. Si, par exemple, dans la lutte héroïque que soutenait alors la Grèce, il assistait de sa bourse les intrépides frères d'armes de Canaris¹, s'il souscrivait au monument du chevalier d'Assas, il était dans ces actes trop en accord avec le sentiment national pour qu'on pût raisonnablement en induire une arrière-pensée politique. Les courtisans n'y voyaient matière qu'à un superbe dédain : ils plaignaient sérieusement le prince de s'être fait peuple en manifestant les sympathies que lui inspirait le sort de la Grèce. A le prendre en défaut, tant d'attention qu'ils apportassent, les royalistes perdaient leur peine; et pourtant ils étaient fondés à nourrir contre lui d'incurables défiances, autorisées non sur des faits, nées non point d'une conviction à proprement parler raisonnée et réfléchie, mais de leurs préventions, d'un instinct aussi naturel aux

---

[1] « Le duc d'Orléans ayant appris, dit M. Eynard, que les malades et les blessés grecs manquaient de médicaments, fit mettre à ma disposition, par le baron de Staël, 10,000 francs : 6,000 francs pour achat de médicaments, et 4,000 francs pour d'autres secours. Je me présentai à Carouge, au passage de Son Altesse royale, continue M. Eynard, pour le remercier de ce don généreux; je venais justement de recevoir des nouvelles de Calamos, où près de trente mille malheureux luttaient contre la misère et la faim. Son Altesse royale, en apprenant ces infortunes, se tourna vers mademoiselle d'Orléans, et lui dit : « Ma sœur, entends-tu ce « triste récit? Des femmes, des enfants qui meurent de faim ! Ne ferons- « nous rien de plus pour ces malheureux Grecs ? » Mademoiselle d'Orléans répondit : « Oh! je donne bien volontiers 5,000 francs. — Et moi « 5,000, ajouta le duc. » J'acceptai avec reconnaissance ces nouveaux secours offerts avec une générosité si touchante et si simple. » (*Souvenirs contemporains*, janvier 1827, p. 313.) Le littérateur Montrol est l'auteur de ces souvenirs. M. Eynard, dont il est ici question, est le célèbre philhellène.

partis qu'aux particuliers, de ce sentiment vague mais très-réel du péril là où l'on sent confusément qu'il doit venir.

Mais si le duc d'Orléans savait et pouvait se posséder lui-même, il n'était guère en sa puissance de maîtriser la turbulence et l'impatience de tous ses adhérents, dont un grand nombre avaient adopté, comme je l'ai dit, une devise qui se résumait à ceci : qu'il fallait lui forcer la main, l'entraîner malgré lui.

Des enfants perdus de la presse, folliculaires du journalisme, leur servaient d'interprètes. L'organe le plus éminent des rancunes de la bourgeoisie, son plus redoutable pamphlétaire, Paul-Louis Courier, n'existait plus : la balle d'un assassin avait brisé cette plume si finement aiguisée. De cet incomparable polémiste les piètres successeurs représentaient à peine la monnaie.

J'ai précédemment signalé dans un des pamphlets de Courier une préparation plus qu'indirecte de la candidature du duc d'Orléans au trône. Cet appel, aussi attique que mesuré dans la forme, nonobstant sa hardiesse, allait être dépassé d'une façon brutale et inconsidérée dans un écrit de tout point fort vulgaire, intitulé : *Lettre à M. le duc d'Orléans*. On y lisait ce qui suit :

« Allons, prince, un peu de courage. Échangez vos armoiries ducales contre la couronne civique. Il reste dans notre monarchie une belle place à prendre, la place qu'occuperait Lafayette dans une république, celle de premier citoyen de France ; votre principauté n'est qu'un chétif canonicat auprès de cette royauté morale. Peut-être vaut-elle mieux encore que la lieutenance générale qu'un grand écrivain, devenu ministre depuis, proposait, dit-on, de vous offrir comme moyen de salut avant les Cent-Jours. Ce n'est pas à la porte des grands que j'ai coutume de frapper. Mais j'ai reconnu l'état des choses au dedans et au dehors ; j'ai vu mon siècle et la France, leurs idées, leurs habitudes ; j'ai tâté, pour ainsi dire, leur tempérament après trente années de fièvre, et je me suis décidé à mendier pour le pays le secours d'un prince... Si ma requête n'est pas entendue, je doute qu'un de nos neveux ait, comme moi, la fantaisie d'écrire à un duc ; en ce cas, du moins, il n'aurait que le choix de son correspondant. Il est jusqu'à trois que je pourrais citer. Tandis que nous déclinons, le duc de Bordeaux, le duc de Chartres et même le duc de Reichstadt grandissent. »

Ce prétentieux appel fait au Guillaume III français, au représentant le plus en évidence, sinon le plus décidé de l'esprit de 1789, avait pour auteur un écrivain libéral, Cauchois-Lemaire, antérieurement condamné en 1821 pour écrits séditieux, richement rétribué après 1830 par le roi Louis-Philippe.

Loin d'avoir été concertée avec le premier prince du sang, comme on l'a cru, la sommation si tranchée de Cauchois-Lemaire l'avait vivement contrarié. Cette échappée était capable de troubler la situation com mode qu'il s'était donnée; elle cadrait mal avec son système politique. De plus en plus suspect au parti royaliste par son origine et son entourage, le duc d'Orléans prenait plus que jamais à tâche de s'effacer ostensiblement de la scène politique pour se maintenir en bonnes relations personnelles avec Charles X. Qu'il eût l'idée fixe de faire entrer dans sa belle et nombreuse famille l'une des plus brillantes couronnes de l'univers, on n'en saurait douter; mais cette séduction était balancée chez lui par le sentiment des avantages et des jouissances de sa florissante situation. « Le soin, dit un historien, qu'il apportait à ménager, à se concilier tous les partis, prenait sa source autant dans son caractère, où manquaient la franchise et l'élévation, que dans la pensée de se réserver une position distincte de celle de ses parents dans les éventualités d'une nouvelle catastrophe dont il avait la prévision confuse[1]. »

Le duc d'Orléans était donc demeuré complétement étranger à l'écart imprudent de l'écrivain. L'insinuation de Cauchois-Lemaire était trop directe, trop téméraire, pour qu'il ne s'empressât pas, lui et ses plus avisés partisans, de répudier une manifestation si compromettante, une espérance tout au moins intempestive, dont la réalisation, plus prochaine que le prince ne s'y attendait, devait lui procurer, moins de trois ans plus tard, une domination semée de plus d'écueils et d'orages encore que celle de Charles X, pour aboutir comme elle à l'exil et à la proscription.

[1] M. de Vaulabelle, *Histoire des deux Restaurations*, t. VII, p. 286.

Conformément au mot d'ordre donné par le premier prince du sang, l'opposition orléaniste se tint dans un silence improbateur contre cette malencontreuse publication. Elle fut même taxée d'acte de folie par les meneurs du parti. Parmi les plus vifs, on remarqua Casimir Périer et surtout M. Dupin, qui, dans la *Gazette des Tribunaux*, reprocha à M. Cauchois-Lemaire « de venir conseiller étourdiment à de grands personnages des choses auxquelles ils ne pensaient point et qui n'étaient pas moins contraires à leur intérêt qu'à leur devoir. » Lafayette lui-même regrettait que l'auteur de la la Lettre au duc d'Orléans « eût fait cette plaisanterie, qui ne menait à rien. » *Le Globe* tança encore plus sévèrement l'écrivain. Il demandait « ce que c'était que ce fameux pamphlet qui, avant même sa publication, avait mis le monde politique en alarmes : rien que la boutade d'un solitaire qui faisait jouer à la nation un rôle peu digne d'elle. » — « On a droit de s'étonner, disait-il, qu'un ami de la liberté ait assez peu de confiance en elle pour qu'il lui cherche partout des patrons parmi les ducs et les princes... La France est bien assez grande pour faire ses affaires toute seule... Si, depuis quarante années, nous avons été tant de fois ballottés de la liberté à la servitude, de la servitude à la liberté, c'est parce qu'il y avait en nous ce fatal penchant à nous faire chaque matin de nouveaux tuteurs. Le temps est enfin venu de ne plus nous confier ainsi... *Self government*, c'est l'espoir et la paix de l'avenir.«

Le duc d'Orléans se rendit aux Tuileries pour se

plaindre de l'injure faite à son honneur. Il demanda la punition de l'écrivain assez audacieux pour méconnaître le caractère du chef de la branche cadette jusqu'à le supposer capable de prétendre détrôner la branche aînée. L'idée seule de la possibilité d'un pareil événement était aux yeux du prince un outrage, une odieuse calomnie.

Un mandat d'arrêt fut exceptionnellement lancé contre Cauchois-Lemaire. Mais sa déconvenue ne suffit pas à le mater. De sa prison, il publia, sous le titre de *Petites lettres apologétiques aux libéraux*, quatre épîtres où, tout en défendant l'innocence de son écrit, il maltraitait spirituellement ceux qui, sans égard pour ses services passés, s'étaient faits ses adversaires et l'avaient placé entre deux feux. Mais, ainsi qu'il devait s'y attendre, la poursuite et surtout la détention préventive lui avaient rendu toutes les sympathies du parti, et le duc d'Orléans, à qui, selon Lafayette, « la lettre avait fait beaucoup de peine, » n'en agissait pas moins auprès des juges pour détourner ou affaiblir la condamnation.

Le 12 janvier 1828, l'accusé, accompagné de son défenseur, M. Chaix-d'Est-Ange, comparut devant le tribunal de police correctionnelle, au milieu d'un nombreux auditoire d'amis et de curieux, et l'avocat du Roi prit la parole. Après de lourdes et banales invectives contre la presse, contre la popularité, « cette impérieuse prostituée, » abordant les chefs de la prévention, il reprocha en termes acerbes et injurieux à Cauchois-Lemaire d'avoir, abusant d'un nom qu'il aurait dû respecter, offert au duc d'Orléans une royauté réelle et provoqué ainsi au renversement du gouvernement. Puis, faisant allusion aux protestations du prince : « Ce n'est point, s'écria-t-il dans son langage emphatique et déclamatoire, par les vertus qui distinguent son Altesse royale, ce n'est point par l'attachement rare, inexprimable, qu'elle porte au principe de la légitimité, que l'auteur appelle sur le premier prince du sang les affections et l'intérêt de la France. Il semble même disposé à faire à Son Altesse royale un reproche de sa fidélité, et à s'irriter de ce qu'elle est le modèle de l'attachement, du dévouement, de la soumission et de l'obéissance qui sont dus au Roi. »

Avec cette absence de conviction et cette facilité à se jouer des faits et de la vérité, traits surtout distinctifs, caractéristiques de son talent, M. Chaix-d'Est-Ange, jeune encore, mais déjà rhéteur disert, excipa pour son client de ce qu'il avait entendu non une royauté réelle, mais une royauté morale, qu'il avait incité seulement le duc d'Orléans à se mettre à la tête de l'opposition, comme l'avait fait l'héritier de la couronne en Angleterre et le comte d'Artois lui-même sous le gouvernement de Louis XVIII. Les violences et le ridicule langage de l'organe du ministère public, comme il arrive si souvent, servirent encore mieux Cauchois-Lemaire que le talent de son avocat : contre une condamnation qui pouvait être accablante, elles lui furent une plus sûre égide. Il fut condamné à quinze mois de prison et à 2,000 francs d'amende. L'avocat du Roi, avec l'exagération habituelle à ses pareils, avait requis contre lui cinq ans!

Les suites de l'affaire furent plus dommageables pour la royauté que pour l'écrivain. Jusque-là, le nom du duc d'Orléans n'était guère sorti des salons politiques. La condamnation de M. Cauchois-Lemaire apprit à la France entière qu'à la cour et dans le monde officiel, on voyait en lui un dangereux prétendant, et son nom passa de ce jour dans la foule et les ateliers.

C'est aussi le jugement qu'en porta le journal *le Globe* dès le lendemain de la condamnation. « Voilà, disait-il, qu'à propos d'un écrit funeste seulement aux doctrines de l'opposition constitutionnelle, on vient semer tout à coup, au milieu de la fermentation générale, cette terrible idée que l'on pourrait au besoin trouver un successeur illégitime à la dynastie régnante. N'eût-il pas mieux valu laisser en paix un écrit qui n'allait à l'opinion de personne, et qui, comme une espèce d'énigme, aurait passé sans être compris, grâce à sa forme moitié ironique, moitié sérieuse? » Il est certain qu'à ce moment, bien restreint était le nombre de ceux qui songeaient à un changement de dynastie.

La condamnation sévère prononcée contre Cauchois-Lemaire ajouta peu de relief au nom du duc d'Orléans. Son parti lui sut mauvais gré du désaveu éclatant infligé au publiciste. Un de ses chefs secondaires, M. de Rambuteau, depuis préfet de la Seine, appliquant au prince le mot dont Gaston d'Orléans avait été l'occasion, disait : « Qu'il n'était propre qu'à donner la main à ses amis pour les faire monter à l'échafaud. »

Si Charles X n'avait pas été atteint d'un aveuglement incurable, il eût compris l'avertissement et fait son profit de cette condamnation. Mais cette intuition de l'avenir relativement au duc d'Orléans, si remarquable chez Louis XVIII, elle devait manquer jusqu'au bout à son frère. L'événement dessilla ses yeux quand il n'était plus temps.

Ce pressentiment secret de ce qui devait arriver, il était dans l'esprit de ses plus fidèles serviteurs. Mais quand ils s'ouvraient à lui, dans des entretiens intimes, il traitait de chimères leurs appréhensions. Il avait un épais bandeau sur les yeux. Je dois en citer, entre tant d'autres, un exemple remarquable.

J'ai déjà eu occasion de parler de M. d'Haussez, à propos du portrait du duc d'Orléans, ce petit chef-d'œuvre tracé de main de maître par Louis XVIII. Pas plus sous Charles X que sous Louis XVIII, M. d'Haussez n'avait voulu fréquenter le Palais-Royal. Un soir, au mois de novembre 1827, il se trouvait aux Tuileries dans le salon de la Dauphine. Charles X lui dit bien haut et de manière à être entendu des assistants : « D'Haussez, le duc d'Orléans m'a parlé de vous aujourd'hui; il se plaint de ce que vous n'allez pas au Palais-Royal. » M. d'Haussez exprima sa surprise et la gratitude que devait lui faire éprouver l'attention que le premier prince du sang avait bien voulu prêter à son absence.

La conversation s'était arrêtée là pour le moment;

mais, après son whist, le Roi prit le baron d'Haussez par le bras, le conduisit dans l'embrasure d'une croisée, et insista pour connaître le motif de sa répugnance à aller chez un prince de sa famille.

« Sire, ce motif est bien simple, c'est la certitude de ne rencontrer chez ce prince de votre famille que des gens d'une opinion contraire à la mienne et des ennemis de votre maison.

— Allons! dit le Roi en souriant, vous êtes de ces *ultras* incorrigibles qui croient que l'on conspire contre moi au Palais-Royal.

— Je ne suis pas ultra, Sire, mais je suis certain que, parmi les gens qui vont au Palais-Royal, beaucoup conspirent contre Votre Majesté.

— Bast! ce sont là des contes à dormir debout! Mon cousin est en dehors de tous ces manéges. D'abord, il m'est sincèrement dévoué; et puis, pour conspirer, il lui faudrait dépenser de l'argent, et il est trop bon administrateur de sa fortune pour sacrifier la sienne à un pareil jeu, qui lui coûterait cher de toute façon. Voulez-vous aller chez lui?

— J'irai, sire, si le Roi l'ordonne.

— Je n'ordonne rien de pareil, vous ferez ce que vous voudrez. Je vous parle seulement de ce dont il m'a entretenu. Par exemple, s'il devient votre roi, prenez garde à vous!

— Alors, comme aujourd'hui, sire, je n'irai pas au Palais-Royal. »

Le roi se mit à rire et quitta M. d'Haussez sans insister

davantage. Il gardait sur le duc d'Orléans son opinion favorable ; mais il laissait au baron d'Haussez la liberté de l'opinion contraire. Celui-ci relut, en rentrant chez lui, le portrait du premier prince du sang tracé par Louis XVIII, et s'arrêta longtemps sur les dernières lignes :

« Comment s'y prendre pour empêcher de marcher un homme qui ne fait aucun pas? C'est un problème qui me reste à résoudre. Je voudrais bien ne pas avoir à en laisser la solution à mon successeur ! »

L'appétit du trône devait s'aiguiser chez le duc d'Orléans à l'état où il voyait la France. L'horizon politique s'obscurcissait visiblement. Le gouvernement de Charles X recueillait le fruit de ses fautes multipliées : la désaffection, une immense impopularité. Les dernières concessions faites aux royalistes purs par les lois de sacrilége et du droit d'aînesse, par le rétablissement de la censure des journaux ne leur avaient point suffi. M. de Villèle avait succombé sous la coalition des libéraux et des ultras, qui ne mettaient en commun que leurs haines et leur ambition. En vain le ministère Martignac avait-il fait un retour vers une politique moins compromettante par la suppression du monopole des journaux et des *procès de tendance*, cet adoucissement apporté à la *loi de justice et d'amour*. Ces réparations tardives étaient insuffisantes à faire contre-poids à des fautes irrémédiables, comme la dissolution de la garde nationale, mesure que l'histoire reprochera éternellement aux ministres qui en furent les auteurs; car dès ce moment Paris acheva de se désaffectionner pour le monarque. Et puis, qui oserait nier que si la garde nationale eût été sur pied en 1830, les journées de juillet ne se seraient pas terminées par une heureuse conciliation entre Charles X et son peuple? L'exemple de 1848 ne prouve rien : on était alors dans de tout autres conditions. En 1848, la bourgeoisie fit la révolution; en 1830, la croyant à peu près impossible, elle la laissa faire au peuple; autrement elle n'en eût jamais couru les chances.

Fière de la protection aveugle du monarque, une partie du clergé ne mettait plus de bornes à ses vues de domination, et la congrégation jésuitique couvrait la France de son vaste réseau. Quelque disposée que fût partout l'autorité à céder à toutes ses exigences, la Congrégation allait toujours plus loin et formait une espèce de gouvernement plus fort que le gouvernement du Roi. On ne connut bientôt plus d'autres royalistes que les hommes de la Congrégation; et pour obtenir un avancement légitime dans toute espèce de carrière, rien ne servait d'avoir, au péril de sa vie, donné des gages à la monarchie pendant ses jours d'exil depuis 1789, ou de lutte depuis 1814 : il fallait avant tout être de cette Congrégation si bien définie dans la courageuse dénonciation du comte de Montlosier. Charles X ne prêta aucune attention au cri d'alarme jeté par M. de Montlosier et plus tard par M. Madier de Montjau, contre les jésuites et le gouvernement occulte.

Si la Congrégation était active à perdre le trône en croyant le servir, l'opposition libérale n'était pas moins empressée à envenimer les motifs qui dictaient au gouvernement toutes ses mesures. Ainsi placée entre ses maladroits amis et ses trop habiles ennemis, comment était-il possible que la monarchie, telle que la rêvait Charles X, pût longtemps se soutenir? Le ministère Martignac, las de son impuissance, ne pouvant vaincre les méfiances du parti libéral et les répugnances du clergé ultramontain, de la cour et du monarque, ne tarda pas à se retirer. La présentation des lois municipale et départementale amena une déplorable collision à la Chambre. La droite, dirigée par M. de Labourdonnaye, vota avec la gauche, accord qui précipita le renvoi des ministres et fit monter au pouvoir, le 8 août, le prince de Polignac. Le mécontentement et l'inquiétude se répandirent par toute la France. Ce nom fatal annonçait clairement l'intention d'entrer sans nul détour dans le système contre-révolutionnaire dont M. de Polignac était le représentant officiel. « La comédie constitutionnelle, jouée sous le ministère Martignac, est finie, dit un historien[1]; d'autres acteurs entrent en scène et vont donner par ordre supérieur une représentation de l'ancien régime; mais la France ne la laissera pas jouer jusqu'à la fin. »

La liberté de la presse était acquise aux partis. La session de 1828 avait aboli la censure; le gouverne-

---

[1] Montgaillard, *Histoire de France*, t. XIII, p. 5.

ment n'avait plus la ressource des procès de tendance. Dans la lutte qui s'ouvrit contre le cabinet contre-révolutionnaire, on peut affirmer que la presse libérale alla moins loin que l'opposition royaliste qui voulait la Charte; et que *le Constitutionnel* et les autres journaux de la même couleur furent moins redoutables que le *Journal des Débats*, qui, plus téméraire que les autres, porta l'esprit d'opposition à la royauté dans les presbytères et les châteaux, lieux paisibles où la rébellion n'avait jamais pénétré.

Le duc d'Orléans laissait passer les ministères, sachant bien que, quelle que fût leur couleur, il en tirerait pied ou aile à l'occasion, sans rien perdre de sa bonne odeur, sans évaporer un grain de son parfum de libéralisme. En relations quotidiennes avec les coryphées de l'opposition, il n'avait pas pour cela discontinué d'entretenir des rapports suivis avec les personnages les plus obstinément ancrés dans les idées rétrogrades. A sa demande, le prince de Polignac fit des démarches actives dans l'intérêt de ses enfants. Le ministre était sûr par là de plaire à Charles X, dont il connaissait l'excessive bonté pour la famille d'Orléans. Le Roi, de son côté, avait songé à unir Mademoiselle, fille de la duchesse de Berry, au jeune duc de Chartres et de cimenter ainsi l'intimité des deux branches de la maison de Bourbon [1].

---

[1] « J'ai parlé, dit M. de Polignac, des visites que me faisait M. le duc d'Orléans au ministère des affaires étrangères... Nos conversations roulaient sur des intérêts qui se rapportaient à la famille. Il s'agissait de

Des questions bien autrement graves étaient pourtant de nature à absorber alors l'attention tout entière de Charles X et de ses ministres. L'une de ces questions, la plus épineuse en ce moment, était celle qui avait trait à la constitution de la Grèce comme État indépendant.

A bout d'héroïques efforts, après des tentatives presque surhumaines pour ne devoir qu'à eux-mêmes leur affranchissement, les Grecs, accablés par des moyens supérieurs, se trouvaient réduits à une situation presque désespérée. Ils jugèrent eux-mêmes qu'il ne leur restait qu'une voie de salut, la protection d'une grande puissance. Dès 1824, il avait été question de leur donner un roi pris dans la famille du duc d'Orléans. Le diplo-

---

marier ses enfants. Plusieurs projets de mariage furent formés ; je n'ai pu préparer, il est vrai, que l'union entre la princesse Louise et le prince Léopold, mais je me suis occupé d'en réaliser d'autres. M. le duc d'Orléans, satisfait, à ce qu'il paraît, du zèle que je mettais à ses intérêts de famille, m'écrivit plusieurs lettres à cette époque, toutes plus aimables les unes que les autres. Je n'ai pu les sauver de l'hôtel des affaires étrangères au moment de l'insurrection parisienne ; mais je sais qu'elles sont tombées entre les mains de celui qui, alors, me remplaça provisoirement : elles ont dû être rapportées à leur auteur. Dans la dernière ou avant-dernière de ces lettres, le duc d'Orléans me disait, entre autres choses, *qu'il conserverait toujours un souvenir reconnaissant* du service que je voulais lui rendre... Le Roi n'ignorait pas les démarches que je faisais en faveur des enfants de M. le duc d'Orléans ; il les approuvait, toutefois il me parla une fois d'un projet de mariage qu'il méditait pour le fils aîné du duc. Son intention, me dit-il, était de lui faire épouser sa petite-fille, Mademoiselle, fille du duc de Berry. « Je suis vieux, conti-
« nua-t-il, et je veux mourir au milieu de mes enfants. Ce mariage
« réunira les deux familles, et j'y pense toujours avec plaisir. C'est la
« première et la dernière fois qu'il m'ait entretenu de ce projet. » (*Études historiques*, par le prince de Polignac, p. 426.)

mate grec Mavrocordato, en correspondance suivie avec les comités philhellènes de l'Europe, avait reçu plusieurs lettres écrites par des personnages considérables qui n'étaient que les prête-nom du duc d'Orléans. Il n'avait fait aucune objection à la candidature du duc de Chartres ou du duc de Nemours, se bornant à exprimer ses appréhensions sur les difficultés européennes qui pouvaient en sortir. En 1825, la négociation fut reprise par les généraux Roche et Fabvier avec les chefs influents de la Grèce; mais quelques démarches imprudentes du général Roche donnèrent l'éveil à l'Angleterre, et il en surgit une candidature rivale, patronnée par cette puissance, celle du prince Léopold de Saxe-Cobourg[1].

Le duc d'Orléans était venu trouver M. de Villèle pour lui demander pour ses fils l'appui du gouvernement. Plusieurs membres du comité grec, entre autres le général Sébastiani, appuyaient auprès du premier ministre la candidature du prince français. Le duc d'Orléans annonça à M. de Villèle qu'un de ses agents allait partir pour la Grèce, et que, d'après les avis qu'il avait reçus, le succès de son fils était probable, à la condition que le gouvernement royal parût lui être favorable. M. de Villèle se borna à répondre que, si les Grecs choisissaient pour roi le duc de Nemours ou le duc de Chartres, le gouvernement royal n'avait aucune raison de s'y opposer, mais qu'il ne voulait se mêler en rien

---

[1] *Histoire de la régénération de la Grèce*, par Gervinus. — *Correspondance* de Mavrocordato.

de l'affaire[1]. Ce froid accueil, cette sorte de désaveu, parurent déconcerter le duc d'Orléans.

Si mal soutenus à l'étranger, qu'ils semblaient réduits à l'impuissance, les chefs du parti français en Grèce n'en avaient pas moins continué leurs démarches auprès du chef de la maison d'Orléans, qu'on disait profondément dévoué à la cause de leur pays. Ils lui adressèrent une série de questions auxquelles celui-ci répondit par une note communiquée à M. de Villèle et à Charles X. La première de ces questions était celle de savoir si la Grèce régénérée pouvait se choisir un prince d'une des plus illustres familles de l'Europe sans blesser les convenances ou les intérêts des souverains. A cela le duc d'Orléans répondait qu'un tel choix ne pouvait blesser aucune convenance, mais que les vanités nationales étaient irritables, les jalousies ombrageuses, et que, dans tous les cas, l'acceptation du choix de la nation grecque par le prince qui en serait l'objet dépendrait bien plus de la position de ce prince que de sa volonté personnelle. Ce que l'on pouvait conseiller à la nation grecque, c'était donc, avant de procéder à aucune élection, de s'organiser, de se constituer et de se mettre ainsi en mesure de paralyser les obstacles que le prince élu aurait à vaincre pour se rendre au vœu national.

Interrogé sur la constitution qu'il convenait de donner à la Grèce, le duc d'Orléans indiquait ensuite la

---

[1] *Journal* de M. de Villèle.

charte française comme la plus propre à mettre un terme à l'anarchie démocratique et à gagner la bonne opinion des puissances européennes. Puis, à la question de savoir si la puissance chez laquelle la Grèce choisirait un roi voudrait la soutenir avec énergie et intercéder auprès des autres puissances pour faire reconnaître son indépendance, le duc d'Orléans répondait avec douleur, mais avec franchise, que, dans l'état actuel des choses, il n'y avait rien de semblable à espérer. Ce que, pour le moment, la Grèce avait de mieux à faire, c'était d'ajourner l'élection de son roi, de former une régence provisoire et d'invoquer l'appui de toutes les puissances européennes, sans se placer sous le protectorat spécial d'aucune d'elles. Peut-être ainsi la Grèce obtiendrait-elle de l'Europe la reconnaissance de son indépendance, et, ce grand pas fait, tout deviendrait plus facile. « Nul ne sait, disait en finissant le prince, nul ne peut savoir ce que fera un gouvernement dans des circonstances que nul ne peut ni prévoir, ni calculer, ni définir. Il serait évidemment dans l'intérêt d'une grande partie des puissances, on oserait presque dire de toutes, qu'il se formât dans l'Orient un empire chrétien qui pût occuper dans la balance de l'Europe cette place qu'on a vainement essayé d'y faire occuper par l'empire turc. Les amis des Grecs font des vœux pour qu'ils soient enfin appelés à jouer ce beau rôle, tandis que leurs ennemis déclarent qu'ils en sont à la fois indignes et incapables. C'est aux Grecs à répondre à ces assertions insultantes. » Le 18 avril 1826, le duc d'Orléans annonçait à M. de Villèle l'envoi de la note et le priait d'exprimer au Roi, en attendant qu'il pût le faire lui-même, combien il était heureux de son approbation [1].

Ce mémoire, soigneusement élaboré, était l'œuvre de Benjamin Constant, qui avait prêté sa plume souple et facile au duc d'Orléans pour revêtir ses idées. Le général Sébastiani, homme de confiance du prince, fut chargé de le communiquer aux chefs du parti. Bref, ne voulant se prononcer ni pour ni contre la candidature du duc de Nemours, Charles X « autorisait le duc d'Orléans à donner suite, quant à lui, à la demande des Grecs en faveur de son fils, mais sans rien promettre de la part de son gouvernement, qui n'agirait que d'accord en tout avec ses alliés [2]. »

Ces conditions, pour le moment du moins, étaient manifestement impossibles à remplir : la négociation n'alla pas plus loin. Les Grecs tournèrent alors leurs regards vers le prince Léopold de Cobourg. Charles X, plein de bonne volonté pour la branche cadette, songea alors à marier une des filles du duc d'Orléans au prince. Il paraît que ce dernier ne jouissait pas à cette époque d'une extrême faveur auprès de la famille d'Orléans, car, dès les premières ouvertures faites à son chef, il répondit « que sa fille ne se sentait pas d'inclination pour aller régner sur la Béotie! » — Au ton singuliè-

---

[1] *Histoire du gouvernement parlementaire en France,* par M. Duvergier de Hauranne, t. IX, p. 14.
[2] *Journal* de M. de Villèle.

rement ironique dont ces paroles furent prononcées, on put croire, dit M. Nettement, que Son Altesse royale comprenait le futur roi dans son futur royaume, et qu'elle n'avait pas une très-haute idée du fiancé béotien. On sait comment, depuis, faisant descendre ses prétentions à mesure que montait sa puissance, le roi des Français accepta pour gendre celui que le duc d'Orléans avait refusé. Au reste, il faut lui rendre la justice de reconnaître qu'après avoir lu la lettre par laquelle le prince Léopold refusait la couronne de Grèce qu'il avait sollicitée avec tant d'instance, le conseil du Roi fut unanime pour approuver le jugement sévère porté sur ce prince par le chef de la branche cadette. Cette lettre était si étrange dans le fond et dans la forme, qu'une bouche auguste laissa échapper une épithète plus que désobligeante sur les facultés intellectuelles du prince Léopold. « C'est un sot, dit-elle, qui ne mérite pas de réponse [1]. »

Une autre question non moins grave, où le duc d'Orléans allait également se trouver indirectement mêlé, divisait alors profondément les ministres de Charles X. Il s'agissait de la politique à suivre au sujet de l'abolition, en Espagne, par Ferdinand VII, de la loi de succession, improprement appelée *loi salique*.

Les affaires d'Espagne ont joué un rôle si considérable dans la vie de Louis-Philippe, elles ont occupé une si large place dans sa politique extérieure, et,

---

[1] *Histoire du Journal des Débats*, p. 161.

finalement, ont exercé sur sa destinée et celle de sa dynastie une si décisive influence, que j'ai le devoir de reprendre à ce sujet les choses à leur origine. Il me faut entrer ici dans des développements sans lesquels le lecteur n'aurait dans la suite ni la clef ni l'intelligence des événements que j'aurai à raconter sous le règne de Louis-Philippe.

Les Bourbons d'Espagne étaient destinés, aux dix-huitième et dix-neuvième siècles, à donner au monde le spectacle le plus frappant de la dégénération des races royales et à fournir une fois de plus un enseignement lamentable, l'exemple et la mesure des calamités réservées aux peuples assez aveugles et insoucieux de leur sort pour le commettre à la discrétion du pouvoir absolu, pour le livrer à la merci des passions et des fantaisies d'un seul homme, à l'arbitraire et aux dérèglements d'une famille.

Ferdinand VII, roi d'Espagne, environné d'embûches dès son jeune âge au milieu d'une cour corrompue, s'était vu ravir sa jeune épouse par le crime le plus odieux. Fille du roi de Naples, cette jeune princesse, remplie d'esprit et de grâces, avait succombé à vingt-deux ans, en proie à d'horribles souffrances, dans les convulsions de l'empoisonnement[1]. La *camarilla* espagnole avait

---

[1] Le poison lui fut versé dans une tasse de chocolat. L'apothicaire de la cour, qui avait fourni les moyens de consommer le crime, fut trouvé étranglé chez lui quelques jours après la mort de la princesse, et la police prit grand soin de faire disparaître une lettre qu'il avait écrite quelques minutes avant de mourir.

eu hâte de s'en défaire : tant elle redoutait son esprit et l'empire que semblaient lui assurer son énergie et ses facultés peu communes! Ferdinand lui-même ne s'était tiré des piéges de Godoï, amant de sa mère et favori de son père, que par le dévouement de quelques serviteurs fidèles. Mais il n'avait échappé aux dangers de la cour que pour tomber dans les filets d'un plus insidieux ennemi. Napoléon avait épuisé à sur lui l'arsenal de machiavélisme où s'alimentait son âme perverse et cruelle[1]. Il l'avait menacé de le faire fusiller pour lui arracher son abdication, qu'il est constant aujourd'hui qu'il n'obtint que par cet abominable moyen.

Le malheur, ce creuset salutaire des généreuses et fortes natures, n'avait fait que développer chez Ferdinand les germes innés en lui de dissimulation et de méchanceté. Mais ces vices, alors cachés, ne pouvaient balancer l'intérêt qui s'attachait à sa personne. L'insurrection d'un peuple magnanime, auquel le duc d'Or-

---

[1] Aux gens assez naïfs ou crédules pour répéter, d'après les historiens de la légende napoléonienne, que Bonaparte n'était pas cruel de sa nature, nous recommandons la lecture de deux lettres à Joseph, de Valladolid, des 10 et 12 janvier 1809, insérées dans les *Mémoires* du roi Joseph et non reproduites dans la *correspondance expurgata* triée d'ordre de son méprisable neveu, de l'ex-empereur, celui-là prodige en nos jours apparu de la plus insigne, de la plus colossale lâcheté. Napoléon y recommande froidement à son frère, à l'encontre de ceux qu'il appelle « *les méchants et la canaille de Madrid,* » un système en règle de tuerie. Si ce n'est pas là le caractère, la marque certaine d'une âme véritablement sanguinaire, il faut, dans l'histoire, renoncer à en trouver. Madame de Staël ne fait donc que définir judicieusement Napoléon quand elle l'appelle : « Robespierre à cheval. »

léans avait vainement offert son épée, l'avait replacé sur le trône. Il apparut bientôt que son cœur, incapable de gratitude, n'était ouvert qu'aux sentiments d'un aveugle fanatisme. A son esprit borné tout frein semblait insupportable. Poussée à bout, la nation était à la veille de le précipiter d'un trône pour lui si inespérément restauré, lorsque fut résolue l'intervention et l'envoi en Espagne du duc d'Angoulême à la tête de cent mille Français. Le duc d'Orléans avait dû, par position, dans son langage ostensible à la cour, applaudir à cette restauration monarchique. Il avait de plus, comme je l'ai dit, sollicité un commandement dans l'armée d'expédition. Fidèle à ses habitudes de duplicité, il s'était consolé du refus de Louis XVIII en déversant dans l'intimité la critique sur l'*entreprise*. Ce n'est pas qu'il eût aucune estime pour le monarque espagnol. Loin de là : il en faisait ses gorges chaudes, et plus tard on l'entendit citer ce trait de Ferdinand VII à l'appui de son opinion, du mépris que méritent en général les hommes. Délivré, à Cadix, de l'espèce de captivité où le tenaient les constitutionnels, Ferdinand avait été accueilli par les volontaires royalistes avec tous les transports de l'enthousiasme espagnol. Ils entouraient sa voiture, agitant leurs armes en poussant les plus bruyantes acclamations. Lui, cependant, paraissait demeurer froid à ces témoignages de l'amour de ses défenseurs. Un officier français, assis à ses côtés, crut lui faire la cour en lui faisant remarquer ces explosions de dévouement. « Ce sont, dit le Roi en haussant les épaules, les mêmes chiens avec d'autres colliers (*los mismos perros, con otros collares !*) »

Ferdinand avait perdu sa troisième femme en 1829. Le 11 décembre de la même année, il épousa, en quatrièmes noces, Marie-Christine de Naples, qui devait donner le jour, le 10 octobre 1830, à la princesse Isabelle, depuis reine d'Espagne.

Despote ignare, cruel et grossier, haï de ses sujets, méprisé de l'Europe entière, ce monarque avait senti, à la suite de son dernier hymen, ses forces sensiblement décroître. Son entourage, en même temps, s'était aperçu de la décadence rapide de ses facultés. La *camarilla* en profita pour tirer du roi un acte qui introduisait un changement fondamental dans le droit public de l'Espagne. Ferdinand VII, cédant aux obsessions de sa jeune épouse, abolit, par une pragmatique du 29 mars, la loi de succession, dite improprement *loi salique*, établie, lors de l'avénement de Philippe V, par un décret du 10 septembre 1713, auquel les membres du conseil de Castille avaient adhéré par un avis individuel, après l'avoir repoussé collectivement[1]. Cette abo-

---

[1] Ce n'est, à proprement parler, dans toute l'Europe, que la loi de *succession agnatique* mixte. La succession cognatique n'admet au trône que les hommes ; la succession agnatique admet la fille aînée ou ses représentants après que tous les mâles du même degré sont morts sans postérité ; la succession agnatique mixte n'admet les filles qu'après extinction des mâles, même de degré supérieur, c'est-à-dire des oncles, etc. et de leurs représentants (les cousins, etc.). C'est cette loi qui régissait l'Espagne.

lition avait été déjà prononcée, en 1789, par un décret du roi Charles IV, approuvé par les cortès, mais qui, par suite de diverses circonstances, était demeuré sans promulgation. Ferdinand, surtout dans la situation difficile où se trouvait alors l'Espagne, n'avait pas le droit d'accomplir un acte si exorbitant, qui devait laisser la couronne sur la tête d'un enfant sous la régence de sa mère, au préjudice de son frère, l'infant don Carlos.

La décision du monarque espagnol avait pris tout le monde au dépourvu. On demanda au roi de Naples si son gendre l'avait consulté sur cette grave détermination. « Je n'ai appris l'existence du décret, répondit-il, qu'en l'entendant crier dans la rue ! » Charles X et ses ministres jugeaient la mesure de Ferdinand aussi injuste qu'impolitique ; mais comment y mettre obstacle[1] ?

Le duc d'Orléans était grandement intéressé dans la question. En effet, au cas de prédécès sans enfants du duc de Bordeaux, la couronne de France, selon la constitution de Philippe V, devait revenir à son fils aîné. En supposant son abrogation, au contraire, la renonciation consentie par Philippe V au trône de France, pour lui et ses héritiers mâles, devenait caduque, et ceux-ci se trouvaient en droit de réclamer, par préférence à ses propres fils, l'héritage de Louis XIV.

---

[1] Miraflores, *Apuntes historico-critico para escribar la historia de la revolucion de España*, 1820-1823. — *Histoire constitutionnelle de l'Espagne*, par du Hamel, 2 vol. in-8°, 1846. — *Études sur l'Espagne*, par Louis Viardot, 1 vol. in-8°. — *Mémoires* d'Ouvrard, 3 vol. in-8°, 1826.

« A l'époque, dit M. de Polignac, à laquelle se traitait la question relative à l'ordre de succession au trône d'Espagne, M. le duc d'Orléans me rendait de fréquentes visites, le matin, au ministère des affaires étrangères. Il me remettait diverses notes tendant à prouver que Ferdinand VII n'avait pas le droit d'abolir, par un simple décret, un ordre de succession reconnu par l'Europe et garanti par des traités. Il me pressait vivement d'engager le Roi à prendre quelques mesures propres à rétablir les choses en Espagne dans leur ancien état. S. A. R. prêchait un converti ; mais je devais encore garder le silence sur les projets que méditait le Roi. Le duc d'Orléans crut sans doute que je ne partageais pas entièrement ses opinions sur ce point ; car il me dit un jour : « Ce n'est pas seulement comme Fran-
« çais que je prends un vif intérêt à cette question,
« c'est aussi comme père : dans le cas, en effet (ce qui
« n'arrivera jamais de mon temps), où nous aurions
« le malheur de perdre M. le duc de Bordeaux sans
« qu'il laissât d'enfants, la couronne reviendrait à mon
« fils aîné, pourvu que la loi salique fût maintenue en
« Espagne ; car si elle ne l'était pas, la renonciation
« faite par Philippe V au trône de France, en son nom
« et au nom de ses descendants mâles, serait frappée
« de nullité, puisque ce n'est qu'en vertu de cette re-
« nonciation que les descendants mâles de ce prince
« ont acquis un droit incontestable à la couronne
« d'Espagne ; mais si ce droit leur est enlevé, ils peu-
« vent réclamer celui que leur donne la loi salique

« française à l'héritage de Louis XIV. Or, comme petit-
« fils de ce monarque, ils passent avant mes enfants. »
Tels furent les propres mots que me dit alors M. le duc
d'Orléans. Son raisonnement était juste, aussi n'ai-je
pu comprendre le motif qui, depuis la révolution de
juillet, l'a poussé à méconnaître les droits de Charles V
à la couronne d'Espagne, attendu que, dans sa propre
opinion, il ne pouvait se dissimuler que, conformément à la vieille loi salique en vigueur chez nous
depuis neuf siècles, au lieu d'un prétendant à la couronne qu'il porte aujourd'hui, il s'en était créé *dix* de
plus [1]. »

En sa qualité de représentant de la cinquième branche
de la maison de Bourbon, le duc d'Orléans sollicita du Roi
une protestation solennelle de son gouvernement contre
cette violation de la loi salique, violation qui lui paraissait inexcusable et directement contraire au droit politique de l'Europe. Il rédigea un mémoire sur cette
question dont le conseil des ministres fut saisi le 7 avril.
Elle fut longuement débattue : le conseil était divisé. Plusieurs des ministres opinaient pour que le roi de France,
comme chef de la maison de Bourbon, tentât auprès du
roi d'Espagne une démarche personnelle et officieuse.
D'autres réclamaient des mesures plus fermes et plus
décisives dans l'intérêt des droits de don Carlos qu'ils
regardaient comme sacrés et imprescriptibles. Finalement on décida que les deux couronnes ne pouvant jamais être réunies sur la même tête, il n'y avait point

---

[1] *Études historiques*, par le prince de Polignac, p. 425.

lieu à protester au nom de la branche régnante en France, et qu'il suffisait que le Roi adressât au monarque espagnol des observations à ce sujet. Cette solution singulière s'inspirait évidemment des besoins de la politique[1] : on était à la veille de l'expédition d'Alger, il importait de ménager le gouvernement espagnol. Censurant avec amertume la conduite du cabinet dans cette circonstance, le *Journal des Débats* s'écriait : « Le ministère n'a-t-il pas vu que le roi d'Espagne qui, comme Bourbon, a renoncé à ses droits au trône de France, se ruinait lui-même, se dépouillait de tout secours et de toute force en reconnaissant pour héritière de son trône la fille d'une étrangère, au lieu de reconnaître un héritier de son nom, un Bourbon comme lui, et qu'il faisait dans cette circonstance un acte illégal ? »

Le duc d'Orléans demanda alors au Roi la permission de protester en son nom particulier, ce qui lui fut accordé. Il est possible que, s'il eût suivi cet exemple, Charles X eût prévenu les calamités qui, plus tard, désolèrent la malheureuse Espagne, déchirée par la plus cruelle des guerres civiles[2]. A cette époque déjà on

---

[1] Discours de M. de Dreux-Brézé à la Chambre des pairs, 4 janvier 1841. — Cette décision, à laquelle les événements postérieurs ont donné une grande importance, fut motivée au fond sur ce que la préexistence de la *loi salique* en Espagne n'était pas un fait tellement notoire, qu'il ne pût y avoir lieu à controverse sur ce point.

[2] « Charles X avait compris l'influence fatale que pouvait avoir sur les futures destinées de l'Espagne le décret de Ferdinand VII par lequel les filles devenaient dorénavant habiles à succéder à la couronne d'Espagne, dans la ligne directe, à défaut d'enfants mâles ; il redoutait aussi les complications politiques qui devaient en résulter. Pour éviter de faire de ce changement de succession au trône d'Espagne une question euro-

en voyait poindre les germes mal étouffés par la double et inepte compression de Ferdinand VII, sévissant tour à tour aveuglément contre les libéraux et le parti absolutiste. C'était un palliatif temporaire, aussi déplorable qu'insuffisant. Au surplus, il ne se faisait pas illusion sur la situation. Faisant allusion à sa mort, il disait, dans son langage pittoresque et familier : « Je suis à l'Espagne ce qu'est le bouchon à une bouteille de bière; moi parti, toute la mousse débordera au dehors. »

La protestation du duc d'Orléans se concevait; mais ce qui devint plus difficile à comprendre, ce fut plus tard le refus de Louis-Philippe de reconnaître le droit de Charles V au trône d'Espagne, inconséquence à coup

péenne, il ne voulut l'envisager que sous le point de vue d'une simple question *de famille*, que les membres de la famille dont il était le chef étaient seuls appelés à résoudre. Il espérait ainsi ramener Ferdinand VII à des idées plus sages, en lui montrant l'opinion unanime de tous les membres de la maison de Bourbon contre l'abolition de la loi semi-salique qui réglait l'ordre de succession à la couronne d'Espagne; il se fût au besoin fait autoriser par l'assemblée de famille à agir en conséquence. C'était une manière grande et digne du roi de France de considérer la question; il l'évoquait à lui seul, il en écartait toute influence étrangère; mais le secret était nécessaire jusqu'au moment fixé pour la convocation des membres intéressés de la famille. Le Roi s'abstint donc de toute mesure qui pût attirer l'attention du monarque espagnol sur ses futurs projets; un plan fut concerté avec le roi des Deux-Siciles, lors de son passage à Paris pour se rendre dans ses États. Aussitôt après son retour à Naples, ce plan devait recevoir son exécution; les membres de la maison de Bourbon eussent été appelés en conseil de famille; la révolution de Juillet intervint, et livra la malheureuse Espagne à toutes les horreurs d'une guerre civile dont on ne peut encore prévoir ni le terme ni les conséquences. » (*Études historiques*, par le prince de Polignac, p. 236.)

sûr flagrante, inexplicable, et à laquelle il faudrait peut-être s'arrêter, si l'on ne savait qu'il n'y a d'autre logique pour les princes que celle qui convient à ce qu'ils présument leur intérêt du moment.

CHAPITRE XX

Suite et fin de la revendication d'état de Maria-Stella-Petronilla.

Après une éclipse qui n'avait pas duré moins de cinq ans, Maria-Stella, à la fin de l'année 1829, devait occuper d'elle à nouveau le duc d'Orléans. Elle allait reparaître sur la scène du monde et attirer sur elle l'attention du public, décidée qu'elle était alors à donner le plus grand éclat à sa revendication d'état dont le lecteur doit se souvenir.

A cet effet, parut un volume in-8° de 318 pages, sous le titre de : « *Maria-Stella, ou échange criminel d'une demoiselle du plus haut rang contre un garçon de la condition la plus vile.* » Il portait cette annonce : « Se vend au profit des pauvres, à Paris et dans les départements, chez les principaux libraires. » Au revers du titre, il était dit en forme d'avis : « Il paraîtra incessamment, sur cette importante affaire, un *mémoire* pour être présenté au tribunal, et où se trouveront relatées plusieurs pièces récemment découvertes. » En regard se trouvait un portrait d'une grande ressemblance avec la figure de mademoiselle d'Orléans (madame Adélaïde) ;

et au bas on lisait : « Maria-Stella, lady Newborough et baronne de Sternberg, née de Joinville. »

Ce volume eut un débit extraordinaire, tant par la vente que par la distribution à profusion qui en fut faite. Le parti hostile au duc d'Orléans s'en était emparé ; et ses organes ne manquèrent pas d'en entretenir le public et de lui donner une grande publicité.

Une démarche plus décisive devait bientôt suivre : Maria-Stella saisit effectivement la justice de sa réclamation. Une *requête* fut présentée au tribunal de première instance de la Seine, de laquelle les conclusions tendaient à ce qu'il plût au tribunal « rendre exécutoire en France le jugement rendu par la curie épiscopale de Faenza (États de Toscane), le 29 mai 1824, entre la baronne de Sternberg et le comte Charles de Bandini, curateur judiciairement décrété à monsieur le comte et à madame la comtesse de Joinville, portant que l'acte de naissance de ladite dame, en date du 17 avril 1773, où elle est indiquée sous le nom de Maria-Stella-Petronilla, comme fille de Laurent Chiappini, geôlier, et de Vincente Diligenti, sera rectifié, et qu'il sera indiqué, au contraire, que ladite Maria-Stella est fille de monsieur le comte Louis et de madame la comtesse de Joinville, français[1]. »

Le lecteur a gardé le souvenir du mémoire que le duc d'Orléans avait demandé à M. Dupin au début de cette audacieuse tentative. Le prince l'avait gardé par devers lui avec la note de sa main que j'ai précédem-

[1] Voir aux documents historiques, à la fin du volume.

ment reproduite. Le moment était venu d'en faire usage. Cette fois, il n'hésita plus à en entretenir son conseil.

On y donna lecture du mémoire de M. Dupin. Le duc d'Orléans, opinant toujours le premier, selon son invariable habitude, voulait dénoncer immédiatement le fait au Roi et à la Chambre des pairs, comme intéressant l'État et l'honneur d'un pair de France, premier prince du sang, pouvant être appelé éventuellement à la couronne : question politique dont le règlement ne pouvait pas être abandonné à la juridiction civile ordinaire.

Ce parti, par le scandale qu'il présageait, faisait merveilleusement l'affaire des royalistes ennemis du duc d'Orléans : rien qui allât mieux à leur cœur. C'est ce qu'on ne manqua pas, dans le conseil, de faire observer au prince. La saine réflexion le ramena au sentiment de la majorité de ses conseillers qui estimaient qu'il valait mieux éclairer d'abord la religion du tribunal pour en obtenir le rejet de la *requête*, sauf à recourir à l'autre voie, si, par impossible, l'*exequatur* était accordé.

M. Dupin fit faire, en conséquence, deux copies de sa consultation : l'une fut remise au président du tribunal, l'autre, à l'avocat du Roi chargé, selon l'usage, de conclure.

L'issue, à tous égards, ne pouvait être un moment douteuse. Le tribunal, se disant éclairé sur le fond même de la question, rendit, le 16 juin 1830, un jugement qui « déclarait la dame de Sternberg non recevable dans sa demande, par les motifs : 1° qu'un jugement rendu en pays étranger contre un Français ne pouvait être exécuté en France sans que la question fût de nouveau examinée et jugée par les tribunaux français; 2° que la demanderesse ne justifiait ni de sa descendance, ni du domicile du comte de Joinville; » en outre, Maria-Stella était condamnée aux dépens.

Tel fut le dénoûment de cet étrange roman dont la malignité des courtisans avait fait avidement sa pâture nonobstant l'improbation de Charles X, qui s'était empressé de faire rechercher partout à la cour, pour le détruire, le libelle répandu à profusion contre le duc d'Orléans.

Il ne me reste, pour clore cet épisode, qu'à dire quelques mots de la destinée finale de celle qui en fut l'héroïne.

Au dire de Maria-Stella, avant comme après la chute de Charles X, des offres d'argent lui auraient été faites : elle les aurait constamment repoussées avec fierté. Dans sa conviction, elle était la fille de Philippe-*Égalité*, et elle voulait qu'on la reconnût telle : toute autre proposition l'offensait. Et sa taille, ses traits, ses manières, jusqu'à sa voix, tout en elle semblait attester cette haute origine. S'exprimant avec chaleur et conviction, elle était écoutée, admirée, et beaucoup se laissaient persuader par elle.

A l'avénement de Louis-Philippe, le gouvernement exigea que la baronne de Sternberg retournât en Angleterre, et on le lui fit signifier à plusieurs reprises. L'intervention de l'ambassadeur la mit à l'abri de cette persécution. Ses *Mémoires*[1] avaient été saisis, et tout accès lui fut fermé près des tribunaux. On fit plus : la police entreprit de la faire passer pour folle ; et la manie qu'elle avait de nourrir un grand nombre d'oiseaux qui accouraient à ses fenêtres de tous les arbres des Tuileries donnait quelque vraisemblance à cette calomnie. Elle habitait rue de Rivoli, dans la maison d'un restaurateur où elle prenait ses repas, soldant sa dépense au moyen de sommes assez considérables qui lui arrivaient très-régulièrement d'Angleterre. Elle ne sortait plus depuis plusieurs années, parce qu'elle avait peur qu'on la fît arrêter dans la rue, ne se croyant en sûreté que chez elle, sous la protection de l'ambassadeur anglais. La veille de sa mort, en 1845, ayant entendu le canon qui annonçait l'ouverture des Chambres, elle recommanda qu'on lui apportât le journal pour savoir ce qu'avait dit *ce scélérat*. Louis-Philippe un scélérat ! A bon droit il aurait pu répondre qu'il ne l'était dans aucune des acceptions du terme. Même en faisant la part du tempérament, excessif, extrême chez presque toutes les femmes, c'était plus que de la passion. Quoi qu'il en soit, ce furent là ses dernières et peu édifiantes paroles.

[1] Publiés en 1829, ils ont eu deux nouvelles éditions après la chute de Louis-Philippe, en 1848.

CHAPITRE XXI

Fondation du *National* : MM. Thiers, Mignet et Carre.. — Session des Chambres du 2 mars 1830. — Pronostic de M. Méchin. — Adresse des 221. — Dissolution de la Chambre des députés. — Intrigues ténébreuses à l'encontre du duc d'Orléans. — Réception du roi et de la reine de Naples au Palais-Royal. — Mot de M. de Salvandy au duc d'Orléans.

Le 1ᵉʳ janvier 1830, Charles X, suivant l'usage, reçut les félicitations des corps de l'État. Après la Cour de cassation vint la Cour royale de Paris : « Sire, dit Séguier, son président, nos ans recommencent par ce qu'il y a de plus heureux pour des Français, voir le Roi….. » Le reste de la harangue était sur ce ton, à l'unisson du début. En face de ce personnage, invariablement vautré, sous tous les régimes, dans le même bourbier de nauséabondes flatteries, Charles X ne put dissimuler sa répulsion. Sa réponse fut hautaine et méprisante. « Magistrats de la Cour royale, dit-il, n'oubliez jamais les importants devoirs que vous avez à remplir. Prouvez, pour le bonheur véritable de mes sujets, que vous cherchez à vous rendre dignes des marques de confiance que vous avez reçues de votre Roi… » A cette verte mercuriale, président et conseillers, atterrés de la leçon, baissèrent les yeux, s'inclinèrent et sortirent.

Pour se relever de leur humiliation, ils eurent la singulière idée de se rendre au Palais-Royal, chez le duc d'Orléans. Le prince ne les attendait guère. Pris au dépourvu et d'abord embarrassé, il se remit promptement et fit à la compagnie un accueil des plus flatteurs. Se mêlant aux magistrats avec une apparente bonhomie, il présenta à chacun d'eux sa femme et ses enfants. Au demeurant, il leur avait d'assez grandes obligations : ils ne lui avaient jamais tenu rigueur dans la succession interminable de ses procès. C'était de plus une utile semence jetée dans ce champ de la justice, si fertile, en France, en complaisances et en services pour tous les pouvoirs. Le prince estimait que la récolte pour lui ne se ferait pas longtemps attendre. Elle devait être encore plus prochaine qu'il ne pensait, et dépasser même ses espérances. De cette magistrature déjà profondément corrompue et dégradée, le fonds allait porter, sous son règne, une abondante moisson de prévarications et de scandales.

Ce terrain mobile de la justice, toujours mouvant au gré de ses intérêts et de ses passions, devait finir par se dérober sous les pas de la Restauration. A force d'avoir été tendu à l'excès, le ressort faussé fonctionnait mal ou même ne fonctionnait plus. A l'encontre des attaques et des animosités conjurées à sa ruine, le gouvernement royal se trouvait maintenant sans défense. Béranger continuait toujours de manier contre lui le fouet de la satire : après Courier et ses pamphlets, Barthélemy et Méry avec leurs poëmes lui faisaient une guerre impitoyable. Il était difficile que la Restauration pût résister longtemps à de pareils assauts. La répression des écarts de la presse s'était singulièrement radoucie. Ce n'est pas que les officiers de parquet se fussent déshabitués de leur intempérance de langue et de leurs emportements ; mais, par la force des choses, l'action de la magistrature, molle et languissante, ne répondait plus aux exigences du pouvoir. Le gouvernement ne pouvait attendre davantage de la justice, alors que ses organes et instruments partageaient les préventions et les rancunes des écrivains.

Implacablement battue en brèche par tant d'inimitiés, la branche régnante avait encore à faire face à d'autres et non moins redoutables adversaires, ceux-là d'autant plus irréconciliables que leur fortune, tout entière à faire, dépendait de l'établissement d'une nouvelle dynastie. Au gouvernement royal ainsi miné à sa base, sapé jusque dans ses fondements, l'opposition prétendue constitutionnelle n'attendait plus que l'occasion de porter le coup de grâce pour en finir définitivement avec la branche aînée des Bourbons.

La fondation du *National* n'eut pas d'autre mobile : ce journal allait devenir le drapeau de l'opposition la plus avancée, et de toutes la moins constitutionnelle. Il ne se proposait qu'un but : le renversement de la dynastie. Ce nouvel et plus formidable engin de guerre avait pour paternité commune deux personnages se retrouvant associés aujourd'hui aux mêmes passions, comme ils l'avaient été jadis à d'autres et plus scandaleux écarts : Talleyrand, prélat marié et schismatique, apostat ensuite, et Louis, autre prêtre défroqué et concubinaire.

Ce fut à Rochecotte, sur les bords de la Loire, dans le château de madame de Dino, nièce de Talleyrand, que fut résolue la création de la nouvelle feuille révolutionnaire. Le baron Louis y amena M. Thiers, dont il s'était fait l'éducateur financier, et M. Mignet, deux jeunes gens que Talleyrand et lui avaient pris sous leur patronage, et dont ils favorisaient la fraternelle fortune.

> Ambo florentes ætatibus, Arcades ambo,
> Et cantare pares, et respondere parati [1].

Chacun d'eux avait donné au bon public son *Histoire de la Révolution*, l'une comme l'autre découlant des mêmes sources, procédant des mêmes inspirations et de vues identiques, à fin également commune, d'endoctriner les masses ; seulement, le premier s'étant livré aux développements, ayant exécuté *le grand jeu*, le second n'avait plus eu qu'à résumer et à tirer la moralité de la pièce, et le « 28 juillet 1830 » le tour était fait ! On ne saurait trop le redire : de toutes les prestidigitations, parades et représentations, les meilleures, sans contredit, sont celles que donnent les escamoteurs et baladins politiques. En nos jours, les scènes les plus plaisantes, sinon toujours les plus gaies, appartiennent

---

[1] « Tous deux à la fleur de l'âge, Arcadiens tous deux, également habiles dans l'art de chanter, et prêts à se répondre tour à tour. »

au grand théâtre officiel. Celui-là vaut tous les autres réunis. Il n'y a plus aujourd'hui de *comédiens ordinaires du Roi* : leur emploi est avantageusement tenu par les acteurs qui pullulent et se succèdent sans relâche sur la scène politique, et auxquels le public, incessamment convié à la représentation, drame ou comédie, dispense équitablement ses applaudissements ou ses sifflets.

Un ancien sous-lieutenant d'infanterie, de conspirateur devenu publiciste distingué, M. Armand Carrel, avait également promis au *National* son précieux contingent, le concours de sa plume, toujours élégante et acérée. Les conditions et la direction politique arrêtées, le traité fut signé. La cassette du duc d'Orléans fit l'avance des premiers frais. Ce prince se faisait ainsi le fondateur d'un journal qui, après avoir puissamment contribué à son élévation au trône, était destiné dans la suite, après des phases diverses, à le dépopulariser et à l'en faire non moins vite descendre : ordinaire effet des œuvres les plus laborieusement échafaudées, des conceptions les plus profondes au sentiment de leurs auteurs, au moyen desquelles ils se proposent un objet, un but exclusif dont il leur semble que l'instrument ne pourra jamais dévier, mais qui, finalement, déconcertent tous leurs calculs. Ils ont cru tout prévoir, parer à tous les accidents, s'être prémunis contre tous les hasards jusqu'au jour où, plongés dans une sécurité funeste, ils voient leurs précautions tourner contre eux-mêmes et aboutir au renversement de l'édifice de leur fortune, qu'ils s'étaient imaginé élever et asseoir sur des bases indestructibles. Tant et de si pénibles mécomptes, combien il leur eût été facile pourtant de les éviter, en s'épargnant encore un laborieux travail d'esprit et des tourments multipliés, à suivre une voie qui, à la tenir inflexiblement, on ne saurait trop le répéter, conduit toujours sûrement, tôt ou tard, au but, le chemin, la ligne infaillible du devoir !

Le National, dans la pensée de ses fondateurs, était destiné à servir d'avant-garde au *Constitutionnel*, considéré jusque-là comme l'organe du parti, mais jugé en dernier lieu trop circonspect et même timide. J'ai dit qu'il avait pour rédacteurs principaux M. Thiers, M. Mignet et M. Armand Carrel, trois jeunes écrivains de valeur inégale, mais qui se complétaient par la variété et la diversité de leurs aptitudes[1]. Le plus pétulant était

---

[1] « Ce fut Armand Carrel qui eut la première idée du *National*; le titre fut donné par lui; il faisait, dès ce moment, un pas en avant dans la presse de la Restauration. La rédaction du *National* fut remise à MM. Thiers, Mignet et Armand Carrel, avec cet arrangement que chacun, à son tour, aurait pendant un an la direction suprême de la feuille. M. Thiers, comme le plus âgé, commença; et, à vrai dire, il n'y avait pas accord entre ses opinions et celles d'Armand Carrel. Le *National* était évidemment fondé dans un but d'hostilité à la branche aînée des Bourbons; mais cette hostilité était différemment conçue par les deux rédacteurs en chef du *National*; je dis deux, car M. Mignet n'était qu'un représentant de M. Thiers. Celui-ci pensait qu'il fallait une révolution semblable à la révolution anglaise de 1688 : un prince du sang et une Chambre des pairs pour sanctionner le mouvement. Cette politique est indiquée par les démarches de M. Thiers auprès du duc d'Orléans, et par un singulier article de cet écrivain, où, au milieu même de la révolution flagrante, il engageait la Chambre des pairs à prendre l'initiative de l'insurrection contre la royauté. » (E. Littré, *Notice sur Carrel*, *National*, 19 octobre 1836.)

sans contredit M. Thiers, qui dut à l'exubérance de sa séve de les entraîner à sa suite ; et c'est à ce titre qu'il mérite de ma part, abstraction faite du rôle considérable qu'il a joué depuis, une mention ici toute spéciale.

Louis-Adolphe Thiers, né à Marseille, le 16 avril 1796, après une couronne remportée à l'académie d'Aix, était venu à Paris tenter la fortune, à la poursuite de cette déesse aveugle qui prend si rarement la peine d'aller chercher les gens chez eux, encore que beaucoup se croient fondés à l'y attendre. Manuel, son compatriote, l'avait présenté à M. Laffitte, qui l'avait fait agréer, en qualité de collaborateur, par M. Étienne, rédacteur en chef du *Constitutionnel*. Ses débuts au journal avaient été marqués par des articles remplis d'une verve incisive et d'une lucidité qui constrastaient singulièrement avec sa rédaction habituelle. Mais l'opposition méticuleuse de cette feuille était en désaccord avec son tempérament ardent, et, plus encore, antipathique à sa fougue aventureuse. La nature de son talent, insinuant et agressif, comportait un genre d'hostilité plus profondément combiné et d'une portée plus décisive.

M. Thiers avait conçu la pensée de s'armer, contre le gouvernement de la Restauration, de ses propres bienfaits, de l'enlacer dans les voies constitutionnelles comme dans un étroit réseau, où il dût étouffer faute d'action, ou qu'il ne pût franchir sans un coup d'État, au risque de sa ruine. C'était cette donnée qui avait présidé, comme idée fondamentale, à la création du *National*;

le 5 juillet 1830, dans un esprit soi-disant monarchique, mais en réalité hostile à la royauté de Charles X.

Dépassant la politique prudemment libérale du *Constitutionnel*, les rédacteurs du nouveau journal prêchaient un changement de dynastie, que l'étude du passé et du présent leur montrait comme imminent et infaillible. M. Thiers, se posant en défenseur des garanties de la Charte constitutionnelle, ressuscita une maxime qui avait eu cours dès les premières années de la Restauration : *Le roi règne et ne gouverne pas*, axiome qui, pris à la lettre, tendrait à rendre au souverain cette valeur purement nominale des premiers rois de la monarchie française. Cet aphorisme du libéralisme le plus avancé, l'écrivain s'attacha à le développer. Il en vint bientôt à résumer en deux mots la portée et le programme du *National* : « monarchique, mais antidynastique. » — « Puisqu'il ne manque, disait-il, au régime constitutionnel, qu'un roi qui s'y résigne, gardons le régime et changeons le roi. » Il estimait que le principal effort du libéralisme contre la dynastie devait tendre à la tenir enfermée dans la Charte. « Enlacés dans cette Charte et s'y agitant, observait-il, ils s'y enlaceront tous les jours davantage, jusqu'à ce qu'ils y étouffent ou qu'ils en sortent[1]. » A ce programme artificieux, M. Thiers se montrait inexorablement fidèle. Infatigable dans l'éloge de ces institutions qu'il aspirait

---

[1] *National*, 4 janvier 1830.

à détruire, il ne cessait de prêcher la résistance légale, particulièrement le refus de l'impôt. Les inspirations les plus honorables, les mesures les plus nationales du gouvernement, il les décriait avec un fiel sans retenue, avec une violence extrême. Impitoyable pour tous les actes de cette monarchie que poursuivait sa haine, il ne lui demandait rien, sinon qu'elle eût à périr. La Restauration était bien et dûment conviée à une lutte à mort, sans trêve ni merci.

Et le résultat de cette lutte, M. Thiers le prédisait en ces termes : « Si vous vous révoltez contre la loi et si vous la refaites en vertu de l'article 14, on vous résistera, non pas violemment, mais avec la légalité. La continuation de votre révolte vous conduira à tirer le glaive, et alors l'Évangile vous dit quel est le sort de celui qui se sert du glaive. »

Cette déclaration de tout attendre des voies légales, à l'exclusion de l'insurrection et des moyens violents, n'était là, on le devine, que pour la galerie : M. Thiers et ses coopérateurs, en cela peu sincères, n'excluaient, au fond, des voies et moyens, ni les complots ni la force ouverte. La *Comédie de quinze ans* une fois jouée, le profit recueilli et partagé entre les acteurs, les comparses et figurants de second rang, astreints à moins de réserve que les chefs d'emploi, en ont fait l'aveu naïf et irréfragable. Sous leur masque et avec leurs professions de foi hypocrites, ils étaient loin de valoir Lafayette jetant courageusement dans la balance, comme enjeu, sa tête et celle de son fils.

Le *National* du 9 février posa nettement la candidature du duc d'Orléans. Il osait rappeler que l'Angleterre n'avait été vraiment libre qu'après avoir complété, en 1688, sa révolution de 1640. Sommé par *la Quotidienne* d'expliquer sa théorie *des accidents* et des *révolutions*, M. Thiers répondit « que la déposition de Jacques II avait été un accident, et que la nation anglaise, dans cette circonstance, s'était montrée si peu révolutionnaire qu'elle avait placée sur le trône le plus proche parent du roi. »

Cette idée gagnait du terrain. Une feuille qui avait gardé jusque-là une modération relative, *le Globe*, mettait maintenant en question si l'on conserverait la dynastie. En vain des publicistes judicieux faisaient observer que l'assimilation des Bourbons aux Stuarts était une donnée de tout point fausse, démentie qu'elle était à chaque page de l'histoire. Un homme d'État éminent, le baron de Stein, l'ancien ministre de Prusse, s'en expliquait en ces termes : « Il n'y a qu'un esprit de mensonge et de déception qui puisse trouver de la ressemblance entre Charles X et Jacques II. Où est le barbare Jeffries ? où sont la tendance et les efforts pour substituer une Église étrangère à l'Église nationale ? où est l'alliance avec un monarque étranger pour étouffer la constitution et la religion du pays ? où est l'argent reçu de l'étranger à cette fin ? » Faisant une allusion transparente à la pâle figure, aux contours indécis, à l'insignifiante personnalité en politique du duc d'Orléans, il ajoutait, par forme de contraste : « De 1667 à 1688, les

Stuarts eurent vis-à-vis d'eux un Guillaume III, aussi respecté comme capitaine que comme homme d'État... »
M. de Stein n'admettait donc pas qu'on pût songer un instant au duc d'Orléans pour remplacer les Bourbons de la branche aînée. « Où est l'homme, ajoutait-il, qui pourrait se lever contre eux? serait-ce le vieux bavard Lafayette qui, d'abord entraîné par le torrent de la Révolution, fut ensuite rejeté, revomi par elle? Est-ce une république qu'on fonderait sur les débris de leur trône? Une république de Français!!! combien de temps durerait-elle avec une religion de la façon du *Globe*[1]? »

Le 2 mars, au cours de cette polémique, les Chambres s'ouvrirent. Dans son discours, le Roi disait : « Je ne doute pas de votre concours pour opérer le bien que je veux faire. Vous repousserez avec mépris les perfides insinuations que la malveillance cherche à propager. Si de coupables manœuvres suscitaient à mon gouvernement des obstacles que je ne dois pas, que je ne veux pas prévoir, je trouverais la force de les surmonter dans ma résolution de maintenir la paix publique, dans la juste confiance des Français, et dans l'amour qu'ils ont toujours montré pour leur Roi. »

Ces solennelles paroles avaient excité des sentiments fort opposés : encore bien que comprimé par le respect, un certain mouvement régnait dans la salle. Charles X

---

[1] *Correspondance du baron de Stein avec Gagern*, publiée en 1833. — *Le Globe*, par M. Pierre Leroux et consorts, venait de lancer ses nouvelles conceptions religieuses et autres élucubrations saint-simoniennes.

lui-même éprouvait une agitation visible : il semble qu'à ce moment sa tête était travaillée du redoutable problème qu'il s'était posé et dont la solution pouvait être la chute de sa couronne. Il y porta la main pour dégager un instant son front du chapeau qui le couvrait. Il l'avait à peine soulevé que, soit maladresse, soit plutôt trouble profond, sa main mal assurée le laissa échapper. Le duc d'Orléans, placé à la gauche du trône, se précipita pour ramasser la toque royale qui avait roulé à terre. Pliant le genou, il s'empressa de la remettre au Roi[1]. « Avant peu, dit M. Méchin, il en arrivera autant de la couronne. Seulement, au lieu de la rendre à Charles X, le duc d'Orléans la posera sur sa tête. »

Sous des formes adoucies, il y avait réellement dans le langage du Roi une menace que la Chambre des députés, gardienne de l'honneur parlementaire, ne manqua pas de relever. « Sire, dit-elle, la Charte a fait du concours permanent des vues politiques de votre gouvernement avec les vœux du peuple la condition indispensable de la marche régulière des affaires publiques. Sire, notre loyauté, notre dévouement nous condamnent à dire que ce concours n'existe pas... »

Ainsi s'exprimait l'adresse des 221, nombre des députés qui l'avaient votée.

Les délibérations de la Chambre mirent en relief les passions dont, à divers degrés, elle était agitée. Sur les bancs de l'extrême gauche, il y avait concert pour le

---

[1] *Constitutionnel*, 6 mars 1830.

renversement de la dynastie. Il n'en était pas de même au centre gauche; mais là aussi et dans la majorité de l'assemblée régnait un mauvais vouloir, ou plutôt un parti pris de refus de concours qui devait aboutir au même résultat, celui que poursuivait l'opposition irréconciable et déclarée. Dominant les esprits, la passion politique les rendait indociles aux inspirations les plus vulgaires du patriotisme et de la raison. M. Dupin aîné, l'homme lige, l'orateur de la maison d'Orléans, en fournit un triste exemple dans la péroraison du discours qu'il prononça dans la discussion de l'Adresse. « On dit que les ministres peuvent proposer de bonnes lois, et qu'il faut les attendre à l'œuvre pour les juger. Eux-mêmes parlent de leurs intentions constitutionnelles. Voici ma réponse : Ces ministres, que l'opinion publique repousse, ces hommes que mes convictions condamnent, vinssent-ils à nous les mains pleines de bonnes lois, de ces lois que la nation attend et réclame depuis longtemps, eh bien ! je les repousserais en disant : *Timeo Danaos et dona ferentes.* Oui, eussiez-vous les mains pleines de présents, vous êtes pour nous *Danaos!* » « C'est ainsi, écrivait avec amertume, au sortir de cette séance, un honnête et trop dévoué ministre de Charles X, c'est ainsi que le parti qui se dit *national* entend le gouvernement représentatif et les intérêts du peuple[1] ! » M. Dupin, il est vrai, aurait pu répondre

---

[1] *Journal* (inédit) *des délibérations du conseil de Charles X*, par M. de Guernon-Ranville.

qu'il n'avait pas charge de ces intérêts, mais seulement de ceux de la famille d'Orléans. Quant à ses *convictions*, elles avaient toujours eu et devaient conserver jusqu'au bout la propriété d'être merveilleusement flottantes, au point de surnager aisément avec l'homme dans tous les naufrages politiques, en lui procurant toujours l'avantage d'aborder avec sécurité au port de tous les gouvernements successifs.

La dissolution de la Chambre fut proclamée le 16 mai. Charles X avait jeté en quelque sorte le gant à la représentation nationale. Elle l'avait relevé; et le destin de la France, remis tant de fois en question depuis quarante ans, allait cette fois sortir de l'urne électorale où étaient descendues les passions et les rancunes politiques de quinze années contre l'œuvre laborieuse et tourmentée de la Restauration des Bourbons.

On pense bien que le duc d'Orléans suivait les péripéties de la lutte avec une vive sollicitude. A part ceux qui lui étaient communs avec l'opposition, il avait contre les royalistes purs de personnels et plus particuliers griefs, et l'histoire impartiale est obligée de reconnaître que, dans une certaine mesure, ceux-là étaient réels. Il lui fallait incessamment se défendre contre les entreprises multipliées et de plus d'un genre du vieux parti de l'émigration. Cette antique phalange, imbue à l'égard de la branche cadette de préventions invétérées et d'un fiel incurable, puisait encore dans sa haine, avec une vue instinctive de l'avenir, un surcroît d'aversion.

Son hostilité s'était accrue aux chances que la mort du duc de Berry ajoutait à la possibilité de l'avénement des d'Orléans. Il règne beaucoup d'obscurité sur les projets qu'on machinait alors contre le chef de la branche cadette pour l'écarter du trône ; mais leur réalité est incontestable. Dans ce milieu ulcéré et implacable, il paraît qu'il n'était question de rien de moins que d'obtenir, pour cause d'*indignité*, l'exclusion du trône du fils de Philippe-*Égalité*, au cas où l'ordre de la naissance viendrait à l'appeler à la couronne.

Telles étaient les visées d'un premier parti d'ennemis jurés de la maison d'Orléans. Un second, composé de politiques plus subtils, sinon plus profonds, se proposait le même résultat, mais par des moyens différents. La combinaison par eux imaginée pour ruiner les légitimes espérances de la branche cadette, consistait à considérer comme nulles les renonciations faites, en 1712, par les Bourbons d'Espagne, à la couronne de France, et à décerner cette couronne à l'un des nombreux descendants du duc d'Anjou. Les choses furent même poussées si loin dans ce sens, que des démarches avaient été faites à l'effet d'appeler en France, pour y achever son éducation, le jeune prince héréditaire de Lucques. Cette précaution prévenait et écartait d'avance, par une sorte de naturalisation, toute objection d'extranéité. On ne saurait méconnaître la gravité de ces intrigues et leur danger véritable eu égard à la fragilité de l'obstacle qui séparait du trône de France la branche cadette des Bourbons.

A un certain degré, le duc d'Orléans n'était donc pas répréhensible de rechercher, pour combattre ces menées, l'appui naturel de l'opposition. Il pouvait alléguer un devoir à remplir, soit envers lui-même, soit à l'égard de ses enfants : il avait effectivement charge de leur avenir, lié étroitement à celui de la France. Déplorable situation de ce prince, répéterai-je encore, position aussi fausse que perplexe, d'où suivait qu'il ne pouvait rien entreprendre en vue de l'intérêt que je viens de signaler sans encourir le reproche d'une odieuse ingratitude, ou même sans imprimer à ses actes, à sa conduite les couleurs de la trahison. En défendant ses propres prérogatives, il se posait en apparence en adversaire, en ennemi déclaré de son bienfaiteur et de son roi. La révolution de 1830 vint, fort à propos pour lui, dénouer le nœud de cette situation aussi ambiguë qu'embarrassante.

Au moment où les ennemis du duc d'Orléans redoublent d'efforts contre lui, à la veille des événements dont l'issue va le conduire au trône, il est à propos d'examiner la force et les chances de son parti en France.

Il n'y avait plus à s'y tromper : depuis les élections de 1827, le parti d'Orléans s'affichait hautement, il s'agitait et travaillait presque au soleil, mûrissant le pays pour une éventualité dont le terme seul était encore incertain. Dans une lettre écrite sous le ministère Villèle, deux jours avant la revue qui provoqua la dissolution de la garde nationale, M. de Chateaubriand l'avait signalé dans ces termes à Charles X : « Il est faux qu'il y ait à présent une faction républicaine ; mais il y a des partisans d'une légitimité illégitime[1]. »

Faible dans les Chambres, à peu près nul dans les départements, ce parti était plus nombreux dans la population de Paris. Le duc d'Orléans, qu'on me pardonne la trivialité de l'image, avait trop constamment nagé entre deux eaux, celles de la légitimité et celles de la révolution, pour avoir pu recruter dans le pays un grand nombre d'adhérents. Exclu de leur sein par les royalistes, il n'offrait pas pour cela des garanties suffisantes aux révolutionnaires pour être admis sans difficulté dans leurs rangs. Il était, selon ses propres expressions, « trop Bourbon pour les uns et pas assez pour les autres. » Des deux côtés on se défiait de lui. Ses errements vagues, son allure ambiguë et incertaine l'avaient rendu à bon droit suspect. J'ai cité le mot de M. de Rambuteau, renouvelé de Gaston d'Orléans. Les notabilités de l'opposition n'en avaient guère meilleure idée.

Ennemi irréconciliable des aînés, Lafayette éprouvait presque autant de répulsion pour la branche cadette. Nature chevaleresque et loyale, toujours prêt à se prodiguer, il avait constamment refusé d'entrer en relations avec le cauteleux et trop dissimulé duc d'Orléans. Dans la Chambre des députés, le nombre était assez restreint de ceux dont les idées se familiarisaient avec un

---

[1] *Histoire de la chute des Bourbons*, par Alb. Maurin, t. III, p. 52. — Voir la lettre dans les *Mémoires d'outre-tombe*.

changement de dynastie. Là pourtant il existait un parti d'Orléans. M. Dupin aîné en était l'orateur, et M. Laffitte l'homme d'affaires. M. Guizot, isolé dans sa morgue, avec ses allures raides et son esprit cassant, y inclinait par ses tendances. Il n'exerçait alors d'action que par sa plume, n'ayant pu encore réussir à se faire élire député. Publiciste justement renommé, on était loin alors de le supposer tel qu'il s'est révélé depuis, sophiste consommé, rhéteur ou plutôt sorte d'avocat politique prêt à plaider toutes les causes avec une provision de phrases toutes faites, de périodes ampoulées et dogmatiques, d'arguments constamment tenus en réserve pour toutes les situations. Royaliste réactionnaire en 1815, il était devenu adepte fervent, en apparence du moins, de la révolution anglaise. Au fond, sans idées bien arrêtées, il n'aspirait qu'à une position suffisamment en vue et capable de satisfaire son incommensurable orgueil. Il ne se proposait qu'un but, faire sa fortune et celle des siens par l'accumulation de ses traitements, à force d'ordre et d'économie. Par nature, il était antipathique à une révolution produite par des moyens violents. M. Guizot, si tant est qu'on pût le rattacher au parti d'Orléans, avec ses airs de pédagogue et ses théories vides et pédantesques, ne lui apportait guère qu'une appui de doctrines. M. Royer-Collard, le chef de l'école, l'avait, disait-on, qualifié « d'austère intrigant », et comme on lui demandait s'il était vrai qu'il eût dit cette méchanceté, il avait répondu : « Je n'ai pas dit austère. » Maître et disciples se connaissaient bien ; et le bon sens national avait parfaitement démêlé la vanité et l'ambition à travers les obscurités et les ambages prétentieux de leur métaphysique. Des autres notabilités du parti, M. Casimir Périer, M. Delessert n'avaient garde de commettre aux hasards révolutionnaires leur grande situation financière et industrielle. M. Sébastiani était prudent jusqu'à la plus extrême circonspection. Talleyrand, l'homme de toutes les trahisons, n'appartenait qu'au succès et aux faits accomplis. Le duc de Dalberg, caractère plus ouvert, offrait un concours moins suspect et plus résolu.

De toutes les aspirations qu'on voyait se produire en faveur de la maison d'Orléans, les plus ouvertement accusées étaient celles de M. Laffitte. Un écrivain admis dans son intimité rapporte des particularités curieuses sur la liaison qui s'était établie entre le financier et le prince ; elles montrent quelle était leur portée véritable dans les idées de ce dernier.

« M. Laffitte, dit M. Sarrans, était affligé d'un véritable engouement pour M. le duc d'Orléans. Une révolution à la façon de 1688 et Louis-Philippe sur le pavois, telle était l'idée fixe, la préoccupation exclusive de cet honorable citoyen, avec lequel on minaudait du reste fort agréablement. — « C'est un rêve, mais enfin « n'importe ; quand je serai roi, que ferai-je pour vous ? « — Vous me nommerez votre fou, le fou du roi, afin « que je puisse lui dire ses vérités.—C'est charmant. » Et dans une autre circonstance, causant dans l'intimité

sur le canapé du banquier : — « Si jamais je deviens
« roi, et si vous veniez à supposer que l'ambition ou l'in-
« térêt personnel m'eût décidé, j'en aurais le plus pro-
« fond regret. Mon bonheur serait que la France fût le
« pays du monde le plus libre. Les peuples, mon cher
« Laffitte, ne haïssent les rois que parce que les rois les
« ont toujours trompés. » Et puis, poussant le fanatisme
de la liberté jusqu'à la défiance de soi, il ajoutait, en
s'adressant à Manuel : — « Cependant, si vous m'y
« portez, vous serez bien bêtes si vous ne me garrottez
« pas. » Ce pauvre M. Laffitte, lorsqu'il parlait des hautes
qualités de son modèle, il n'y avait jamais une ombre
au tableau; c'était toujours la perfection des vertus
civiles et militaires, l'héroïsme dans le danger, la mo-
destie dans la fortune, la dignité dans le malheur. Ce
qu'il y avait de plus curieux, c'est que l'honorable député, homme d'ailleurs d'infiniment d'esprit et de tact,
poussait l'adoration jusqu'à la naïveté. Lorsqu'il s'agissait de son illustre ami, M. Laffitte fermait les yeux à la
lumière et ne voulait rien croire; ou si quelque noir-
ceur lui était bien évidemment démontrée, il exprimait de la douleur, jamais de l'indignation[1].

J'ai dit que l'opposition de Talleyrand à l'égard de la
Restauration avait pris sa source dans la longue et dé-
daigneuse inaction où elle l'avait volontairement laissé
croupir. Celle de M. Molé, homme d'État subalterne si

---

[1] *Louis-Philippe et la contre-révolution de* 1830, par B. Sarrans jeune;
Paris, 1834, t. I, p. 137.

ridiculement exalté, tenait à une autre cause. Ce personnage, à qui la vanité tenait lieu d'opinions, avait été mis à l'écart par Louis XVIII, qui avait fait l'expérience de sa duplicité. Il était donc devenu un adversaire décidé du gouvernement royal, courroucé surtout du refus qu'il avait essuyé de M. de Richelieu d'un titre de duc pour le futur gendre de sa fille. On sait que, à l'origine, tout saturé d'impérialisme, il avait passé avec armes et bagages dans le camp de la Restauration. Sous Napoléon, il n'avait dû qu'à son nom sa fortune politique, montant toujours par l'échelle de la flatterie et de cette fine rouerie de salon, que l'on appelle le savoir-faire. Charles X ne s'était pas plus que son frère fait illusion sur sa valeur véritable : grave, compassé à l'excès, le vulgaire le croyait profond, tandis qu'il n'était que creux, aujourd'hui libéral au même titre que, sous l'empire, il avait été absolutiste. Ses relations étaient alors assez rares avec le Palais-Royal. Le duc d'Orléans n'avait pas encore marqué à son égard la préférence que devait témoigner plus tard le roi Louis-Philippe.

L'hostilité de M. Laffitte, pour s'inspirer de mobiles plus nobles, n'en était pas moins aveugle. Elle avait grandi avec les fautes de la branche aînée, retrempée encore au foyer d'une incurable vanité, qui faisait considérer à M. Laffitte l'avénement au trône du duc d'Orléans comme une affaire personnelle, en quelque sorte comme le but de sa vie.

Telles étaient l'attitude et les dispositions les plus nettement accusées des hommes influents qu'on voyait se grouper autour du nom d'Orléans. Peu ou point parmi eux paraissaient disposés à affronter les hasards d'une révolution nouvelle. Cependant, inconscients de la situation, ils y marchaient à grands pas, les uns par leurs actes, les autres seulement par leur attitude. Ils formaient au duc d'Orléans un cortége qui était déjà une puissante recommandation, une désignation suffisante pour la foule.

Quant aux partisans décidés, aux fauteurs plus francs de la candidature du prince, ils avaient besoin, eux, de manifestations d'un caractère plus prononcé. Ils sentaient le besoin de mettre le duc d'Orléans davantage en relief. Depuis longtemps ils étaient à la recherche d'une occasion qui permît au peuple de se ressouvenir de lui. Elle parut se rencontrer et ils la saisirent avec empressement dans l'arrivée à Paris du roi de Naples, son beau-frère, qui venait, avec la reine, sa femme, de Madrid, où ils avaient uni à Ferdinand VII leur fille aînée Marie-Christine.

Le couple couronné avait été, on le comprend, parfaitement accueilli à la cour de Charles X : il était là dans son élément. Mais le préfet de la Seine et la municipalité parisienne n'osèrent pas leur donner de fête : tant les augustes visiteurs étaient décriés, tant le sentiment de répulsion dans tous les rangs du peuple était vif et éloquent à leur égard ! Fort de sa popularité et soutenu de l'excuse de la parenté, le duc d'Orléans décida de faire ce que n'avait point osé le premier représentant de la cité. De divers côtés il y était encouragé.

Il goûtait, d'ailleurs, une certaine satisfaction à faire naître dans le public, toutes les fois qu'il en trouvait l'occasion, un parallèle entre les réceptions des Tuileries et celles du Palais-Royal. En raison de son étiquette rigoureuse et surannée, qu'elle eût tenu à l'égal d'une faute irrémissible d'écarter, la branche aînée était incapable de donner la vie, le mouvement, encore moins l'entrain et la gaieté à ses royales réceptions, tandis que les réunions du Palais-Royal, sans exclure jamais le ton et la décence de la meilleure société, offraient le spectacle le plus franc et le plus animé des amusements et des plaisirs. Là une brillante jeunesse, amie des princes et des princesses, se livrait à la danse avec abandon. Tout autre était la physionomie des Tuileries, où, dans un milieu compassé et cérémonieux, on se sentait mal à l'aise, où l'on s'ennuyait, où l'on portait un visage sombre et refrogné autant qu'au Palais-Royal il était épanoui et radieux.

Mais à la fête projetée par le duc d'Orléans il y avait de grandes objections, des obstacles en apparence insurmontables. Le roi de Naples étant l'hôte de Charles X, les convenances voulaient qu'en acceptant une invitation chez son beau-frère, il fut accompagné du Roi. Or le duc d'Orléans n'étant que prince du sang, Charles X, dans sa capitale, où le titre de Roi le dispensait de toute visite officielle à un simple cousin, pouvait-il accorder *l'immense faveur* d'aller à un bal chez *Son Altesse royale?* Pour l'affirmation, on faisait valoir que la duchesse d'Orléans était fille de roi, parente très-proche de la Dauphine, tante de la duchesse de Berry, enfin sœur du roi de Naples et nièce de la reine Marie-Antoinette. Dans la balance de ces considérations, le sentiment de la Dauphine fut d'un poids décisif. Madame le formula en ces termes : « C'est qu'elle est excellente, cette chère princesse de notre sang et de notre famille, *elle !* » Charles X se rendit : il accorda l'honneur de sa présence au bal du premier prince du sang. Il fixa le jour et prévint que, pour ne pas déroger deux fois aux usages, il enverrait, une heure avant son arrivée, une compagnie de ses gardes du corps former le poste d'honneur du Palais-Royal dans le grand vestibule et dans les appartements où il daignait se rendre. Le Roi ne se croyait-il pas en sûreté chez son cousin ? non. C'eût été aussi injuste que pusillanime de sa part. Il voulait simplement, par habitude, conserver intact le cérémonial traditionnel de ses ancêtres.

Le duc d'Orléans, on le pense bien, n'avait eu garde d'élever d'objection. En conséquence, les gardes du corps, avec leur brillant uniforme, prirent possession du Palais-Royal et se postèrent aux portes des appartements, suivant l'étiquette d'usage partout où séjournait le Roi.

Le prince avait fait de nombreuses invitations à sa fête, sans acception de rang ni d'opinions politiques. On voyait se coudoyer, dans ses salons, avec l'aristocratie du faubourg Saint-Germain et les royalistes *purs*, les notabilités de l'opposition, de la tribune et de la presse, dont la vue ne devait certainement pas être agréable à Charles X.

Le roi et la reine de Naples, arrivés des premiers, se promenaient entourés d'une assistance nombreuse : pairs, députés, magistrats, fonctionnaires de tous ordres, illustrations de l'armée, des lettres, des sciences et des arts. On y voyait même plusieurs des puritains de l'étiquette, des plus rigoristes du noble faubourg, attirés par ce besoin impérieux des courtisans de singer le maître. Tout à coup les tambours battent aux champs : on annonce l'arrivée de Sa Majesté, précédée de ses piqueurs. Le duc d'Orléans, suivi de sa famille, descend précipitamment le grand escalier pour se trouver, à la première porte du vestibule d'entrée, à la descente de voiture du Roi. S'inclinant profondément, il témoigne en termes expressifs à son souverain la reconnaissance qu'il éprouve de l'honneur insigne, de la faveur éclatante qui lui sont accordés.

Charles X, les princes et les princesses avaient échangé d'affectueux saluts. Le roi paraissait fort gai. Il offrit le bras à la duchesse d'Orléans, le Dauphin à mademoiselle d'Orléans (madame Adélaïde), le duc d'Orléans à la Dauphine, le duc de Chartres à la duchesse de Berry. On monta dans les appartements. Le roi et la reine de Naples, en attente dans le premier salon, s'avancèrent alors au-devant des augustes visiteurs.

Un orchestre d'élite, conduit par Paër, exécutait les chefs-d'œuvre de mélodie choisis par mademoiselle d'Orléans[1]. Toilettes, diamants, tableaux, bronzes et

---

[1] Madame Adélaïde, très-forte sur la harpe, avait dans ses attributions, comme musicienne, l'organisation des concerts de la cour. Elle

objets d'arts, que reflétaient et multipliaient les glaces, donnaient à la fête un aspect féérique. Charles X fit le tour des salons ; il savait qu'il y rencontrerait les coryphées de l'opposition. A plusieurs des moins hostiles il adressa quelques mots obligeants, se contentant de sourire en passant devant les autres.

Étincelant à l'intérieur, le Palais-Royal resplendissait de lumières au dehors. Des rangs multipliés d'orangers embaumaient les galeries. Dans le jardin, gracieusement ouvert au public, se pressaient des milliers de spectateurs. Le Roi parut un instant sur la galerie vitrée et salua la foule, qui répondit par de vives acclamations.

Le duc d'Orléans s'entretenait en ce moment, dans une embrasure, avec M. de Salvandy, publiciste de l'école de M. de Chateaubiand, qu'il s'était proposé pour modèle : gonflé d'amour-propre, non moins bouffi de suffisance que l'illustre écrivain, il affectait dans ses écrits d'en reproduire la pompe, qui dégénérait chez lui en emphase déclamatoire et en boursouflure. «M. de Salvandy, disait une femme d'esprit, c'est l'ombre de M. de Chateaubriand prise la nuit au clair de lune. » J'aurai plus tard occasion de le juger foncièrement, quand nous le retrouverons ministre.

« Monseigneur, c'est bien là une fête napolitaine, dit

donna des leçons de harpe à ses nièces, qui firent de rapides progrès sur cet instrument. — Louis-Philippe, en 1832, chargea Paër de diriger la musique de sa chapelle. Ce compositeur est mort à Paris le 3 mai 1839.

M. de Salvandy au duc d'Orléans, car nous dansons sur un volcan. — Qu'il y ait volcan, je le crois comme vous, répliqua le duc d'Orléans ; mais au moins la faute n'en est pas à moi ; je n'aurai pas à me reprocher de n'avoir pas essayé d'ouvrir les yeux au Roi. Mais que voulez-vous ? rien n'est écouté, et Dieu sait où cela nous mènera !

« — Fort loin, monseigneur, dans ma conviction. Aussi j'éprouve, au milieu de toute cette fête, si animée et si belle, un sentiment profond de tristesse. Je me demande où sera, dans six mois, cette société si brillante, où seront ces princes si heureux, cette princesse qui s'enivre de danse (en montrant Madame qui galopait devant nous avec le comte Rodolphe d'Appony). Que sera devenu enfin toute notre patrie ? Probablement, avant six mois, nous serons partagés en proscripteurs et en proscrits.

« — Certes, répondit Son Altesse royale, je ne sais pas ce qui arrivera dans six mois ; mais je sais bien où je serai : dans tous les cas, ma famille et moi, nous resterons dans ce palais. C'est assez d'avoir été jeté deux fois en exil par les fautes d'autrui ; je ne m'y laisserai pas reprendre. Quelque danger qu'il puisse y avoir, je ne bougerai pas d'ici ; je ne séparerai pas mon sort et le sort de mes enfants de celui de mon pays : c'est mon invariable résolution. Je ne laisse pas ignorer mes sentiments. Dernièrement encore, à Rosny, j'ai beaucoup dit ce que je pense de tout ceci ; et tenez, le roi de Naples, qui y était avec nous, a très-bien jugé de notre position ; ce prince, qui est si cassé, et qui pourtant a quatre ans de moins que moi, est un homme de beaucoup de sens. Les circonstances extérieures l'obligent à être très-absolu ; mais ses inclinations ne sont point là, et il a fait des observations fort sages. Il a été question, à Rosny, d'une conversation que vous avez eue.

« — Monseigneur, j'ai dit qu'on perdait la monarchie ; et je suis non moins convaincu que la chute du trône compromettra, pour cent ans peut-être, toutes les prospérités de la France et toutes ses libertés.

« — En m'affligeant autant que vous de la route où le Roi s'engage, continua le prince, je ne m'effraye pas autant que vous des résultats. Il y a en France un grand amour de l'ordre. Cette France, qu'on ne veut pas comprendre, est excellente ; elle est admirable. Voyez comme les lois sont respectées au milieu de tant de provocations : c'est que l'expérience de la Révolution se présente à tous les esprits ; on en veut les conquêtes, on en déteste les égarements. Je suis bien convaincu qu'une révolution nouvelle ne ressemblerait en rien à ce que nous avons vu.

« — Monseigneur, c'est croire à une révolution de 1688. Mais, quand l'Angleterre se plaça en dehors de la légitimité, l'aristocratie lui resta comme élément d'ordre ; et celui-là a une telle puissance, qu'il supplée à tout autre. Parmi nous, rien de semblable. Le peu que nous ayons d'aristocratie périra avec les Bourbons ; on fera une seconde fois table rase, et je ne crois pas la démocratie pure habile à rien fonder.

« — Monsieur de Salvandy, vous ne vous rendez pas assez compte des effets de la diffusion des lumières, suite du partage des fortunes. Le monde est changé de face depuis quarante ans. Les classes moyennes ne sont pas toute la société, mais elles en sont la force. Elles ont un intérêt constant à l'ordre, et elles joignent aux lumières qui font juger des besoins d'un grand empire, toute la puissance nécessaire pour combattre les mauvaises passions et les réprimer. Le jacobinisme n'est plus possible quand le grand nombre possède.

« — J'ai toujours pensé, monseigneur, et j'ose persister dans cette opinion, que c'est une erreur dangereuse de comprendre parmi les garanties d'ordre la propriété tout entière. La propriété est si divisée parmi nous, qu'elle a sa multitude, qui est profondément envieuse de toutes les supériorités et ennemie de tous les pouvoirs. Je craindrais qu'ayant le nombre pour elle, et tendant toujours à satisfaire, par des tentatives de nivellement, sa haine des classes élevées, elle ne nous ramenât très-promptement à l'anarchie, si l'on ne commençait point par là.

« — Monsieur Salvandy, songez donc que tout ce que veut le pays c'est l'établissement sincère du régime constitutionnel; on ne demande pas autre chose. Tout le mal est venu de l'impossibilité d'accepter complétement une bonne fois tous les résultats de la Révolution, et la Charte en particulier. Ce qui a fait les égarements de la Révolution, c'est, avec la mauvaise répartition des fortunes et des rangs, la mauvaise éducation de l'ancien régime; nous n'en sommes plus là. Ma religion politique, c'est qu'avec des sentiments constitutionnels on mènerait tout à bien. Ces principes, je les ai toujours eus. Quand je trouvai asile à la cour de Sicile, on voulait, pour me donner ma femme, m'amener à des concessions : je déclarai que mon opinion était invariable, que j'y élèverais mes enfants; que je le ferais dans leur intérêt autant que par amour de la vérité. Ce qui fait le malheur des princes et toutes les difficultés de la politique, c'est que les princes ne connaissent pas les peuples et nourrissent d'autres idées, d'autres opinions qu'eux; tel est le motif pour lequel j'ai donné l'éducation publique à mes fils, et elle m'a bien réussi sous tous les rapports. J'ai voulu qu'ils pussent être à la fois princes et citoyens; qu'ils ne se crussent pas d'une nature particulière; qu'ils n'eussent pas devant les yeux ce voile que donnent l'éducation et la vie des cours; qu'ils ne prissent point l'habitude d'un entourage corrupteur; qu'ils ne fussent pas liés, par goût d'enfance, à un monde faisant bande à part, intéressé à les tromper, et d'ailleurs se trompant presque toujours lui-même. Voilà quel a été mon but, et je suis bien certain de n'avoir qu'à m'applaudir du parti que j'ai pris dans tous les temps et dans toutes les situations[1]. »

Cette relation, qu'on le remarque bien, a été écrite par M. de Salvandy en 1831, alors qu'il avait tout intérêt à se rendre agréable au roi Louis-Philippe. Dans

---

[1] *Une fête au Palais-Royal*, par N. A. de Salvandy.

l'extrait que je viens de donner, et plus encore dans les parties que j'ai éliminées, il s'y met en scène à son plus grand relief. Sa personnalité excessive et vaniteuse s'y déploie avec complaisance, s'y étale ingénument. Cependant je crois que le fond en est vrai ; le lecteur, avec son discernement sûr, saura bien en séparer l'alliage.

Les deux interlocuteurs en étaient là de leur conversation, quand tout à coup éclata un grand tumulte dans le jardin. Des flammes s'élevaient sur la pelouse, au pied de la svelte et gracieuse statue d'Apollon ; des lampions, remplis de graisse brûlante, volaient çà et là, lancés par des mains inconnues. On se précipitait pour sortir, on se pressait jusqu'à s'étouffer. Profitant du désordre, au sein d'une confusion indicible, filous et libertins faisaient leurs affaires : ceux-ci par de voluptueux larcins et d'impudiques caresses ; ceux-là, ravisseurs d'une autre espèce, en décrochant aux femmes et aux hommes affolés montres et bijoux, mouchoirs et tabatières.

A ce spectacle, qui n'avait certainement ni cause ni raison politiques, les ennemis du duc d'Orléans n'affectèrent pas moins de témoigner leur surprise et leurs défiances. On racontait que, le matin même, le préfet de police lui demandant l'autorisation de placer dans le jardin quelques gardes du corps à l'effet de prévenir tout désordre, avait essuyé un refus. On observait curieusement l'attitude et la physionomie du prince. Il était descendu dans le jardin : mêlé aux groupes, on le vit pérorer avec animation. L'ordre, cependant, ne tarda pas à se rétablir au moyen de troupes amenées du voisinage. La fête put se terminer sans autre accident fâcheux.

Charles X, après avoir fait deux fois le tour des salons, avait quitté ses hôtes, suivi du Dauphin et de la Dauphine. La duchesse de Berry était restée pour ne rien perdre des danses. Le roi et la reine de Naples se retirèrent peu après Charles X pour rentrer à l'Élysée-Bourbon. La parcimonie du duc d'Orléans s'était relâchée à l'occasion de cette fête : indépendamment des buffets abondamment garnis, un brillant souper avait été servi, composé de mets exquis et arrosé des vins les plus généreux.

Plus peut-être qu'il ne le pensait lui-même, M. de Salvandy avait dit vrai : on dansait sur un volcan. Les vives appréhensions au sujet de l'avenir échangées entre lui et son auguste interlocuteur allaient passer du domaine de la conjecture dans le champ d'une funeste réalité.

CHAPITRE XXII

Résultat des élections. — *Te Deum* et harangue de l'archevêque de Paris. — Trouble du duc d'Orléans à Neuilly. — Ferme contenance de madame Adélaïde. — Démarches de M. Laffitte. — Triomphe de l'insurrection. — M. Dupin et M. Thiers à Neuilly. — Irrésolution de Charles X à Saint-Cloud. — Incertitudes des députés et intrigues à Paris. — Négociation de MM. de Mortemart et d'Argout.

Le coup qui renversa le dey d'Alger devait aussi perdre le roi de France : le vainqueur allait suivre le vaincu. L'orgueil de la victoire enfla tellement le ministère, qu'il se crut assuré du succès en recourant aux voies extra-légales. Jusque-là, M. de Polignac avait reculé devant l'abîme qu'il creusait à la monarchie. Institué par Charles X pour tuer la Charte, le cabinet du 8 août avait suivi jusqu'alors, comme ses prédécesseurs, les errements représentatifs. Cette fois, la résolution fut prise dans les conseils de la couronne de s'en écarter et le coup d'État fut résolu. La proclamation du 15 juin, adressée au peuple français, détruisait de fait la responsabilité ministérielle. Le Roi, irresponsable, inviolable et sacré, s'y mettait à la place de ses ministres, et, avec la plus inconcevable témérité, assumait sur sa personne le mécontentement et la résistance de la nation.

En dépit de la manifestation aussi imprudente qu'explicite de la volonté royale, malgré les efforts combinés du ministère, des préfets et des évêques, dont la plupart lancèrent des mandements dans le but d'influencer les élections, il n'y eut aucun des deux cent vingt-un qui ne fût réélu : plusieurs même réunirent sur leur tête le suffrage de plusieurs colléges électoraux. Mais cette défaite paraissait importer peu aux vainqueurs d'Alger.

A leur glorification pour le moins autant qu'à celle de Dieu, un solennel *Te Deum* fut chanté le 11 juillet, à Notre-Dame. La prise d'Alger méritait certainement, dans la reconnaissance publique et l'estime de la nation, une place plus distinguée que celle qu'elle obtint alors : elle a même cela de remarquable qu'elle est la seule conquête qui n'ait point été faite au chant de la *Marseillaise*, et la seule aussi qui, au bout de quarante ans de combats, de victoires et de sacrifices, soit demeurée à la France. L'archevêque de Paris, M. de Quélen, véhémentement soupçonné depuis d'avoir été dans le secret des fatales ordonnances, profita de l'occasion pour féliciter d'avance le monarque de victoires « non moins douces et non moins éclatantes ! » De ces compliments téméraires, il allait bientôt recueillir, à sa confusion, le plus mérité des salaires dans un terrible et poignant mécompte.

A quelques jours de là, le 25 juillet, après un mois d'irrésolutions et de débats, parurent les fameuses ordonnances, agression la plus folle que jamais monarque ait tentée contre une nation soumise aux lois. En effet, les élections régulièrement faites sous la présidence des fonctionnaires nommés par le Roi, avaient produit une forte majorité constitutionnelle: le ministère Polignac devait nécessairement disparaître, la volonté *immuable* de Charles X céder devant la loi parlementaire, devant la raison d'État, devant l'intérêt bien entendu de la dynastie. C'était là l'enseignement du bons sens autant que de l'expérience. Mais, au lieu de cette sage et naturelle résignation à l'ordre constitutionnel, à la force des choses, à la volonté nettement exprimée de la nation, c'était au plus insensé des coups d'État que roi et ministres, à l'unisson aveugles et téméraires, allaient avoir recours pour leur perte commune, en dépit de tous les avertissements, non pas seulement des organes de l'opposition, mais encore de sages conseillers, de sincères et vrais serviteurs de la monarchie.

Dans la matinée du dimanche 25 juillet, M. de Sémonville, grand référendaire à la Chambre des pairs, était venu à Saint-Cloud faire sa cour au Roi. C'était l'heure où Charles X et ses ministres allaient apposer leur signature aux ordonnances arrêtées dans de précédents conseils[1]. Le vieux diplomate, qui n'était pas dans

---

[1] Charles X, en portant ses ordonnances, était-il, oui ou non, de bonne foi? Avait-il conscience ou non de violer son serment? — A ces questions, pour bien des gens oiseuses, nous n'hésitons pas à répondre : Non, il n'était pas de bonne foi ; oui, il savait parfaitement qu'il violait la foi jurée. Nous n'en voulons d'autre preuve que la polémique qui s'était engagée, dès le retour des Bourbons, sur l'interprétation de l'article 14.

Les publicistes les moins prévenus y voyaient la justification prématu-

le secret, lut sans peine l'imminence d'un coup d'État sur la physionomie soucieuse du Roi et de ses ministres. Il quitta Saint-Cloud en proie à une vive préoccupation. Le jour même, il s'en ouvrait au duc d'Orléans, à Neuilly[1].

Dans cette résidence, l'anxiété avait même précédé les impressions de M. de Sémonville. En même temps que les ministres de Charles X sortaient de Saint-Cloud pour revenir à Paris, le duc d'Orléans se rendait de Neuilly à Saint-Leu, à un dîner où il avait été invité par le duc de Bourbon. Les convives étaient nombreux. Parmi eux, l'on remarquait sir Charles Stuart, ambassadeur d'Angleterre, le comte de Lowenhielm, mi-

rée des coups d'État, du retour au pouvoir absolu; l'opinion publique s'en alarma, et le gouvernement crut devoir rompre le silence dans *le Modérateur*, publication politique aux gages du président du conseil, M. Decazes. Sur ces derniers mots de l'article 14 : ... *fait les règlements et ordonnances nécessaires pour l'exécution des lois et la sûreté de l'État*, « je ne puis, disait un écrivain ministériel, Benaben, me rendre compte de certaines personnes qui ont vu dans cette disposition les *coups d'État légitimés* et la *dictature constituée*. Il n'y a pas de coups d'État, il n'y a pas de dictature possible dans un régime représentatif, parce que là, et seulement là, l'État est un. Je conçois la nécessité de la dictature dans la lutte du sénat et du peuple. La loi, n'étant qu'un traité de paix ou plutôt une trêve entre deux rivaux, a des moments de défaillance. Son autorité, qui ne se maintient que par un équilibre merveilleux, décline ou se perd du moment où cet équilibre vient à se rompre : d'où la nécessité d'un arbitre; mais où il n'y a qu'un peuple, qu'une cité, où il y a fusion et non agrégation, l'arbitrage serait sans objet. » L'auteur termine par des conclusions positives : « Ainsi, dit-il, ces paroles : *la sûreté de l'État*, n'expriment pas une idée de plus que celles-ci : *l'exécution des lois*, et quand le législateur les a réunies, c'est comme s'il eût dit : l'exécution des lois nécessaires à la sûreté de l'État. » Contre cette déclaration du gouvernement, Charles X ne protesta pas. La nation l'accepta, inflexiblement décidée à la maintenir : elle le prouva en juillet 1830.

[1] *Mémoires* (inédits) de M. de Sémonville.

nistre de Suède, l'ambassadeur de Sardaigne, plusieurs autres membres du corps diplomatique, et M. de Vitrolles. « On se promena dans les jardins avant le dîner. Le duc d'Orléans, accompagné de M. de Vitrolles, lui prit le bras et l'interrogea sur les faits qu'il pouvait connaître. — Vous avez été à Saint-Cloud ce matin, lui demanda-t-il avec une sorte d'anxiété; qu'y avez-vous vu? que pensez-vous? M. de Vitrolles dépeignit au prince l'aspect du cabinet du Roi, et ne lui cacha pas ses craintes sur une détermination qui pourrait amener quelque grave changement. — Mais que voudraient-ils faire? ils ne sauraient se passer des Chambres ni sortir de la Charte répondit le duc avec une certaine émotion. Puis, insistant sur les détails que lui avait donnés son interlocuteur, il renouvelait ses questions et multipliait ses conjectures. Après le dîner, il y eut spectacle : on joua deux pièces, l'une sérieuse, l'autre comique; les acteurs étaient des personnes de la société, et parmi celles-ci, le comte de Lowenhielm et une Anglaise, Sophie Dawes, déjà marquée du sceau de la plus déplorable célébrité. Entre les deux pièces, le duc d'Orléans revint auprès de M. de Vitrolles, recommençant ses demandes, en répétant sans cesse :
— Mais que peuvent-ils vouloir? que prétendent-ils faire? Ah! mon Dieu! que nous réservent-ils? Il semblait plus agité qu'auparavant. Bientôt la comédie commença[1]? »

[1] *Histoire des deux Restaurations*, par Ach. de Vaulabelle, t. VIII, p. 180.

Le duc d'Orléans était de retour à Neuilly le lundi 26 juillet, jour de la promulgation des ordonnances. Il en fut consterné. Il avait auprès de lui sa famille, notamment madame Adélaïde, sa sœur, qui ne le quittait guère, et pour laquelle il ressentait une vive affection. Madame Adélaïde était ambitieuse, d'un caractère aventureux, mais aussi douée de beaucoup de résolution. Elle portait haut les prétentions de sa famille. Loin de se laisser émouvoir à l'événement, de faiblir sous la gravité et l'étendue de ses conséquences, elle l'envisagea avec fermeté, elle en mesura hardiment la portée, à la différence de son frère, dont le trouble et l'agitation répondaient parfaitement au caractère essentiellement expectant et indécis de la politique à laquelle il était jusque là demeuré fidèle.

Ce n'est pas que le duc d'Orléans, au fond, fût moins ambitieux que sa sœur, seulement il l'était à sa manière et selon son tempérament. « M. le duc d'Orléans, dit Chateaubriand, avait eu, sa vie durant, pour le trône, ce penchant que toute âme bien née sent pour le pouvoir. Ce penchant se modifie selon les caractères : impétueux et aspirant, mou et rampant ; imprudent, ouvert, déclaré dans ceux-ci, circonspect, caché, honteux et bas dans ceux-là : l'un, pour s'élever, peut atteindre à tous les crimes ; l'autre, pour monter, peut descendre à toutes les bassesses. M. le duc d'Orléans appartenait à cette classe d'ambitieux. Suivez ce prince dans sa vie, il ne dit et ne fait jamais rien de complet, et laisse toujours une porte ouverte à l'évasion[1] !... »

Aux premiers coups de feu tirés dans le voisinage du Palais-Royal, M. Oudard, secrétaire de la duchesse d'Orléans, s'était empressé de lui marquer ce qui se passait à Paris. La dépêche fut portée à Neuilly par un serviteur fidèle. Le prince, dans un billet confidentiel, recommanda à M. Oudard de le tenir le plus fréquemment possible au courant des événemens, et de prendre toutes les mesures en son pouvoir pour préserver le Palais-Royal. Il n'était pas sans inquiétude pour ses riches galeries de tableaux, ses meubles, bronzes et objets d'art. Il y joignait quelques prescriptions particulières. Le secrétaire employa toute une nuit à mettre en ordre beaucoup de papiers et à brûler tous ceux qui, en raison des événements, pouvaient devenir l'objet d'indiscrètes investigations. La précaution, à tous égards, se trouva heureusement superflue. Sauf la distribution volontairement faite par M. Oudard de quelques centaines de bouteilles de vin, rien absolument ne fut diverti ni même dérangé, au Palais-Royal, durant tout le cours de l'insurrection.

J'ai dit que la famille d'Orléans se trouvait réunie à Neuilly. Il faut pourtant en excepter le duc de Chartres, qui était allé visiter en province son régiment, le 1er de hussards. Un détachement de la garde royale occupait la caserne de Courbevoie, à proximité du parc du château, de l'autre côté de la Seine, dont il gardait le

---

[1] *Mémoires d'outre-tombe*, t. V, p. 251.

pont. Le reste du corps était aux prises avec l'insurrection dans Paris.

Appréhendant sans doute un attentat contre sa personne, le duc d'Orléans s'était confiné dans l'un des petits pavillons de fantaisie de son parc, dit la *laiterie*, et là, caché à tous les yeux, il ne recevait d'autres visites que de sa femme et de sa sœur, qui venaient, à la dérobée, lui transmettre les nouvelles de Paris. De sa retraite, il pouvait entendre distinctement le canon et la fusillade, qui témoignaient de la vivacité de la lutte entre les patriotes et les troupes royales. Le 28, un boulet lancé de Courbevoie vint tomber au milieu du parc de Neuilly. Cette circonstance donna lieu de penser à madame Adélaïde que, dans l'excès de leur irritation, les royalistes pourraient s'emparer de vive force de son frère. Aussi fut-il décidé que le duc partirait de Neuilly accompagné seulement de M. Oudard, qui avait quitté le Palais-Royal.

Ce dernier, craignant que si l'on opposait une résistance prolongée au peuple, le Palais-Royal ne fût saccagé, pria, le matin du 29, avant d'en sortir, les officiers de la garde royale qui gardaient le poste, de le remettre à la garde nationale. Ils transmirent cette demande au duc de Raguse, qui leur ordonna de protéger le Palais-Royal. Le feu ayant cessé par suite de la suspension des hostilités, les troupes royales l'évacuèrent. La foule alors inonda les cours. Les personnes attachées au service du palais manifestaient des appréhensions. Des gens du peuple les rassurèrent :

« N'ayez pas peur, dirent-ils, nous ne sommes pas des voleurs. Si nous avons cassé des carreaux, c'est malgré nous; mais nous étions bien forcés de tirer des coups de fusil. » Et comme quelques individus paraissaient animés de sentiments moins honnêtes, beaucoup d'entre eux les arrêtèrent en disant : « Nous avons reçu des bienfaits du duc d'Orléans et de la duchesse; c'est un brave homme celui-là, c'est une bonne famille; ils donnent aux pauvres et font travailler les ouvriers; nous ne souffrirons pas qu'on prenne la moindre chose chez eux, ni qu'on y fasse le moindre dégât. »

Le peuple, poursuivant les gardes royaux, entra peu de temps après dans une maison de la rue Saint-Honoré dépendant du Palais-Royal, et qui renfermait la caisse du prince. Aussitôt qu'elle vit ce mot écrit en gros caractère sur une porte, la foule se retira en disant : « Allons-nous-en ; on croirait que nous sommes venus pour voler; on nous assure qu'il n'y a point ici de gardes royaux cachés, c'est tout ce que nous voulons. »

Ayant trouvé dans les bureaux de M. de Strada, écuyer du duc d'Orléans, un carton qui portait le nom de Mangin, le peuple le mit en pièces. Ce Mangin était un quartier-maître des écuries du prince; on l'avait confondu avec le préfet de police[1].

---

[1] *Chronique de juillet* 1830, par Rozet, t. II, p. 200. — Le procureur général Mangin, l'insulteur public de Poitiers, après avoir momentanément occupé un siége à la Cour de cassation, salaire de son zèle et de ses emportements, avait été investi par le ministère Polignac des fonctions de préfet de police. Avec la police administrative, il avait fait marcher de front l'espionnage. Des vexations puériles autant que raffinées l'avaient

Le duc d'Orléans, accompagné de M. Oudard, se dirigea vers le Raincy, propriété de la famille située au-dessus de Bondy. Ce voyage se fit à pied à travers champs. Le prince était habillé très-simplement : il portait un chapeau gris avec la cocarde tricolore. Madame Adélaïde en avait confectionné un certain nombre, mettant en lambeaux pour cet usage les étoffes de soie de sa garde-robe. Elle les avait distribuées elle-même à la domesticité du château sans consulter son frère ni sa belle-sœur. C'était prendre un peu hâtivement son parti.

Non loin de Neuilly, le duc d'Orléans rencontra dans la campagne un paysan nommé Compoint, occupé de sa culture comme si rien d'extraordinaire ne se passait à Paris. Il lui demanda ce qu'il y avait de nouveau. — « Ma foi, répondit cet homme, on dit que le

---

fait exécrer des Parisiens : sa police, se consumant en inutiles recherches de lithographies séditieuses dans les bouteilles des liquoristes et d'emblèmes factieux sur les tabatières, était devenue la risée du public. Ce n'était pas assez pour lui de surveiller les écrits, il traquait et molestait les écrivains, et Casimir Delavigne, en butte à une basse inquisition, ne dut d'échapper à ses persécutions qu'à la protection du duc d'Orléans. Mangin, par une de ses ordonnances, avait interdit d'abord à Polichinelle son franc parler, et ensuite l'avait exilé des places publiques, soumettant à la censure le répertoire des spectacles ambulants, comme celui des autres théâtres.

Dès le début de l'insurrection, il avait pris la fuite, déguisé en marmiton, sans avoir pu achever de livrer aux flammes beaucoup de papiers compromettants. M. Bavoux, qui prit alors possession de la préfecture de police, s'en empara et les remit au lieutenant général. Dans le nombre figuraient des rapports et notes de police de M. Delavau sur *Son Altesse royale Monseigneur le duc d'Orléans*. On a vu plus haut que j'ai puisé de curieux détails à cette source qui m'a été communiquée.

peuple bat la garde royale et que ces imbéciles de Bourbons sont en fuite. — Et le duc d'Orléans, qu'en dit-on? — On croit bien qu'il est avec ses parents, puisqu'il n'a pas paru à son Palais-Royal. Celui-là est encore comme les autres, un beau parleur et rien de plus. » Apparemment peu satisfait, le prince n'en demanda pas davantage. Il interrompit ce singulier dialogue pour continuer sa route.

Ce fut après le départ du duc d'Orléans de Neuilly, dans la journée du mercredi 28, lorsque l'insurrection populaire eut atteint tout son développement, que M. Laffitte lui écrivit ce mot : « Prenez garde aux filets de Saint-Cloud. » Le prince, on l'a vu, n'avait pas attendu l'avertissement pour décamper. Il se trouvait maintenant au Raincy, dans une retraite impénétrable, connue seulement de sa femme et de sa sœur. C'est là qu'il attendit avec perplexité l'issue de la lutte.

Les appréhensions de M. Laffitte à l'endroit des filets de Saint-Cloud n'étaient pas fondées. Charles X s'était à peine aperçu de l'absence de son cousin ; il ne songea pas à le mander, encore moins à le faire arrêter. Un officier de sa maison avait été chargé par le prince de Luxembourg d'éclairer la route de Neuilly. Il dit, lors de son rapport, qu'il avait remarqué un mouvement inaccoutumé dans le parc et aux environs du château, et que, s'il y avait été autorisé, il lui eût été facile d'enlever le duc d'Orléans. Charles X était présent. En entendant ces derniers mots, il dit à l'officier d'un ton sévère : « Si vous aviez fait cela, monsieur, je vous aurais hautement désavoué. »

Le Roi puisait son aveugle confiance dans la nature et la multiplicité des liens qui, selon lui, devaient rattacher indissolublement la cause du duc d'Orléans à la sienne. Il se souvenait des protestations chaleureuses dont son cousin s'était montré prodigue en toute occasion. N'était-ce pas lui qui, récemment encore, à Dieppe, répondait à Madame, qui voulait le faire monter sur son estrade : « Non, cela ressemble trop à un trône? » Lui encore qui, le 16 juillet 1825, avait adressé ces paroles remarquables à madame de Gontaut au sujet du duc de Bordeaux : « Je suis sûr que vous ne croyez pas à mon intérêt pour cet enfant. Vous avez tort, je ressens pour lui la plus vive affection et je lui en donnerai à l'occasion toutes les preuves imaginables? »

Ce que le duc d'Orléans devait craindre le plus, ce n'était donc pas un coup de main de Charles X sur sa personne, c'était que le parti populaire ne vînt lui demander son concours. Avant de le donner, il attendait que le sort des armes eût prononcé. Mais de même qu'à Saint-Cloud on ne songea pas au duc d'Orléans pendant la bataille, son nom, à Paris, ne fut pas prononcé une seule fois au cours de l'insurrection.

M. Laffitte, par un subséquent billet, avait avisé le prince de la démarche que lui et les principaux députés présents à Paris allaient entreprendre pour arrêter l'effusion du sang. Les progrès de l'insurrection éveillaient en lui des espérances qu'il ne prenait plus la peine de dissimuler. « Nous commençons, dit-il à ses collègues, un drame dont le dénoûment sera la royauté du duc d'Orléans[1]. » Cette tentative de conciliation ne pouvait aboutir. Alors commencèrent, avec l'abattement de la généralité des députés, les tergiversations et les atermoiements : les réunions se succédaient sans amener de détermination positive. Finalement, M. Laffitte déclara qu'il était résolu à se jeter *corps et biens* dans le mouvement[2].

Pendant ce temps, l'insurrection marchait à pas de géant. Les plus consternés des députés reprirent courage. M. Laffitte parla nettement, pour la première fois, d'appeler le duc d'Orléans à la tête d'un gouvernement provisoire. Mais cette proposition, accueillie par le silence significatif de Lafayette, demeura sans écho.

Le jeudi 29 juillet, l'abandon de l'Hôtel de Ville par les troupes royales et la prise inexplicable du Louvre par le peuple décidèrent du succès de l'insurrection. La plupart des députés qui, jusque-là, s'étaient tenus prudemment à l'écart ou renfermés chez eux, se rendirent à l'hôtel Laffitte, devenu le quartier général de la révolution, comme il allait bientôt devenir le centre de toutes les intrigues qui avaient pour but la fondation du nouveau pouvoir.

Grands seigneurs, gens de finance, hommes de robe,

---

[1] *Chronique de juillet* 1830.
[2] *Ibid.*

gardes nationaux commençaient d'affluer dans les cours et dans les jardins de M. Laffitte. Le banquier comprit que le moment d'agir était venu, et, le matin même, il expédia un affidé au duc d'Orléans pour l'engager à se rendre immédiatement à Paris. On ne trouva pas le duc à Neuilly et les messagers se succédaient coup sur coup, toujours plus pressants. « Le lendemain, lui marquait M. Laffitte, il verrait proclamer la république ou le duc de Reichstadt; jamais plus belle occasion ne pouvait se présenter : il lui fallait choisir entre la couronne et un passe-port. »

Cependant les choses étaient beaucoup moins avancées que le prétendait M. Laffitte. Le jeudi soir, si l'heure avait définitivement sonné de la chute de Charles X et du système qui se personnifiait en lui, le maintien de sa dynastie dans la personne du duc de Bordeaux était encore possible. « Charles X, dit M. Mauguin, disposait de forces encore considérables; aux troupes qui l'entouraient allaient se joindre quarante pièces d'artillerie sorties de Vincennes, un régiment suisse qui arrivait d'Orléans, et le camp de Saint-Omer, qui était appelé. Nous craignions une attaque. On se trompe et l'on juge d'après les événements, quand on croit que Charles X était à bout de ressources le 29 juillet : la faiblesse de son caractère et l'incapacité de ses conseillers ont été pour beaucoup dans le changement de sa fortune[1]. »

Ces observations sont de toute justesse. Il est certain

---

[1] *Lettre* de M. Mauguin.

qu'une négociation bien conduite aurait rencontré un accommodement facile avec les députés réunis chez M. Laffitte. De tous les membres de la Chambre, le général Sébastiani était, après lui, celui qui avait les relations les plus anciennes et les plus intimes avec le duc d'Orléans; personne, cependant, ne repoussait avec plus de force la pensée de rompre définitivement avec Charles X. S'expliquant sur le changement du ministère et le retrait nécessaire des ordonnances que M. d'Argout était venu annoncer : « Mais ces propositions sont superbes! Il faut accepter cela, s'écriait-il sans cesse. — Que faites-vous donc du sang versé? répliqua Béranger. — Eh bien, répondit le général avec l'emphase habituelle de son langage, les Bourbons le payeront en restant, pendant un an, sous les fourches caudines[1]! »

Mais les hommes du *National* n'avaient point abandonné l'idée « d'achever la révolution. » Loin de là, le vendredi 30 juillet, tous se trouvaient debout de grand matin, décidés à tenter toutes chances pour arriver à ce dénoûment. Pour cela, ils résolurent de peser sur la situation au moyen d'une proposition hardie, ouverte, qui, en attirant l'attention publique, en pénétrant dans les esprits, serait capable de déterminer un courant d'opinion assez fort pour entraîner les députés eux-mêmes dans la voie où ils voulaient faire entrer le mouvement. Dès le matin, M. Thiers et son suivant,

---

[1] *Histoire des deux Restaurations*, par Ach. de Vaulabelle, t. VIII p. 324.

M. Mignet, unis à quelques autres écrivains, rédigèrent des adresses et proclamations vives, courtes, qu'ils firent immédiatement distribuer et afficher en nombre considérable, et que, dès huit heures, on répandait aux portes de l'hôtel Laffitte, sur la place de la Bourse et dans les rues voisines. Ces placards étaient tous conçus dans le même esprit et rédigés presque dans les mêmes termes. Le suivant en donnera une idée :

« Charles X ne peut plus rentrer dans Paris : il a fait couler le sang du peuple.

« La république nous exposerait à d'affreuses divisions ; elle nous brouillerait avec l'Europe.

« Le duc d'Orléans est un prince dévoué à la cause de la révolution.

« Le duc d'Orléans ne s'est jamais battu contre nous.

« Le duc d'Orléans était à Jemmapes.

« Le duc d'Orléans a porté au feu les couleurs tricolores, le duc d'Orléans peut seul les porter encore ; nous n'en voulons pas d'autres.

« Le duc d'Orléans s'est prononcé ; il accepte la Charte comme nous l'avons toujours voulue et entendue.

« C'est du peuple français qu'il tiendra sa couronne. »

Cette proclamation était rédigée avec beaucoup d'habileté. La répétition du nom du duc d'Orléans à chaque ligne servait à graver dans l'esprit du lecteur ce nom encore peu connu de la foule ; et que, la veille,

M. Laffitte et un petit nombre d'autres hommes politiques prononçaient seuls à voix basse. Puis, en invoquant en faveur du prince le souvenir de Jemmapes, première bataille de la Révolution, en plaçant sa candidature sous la double protection du drapeau tricolore et du principe de la souveraineté nationale, ses auteurs éveillaient, caressaient des sentiments alors tout-puissants dans les masses. Quant à l'adhésion donnée par le duc d'Orléans à la cause pour laquelle le peuple venait de prendre les armes, cette assertion n'était qu'un audacieux mensonge.

« Mais, observe un historien, qu'importait alors le mensonge de cette proclamation, annonçant que le duc d'Orléans ne s'était jamais battu contre la France, tandis qu'il avait applaudi aux revers des armées impériales, et demandé, en 1810, de servir contre son pays dans l'armée espagnole; que ce prince était dévoué à la Révolution, tandis que les annales de la Révolution étaient remplies des complots de Dumouriez pour le faire monter sur le trône, et de sa fuite à l'étranger quand l'ennemi menaçait nos frontières ? Et ses sentiments de fidélité à la branche aînée! Et sa part dans le milliard de l'indemnité! Il fallait un couronnement à l'opposition libérale. Dans ses développements infinis, l'histoire ne souffre pas de lacune; elle procède toujours par expérimentation, et c'est pour cela qu'elle est l'école des peuples[1]. »

---

[1] *Hist. de la chute des Bourbons*, par Alb. Maurin, t. III, p. 272.

Les orléanistes démasquaient leurs batteries; mais, il faut le reconnaître, le duc d'Orléans comptait dans les classes moyennes un grand nombre de partisans. Les qualités qui distinguaient ce prince plaisaient à la bourgeoisie. Elle vantait depuis longtemps son honnêteté, son amour de la famille, son économie : on se rappelle le pamphlet de Courier. Et les propriétaires de Paris disaient à cette époque : « Nous aimons le duc d'Orléans, parce qu'il loue ses boutiques; celui-là, du moins, ne logera pas trois mille personnes pour rien [1].

Sortie de l'hôtel Laffitte, où s'étaient réunis en petit comité MM. Benjamin Constant, Sébastiani, Thiers, Larréguy, le poëte Béranger et quelques autres, afin d'aider à la fortune de l'hôte de Neuilly, la proclamation qu'on vient de voir avait encore un autre but que celui d'habituer les masses au nom du prétendant : elle devait, dans la pensée de ses auteurs, compromettre tout à fait le prince vis-à-vis de la branche aînée, et le jeter malgré lui dans le mouvement ; car, par une étrange faiblesse de cœur, arrivé au comble de ses vœux, il reculait devant une conjoncture qu'il appelait depuis tant d'années [2].

Le parti s'était distribué les rôles : simultanément au cénacle et à l'œuvre du huis clos, avaient lieu une propagande et des excitations extérieures. On n'avait garde d'oublier que l'insurrection de juillet s'était

---

[1] *Causes et conséquences des événements de juillet* 1830, par J. Fiévée, p. 51.

[2] *Hist. de la chute des Bourbons*, t. III, p. 273.

presque exclusivement accomplie grâce aux bras robustes et à la main calleuse du laborieux prolétaire et qu'elle avait trouvé dans l'atelier ses plus intrépides soldats. M. Mignet, à ce stylé, dressé par M. Thiers, dont il était le second, faisait dans ce moment une autre sorte de propagande. Haranguant la foule dans la rue d'Artois, il disait à un grand nombre d'hommes du peuple : « Soyez tranquilles, mes amis, vous aurez ce soir le duc d'Orléans pour roi. »

En même temps, on distribuait dans les rues, gratuitement et à profusion, une foule de notices élogieuses, de publications effrontément louangeuses sur le prince et sa famille. En voici un échantillon, où, après les plus hyperboliques éloges du duc d'Orléans, l'auteur poursuit en ces termes :

« ..... La duchesse ressemble à cette dame qui n'avait pas de plus belle parure que ses enfants : ils font tout son orgueil, une simple bourgeoise en serait fière. Les héritiers de cette noble maison ont été élevés avec nos enfants; tout a été commun : études, exercices; ils étaient gais et bons camarades; ils chérirent leurs maîtres, et c'est toujours avec un nouveau plaisir qu'ils les revoient. Si vous êtes étranger, et que vous arriviez chez leur père, la mère et les enfants vous font les honneurs avec amabilité. Un officier général se présente dernièrement au Palais-Royal, résidence du prince : on lui demande s'il a une audience, il répond que oui. Il pénètre dans les appartements et arrive jusque dans un cabinet où étaient assis deux dames et plusieurs enfants. Une de ces dames demande à l'officier général ce qu'il désire. — « Je veux parler au prince, répond le général. — Mon mari vient de sortir, reprend la dame, mais il ne tardera pas à rentrer, et il vous fera parler au duc d'Orléans. » L'officier attend quelques minutes, et le mari rentre. Le mari était le prince, et la dame c'était la princesse. Quelle belle famille ! et pour la guider une femme forte, un prince riche et tout-puissant, véritable pépinière de rois tout neufs, tels qu'on ne pourrait en rencontrer dans aucune famille royale de l'univers. Le fils aîné du duc d'Orléans, qui a aujourd'hui le titre de duc de Chartres, et qui est l'aîné de cinq frères et de quatre princesses, est un cavalier fort galant, bien fait, aussi savant que Frédéric le Grand l'était à son âge. Ce prince ferait un digne héritier de la belle couronne de France. Il est fort aimé des jeunes gens et adoré des femmes, grands moyens de réussir aujourd'hui ; car les jeunes gens, c'est la force, et les femmes, qui sont l'ornement de la société, ne demandent qu'une jeune cour pour remplacer, par leur pouvoir aimable, la sinistre influence d'un clergé ambitieux, hypocrite et jaloux, qui dominait l'ancienne. »

A ces publications impudemment élogieuses, l'imposture fut encore appelée à prêter son concours. Un bulletin, affiché dans la même soirée, annonça que l'*ex-roi* Charles X avait mis le duc d'Orléans *hors la loi* pour avoir embrassé la cause du peuple, et que le duc de Chartres, son fils, marchait au secours de Paris à la tête de son régiment de hussards.

M. Laffitte et les meneurs du parti avaient beau faire : peu leur servait de se donner du mouvement, de répandre à profusion proclamations et brochures. Une chose essentielle manquait : l'acquiescement du duc d'Orléans. Il paraissait impossible d'obtenir du prince une réponse catégorique. Des remercîments, la vague expression des inquiétudes que lui causaient les événements, des réponses ambiguës et évasives, voilà tout ce que, jusqu'à présent, on avait pu en tirer. On ne savait même pas au juste où il se trouvait. Le matin, Béranger montrant à M. Laffitte un des placards affichés en faveur de la candidature du duc d'Orléans, lui dit : « Je n'ai rencontré sur mon chemin que des gens qui prononcent le nom de votre prince ; ce nom est sur tous les murs, il sera bientôt dans toutes les bouches ; savez-vous, au moins, où il se trouve ? — Hier, il n'avait pas encore quitté Neuilly, répondit M. Laffitte, mais j'ignore complétement s'il y est resté. — Et vous ? ajouta Béranger s'adressant au général Sébastiani. — Je n'en sais pas plus que M. Laffitte. — Il faudrait cependant savoir où l'envoyer chercher si on en a besoin, répliqua Béranger.

L'impatience des orléanistes était extrême et se traduisait chez quelques-uns en propos intempérants jusqu'au cynisme. On rapporte que l'un d'entre eux, le ci-devant abbé, maintenant baron Louis, rappelant les paroles que, dans une circonstance analogue, Mirabeau avait autrefois proférées à l'adresse de Philippe-*Égalité*, en fit l'application, dans toute leur crudité, à son fils le duc d'Orléans[1].

On ne pouvait cependant demeurer plus longtemps dans cette incertitude. M. Édouard de Rigny, neveu de M. Louis, reçut la mission de se rendre auprès du prince. M. Thiers, accouru à l'annonce de ce message, se plaignit amèrement qu'on ne le lui eût pas confié. M. Sébastiani appuya sa réclamation. A cette période aiguë de la crise, ce dernier avait compris que les amis de la maison d'Orléans ne devaient plus hésiter à la compromettre. Il s'était rendu chez M. Laffitte, offrant de lui prêter son concours. Mais, fidèle à sa circonspection ordinaire, il remit seulement à M. Thiers un papier portant sa signature. M. Laffitte, lui, le munit de sa carte portant ces mots : « Je prie Monseigneur le duc d'Orléans d'écouter en toute confiance M. Thiers et ce qu'il est chargé de lui dire de ma part. »

M. Thiers était monté sur-le-champ à cheval, accompagné de M. Scheffer aîné, conspirateur émérite malgré sa jeunesse, de plus artiste distingué, et reçu à ce

---

[1] Elles sont d'une telle obscénité que je ne saurais les rapporter dans notre langue :

> Le latin, dans les mots, brave l'honnêteté ;
> Mais le lecteur français veut être respecté ;
> Du moindre sens impur la liberté l'outrage,
> Si la douceur des mots n'en adoucit l'image.

En voici la traduction en latin : *Arrigit ad scelus nec unquam patrat*. Pour ceux qui n'entendraient pas cette langue, en voici encore la version en italien, son congénère : *Ribaldaccio! zizza sempre la sceleratezza, senza mai ejacularla.*

titre dans la famille d'Orléans[1]? Le général Pajol leur fournit des laisser-passer pour les postes militaires. Mais, faute du visa de la Commission municipale, ils rencontrèrent beaucoup de difficultés. M. Thiers sut néanmoins les surmonter et parvint à Neuilly dans la matinée.

Pendant ce temps, les députés réunis à l'hôtel Laffitte y tenaient séance sous la présidence de M. Bérard. On était sans nouvelles de Charles X, et dans les rues retentissaient les cris : *A bas les Bourbons ! plus de Bourbons*. Désespérant de faire accepter à la population armée une transaction quelconque avec la branche aînée, inquiets pour eux et leur fortune, plusieurs membres proposèrent de proclamer la déchéance de Charles X et l'avénement du duc d'Orléans. Mais M. Bérard s'opposa formellement à ce que la motion fût mise aux voix. « C'est avec examen et maturité, dit-il, que de pareilles matières doivent être traitées. Défendons-nous d'un enthousiasme irréfléchi et sujet au repentir. J'incline à penser que le choix proposé est celui qui nous convient le mieux ; mais il ne peut être adopté qu'après une discussion approfondie. »

« Quelques membres, ajoute M. Bérard, proposèrent alors de nommer provisoirement le duc d'Orléans lieutenant général du royaume, sauf à statuer plus tard ce

---

[1] M. Scheffer avait été choisi, en 1821, pour donner des leçons de peinture aux enfants de la famille d'Orléans, à laquelle il resta toujours fort attaché. Il est mort le 15 juin 1858. La princesse Marie, fille de Louis-Philippe, lui avait légué par testament tous ses dessins.

qu'il appartiendrait. Cette proposition réunit beaucoup de suffrages ; mais je crus devoir encore refuser de la mettre aux voix, jusqu'à ce qu'elle eût été délibérée dans une réunion convoquée *ad hoc*. Pendant cette discussion, un homme revêtu d'un habit de général et tenant une cravache à la main se présenta dans l'assemblée. On me dit que c'était le général Dubourg. Je lui fis remarquer que les députés seuls avaient le droit d'entrer dans notre réunion, et je l'invitai à se retirer. Il voulut insister ; mais, à défaut de sonnette, ma voix ne cessa de couvrir la sienne et de l'empêcher de parler. Voyant qu'il ne se retirait pas, je lui demandai s'il voulait m'obliger à requérir la garde nationale pour le faire sortir ; il essaya encore de parler, mais, enfin, il sortit.

« Je venais d'apprendre par Bondy[1] que le local de la Chambre des députés était à notre disposition. Il me sembla que le moment était venu de donner à nos discussions une solennité qu'excluait jusqu'à un certain point notre réunion dans une maison particulière. Je proposai donc à nos collègues de se réunir à l'avenir dans le local ordinaire de nos séances, ce qui fut adopté. Je demandai ensuite quand la première réunion devrait avoir lieu, et il fut convenu que ce serait le jour même entre onze heures et midi[2]. »

A l'issue de cette réunion, au moment de rentrer à son domicile, M. Bérard vit venir à lui M. de Morte-

---

[1] Un des questeurs de la Chambre.
[2] *Souvenirs historiques*, de S. Bérard, p. 114.

mart et M. d'Argout, porteurs de la révocation des ordonnances et de la nomination de nouveaux ministres, deux actes que M. de Vitrolles avait eu toutes les peines du monde à arracher à Charles X. Pour cela, il n'avait pas fallu moins que l'affirmation mensongère que le peuple était résolu à se porter sur la Dauphine aux derniers outrages. Mais il était trop tard : la cause de la branche aînée semblait irrévocablement perdue. Les députés avaient attendu jusque-là vainement ces concessions, devenues maintenant inutiles. « Je leur dis, continue M. Bérard, que la réunion venait de se séparer et s'était ajournée à midi à la Chambre, et que, par conséquent, ils ne trouveraient personne chez Laffitte; je les invitai à se reposer chez moi, ce qu'ils acceptèrent, et je m'empressai de leur faire connaître le véritable état des choses. — Hier, leur dis-je, j'étais d'avis que l'on gardât Charles X pour éviter les dangers qu'entraîne toujours un changement ; déjà la chose était difficile; aujourd'hui elle est impossible. Charles X a cessé de régner. Aucune puissance humaine ne peut faire rentrer ni lui ni personne de sa branche dans Paris. — Mais je viens avec de complètes satisfactions pour le peuple, me dit M. de Mortemart en me montrant différentes ordonnances et en ajoutant qu'il avait un blanc-seing du Roi, destiné à inscrire les conditions qu'on voudrait lui imposer et qu'il déclarait accepter d'avance. — Il est trop tard, lui dis-je ; le moment où un traité était possible est passé. D'Argout, prenant la parole, insista sur les droits de Charles X et menaça de nouveau des étrangers. Je ne pris pas la peine de lui répondre. M. de Mortemart était confondu. Il ne comprenait pas qu'avec des concessions aussi étendues que celles dont il était porteur il n'y eût pas moyen de s'entendre. Je lui expliquai alors qu'il ne s'agissait plus, ainsi qu'il semblait le croire, de savoir qui serait roi, de Charles X ou du duc d'Orléans, mais bien de savoir qui aurait l'assentiment du peuple, de ce dernier ou de la république. Je lui montrai celle-ci grandissant d'heure en heure et prête à nous envahir, et le seul moyen d'y échapper, lui dis-je, est d'adopter le duc d'Orléans pour roi. Encore est-il à craindre, ajoutai-je en terminant, que, pour lui, de même que pour Charles X, il ne soit déjà bien tard. En me séparant de M. de Mortemart, je l'engageai à accomplir sa mission auprès de la réunion des députés, et à se rendre, à cet effet, à la Chambre entre midi et une heure, ce qu'il promit de faire[1]. »

M. Bérard exagérait singulièrement l'influence de l'opinion républicaine et les chances de cette forme de gouvernement. De parti républicain, il n'y en avait vraiment pas alors, loin qu'il fût en état de balancer la fortune du duc d'Orléans. Ce député le savait bien, mais il y avait de sa part calcul et parti pris de spéculer sur les terribles souvenirs laissés par la Convention. A part ses partisans d'ancienne date, la candidature du duc d'Orléans ralliait à elle en ce moment cette portion

---

[1] *Souvenirs historiques.*

flottante, considérable, de la population désintéressée de toute opinion politique, mais pour qui l'ordre et la sécurité sont le premier des besoins. Le nom du prince se trouvait déjà dans toutes les bouches, et il était à peu près universellement indiqué comme dénoûment de la crise, comme l'issue la plus naturelle de la révolution.

CHAPITRE XXIII

Séance des députés du 30 juillet 1830. — M. Thiers à Neuilly. — Délibérations des Chambres. — M. de Sussy au palais Bourbon. — Le duc d'Orléans lieutenant général. — Sa rentrée à Paris. — Entrevue du prince et de M. de Mortemart au Palais-Royal. — Abattement de Charles X à Trianon. — Sa retraite sur Rambouillet. — Réception des députés par le duc d'Orléans. — Sa visite à Lafayette à l'Hôtel de Ville. — Courageuse et prophétique interpellation du général Dubourg. — La révolution consommée.

La séance indiquée à M. de Mortemart s'ouvrit au palais Bourbon le 30 juillet, à midi et demi, dans la salle ordinaire. M. Laffitte présidait. M. Bérard informa la Chambre des communications qu'il avait reçues du duc de Mortemart. Ce personnage était attendu avec anxiété. L'impatience était grande, le courant néanmoins favorable aux ouvertures présumées. La cause de la branche aînée n'était pas perdue, ses chances étaient encore loin d'être désespérées. Divisés d'opinion et de sentiments, mais, par-dessus tout, soucieux de leur position et de leur fortune, les députés demeuraient livrés à d'incroyables fluctuations. A l'hôtel Laffitte, plusieurs d'entre eux avaient demandé la déchéance de Charles X, entre autres M. Jacques Lefevbre, banquier notable de Paris. Maintenant, par une évolution singulière, il combattait énergiquement l'idée de substituer le chef de la branche cadette à la branche aînée des Bourbons. « Il faut être fou, s'écriait-t-il avec emportement, oui, il faut être fou pour songer au duc d'Orléans[1]. » Le même, dans la suite, devait être un des énergumènes du règne!

M. de Mortemart, cependant, ne paraissait pas; et tandis qu'on était sans nouvelles de lui, on allait en recevoir de Neuilly. Celles-là devaient imprimer une tournure décisive aux événements.

J'ai dit le départ de M. Thiers pour Neuilly. Dans cette course d'ambition, en vue de la curée prochaine, de la distribution des places et des emplois, M. Dupin et M. Persil s'étaient hâtés de prendre les devants. A Neuilly, M. Persil dut faire antichambre, mais M. Dupin, familier du Palais-Royal, fut reçu par la duchesse d'Orléans entourée de ses filles et de quelques amis. Il raconte ainsi l'entrevue :

« Arrivé à Neuilly, je demandai M. le duc d'Orléans; mais, en ce moment, il était absent... Au bout de quelques instants, je fus introduit seul auprès de madame la duchesse d'Orléans. Lorsque je lui annonçai qu'on jetait les yeux sur le duc d'Orléans pour lui conférer le gouvernement des affaires de l'État, elle se montra fort émue; elle se leva debout devant son canapé, et me dit : « Mais le duc d'Orléans est un honnête homme; il n'entreprendra rien contre le Roi! » — Je lui répondis : « Madame, je le sais; et j'ai plusieurs fois entendu dire au duc d'Orléans, au milieu de nos troubles, « qu'il

---

[1] *Lettre* de M. Laffitte.

voulait y rester étranger et se tenir toujours prêt à paraître devant le Roi l'épée au côté et à lui offrir ses services, s'il était appelé. » Mais le Roi, au lieu de s'aider de ses conseils et de son action, l'a laissé à l'écart ; les troupes royales ont tiré sur le peuple, elles ont été vaincues ; le peuple est en ce moment maître des Tuileries ; Charles X et sa cour sont en pleine retraite ; les insignes de sa royauté sont partout effacés ; le pays est sans gouvernement : il s'agit d'y pourvoir au moins provisoirement ; et si le duc d'Orléans refuse son concours, le flot populaire envahira tout ; le Palais-Royal sera traité comme les Tuileries, et votre maison sera réduite à partager le sort de la branche aînée. » — La duchesse versait des larmes ; elle n'avait rien à résoudre : épouse et mère, elle était toujours restée étrangère à la politique. Je lui dis que j'avais seulement voulu informer le duc d'Orléans de ce qui venait de se passer, et j'exprimai le désir de voir madame Adélaïde.

« On me conduisit dans l'appartement de cette princesse. Elle se montra beaucoup plus décidée : — « Je ne sais pas, me dit-elle, ce que fera mon frère ; mais je connais son amour pour son pays ; et je pense qu'il fera tout ce qui dépendra de lui pour le sauver de l'anarchie. »

« Au sortir de cette double conférence, je repris mon confrère Persil, qui était resté dans le salon des aides de camp, et nous rentrâmes dans Paris, en déclinant à la barrière nos noms et qualités[1]. »

[1] *Mémoires* de M. Dupin, t. II, p. 148.

M. Thiers arriva quelques instants après.

Ce n'était pas sans peine qu'il avait pu avoir accès au château de Neuilly. Les portes en étaient closes, et il eut grand'peine à se les faire ouvrir. Admis sur ses pressantes instances, il demanda à voir le duc d'Orléans. On lui dit qu'il était absent. Insistant, il dit qu'il fallait qu'on l'entendît, qu'il était chargé d'une mission du caractère le plus grave. La duchesse d'Orléans se présenta alors et justifia de l'absence de son époux d'une façon qui ne pouvait laisser aucun doute. Elle se disait prête, au surplus, à écouter M. Thiers; et elle lui donnait l'assurance que sa communication serait exactement transmise au prince et qu'on aurait de lui une prompte réponse. Survint alors madame Adélaïde. L'entrevue se poursuivit, et, de ce moment, devint une discussion en règle. A la terreur des événements de Paris s'alliaient manifestement chez la duchesse d'Orléans d'honorables scrupules. Madame Adélaïde, elle, en parut absolument affranchie. Elle déclara carrément à M. Thiers que « la famille d'Orléans partageait tous les sentiments des Parisiens, qu'elle n'avait jamais cessé d'être avec eux dans l'opposition, et qu'elle unissait tous ses vœux aux leurs; mais, ajoutait-elle, il fallait prendre garde, par la précipitation à changer de dynastie, d'imprimer à la révolution les couleurs et le cachet d'une révolution de palais. L'Europe, disait-elle, peut s'y tromper, et croire que c'est une intrigue du duc d'Orléans qui a renversé Charles X, alors que c'est la conscience publique. La liberté court certainement les plus grands périls de la part des troupes qui environnent encore Charles X et des dispositions notoires de la Vendée. Que serait-ce, si, à ces causes, allait se joindre l'hostilité déclarée ou même sourde de l'Europe?

« — Permettez-moi, madame, répondit M. Thiers, de vous faire de la situation un tableau plus exact. Examinons d'abord la position de Charles X. La France n'en veut plus, elle le repousse absolument, parce qu'elle a besoin d'une monarchie représentative et constitutionnelle et qu'il s'est déclaré incompatible avec elle. Elle a foi en une révolution analogue à celle de 1688 chez les Anglais et entend en accomplir une semblable. Que notre Jacques II s'en aille donc, on ne lui fera aucun mal; mais qu'il s'en aille. Il nous faut une dynastie nouvelle qui nous soit redevable de la couronne, et qui, la tenant de nous, se résigne au rôle que le régime représentatif lui assigne..... Tout le monde saura bien que vous n'avez pas recherché la couronne : elle est assez périlleuse aujourd'hui pour qu'on ne l'ambitionne point. Faites attention, madame, que tous les esprits sont loin de se renfermer dans les mêmes bornes. Nous sommes bien unanimes pour repousser Charles X; mais au delà s'accusent les divergences. Il en est qui s'accommoderaient d'Henri V pour éviter les difficultés d'un changement de dynastie. D'autres, fidèles au souvenir de Napoléon, mettent en avant le duc de Reichstadt. Il y en a qui vont droit à la république. Nous avons fait table rase :

tout est possible en ce moment. Il faut se hâter. Il existe, en faveur du duc d'Orléans, plus de convenances politiques et autres, que pour pas un autre. Cependant il peut, en un jour, perdre tous ses avantages. Aujourd'hui, les plus prompts seront les plus habiles : le trône est au premier occupant. Pour ce qui est de l'Europe, s'imaginer que la royauté du duc d'Orléans nous l'aliénera, ce serait la plus grande des erreurs : tout au contraire, l'acceptation du prince nous la conciliera. Après notre détermination de nous arrêter à la monarchie, au lieu de tenter encore, comme des fous, l'expérience de la république, elle ne jugera certainement pas convenable d'allumer une conflagration universelle. A ces considérations politiques permettez-moi d'ajouter une dernière raison, et celle-là vous paraîtra peut-être décisive : c'est qu'un trône s'obtient au prix de victoires ou de dangers. Guillaume III vint en Angleterre avec l'ascendant de son nom et le secours d'une armée. Aujourd'hui, que M. le duc d'Orléans vienne seulement déclarer, dans Paris, qu'il se rallie à la révolution, qu'il vient partager les dangers des Français, qu'il se met à leur tête, il aura rempli sa part dans la présente révolution. Qu'il y ait peut-être encore des périls à braver, je ne saurais avec vous en disconvenir : Charles X est toujours à Saint-Cloud et il lui reste des ressources. Mais il vous faut des périls, ils doivent être vos titres à la couronne. Décidez-vous ; que le duc d'Orléans se décide. Il est impossible à une nation de voir longtemps flotter ses destinées. »

La duchesse d'Orléans avait jusque-là assisté en silence à l'entretien : M. Thiers lui était à peu près inconnu. Quand il eut fini, elle ne put comprimer le trouble dont elle était agitée. Elle prit la parole pour faire un chaleureux éloge de Charles X ; et s'animant par degrés : « Comment, dit-elle à M. Scheffer, avez-vous pu vous associer à pareille démarche ? que monsieur l'ait entreprise, je le conçois, il nous connaît peu. Mais vous, qui savez nos sentiments !.. ah ! nous ne vous le pardonnerons jamais[1]. »

Madame Adélaïde était dans de tout autres dispositions. Parfaitement indifférente au côté moral de la question, elle n'avait paru touchée que des dangers que courait son frère. En partie rassurée sur ce point, sans plus tenir compte des sentiments et du langage de sa belle-sœur, elle se leva résolûment et dit à M. Thiers : « Si vous croyez que l'adhésion de notre famille puisse être utile à la révolution, je vous la donne, moi ; une femme n'est rien, on peut la compromettre : je suis prête à me rendre à Paris. J'y deviendrai ce que

---

[1] « Marie-Amélie témoigna presque de l'indignation aux négociateurs qui lui apportaient une couronne. Les considérations politiques la touchaient peu. Douce, pieuse, sincèrement attachée aux Bourbons de la branche aînée, cette princesse répugnait à l'idée de lui dérober ce qu'elle considérait comme une propriété ; aux scrupules de la couronne s'ajoutaient ses terreurs d'épouse et de mère. Elle frémissait en pensant aux haines, aux passions qui allaient se déchaîner contre ceux qui lui étaient chers, et cette intuition si délicate et si lucide à la fois qui remplace chez la femme les rigoureux calculs de la raison, lui montrait des douleurs et des orages derrière la pourpre que les tentateurs faisaient briller à ses yeux. » (*Hist. de la chute des Bourbons*, t. III, p. 274.)

Dieu voudra. J'y partagerai le sort des Parisiens. J'exige seulement une chose, c'est que M. Laffitte ou le général Sébastiani vienne lui-même me chercher. Allons ! s'il le faut, qu'on fasse de mon frère un président, un garde national, tout ce qu'on voudra, pourvu qu'on n'en fasse pas un proscrit. » Elle interprétait mieux que la duchesse les sentiments du duc d'Orléans. N'avait-il pas, en maintes circonstances, fait cette déclaration : « Quoi qu'il arrive, je suis décidé à ne pas quitter la France, à ne plus émigrer [1] ? »

Estimant avec raison que l'adhésion de la sœur du duc d'Orléans suffisait à lier la famille, à l'engager tout entière dans le mouvement, sans possibilité de recul, M. Thiers n'eut garde d'en demander davantage. Satisfait de l'offre de madame Adélaïde : « Madame, lui dit-il, vous placez aujourd'hui la couronne dans votre maison. »

Il fut convenu que le duc d'Orléans serait instruit de

---

[1] J'ai suivi ici la version généralement admise. Mais il en existe une autre qui prête à madame Adélaïde l'initiative et une attitude bien autrement accusée. « Dans la nuit du 30, une note était arrivée de Neuilly à l'hôtel Laffitte. M. le duc d'Orléans, y disait-on, est à Neuilly avec toute sa famille. Près de lui, à Puteaux, sont les troupes royales, et il suffirait d'un ordre émané de la cour pour l'enlever à la nation, qui peut trouver en lui un gage puissant de sa sécurité future. — On propose de se rendre chez lui au nom des autorités constituées, convenablement accompagné, et de lui offrir la couronne. S'il opposait des scrupules de famille ou de délicatesse, on lui dirait que son séjour à Paris importe à la tranquillité de la capitale et de la France, et qu'on est obligé de l'y mettre en sûreté. On peut compter sur l'infaillibilité de cette mesure. On peut être certain, en outre, que le duc d'Orléans ne tardera pas à s'associer pleinement aux vœux de la nation. » (*Mémorial de l'Hôtel de Ville*, par Hip. Bonnelier, p. 104.)

la situation. M. Thiers traça à la hâte l'exposé des raisons qui devaient décider le prince, et il repartit pour Paris.

Il était pressé de rendre compte à M. Laffitte et à M. Sébastiani du résultat de sa mission. Il les trouva au palais Bourbon. Ils jugèrent comme lui que la démarche de la princesse engageait toute la famille. Ce qu'ils y voyaient de plus important pour eux, c'était de pouvoir désormais s'avancer hardiment. De ce moment ils se crurent autorisés et en position d'affirmer que le duc d'Orléans était décidé à se saisir de la couronne.

Dans la Chambre et au dehors, le bruit s'était répandu qu'une personne de la famille d'Orléans allait arriver à Paris, précédant la famille tout entière. M. de Mortemart ne paraissait toujours pas. Quelques personnes chuchotaient le mot de république. Les coryphées du parti orléaniste, MM. Laffitte, Sébastiani, Dupin et Benjamin Constant entraînèrent leurs collègues. La Chambre décida qu'elle inviterait le duc d'Orléans à se rendre à Paris. A ce moment, M. de Rémusat s'approchant de M. Laffitte : « M. le duc de Broglie, lui dit-il, me charge de vous faire observer qu'on va bien vite, peut-être trop vite; il ne faut pas encore faire un roi. Ce serait assez de faire un lieutenant général. » La plupart des députés désiraient également que l'on ne conférât au prince que les pouvoirs attachés à cette qualité. La chose ainsi entendue, on procéda au choix de cinq commissaires chargés de porter la résolution à la Chambre des pairs. Ils partirent pour le Luxembourg, où ils trouvèrent M. de Mortemart.

Ce personnage, absolument dénué du sens politique, n'avait imaginé rien de mieux que de s'y rendre, quand la moindre intelligence de la situation eût dû précipiter ses pas au palais Bourbon. Les pairs étaient divisés sur la question du maintien de la dynastie. A en croire M. de Chateaubriand, dans ses *Mémoires*, M. de Broglie, arborant parmi ses collègues le drapeau de l'orléanisme, aurait déclaré hautement qu'il ne pouvait plus être question désormais de la branche aînée, que *si le nom de Charles X était seulement prononcé, on couperait la gorge à tous les pairs et qu'on démolirait le Luxembourg comme on avait démoli la Bastille.* La conversion du duc de Broglie, comme on voit, s'était rapidement faite. Un autre revirement n'avait pas été moins soudain : c'était Talleyrand, qui, dans la journée, écrivit au duc d'Orléans pour lui conseiller d'accepter la lieutenance générale. Il lui avait mandé la veille qu'il ne pouvait être que régent au nom d'Henri V !

M. de Mortemart s'était enfin décidé à communiquer à la Chambre des députés les nouvelles ordonnances de Charles X. Mais, alléguant une écorchure au pied, il ne prit pas ce soin personnellement : il envoya à sa place un pair, M. de Sussy. Ce dernier s'était croisé en route avec les commissaires de la Chambre élective.

La délibération s'établit au Luxembourg sur la nomination du duc d'Orléans aux fonctions de lieutenant général. On était curieux de savoir l'opinion du duc de Mortemart. Il énonça que, comme président du conseil et envoyé de Charles X, il n'avait rien à dire, n'étant revêtu d'aucuns pouvoirs à cet égard ; mais que, comme pair, il estimait que cette mesure, dans l'état des choses, était peut-être nécessaire ; que, d'ailleurs, elle ne décidait, elle ne préjugeait rien, et qu'elle laisserait le temps de réfléchir plus mûrement à un parti définitif. Cette déclaration donne la portée politique, la mesure d'intelligence de l'homme qui avait encore entre les mains le sort de Charles X. Il était bien passé le temps où il était proverbialement reçu de dire : « Il a tout l'esprit des Mortemart! »

Au palais Bourbon, M. de Sussy n'avait trouvé que vingt-cinq à trente députés. Le président, M. Laffitte, leur demanda s'ils voulaient entendre lecture d'une lettre du duc de Mortemart et des nouvelles ordonnances de Charles X. Benjamin Constant opina pour qu'au préalable on déclarât que cette communication ne serait reçue que comme document historique et à titre de renseignement, mais non comme actes officiels émanant d'un gouvernement qu'on ne reconnaissait plus. La chose ainsi entendue, M. Laffitte donna lecture des diverses pièces apportées par M. de Sussy. Plusieurs députés se récrièrent sur ce que l'ordonnance qui nommait M. de Mortemart président du conseil était contre-signée : « Chantelauze, garde des sceaux de France. » M. de Sussy fit observer que le nouveau cabinet n'existant pas encore, cette première ordonnance n'avait pu être contre-signée que par un membre de l'ancien; mais qu'une fois M. de Mortemart nommé président du nouveau conseil, les autres ordonnances avaient été contre-signées par lui.

D'autres députés, ne voyant encore que trois ministres nommés, demandèrent si les membres de l'ancien cabinet qui n'étaient pas remplacés resteraient dans le nouveau. M. de Sussy répondit que tous les anciens ministres seraient remplacés et que M. de Mortemart était chargé, avec le général Gérard et M. Casimir Périer, de la composition du nouveau ministère.

Il ajouta qu'il ne venait qu'officieusement et pour suppléer M. de Mortemart, et il pria la Chambre de lui donner une décharge des pièces communiquées. Plusieurs députés se levèrent alors, déclarant qu'ils s'y opposaient formellement. Benjamin Constant fit observer que ce serait reconnaître l'existence d'un gouvernement renversé par le peuple et donner un caractère officiel à des actes nuls et sans valeur.

Si l'on eût accueilli les dernières ordonnances de Charles X, c'en était fait effectivement de la candidature du duc d'Orléans. M. Laffitte fut inébranlable ; il refusa obstinément de les laisser déposer sur le bureau. « Je n'ai, dit-il négligemment, ni le droit ni le pouvoir de les recevoir ; je ne suis pas président, ceci n'est pas une séance, mais une réunion privée de quelques députés. Portez ces ordonnances, si vous voulez, à la Commission municipale. » Impuissant à vaincre ses refus, M. de Sussy pouvait courir au Luxembourg et ramener à la Chambre M. de Mortemart. Sa présence eût été décisive. « Je n'ai jamais douté, a dit depuis M. Mauguin, un des députés présents, que si M. de Mortemart se fût présenté, les événements n'eussent pris une direction différente[1]. »

Une visite à laquelle on s'attendait moins fut celle de M. Odilon Barrot, en costume d'officier de la garde nationale. M. Odilon Barrot, sorti du Palais, avait épousé la petite-fille du vieux député Labbey de Pompières : il était alors en plein apprentissage de la vie politique. De ce moment il suivait les inspirations de M. Thiers. M. Barrot, nature douce et naïve, un peu vaniteuse, d'une honnêteté ouverte et expansive, était malheureusement affligé d'une crédulité qui devait, sa vie durant, en faire l'instrument et la dupe de tout le monde. Il était porteur d'une lettre de Lafayette. Le général protestait contre la précipitation qu'on paraissait mettre à disposer de la couronne en faveur du duc d'Orléans. Il demandait que l'on stipulât préalablement des gages pour la nation, et que la couronne ne fût décernée qu'à bon escient, avec la certitude du maintien des garanties convenues. Lafayette ajoutait que « M. Odilon Barrot, secrétaire de la Commission municipale et son ami, était chargé de développer ses intentions. »

La Chambre flottait dans l'irrésolution et l'inertie, quand les cinq commissaires envoyés au Luxembourg

[1] *Lettre* de M. Mauguin.

reparurent dans la salle. Le général Sébastiani porta la parole en leur nom.

« Nous avons rencontré, dit-il, chez MM. les pairs une grande affinité d'opinion et de sentiments avec nous. M. de Mortemart était présent ; il s'est fait remarquer par la noblesse et la pureté de ses intentions. Il est impossible de se dépouiller de meilleure grâce de sa position personnelle pour entrer dans l'examen des moyens propres à assurer la liberté et la paix. Nous avons fait sentir que, de toutes les mesures, la plus indispensable, la plus urgente, était la réunion des Chambres, mais qu'elle ne pouvait s'opérer avec le *chef* que les derniers événements ont placé dans une situation si fâcheuse. Nous avons cherché une solution. La réunion des pairs l'a trouvée, comme nous, dans une invitation au duc d'Orléans de se rendre à Paris, pour y exercer les fonctions de lieutenant général du royaume. »

Cette communication, en mettant un terme aux perplexités des députés, était de nature à précipiter le dénoûment. Sur la proposition de M. Laffitte, l'Assemblée déclara, à l'unanimité moins trois voix[1], qu'elle ne reconnaissait d'autre moyen de rétablir l'ordre et la paix que d'appeler le duc d'Orléans aux fonctions de lieutenant général du royaume. Benjamin Constant fut chargé de rédiger le message qui devait annoncer la décision de la Chambre au premier prince du sang. Il était conçu en ces termes : « La réunion des députés actuellement

---

[1] Celles de MM. Villemain, Lepelletier d'Aulnay et Hély d'Oissel.

présents à Paris a pensé qu'il était urgent de prier Son Altesse Monseigneur le duc d'Orléans de se rendre dans la capitale pour exercer les fonctions de lieutenant général du royaume, et de lui exprimer le vœu de conserver les couleurs nationales. Elle a de plus senti la nécessité de s'occuper sans relâche d'assurer à la France, dans la prochaine session des Chambres, toutes les garanties indispensables pour la pleine et entière exécution de la Charte. »

L'invitation adressée au duc d'Orléans impliquait évidemment son appel au trône. En raison de son importance, M. Laffitte demanda qu'elle fût signée. Au milieu de la plus vive agitation, M. Villemain s'écria : « Vous n'avez pas le droit de disposer de la couronne ! » Avec une négligence affectée et passablement d'effronterie, M. Sébastiani se hâta de répliquer que « cette question était étrangère à l'acte qu'on venait de voter, et que la Chambre n'avait d'autre but que d'arrêter le désordre et l'effusion du sang. » On voit, par cette réserve, aussi peu sincère qu'illusoire, combien étaient profonds le trouble et l'incertitude des esprits. Après bien des fluctuations, on se mit à peu près d'accord, et une députation de douze membres tirés au sort reçut la mission de se rendre au Palais-Royal pour exprimer au duc d'Orléans les vœux de l'Assemblée.

Elle se mit immédiatement en marche. « En arrivant au Palais-Royal, raconte un de ses membres, nous avions plus l'air de gens qui venaient solliciter la commisération du duc d'Orléans que d'hommes qui venaient lui apporter une couronne dans leur poche. Notre costume un peu négligé, en raison des circonstances, ne ressemblait guère, en effet, à celui d'ambassadeurs qui vont faire un roi. Le prince n'était pas au Palais-Royal. Nous demandâmes à l'aller trouver à Neuilly. On nous répondit mystérieusement qu'il était possible qu'il n'y fût pas, et que nous risquerions, en y allant, d'être enlevés par les troupes de Saint-Cloud, qui poussaient des reconnaissances fort au delà du pont. Sébastiani écrivit alors au prince une lettre en notre nom, que nous signâmes tous, et dans laquelle il renferma notre message. Un jeune homme de la maison s'offrit à le porter et à nous rendre réponse au bout de deux heures chez M. Laffitte, qui était toujours notre président, et chez lequel on était convenu de se réunir le soir. Le duc d'Orléans nous faisait dire qu'il viendrait le lendemain dans la matinée. « Ce n'est pas demain, répondit sur-le-champ Laffitte, c'est à l'instant même qu'il faut venir. Il n'y a pas un instant à perdre. Le messager repartit[1]. »

Nous avons vu M. Thiers quitter Neuilly, emportant l'espoir de voir le duc d'Orléans apparaître prochainement à la capitale. J'ai raconté comment, dès le jeudi soir, le prince s'était retiré au Raincy. Ce fut vers le milieu de la journée du lendemain vendredi que l'envoyé de sa sœur put l'instruire de la démarche de M. Thiers. Ce messager était M. de Montesquiou, che-

---

[1] *Souvenirs historiques*, p. 126.

valier d'honneur de la duchesse d'Orléans et fils du général qui s'était autrefois employé si utilement pour le duc d'Orléans et sa sœur dans leur détresse en Suisse. La recommandation de madame Adélaïde était pressante. « Déclarez bien à mon frère, avait-elle dit à M. de Montesquiou, qu'il n'y a pas de milieu, et qu'il doit choisir immédiatement entre le trône et l'exil. »

Ainsi stimulé par sa sœur, le duc d'Orléans se décida à quitter le Raincy. Mais il demeurait toujours livré aux plus vives perplexités. Chemin faisant, il donne tout à coup l'ordre de tourner bride et de retourner au Raincy. M. de Montesquiou le précédait à cheval. N'entendant plus le pas des chevaux, il tourne la tête et s'aperçoit que la voiture du prince a rebroussé chemin. De toute la vitesse de son cheval il s'élance à sa poursuite, l'atteint et le supplie de ne pas laisser sa femme et sa sœur dans la plus pénible des incertitudes. Enfin le duc d'Orléans se décida à se remettre en route et l'on arriva à Neuilly, où l'anxiété était au comble.

Mais au lieu d'entrer au château, le duc d'Orléans voulut s'enfermer dans un des pavillons les plus retirés du parc. Il occupait cette nouvelle retraite quand on lui annonça, le soir du 30, un message de la Chambre des députés. Il en prit connaissance aux flambeaux, à la grille du parc, et pria le messager d'attendre quelques instants qu'il employa à conférer avec sa sœur.

Réconforté par elle, éclairé sur la véritable situation de Paris, ses hésitations à la fin disparurent. Madame Adélaïde fixa de ses mains un nœud de rubans tricolores à sa boutonnière. Il partit ainsi, en costume bourgeois, accompagné de M. Berthois, un de ses aides de camp et du colonel Heymès. Il leur fallut plusieurs fois, à des intervalles rapprochés, escalader les barricades et répondre par le cri d'un peuple insurgé au qui-vive inquiet des sentinelles. Entré dans Paris, le prince s'arrêta un instant à la hauteur de la rue Saint-Florentin, à l'hôtel de Talleyrand, où il eut une courte entrevue avec le vieux diplomate. Il avait eu bien de la peine à pénétrer jusqu'à son appartement. Il lui fallut encore s'en faire ouvrir la porte presque de force. Du fond d'une alcôve, on entendit la voix chevrotante du vieillard proférer ces paroles entrecoupées : « Ah ! mon Dieu ! vous allez faire piller l'hôtel, et moi, que vais-je devenir ? » C'était là une des rares occasions où il arrivait à Talleyrand d'invoquer le nom de Dieu, auquel, ainsi qu'il l'avait avoué jadis à Mirabeau, il ne croyait point. Voltairien scandaleux, on l'avait fait évêque à l'instar du trop fameux Dubois et sans doute à même fin, pour lui faire faire sa première communion !

Ce fut ainsi que, dans la nuit du vendredi au samedi, le duc d'Orléans parvint au Palais-Royal. Il allait bientôt échanger cette heureuse et paisible résidence contre celle plus éclatante, mais autrement tourmentée des Tuileries.

Ici se pose un problème historique aussi grave que difficile à résoudre. Les irrésolutions du duc d'Orléans avaient-elles leur source dans le sentiment intime de la légitimité des droits de Charles X ? dérivaient-elles, au contraire, de l'incertitude des événements et de la connaissance des puissants moyens militaires que conservait encore la cour? Les faits postérieurs ne donnent que trop raison à cette dernière conjecture; mais on doit reconnaître en même temps que ces irrésolutions n'avaient rien d'affecté. Le fait suivant en est l'irrécusable preuve.

A peine entré au Palais-Royal, le duc d'Orléans avait dépêché à M. Laffitte et à Lafayette deux messagers. L'un était chargé d'annoncer au banquier son arrivée, l'autre de complimenter le général. Un troisième s'était dirigé vers le Luxembourg, avec mission d'en ramener M. de Mortemart, qui, d'abord, refusa de quitter sa retraite. « Mais, avait observé l'envoyé, c'est dans l'intérêt de la cause du Roi que M. le duc d'Orléans vous prie de vous rendre près de lui. » Que voulait donc à un ministre de Charles X le prince qui, aussitôt après son arrivée, avait, dans la nuit même, adressé ses félicitations à Lafayette et prévenu de son arrivée M. Laffitte?

M. de Mortemart et l'envoyé du duc d'Orléans sortirent ensemble du Luxembourg vers trois heures du matin. Les approches du Palais-Royal étaient encombrées de bandes armées, bivaquant sur la place, dans les cours du palais et dans les rues voisines. Le quartier tout entier, éclairé de lampions placés aux fenêtres des maisons et sur les barricades, offrait un spectacle singulier. Le jour commençait à poindre quand M. de Mortemart arriva. Il fut introduit dans l'appartement de M. Oudard, en dehors des parties occupées par la famille[1]. Les murs portaient la trace des balles et plus d'un objet s'y trouvait brisé. L'aide de camp Berthois vint prendre M. de Mortemart. Après bien des détours, celui-ci pénétra dans une pièce où il trouva le duc d'Orléans étendu par terre sur un matelas, en chemise, le corps à demi caché sous une méchante couverture. Son front ruisselait de sueur, un feu sombre brillait dans ses yeux, sa physionomie trahissait une agitation excessive, une extrême fatigue. Apercevant M. de Mortemart, il prit avec volubilité la parole : « Duc de Mortemart, si vous voyez le Roi avant moi, dites-lui qu'ils m'ont amené de force à Paris, mais que je me ferai mettre en pièces plutôt que de me laisser placer la couronne sur la tête. Le Roi m'accuse sans doute de ne pas être allé à Saint-Cloud. J'en suis fâché; mais averti que, dès mardi soir, on l'excitait à me faire arrêter, je vous avouerai que je n'ai pas voulu aller me jeter dans un guêpier. D'un autre côté, je redoutais que les Parisiens vinssent me chercher. Je me suis donc enfermé dans une retraite sûre et connue seulement de ma famille. Mais, hier soir, une foule d'hommes ont envahi Neuilly et m'ont demandé au nom de la réunion des députés. Sur la réponse que j'étais absent, ces hommes ont déclaré à la duchesse qu'elle allait être conduite à Paris avec tous ses enfants, et qu'elle y resterait prisonnière jusqu'à ce que j'eusse reparu. La duchesse effrayée m'a

---

[1] Le logement de M. Oudard formait le coin de la rue Saint-Honoré et de la rue Richelieu.

pressé de revenir. Je n'ai plus balancé, et je suis arrivé pour délivrer ma famille. Ils m'ont amené ici fort avant dans la soirée[1]. »

A l'appui de ses affirmations, le prince ajoutait que madame de Bondy l'avait assuré qu'un bataillon de la garde, caserné au faubourg Saint-Honoré, avait reçu l'ordre de se porter sur Neuilly et de cerner le château, au cas où le peuple essayerait de l'entraîner dans l'insurrection. Sa parole était ardente, presque passionnée. Il se répandait en protestations de dévouement et d'attachement pour la branche aînée, déclarant qu'il n'était venu à Paris que pour sauver la ville de l'anarchie. Entendant sous les fenêtres des cris de : *Vive le duc d'Orléans !* M. de Mortemart lui dit : « C'est à vous, monseigneur, que cela s'adresse. — Non, non, reprit le duc d'Orléans avec une énergie croissante, je vous dis que je me ferai tuer plutôt que d'accepter la couronne. »

Quand il crut avoir convaincu M. de Mortemart de la réalité des faits dont il venait de l'entretenir, il redevint soudainement calme. « Les députés, dit-il, avec une négligence affectée, m'ont nommé lieutenant général du royaume pour enlever à M. de Lafayette le moyen de proclamer la république. Vos pouvoirs s'étendent-ils jusqu'à la faculté de me reconnaître ce titre ? » M. de Mortemart répondit négativement, et, à son tour, il demanda au prince s'il répugnerait à transmettre au Roi

[1] *Mémoires pour servir à l'histoire de la révolution de* 1830, par M. A. Mazas, ancien secrétaire de M. de Mortemart.

les assurances qu'il venait de lui donner. Le duc d'Orléans s'empressa de déclarer qu'il serait heureux de pouvoir faire parvenir à Charles X ce témoignage de ses sentiments de fidèle parent, et traça rapidement pour le Roi les lignes suivantes : « M. de Mortemart dira à Votre Majesté comment l'on m'a amené ici par force. J'ignore jusqu'à quel point ces gens-là pourront user de violence à mon égard ; mais si, dans cet affreux désordre, il arrivait qu'on m'imposât un titre auquel je n'ai jamais aspiré, que Votre Majesté soit bien persuadée que je ne recevrai toute espèce de pouvoir que temporairement et dans le seul intérêt de notre maison. J'en prends ici l'engagement formel envers Votre Majesté.

« Ma famille partage mes sentiments à cet égard.

« Votre fidèle sujet,

« L.-Ph. d'Orléans. »

La lettre close, le duc d'Orléans la remit à M. de Mortemart, qui l'enferma soigneusement dans un pli de sa cravate. Il allait se retirer quand éclata tout à coup un violent tumulte qui, augmentant graduellement, semblait se rapprocher de l'appartement. Le prince appela M. Berthois pour en savoir la cause. « Ce tapage, dit l'aide de camp, provient d'une foule d'hommes qui demandent à vous voir. — Est-ce une députation des écoles? sont-ce des gardes nationaux ? — Pas du tout, ce sont des gens du peuple ; ils insistent pour avoir accès jusqu'à vous, et, si vous ne paraissez pas, ils viendront vraisemblablement de force en bouleversant tout. — Dites-leur, reprit le duc d'Orléans, que je suis exténué de fatigue et déshabillé, que je ne puis plus parler, mais que je recevrai leur chef ; amenez-le-moi. » Là-dessus M. de Mortemart prit congé du prince, en l'assurant qu'il allait chercher les moyens de faire connaître au Roi la situation et la nécessité de pouvoirs plus étendus qui lui permissent de suivre la négociation en vue d'une issue satisfaisante[1].

[1] Il existe de cette entrevue du duc d'Orléans avec M. de Mortemart une version différente, celle-là plus récente, et que l'impartialité m'oblige de mettre sous les yeux du lecteur.

« C'est, dit M. le duc de Valmy, dans la nuit du 31 juillet, vers une heure après minuit, que M. le duc d'Orléans fit appeler au Palais-Royal un personnage investi de toute la confiance du roi Charles X, et momentanément retiré au palais du Luxembourg ; c'est dans un cabinet où le lieutenant général du royaume avait fait jeter un matelas pour prendre quelque repos, que les explications ont été échangées. L'entrevue fut longue, elle dura plusieurs heures : l'avenir de la monarchie y fut examiné, la responsabilité de la maison d'Orléans, les éventualités d'un couronnement, tout fut prévu et discuté ; et, en dernière analyse, M. le duc d'Orléans exprima ses résolutions dans une lettre qu'il adressa au roi Charles X, et qu'il confia au personnage qu'il avait fait appeler. Celui-ci, de retour au palais du Luxembourg, remit la lettre à un serviteur fidèle, et le chargea de la porter secrètement à Trianon, où le Roi s'était retiré en quittant Saint-Cloud, avec recommandation expresse d'anéantir cette dépêche à tout prix en cas d'arrestation pendant le trajet. La lettre portait pour suscription : *Au Roi*; plus bas : *Le duc d'Orléans*.

« Au moment d'emporter ce précieux document à travers des lignes ennemies, le fidèle serviteur voulut se munir d'une copie, afin de la transmettre au Roi si les circonstances l'obligeaient à faire disparaître l'original. Cette précaution était justifiée par les circonstances. Cependant la chambre où il se trouvait était dénuée de tout ; une plume fichée dans un vieil encrier de verre, formait le mobilier du bureau ; le papier manquait absolument. Toutefois la Providence, qui se plaît souvent à montrer son intervention dans ces grandes péripéties, avait permis qu'un ancien traité des ordres du Saint-Esprit et de Saint-Michel se trouvât là pour recevoir la copie des explications de la maison d'Orléans et la rendre plus sacrée : le feuillet le plus blanc de ce livre, celui qui portait la table

L'orateur populaire avait été introduit par M. Berthois. Ce délégué de la foule avait ses vêtements en désordre ; sa barbe inculte et ses cheveux crispés lui donnaient l'air d'un conspirateur de mélodrame. « Nous sommes venus ici, dit-il au duc d'Orléans, pour te nommer roi ; mais nous ne voulons que toi : nous avons assez des pairs et des députés ; ce sont tous des gueux. »

A l'aspect, au ton et au langage de cet homme, le duc d'Orléans était resté d'abord ahuri. Revenu à lui, il

des matières, en fut arraché, et la copie de la lettre du lieutenant général du royaume y fut écrite dans un moment où la révolution était déjà maîtresse du Palais-Royal. Ce feuillet, gardé pendant quinze ans dans une boîte de fer-blanc par celui qui l'a écrit, nous a été confié en 1845, dans l'espoir que nous en ferions l'usage le plus loyal et le plus profitable.

« Voici donc la copie authentique de la lettre du duc d'Orléans au roi Charles X. Le public jugera si nous avons répondu à la confiance qu'on nous avait témoignée.

« M. de *** dira à Votre Majesté comment l'on m'a amené ici par
« force ; j'ignore jusqu'à quel point ces gens-ci pourront user de violence
« à mon égard ; mais si, dans cet affreux désordre, il arrivait que l'on
« m'imposât un titre auquel je n'ai jamais aspiré, que Votre Majesté soit
« bien persuadée que je n'exercerais toute espèce de pouvoir que tem-
« porairement et dans le seul intérêt de notre maison.

« J'en prends ici l'engagement formel envers Votre Majesté. Ma famille
« partage mes sentiments à cet égard.

« *Palais-Royal*, 31 *juillet* 1830.

« *Signé* : (Fidèle sujet.) »

« Nous savons positivement ce qu'est devenu l'original de cette lettre : le moment n'est pas arrivé de le dire. » (*De la force du droit et du droit de la force*, par E. de Valmy, ancien député. Paris, 1850, in-12, p. 156.)

Au lecteur d'apprécier. Quant à moi, que mon devoir d'historien obligeait de consigner ici cette version, je ne me donnerai pas la peine de la réfuter ; tant elle me paraît controuvée et inadmissible.

répondit que si jamais il devenait roi, il ne voudrait l'être qu'à condition d'avoir, au contraire, des pairs et des députés. L'homme du peuple revint à la charge, insistant vivement pour « qu'on envoyât promener ces gueux de pairs et de députés. » Nouvelle contradiction du duc d'Orléans. — « Eh bien, puisque tu y tiens tant, arrange cela comme tu l'entendras ; mais nous te voulons pour roi ; » et il sortit.

Pendant ce singulier colloque, M. de Mortemart était revenu au Luxembourg, où l'attendaient avec impatience et anxiété M. de Sémonville et autres personnages à l'affût des événements. « Le duc d'Orléans, leur dit M. de Mortemart, s'est montré parfait ; ses sentiments sont ceux d'un véritable Bourbon. » A quelques moments de là un dernier envoyé venait réclamer de M. de Mortemart la lettre que le prince lui avait confiée. Il ne fit aucune difficulté de la rendre. C'était le moment où Charles X quittait précipitamment Saint-Cloud pour se retirer au delà de Versailles !

Le duc d'Orléans, dans son récit à M. de Mortemart, avait étrangement dénaturé les faits, ou plutôt il leur avait substitué des fables. A Paris ou ailleurs, on n'avait jamais songé à se saisir de lui ni de sa famille pour les détenir comme otages. Il n'était pas plus vrai qu'un ordre quelconque, même éventuel, eût été donné par la cour pour s'assurer de sa personne. Les prétendues informations de la comtesse de Bondy n'étaient qu'un conte de l'invention du duc d'Orléans. Voici exactement ce qui s'était passé à son sujet.

Le 31, un député de la droite, M. de Conny, avait eu, à Trianon, un entretien avec Charles X. Le Roi n'était pas même instruit alors de la présence du duc d'Orléans à Neuilly : il le croyait encore au château de Saint-Leu, chez le duc de Bourbon. Je laisse ici la parole à M. de Conny.

« J'arrivai à Trianon. Je fus à l'instant même reçu dans le cabinet du Roi. La plus profonde douleur était empreinte sur les traits de l'auguste vieillard... Je rendis compte au Roi de la situation de Paris... — Vous pouvez être certain, Sire, qu'entre votre gouvernement et la république le choix n'est pas douteux... Cependant une circonstance redoutable vient aggraver la position terrible dans laquelle nous nous trouvons. Nous avons devant nous un autre danger. Le nom de M. le duc d'Orléans est prononcé, à peine, il est vrai, dans les groupes, et n'excite aucune sympathie parmi le peuple, mais il est certain que quelques députés influents du côté gauche et du centre gauche ont voulu appeler ce prince au trône. Chaque minute voit ce parti se fortifier; des amours-propres froissés, d'ardentes et ambitieuses vanités se hâtent de s'y rallier. C'est là qu'est le danger. Il est grave, les moments pressent, chaque minute perdue est irréparable. Comment se fait-il, Sire, que dans les conjonctures terribles où se trouve la monarchie, M. le duc d'Orléans ne soit pas encore accouru auprès de Votre Majesté ? — Je le crois encore à Saint-Leu, dit le Roi. Mais mon cousin n'accéderait point aux propositions qui lui seraient faites. Le souvenir de son père est présent à sa mémoire, son fils nous est attaché. — Sire, repris-je, la place de M. le duc d'Orléans, celle de son fils, sont auprès de vous. C'est depuis trois jours qu'ils devraient y être... C'est près de vous, Sire, que leurs serments les appellent [1], c'est en défendant la France qu'ils doivent mourir... Ordonnez, Sire, que la force les y contraigne ; ordonnez que des gardes aillent les chercher à Saint-Leu, à Neuilly, partout où ils seront. Ordonnez-le, Sire, mais ordonnez-le à l'instant même : dans quelques minutes il ne sera plus temps. Le Roi était profondément ému, son esprit vivement combattu ; un instant je crus qu'il allait céder à ce conseil... Tout à coup la porte du cabinet s'ouvre, un officier entre avec précipitation. « Sire, dit-il, nos troupes ont évacué Saint-Cloud, les insurgés l'occupent et marchent sur Versailles [2]. » Charles X donna l'ordre d'une retraite précipitée sur Rambouillet.

J'ai dit précédemment que M. de Sémonville, à son retour de Saint-Cloud, avait communiqué le même jour au duc d'Orléans, à Neuilly, ses sinistres pressentiments. Le 26 juillet au matin, le prince connut officiellement les ordonnances. Allait-il accourir à Saint-Cloud, le 26, pour prévenir l'effusion du sang, ou, le 27, pour l'arrêter ? A solliciter le retrait des fatales ordonnances, il eût agi en loyal parent, en sujet fidèle, en bon citoyen. A ce point de vue, ce fut de sa part un tort capital de ne s'être pas rendu à Saint-Cloud pen-

---

[1] Allusion à la formule de serment de l'ordre du Saint-Esprit.
[2] *De l'avenir de la France*, par M. de Conny, 2ᵉ édition, p. 32.

dant l'insurrection pour y offrir à Charles X son épée, ou, tout au moins, une utile médiation. Sa conversation avec M. de Mortemart prouve à quel point il le sentait et combien il avait à cœur de s'en faire absoudre. Que si, en sens opposé, moins chevaleresque, plus ami de la liberté que de sa famille, il s'était audacieusement jeté au milieu des combattants, ressaisissant son drapeau de 1792, il eût montré l'héroïsme d'un grand citoyen, alors surtout que la victoire était incertaine. Il eût acquis par là des droits à la reconnaissance nationale. A pareil trait, on eût reconnu une noble conviction : vainqueur ou vaincu, le duc d'Orléans se fût imposé aux regards du public, à l'estime générale. « Il y avait, dit Chateaubriand, deux partis à prendre pour le duc d'Orléans : le premier et le plus honorable, était de courir à Saint-Cloud, de s'interposer entre Charles X et le peuple, afin de sauver la couronne de l'un et la liberté de l'autre ; le second consistait à se jeter dans les barricades, le drapeau tricolore au poing, et à se mettre à la tête du mouvement. Philippe avait à choisir entre l'honnête homme et le grand homme : il a préféré escamoter la couronne du Roi et la liberté du peuple[1]. »

L'histoire, en effet, est obligée de prononcer qu'entre ces deux déterminations, il n'y avait place à aucune autre qui fût honorable. Elle confirmera que porter dans un bouleversement politique le même tempérament que dans une intrigue de palais, se mettre en

[1] *Mémoires d'outre-tombe*, t. V, p. 252.

quête de dévouements et d'intelligences quand le sang coule à flots, s'arranger de manière à être en règle avec tout le monde, quand il faut payer de sa personne et accuser sa foi politique par une attitude nette et décidée, c'est là le fait d'un ambitieux vulgaire, dépourvu d'âme et de convictions. Elle proclamera que le duc d'Orléans, alors qu'il pouvait entrer aux Tuileries par la grande porte, a préféré s'y introduire par une lucarne.

Il était, au surplus, servi à souhait par des gens qui s'abandonnaient eux-mêmes. Le Roi et son entourage étaient également incapables de prendre une résolution virile et de s'y tenir. Chez eux le ressort manquait absolument. La décadence morale était complète chez Charles X; et sa faiblesse n'avait d'égal que la présomption et l'incapacité de ses ministres. « La Cour aveugle de Charles X, continue M. de Chateaubriand, ne sut jamais où elle en était ni à qui elle avait affaire. On pouvait mander M. le duc d'Orléans à Saint-Cloud, et il est probable que dans le premier moment il eût obéi; on pouvait le faire enlever à Neuilly, le jour même des ordonnances. On ne prit ni l'un ni l'autre parti.[1] »

M. Laffitte n'eut pas plutôt appris l'arrivée du duc d'Orléans à Paris qu'il s'empressa d'aviser ses collègues. La députation de la Chambre des députés se présenta au Palais-Royal le samedi 31 juillet, à huit heures du matin. Elle était impatiente de s'assurer de l'acceptation

---

[1] *Mémoires d'outre-tombe*, ubi supra.

de la lieutenance générale par le prince. Elle dut faire antichambre pendant qu'il demeurait confiné dans ses appartements. Entrant dans la pièce où elle attendait, M. Sébastiani, passant près de ses collègues sans leur adresser un mot, alla droit au cabinet du prince où il fut admis sans se faire annoncer. Mandé quelques instants après le départ de M. de Mortemart, M. Dupin aîné venait d'en sortir. Enfin, au bout d'une demi-heure d'attente, les députés virent paraître le duc d'Orléans. Son embarras était visible, et le sourire obséquieux qui errait sur ses lèvres dissimulait mal l'agitation de son âme. Son langage aux députés fut caractéristique de la situation.

« Je suis dit-il, sensible, aux sentiments exprimés dans l'adresse que vous me présentez. *Je n'ai pas hésité à venir au milieu de vous partager vos dangers;* mais vous me demandez une chose sur laquelle je ne puis pas me prononcer avec la même certitude : je veux parler de la lieutenance générale du royaume. J'ai avec Charles X des liens de famille qui m'imposent des devoirs personnels d'une nature étroite. J'ai besoin de réfléchir mûrement avant de briser de tels liens. Je veux d'ailleurs consulter des personnes qui ne sont pas encore ici. Le danger, au surplus, n'est pas imminent. On vient de me transmettre des renseignements sur Saint-Cloud qui me prouvent qu'on n'y songe pas à reprendre les hostilités. Je vous ferai connaître plus tard la détermination à laquelle je me serai arrêté. »

En entendant ces paroles, les députés s'étaient regardés avec surprise : la crainte, l'inquiétude étaient sur leurs visages. Ils apportaient une couronne depuis longtemps convoitée, et ils trouvaient le duc d'Orléans dans le doute et l'indécision, ils le croyaient du moins. Comptant de sa part sur un concours dont on les avait assurés, ils s'étaient compromis, et ce concours leur manquait ou ne leur était offert qu'avec de singulières réserves! Ceux qui n'étaient pas dans le secret avec M. Dupin et M. Sébastiani, se montrèrent vifs et pressants. Voulant déterminer le duc d'Orléans à une acceptation immédiate, M. Bérard l'apostropha avec une grande véhémence.

« Monseigneur, s'écria-t-il, vous n'êtes donc pas informé de ce qui se passe à Paris; personne n'a donc encore fait arriver la vérité jusqu'à vous? Vous croyez avoir le temps de la réflexion, mais vous êtes sur un volcan qui, d'un instant à l'autre, peut tout engloutir. Le terrain brûle sous vos pas, et vous paraissez vous croire dans un temps ordinaire! » M. Bérard fit un tableau aussi effrayant qu'exagéré de la situation de Paris. Il montrait la république prête à surgir des barricades, ajoutant : « Votre tête, Monseigneur, est aussi compromise que les nôtres, votre présence seule dans nos rangs a rompu les liens qui vous unissaient à Charles X : aujourd'hui tout vous est commun avec nous, succès et revers. M. Sébastiani, qui possédait le secret des incertitudes apparentes du duc d'Orléans, combattit l'opinion de son collègue avec suffisamment d'adresse pour lui donner le change sur les secrets sentiments du prince. On a vu qu'avant la conférence il s'était longtemps entretenu avec le duc d'Orléans. M. Dupin lui avait donné connaissance de l'acte d'acceptation qu'il avait préparé. Leur but n'était autre que d'amener les députés à de pressantes sollicitations. Le duc d'Orléans voulait qu'on demeurât convaincu qu'en acceptant la lieutenance générale, qui allait le conduire au trône, il avait subi une sorte de violence, qu'il n'avait fait qu'obéir à une impérieuse, à une inéluctable nécessité. Ses feintes irrésolutions n'avaient pas d'autre cause. C'est pour cela aussi que M. Sébastiani, son compère, soutenait avec persistance que le danger n'était pas aussi grand qu'on le dépeignait, que les partis n'étaient pas, comme on le disait, prêts à en venir aux mains, et qu'enfin il n'y avait pas lieu de tant se presser. « Mon cher Bérard, ajouta-t-il, croyez-moi, il ne faut rien précipiter. — Mon cher Sébastiani, répliqua M. Bérard, qui n'avait pas pénétré son jeu, les dangers que je signale sont réels, et je peux le démontrer. Du fond de vos fastueux salons vous dédaignez le peuple; moi je connais ses besoins et ses désirs, je passe ma vie au milieu de lui, je suis peuple moi-même; je sais où en sont les choses. » Rembrunissant encore les couleurs, il termina en ces termes sa pressante adjuration au duc d'Orléans : « Profitez, Monseigneur, d'un moment d'hésitation qui permet encore de rallier un grand nombre d'esprits incertains; profitez-en pour nous sauver et vous avec nous; dans une heure peut-être il ne sera plus temps. Décidez-vous, et que votre décision soit rendue publique à l'instant même. »

La députation en masse joignit ses instances à celles de M. Bérard, et M. Delessert, pour corroborer encore ses assertions, ajouta : « Monseigneur, non-seulement tout ce que M. Bérard vous a dit est la vérité, mais il ne vous a pas dit toute la vérité. »

Pressé de la sorte de toute part, le duc d'Orléans eut l'air de se laisser vaincre, il parut avoir la main forcée. Nonobstant, fidèle jusqu'au bout à son rôle, il demanda quelques instants encore pour se consulter; et, à cet effet, suivi de M. Dupin et de M. Sébastiani, il passa dans la pièce voisine. Un pli cacheté fut immédiatement envoyé par lui à l'hôtel de la rue Saint-Florentin. Après l'avoir parcouru avec une légèreté vaniteuse, Talleyrand se borna à répondre dédaigneusement au messager : « Qu'il accepte ! »

Quelque temps après, le prince rentrait dans la salle où se morfondaient les députés. « Il apportait, dit M. Bérard, un projet qu'il venait de rédiger et qu'il soumit à notre discussion. Je le trouvai trop faible pour la circonstance; j'insistai pour que la réunion des Chambres eût lieu sur-le-champ, et surtout pour qu'elles ne fussent pas convoquées le 3 août, jour fixé par Charles X : il me semblait que dans la forme comme au fond, on devait s'éloigner le plus possible de l'ancien ordre de choses. Je fus presque seul de mon avis; on faisait valoir des considérations étroites, mesquines, de convenance et de légalité. Cela me parut bien pauvre, bien pitoyable; mais l'influence du pouvoir se faisait déjà sentir : le futur roi commençait à avoir des courtisans. Quelques mots furent cependant changés et de cette élaboration sortit la proclamation suivante[1] :

« Habitants de Paris!

« Les députés de la France, en ce moment réunis à Paris, ont exprimé le désir que je me rendisse dans cette capitale pour y exercer les fonctions de lieutenant général du royaume.

« *Je n'ai pas balancé à venir partager vos dangers*, à me placer au milieu de cette héroïque population, et à faire tous mes efforts pour vous préserver de la guerre civile et de l'anarchie. En rentrant dans la ville de Paris, je portais avec orgueil ces couleurs glorieuses que vous avez reprises, et que j'avais moi-même longtemps portées.

« Les Chambres vont se réunir; elles aviseront aux moyens d'assurer le règne des lois et le maintien des droits de la nation.

« La Charte sera désormais une vérité.

« Louis-Philippe d'Orléans. »

Portée à la Chambre, cette proclamation y fut accueillie avec de bruyants transports d'enthousiasme. On décida qu'elle serait tirée à dix mille exemplaires. En même temps MM. Benjamin Constant, Bérard, Guizot et

---

[1] *Souvenirs* de S. Bérard.

Villemain furent chargés d'y répondre par une adresse au peuple français. La veille, M. Villemain déclarait ne pouvoir s'associer à la démarche qui appelait le duc d'Orléans à la lieutenance générale; aujourd'hui, il acceptait la mission de déverser les accusations les plus vives sur le gouvernement qu'un peu auparavant il entendait maintenir; et il allait prodiguer les éloges au pouvoir qu'il s'était efforcé de repousser.!

Cependant la proclamation du duc d'Orléans était loin de rencontrer la même faveur dans toutes les classes de la population. « Si, dit un historien, dans le jardin du Palais-Royal, à la place de la Bourse et sur les boulevards, la foule d'individus de toutes les classes qui commençaient à s'inquiéter sérieusement de l'interruption des affaires saluait avec transport, dans cette proclamation, l'espérance du rétablissement immédiat de la tranquillité publique, par contre, le langage du nouveau lieutenant général vint raviver l'animation des combattants assemblés sur la place de l'Hôtel de Ville. « Qui donc espère t-on tromper? s'écriaient des milliers de voix. Le duc d'Orléans annonce qu'il vient partager nos dangers! mais où donc est maintenant le péril? la bataille n'est-elle pas finie? où était-il pendant qu'elle se livrait? Il nous promet que désormais la Charte sera une vérité. Pense-t-il que nous nous sommes battus pour garder la charte de Louis XVIII? — On s'étonne que le duc d'Orléans tienne ce langage, ajoutaient les plus animés; mais le duc d'Orléans n'est-il pas un Bourbon, comme Charles X? Il faut le renvoyer avec le roi parjure ! Plus de Bourbons ! » L'agitation devint si vive, la clameur si forte, que les éclats de cette colère encore toute-puissante se firent entendre jusqu'au Palais-Royal et au palais Bourbon[1]. »

La rédaction première de la proclamation du duc d'Orléans portait : « *Une* charte sera désormais une vérité. » Par un changement significatif que tout annonce avoir été concerté, on y avait substitué : « *La* Charte sera désormais une vérité ; » et le *Moniteur*, insérant la proclamation, y apporta la même modification.

Cette étrange correction n'était pas passée inaperçue : elle avait suscité des ombrages et provoqué une vive fermentation[2]. Le jour même, il fallut revenir dessus et rétablir les mots « *une* charte » sur les nouveaux exemplaires de la proclamation. Mais ce changement ne fut maintenu que juste le temps nécessaire à l'affermissement de la royauté nouvelle. Par un artifice qui fit peu d'honneur au pouvoir fraîchement inauguré, le *Moniteur* publia, le 4 août, la rectification suivante : « C'est par erreur que la dernière phrase de la procla-

---

[1] M. de Vaulabelle, *Histoire des deux Restaurations*, t. VIII, p. 377.

[2] Le 1ᵉʳ août, le journal *le Temps*, faisant allusion à ces mots : « La Charte sera désormais une vérité, » s'exprimait de la manière suivante :

« On parle de *la* Charte, nous comprendrions mieux ce que l'on veut dire si l'on parlait d'*une* Charte ; car prétend-on parler de la Charte que nous avons, qui était octroyée, qui renferme dans son préambule la contradiction de ses articles, qui est empreinte, dans la rédaction de ces articles eux-mêmes, d'un double esprit à l'aide duquel on s'arme d'une disposition contre une autre ? Cette Charte, tant et si souvent violée, a été déchirée le 26 juillet par le gouvernement qu'elle soutenait, et nous avons fait des cartouches de ses lambeaux... »

mation du lieutenant général a été ainsi imprimée :
Une charte, etc. Cette phrase est ainsi conçue : La
Charte, etc., c'est ainsi qu'elle se trouve dans la première édition publiée et affichée sur tous les murs de
Paris. »

Le parti d'Orléans ne pouvait cependant pas espérer
d'avoir raison des légitimes réclamations du peuple
rien que par un si puéril manége. Déjà, lors de la nomination des quatre commissaires chargés de répondre
à la déclaration du duc, un député rigide et populaire,
M. Eusèbe de Salverte, s'en était expliqué en ces termes :
— « Il est nécessaire que notre manifeste indique d'une
manière explicite et forte les garanties que le peuple a
droit d'attendre. — La population, ajouta Benjamin
Constant, veut, en effet, des garanties et les veut fortement ; il sera indispensable d'en faire une énumération
qui servira de commentaire à ces mots : « La Charte
« sera désormais une vérité. »

La Chambre avait paru jusqu'à ce moment n'attacher
qu'une médiocre importance à l'assentiment du pouvoir de fait installé à l'Hôtel de Ville sous le nom de
Commission municipale. Son attention fut ramenée de
ce côté par les nouvelles inquiétantes qu'elle reçut de
ce brûlant foyer d'agitation. La proclamation du duc
d'Orléans continuait d'en être le prétexte, sinon le fondement.

Deux personnages qui se donnaient alors beaucoup
de mouvement au service de l'intronisation nouvelle,
M. Persil, un avocat vulgaire et intrigant, et M. Jac-

queminot, militaire courtisan, ne voyaient qu'un moyen de calmer l'effervescence des masses, c'était que le duc d'Orléans montât immédiatement à cheval pour se montrer au peuple : la Chambre tout entière lui aurait fait escorte. On allait lever la séance à cette fin, quand M. Laffitte fit observer que les députés ne pouvaient se séparer avant d'avoir voté et signé leur adresse. La commission dut presser son travail. Ce ne fut pas sans tiraillements qu'on se mit d'accord sur le fond des engagements que le pays allait exiger du nouveau pouvoir. L'entente établie, M. Guizot donna lecture à ses collègues du projet suivant :

« La France est libre ! Le pouvoir absolu levait son drapeau, l'héroïque population de Paris l'a abattu. Paris attaqué a fait triompher par les armes la cause sacrée qui venait de triompher en vain dans les élections. Un pouvoir usurpateur de nos droits, perturbateur de notre repos, menaçait à la fois la liberté et l'ordre. Nous rentrons en possession de l'ordre et de la liberté. Plus de crainte pour les droits acquis, plus de barrière entre nous et les droits qui nous manquent encore.

« Un gouvernement qui, sans délai, nous garantisse ces biens, est, aujourd'hui, le premier besoin de la patrie. Français, ceux de vos députés qui se trouvent déjà à Paris se sont réunis, et, en attendant l'intervention régulière des Chambres, il ont invité un Français qui n'a jamais combattu que pour la France, M. le duc d'Orléans, à exercer les fonctions de lieutenant général du royaume. C'est à leurs yeux le moyen d'accomplir promptement, par la paix, le succès de la plus légitime défense.

« Le duc d'Orléans est dévoué à la cause nationale et constitutionnelle. Il en a toujours défendu les intérêts et professé les principes. Il respectera nos droits, car il tiendra de nous les siens. Nous nous assurons par des lois toutes les garanties nécessaires pour rendre la liberté forte et durable :

« Le rétablissement de la garde nationale, avec l'intervention des gardes nationaux dans le choix de leurs officiers ;

« L'intervention des citoyens dans la formation des administrations municipales et départementales ;

« Le jury pour les délits de la presse ;

« La responsabilité légalement organisée des ministres et des agents secondaires de l'administration ;

« L'état des militaires légalement assuré ;

« La réélection des députés promus à des fonctions publiques.

« Nous donnerons à nos institutions, de concert avec le chef de l'État, les développements dont elles ont besoin.

« Français, le duc d'Orléans lui-même a déjà parlé, et son langage est celui qui convient à un pays libre : les Chambres vont se réunir, vous dit-il ; elles aviseront au moyen d'assurer le règne des lois et le maintien des droits de la nation.

« La Charte sera désormais une vérité. »

Quatre-vingt-onze députés apposèrent leur signature

à ce manifeste qui posait sommairement les bases de la future royauté, puis ils sortirent en corps pour se rendre au Palais-Royal.

M. Laffitte avait précédemment fait comprendre au duc d'Orléans la nécessité pour lui de faire acte de présence à l'Hôtel de Ville : marcher d'accord avec Lafayette était, en effet, le seul moyen de faire tomber toute opposition à son titre et de donner à sa nomination un caractère incontesté et irrévocable. Il n'avait rencontré de sa part aucune opposition : le prince lui avait répondu qu'il était prêt à cette démarche... M. Laffitte lui dépêcha alors M. Bérard pour le prévenir de la visite des députés.

« Je me rendis, raconte M. Bérard, en toute hâte au Palais-Royal, où je m'acquittai de ma mission. Le duc d'Orléans se disposait à partir ; mais il sentit la convenance qu'il y avait à ce qu'il attendît la Chambre. Il me fit l'accueil le plus aimable, et je dois même dire, le plus amical. « Vous saviez bien la vérité, me dit-il, et vous seul avez osé me la dire ce matin ; je comprends à présent qu'en effet il n'y avait pas un moment à perdre.

« Les membres de la Chambre furent plus d'une heure avant d'arriver au Palais-Royal, et je passai ce temps en quelque sorte en tête à tête avec le prince. De temps à autre seulement, des aides-de-camp ou des gens de la maison venaient demander des ordres. Nous causions avec le plus grand abandon et la plus complète familiarité. Pendant cette heure, j'ai appris à connaître et à estimer le caractère du duc d'Orléans. La circonstance dans laquelle nous nous trouvions est de celles qui permettent de lire jusqu'au fond des cœurs, et d'apprécier, en connaissance de cause, ceux qui s'y trouvent soumis. Loyauté, conscience et courage, telles me parurent être les qualités dominantes du prince. L'estime, et, j'ose ajouter, l'affection sincère qu'il m'inspirait, ne fermèrent pas toutefois mes yeux sur ce qui lui manquait. Il ne me parut pas être à tous égards au niveau des événements. Il me sembla qu'il avait plus de courage personnel que de fermeté de caractère, et plus de finesse que d'étendue d'esprit.

« Le désarroi était tel au Palais-Royal, que le prince n'avait auprès de lui personne pour l'habiller. Je l'aidai à faire sa toilette ; je décorai sa boutonnière d'un ruban tricolore, et nous substituâmes ensemble une cocarde nationale à la cocarde blanche qui se trouvait encore à son chapeau d'uniforme. Je me conduisais avec lui exactement comme si j'eusse été son ami, et il me traitait de la même manière. Je puis dire qu'en effet je l'étais devenu.

« La conversation fut intéressante et variée. Nous fîmes à plusieurs reprises des rapprochements entre la révolution anglaise et celle qui s'opérait sous nos yeux. — Charles X ressemble beaucoup, me dit le prince, au malheureux Stuart, et moi je crains d'avoir bientôt plus d'un rapport avec Guillaume. — Vous aurez, lui répondis-je, un grand avantage sur lui : c'est de ne pas venir accompagné des étrangers. Vous serez l'élu libre de France, à qui vous n'aurez pas été imposé.

« — Si je parviens au trône, me dit-il quelques moments après, et je ne puis me dissimuler que j'en suis menacé, vous ne sauriez croire, monsieur Bérard, à quels regrets je serai condamné. Ma vie de famille est si douce, nos goûts sont si simples, qu'en conscience je dois croire que ma famille et moi ne sommes pas faits pour la royauté. Je l'accepterai comme un devoir et non comme un plaisir. Et puis, faut-il vous l'avouer? j'ai toujours conservé dans le fond de mon cœur un vieux sentiment républicain dont je sens que je ne me séparerai jamais. — Ce que nous désirons par-dessus tout, lui répliqué-je, c'est d'avoir à notre tête un roi-citoyen; vous serez donc encore notre fait sous ce rapport.

« J'annonce au prince que notre proclamation contient l'énonciation de plusieurs garanties, — et que nous en demanderons dans la suite de plus amples encore.—Vous ne m'en demanderez jamais autant, répond-il, que je suis disposé à en accorder ou même à en offrir.

« Nous parlons de l'esprit républicain qui nous inquiète, et contre lequel nous cherchons à nous prémunir, et j'ajoute qu'il ne faut cependant pas se faire illusion, que la tendance générale des esprits les porte vers les idées républicaines, et que, dans quelques générations, peut-être, il n'y aura plus de rois. — Cela n'est pas impossible, me dit le duc d'Orléans, mais d'ici là, faisons ce qu'il faut pour en avoir de bons; et ce qu'il faut, c'est de bien définir les droits et les devoirs réciproques du roi et du peuple, et de se renfermer chacun dans les limites tracées par la loi.

« Cette conversation, tout intime, est remplie d'épanchements, de sentiments patriotiques, d'expressions d'un amour sincère du pays. Le duc d'Orléans se montre à mes yeux comme un prince honnête homme et comme un excellent citoyen, et j'avoue que, malgré mon ancienne répugnance pour les dépositaires du pouvoir, il me fait comprendre qu'il n'est pas impossible que les rois méritent et obtiennent de vrais amis[1]. »

Le matin, dans un moment d'abandon, d'épanchement calculé, le duc d'Orléans avait dit à M. Laffitte : « Que j'eusse vécu heureux sous la république, simple bourgeois de la rue Saint-Honoré! moins de pouvoir, moins de responsabilité. »

Les députés étaient arrivés au Palais-Royal. M. Laffitte, s'approchant du prince, lui dit à voix basse et avec un enjouement assez vulgaire : « Monseigneur, ce que je tiens à la main est bien beau : c'est une couronne!... Je ne vous dirai pas que c'est un *sans-culotte* qui vous l'offre (une de ses jambes malade était à moitié découverte), mais pourtant cela y ressemble un peu. » Puis, il donna lecture de l'adresse que je viens de reproduire. A mesure qu'il énumérait les garanties réclamées au nom de la France, le prince, à plusieurs reprises, donna des marques d'une chaleureuse approbation.

---

[1] *Souvenirs historiques*, p. 142.

Prenant à son tour la parole : « Messieurs, dit-il, les principes que vous proclamez ont toujours été les miens. Vous me rappelez tous les souvenirs de ma jeunesse, et mes dernières années ne les désavoueront pas. Je travaillerai au bonheur de la France, par vous et avec vous, comme un bon, comme un vrai père de famille. Toutefois, les députés de la nation me comprendront aisément lorsque je leur déclare que je gémis profondément sur les déplorables circonstances qui me forcent à accepter la haute mission qu'ils me confient, et dont j'espère me montrer digne. » Là-dessus le prince se jeta dans les bras de M. Laffitte, et, l'embrassant, il l'entraîna sur le balcon, où leur présence fut saluée des cris de : *Vive le duc d'Orléans ! Vive Laffitte !* sorti du sein de la foule amassée dans les cours du palais. Il s'y mêla bien quelques murmures ; mais ils se perdirent dans l'enthousiasme général.

Le lieutenant général et les députés se dirigèrent alors en compagnie vers l'Hôtel de Ville. Ce fut une marche singulière, et, plus encore, un singulier et bizarre cortége. Il n'y avait pas en ce moment d'armée régulière dans Paris. Les deux régiments de ligne qui, au cours de l'insurrection, avaient fait défection, gardaient la neutralité renfermés dans leur caserne. Il n'existait pas davantage de garde nationale organisée : rétablie depuis vingt-quatre heures à peine, elle n'avait pas encore eu le temps de se reconstituer. Le peuple sous les armes était l'unique force qui se trouvât dans la capitale, et il semblait indifférent au passage du cortége. Un tambour ouvrait la marche, quatre huissiers de la Chambre suivaient, derrière eux venait le duc d'Orléans à cheval, ayant à ses côtés un aide de camp et quelques officiers de l'ancienne garde nationale. M. Laffitte, en chaise à porteurs, précédait les membres de la Chambre s'avançant confusément à sa suite, au nombre de quatre-vingt-dix à cent.

Le trajet fut long, pénible à cause de l'excessive chaleur qui régnait, difficile en raison des nombreuses barricades qu'il fallait à tout moment franchir. Les cris de : *Vive la Charte! vive la Chambre! vive le duc d'Orléans!* avaient salué le cortége à sa sortie du Palais-Royal. A mesure qu'on s'avançait vers la Seine, ils diminuèrent sensiblement. La foule, il est vrai, était moins nombreuse. Elle redevint compacte, ardente, sur les quais, mais animée de dispositions moins bienveillantes. Pourtant, le prince fraternisait sans relâche avec nombre d'individus des dernières classes du peuple, « un peu trop à mon avis, » dit M. Bérard. Il recevait et donnait force poignées de main à des hommes du plus bas étage. Vers le pont Neuf, des cris de : *Vive la liberté! A bas les Bourbons!* commencèrent à se mêler aux précédentes acclamations.

De toutes les accusations dirigées contre le duc d'Orléans, celle d'être un Bourbon était la plus grave au sentiment de la multitude, et la plus facilement accueillie. Les partisans du prince avaient imaginé de la faire tomber au moyen d'immenses placards apposés à profusion sur les murs de Paris et ainsi conçus :

« Louis-Philippe d'*Orléans*, proclamé par la nation lieutenant général du royaume, n'appartient pas, comme le roi parjure, à la famille des *Capets*, mais bien à celle des Valois, qui a régné longtemps sur la France. Il est Valois.

« Philippe d'Orléans a combattu à Jemmapes sous la bannière tricolore, qu'il s'empresse d'adopter aujourd'hui. Confiant en la dignité du peuple français, il est resté dans son sein ; son administration intérieure, son caractère et ses antécédents, l'appellent à gouverner constitutionnellement notre belle patrie. Lui seul peut prévenir la guerre civile ; lui seul donnera les garanties nécessaires au commerce et au monde entier.

« Plus de Capets ! *Vive Louis-Philippe* d'Orléans ! »

Ces affiches impudentes provoquèrent une prompte réponse ; on les recouvrit d'autres placards où la vérité était impitoyablement rétablie.

« Au peuple !

« Louis-Philippe d'Orléans, nommé lieutenant général, est un Bourbon !

« Il est de la branche cadette ;

« Il est fils de Louis-Philippe-Joseph (dit *Égalité*), mort en 1793 ;

« Lequel était fils de Louis-Philippe, mort en 1785 ;

« Lequel était fils de Louis, mort en 1752 ;

« Lequel était fils de Philippe II (Régent), mort en 1723 ;

« Lequel était fils de Philippe Ier, mort en 1701 ;
« Lequel était frère cadet de Louis XIV.
« Et l'on ose dire qu'il est un VALOIS !
« Il est CAPET et BOURBON ! »

Les députés n'étaient donc rien moins que rassurés sur le sort, sur le maintien de leur œuvre, surtout aux approches de l'Hôtel de Ville, où redoublèrent les cris de : *Vive la liberté ! A bas les Bourbons !* Les dispositions de la foule étaient devenues mornes, presque menaçantes. Le cortége n'avait pu s'avancer qu'avec une extrême lenteur, en suivant les quais. De sinistres rumeurs commençaient à circuler. On disait que des hommes résolus avaient juré que le duc d'Orléans n'arriverait pas vivant à l'Hôtel de Ville. On assurait que vingt d'entre eux des plus exaltés se tenaient embusqués dans une des étroites et sombres rues qui débouchaient alors sur le quai, prêts, à son passage, à le percer de leurs balles.

M. Laffitte maîtrisait son inquiétude. Attentif à recueillir quelques rares acclamations, il criait par intervalles au duc d'Orléans, comme encouragement : « Eh bien, cela ne va pas trop mal ! — Mais, oui, » répondait le duc d'Orléans, en se retournant sur son cheval, sans discontinuer de prodiguer les poignées de main à la foule.

En rendant justice au sang-froid et à la fermeté du prince, je crois cependant qu'il y a lieu de beaucoup rabattre des dangers qu'on prétend qu'il courut[1] !

---

[1] « On a écrit que des forcenés, alignés sur le quai de Grève, armés

Ce n'est pas que je veuille dire qu'il n'y eût pour lui aucun péril et que j'entende rien retrancher de son courage. Au sein de cette population où fermentaient des passions violentes, où couvaient des haines implacables, où la presque certitude de l'impunité était une excitation au crime, il est certain que le duc, découvert et à cheval, offrait sa poitrine comme une cible aux balles des assassins. « La foule était immense, rapporte M. Bérard, et presque toute armée. D'une fenêtre, d'une porte, d'un groupe, un coup de fusil pouvait être sitôt tiré !... Le cœur ne cessa de me battre jusqu'à l'arrivée du lieutenant général à l'Hôtel de Ville[1]. »

Il était deux heures lorsque le duc d'Orléans parut sur la place de Grève. Placés sur le perron de l'Hôtel de Ville, des tambours battent aux champs tandis qu'il continue d'avancer. Une extrême pâleur couvrait son visage, ses traits étaient profondément altérés, sa contenance mal assurée. J'ai dit qu'il n'avait auprès de lui qu'un seul aide de camp, M. Berthois, alors accidentellement à Paris : MM. Athalin, Rumigny et autres, avaient été retenus à la campagne. Descendant de cheval, le lieutenant général gravit le per-

---

de tromblons, avaient attendu le duc d'Orléans pour l'abattre, puis le jeter à l'eau. Une circonstance fortuite empêcha cette épouvantable exécution. J'ai là-dessus les détails les plus circonstanciés, les plus positifs; mais j'abandonne cette pensée aux gémonies des révolutions. » (*Mémorial de l'Hôtel de Ville*, par Hippolyte Bonnelier, l'un des secrétaires de a Commission municipale.)

[1] *Souvenirs historiques.*

ron et pénétra dans l'intérieur de l'Hôtel de Ville.

Là était le point culminant, la période décisive de la crise. A l'Hôtel de Ville, Lafayette et les républicains étaient les maîtres absolus de la situation : la future royauté ne tenait qu'à un fil qu'un signe du général eût suffi à trancher. Mais ici je dois reporter l'attention du lecteur un peu en arrière sur ce qui s'y était passé pendant l'élaboration par la Chambre d'une royauté nouvelle.

J'ai insisté sur le fâcheux effet produit par le changement malencontreusement apporté à la proclamation du lieutenant général. A ce sujet ou sous ce prétexte, nulle part le mécontentement n'avait été aussi vif qu'à l'Hôtel de Ville. Les républicains qui s'y étaient établis et ceux qui couvraient la place de Grève étaient peu nombreux, mais pleins d'une sombre énergie. Accueillie par eux avec mépris, la proclamation avait été commentée avec colère. On se demandait quels étaient les périls que le duc d'Orléans était venu partager. On rappelait qu'il n'était entré dans Paris que le 30, après le combat, quand il ne restait plus qu'à ensevelir les morts. On faisait remarquer les termes ambigus de sa réponse, la prévoyance avec laquelle chacune de ses paroles était pesée. Une omission singulière donnait surtout à réfléchir aux moins défiants : la proclamation n'était pas datée. En sa qualité de Bourbon, le duc d'Orléans pouvait-il échapper à la proscription encourue par la branche aînée? Pour devenir roi, suffisait-il d'être le fils d'un régicide?

La Commission municipale, dévorée d'inquiétude sur l'état des esprits, s'efforçait de les calmer par tous les moyens en son pouvoir. Elle avait lancé une proclamation âpre et révolutionnaire qui commençait par ces mots : « Charles X a cessé de régner sur la France... ; » elle contrastait avec la phraséologie vague et décolorée du lieutenant général, avec les pâles formules des députés. Elle se terminait ainsi : « La nation seule est debout, parée de ces couleurs nationales qu'elle a conquises au prix de son sang. Elle veut un gouvernement et des lois dignes d'elle... Habitants de Paris! au lieu d'un pouvoir imposé par les armes étrangères, vous aurez un gouvernement qui vous devra son origine. Les vertus sont dans toutes les classes, toutes elles ont les mêmes droits, et ces droits sont assurés... » Suivaient les signatures de MM. Lobau, Audry de Puyraveau, Mauguin et de Schonen. Il en était résulté un certain apaisement dans les esprits.

À l'Hôtel de Ville, on comptait peu ou point d'Orléanistes. Lafayette y trônait à la tête de la force armée : il était la puissance souveraine du jour. On ne pouvait rien contre lui. Il fallait son adhésion à l'œuvre des députés. Mais comment l'obtenir? Pour cela, on avait dû négocier.

On a vu qu'à sa rentrée dans Paris, le duc d'Orléans avait, dans la nuit même, envoyé complimenter le général. Il lui avait depuis annoncé son intention de se rendre à l'Hôtel de Ville. Lafayette avait fait cette réponse aux intermédiaires du duc d'Orléans : « S'il vient, nous le recevrons ; mais ne m'annoncez pas sa venue : car, officiellement averti, les convenances m'obligeraient à le prévenir. »

Sur le caractère d'une pareille démarche de la part du duc d'Orléans, sur l'objet d'une visite par lui à l'Hôtel de Ville, aucune illusion n'était possible. Membre de la famille des Bourbons, on ne pouvait point, évidemment, songer à faire de lui un président de république ; on ne l'y poussait donc que pour lui faire monter au plus tôt les degrés du trône. Lafayette l'avait bien compris, et, de ce moment, son esprit était demeuré en proie aux plus vives perplexités. Toutes ses sympathies étaient pour une république selon les formes américaines : c'était là son utopie favorite. Mais avec son bon sens et sa raison élevée, il ne pouvait se dissimuler que le pays n'était ni fait ni prêt pour l'avénement de la république. Une circonstance fortuite ou préparée vint mettre le comble à ses incertitudes.

M. Rives, ministre des États-Unis à Paris, était venu lui faire visite à l'Hôtel de Ville. « Que vont dire, s'écria Lafayette en s'avançant vers lui, que vont dire nos amis d'Amérique, s'ils apprennent que nous avons proclamé la république ? — Ils diront, répondit froidement M. Rives, que quarante ans d'expériences ont été perdus pour les Français. » Cette condamnation si tranchée du régime démocratique par le propre ministre d'une puissance républicaine, parut faire une vive impression sur l'esprit de Lafayette.

Le général était devenu l'objet d'une obsession continuelle de la part des orléanistes : tant était ardue la tâche de vaincre en lui des répugnances qui semblaient insurmontables ! Le duc d'Orléans ne se recommandait à son suffrage par aucune prédilection particulière[1]. Loin de là, il était le fils de son ennemi personnel, et jamais Lafayette n'avait ressenti pour lui d'autre sentiment que celui d'une profonde antipathie. On travailla activement à en avoir raison. Avec l'âge, la volonté du général était devenue faible et vacillante. On s'arrangea de manière à ne pas le perdre un instant de vue. On fit bonne garde autour de lui, ou plutôt on le tint presque en chartre privée. M. Odilon Barrot, toujours à ses côtés, ne cessait de lui représenter, dans son langage emphatique et déclamatoire, les dangers immenses, les bouleversements inséparables de l'avénement prématuré de la république. M. de Rémusat, allié à la famille, le général Gérard, son propre fils Georges, tombé dans les filets de l'intrigue, mettaient dans la balance le poids de leurs supplications[2]. Obsédé, mais non convaincu, Lafayette laissa fléchir ses sentiments; il céda, persuadé que la royauté nouvelle, émanation de la souveraineté populaire, ne serait qu'une transition pour conduire

[1] Et pourtant une alliance de famille rattachait Lafayette à la branche d'Orléans. En effet la comtesse de Toulouse, mère du duc de Penthièvre, aïeul maternel du duc d'Orléans, était une Noailles, comme madame de Lafayette.

[2] « Général, dit à Lafayette son petit-gendre M. de Rémusat, qui était allé le voir à l'Hôtel de Ville, si l'on fait une monarchie, le duc d'Orléans sera roi; si l'on fait une république, vous serez président. Prenez-vous sur vous la responsabilité de la république ? » (*Mémoires pour servir à l'histoire de mon temps*, par M. Guizot, t. II, p. 12.)

plus sûrement à la république. Trop confiant dans l'institution de deux millions de gardes nationaux dont il était l'âme et sur lesquels il croyait pouvoir toujours compter, il cessa d'opposer des objections à l'établissement du nouveau pouvoir. Il crut y voir une sorte de démocratie royale. Le duc d'Orléans lui parut en position de remplir le rôle dont Tacite fait honneur à Nerva, et capable de « réunir deux choses trop longtemps séparées, le pouvoir et la liberté : *res olim dissociabiles, principatum ac libertatem.* » Le caractère du général, plein d'une énergie si soutenue, si intrépide, lorsqu'il s'agissait de détruire, se retrouvait faible et indécis en face d'une œuvre de reconstruction. Ce trait me semble résumer sa vie tout entière[1].

---

[1] La conduite politique de Lafayette, dans cette circonstance, la plus solennelle peut-être de sa vie, est très-bien expliquée par lui-même dans une lettre du 26 novembre 1830, où il fait part à Joseph Bonaparte des motifs qui l'ont déterminé à écarter les prétentions du duc de Reichstadt. En voici le passage le plus saillant :

« Lorsque la confiance publique m'eut placé à la tête de ce mouvement patriotique, je songeai à tirer de la victoire le meilleur parti pour la liberté de mon pays.

« La première condition du sentiment républicain étant de respecter la volonté générale, il m'était interdit de proposer une constitution purement américaine, la meilleure de toutes à mes yeux. C'eût été méconnaître le vœu de la majorité, risquer des troubles civils, appeler la guerre étrangère. *Un trône populaire, au nom de la souveraineté nationale, entouré d'institutions républicaines,* voilà ce que nous avons cru pouvoir. Tel a été le programme des barricades et de l'Hôtel de Ville.

« La Chambre des députés, représentant quatre-vingt mille électeurs, allait moins loin que nous ; mais, d'accord avec l'opinion publique pour l'expulsion d'*une famille coupable,* elle était, comme Paris et le reste de la France, pressée de rassurer toutes les consciences et de savoir à quoi s'en tenir.

« Le système napoléonien a été éclatant de gloire, mais empreint de

Le duc d'Orléans n'avait si facilement adhéré au conseil de M. Laffitte de se rendre à l'Hôtel de Ville, que parce qu'il en avait reçu l'assurance la plus positive d'y être parfaitement accueilli. Le matin même, M. Odilon Barrot s'était porté garant du général. Mais le duc d'Orléans ne s'en tint pas là : il envoya directement le général Gérard sonder Lafayette, qui lui fit cette réponse : « Mon devoir est de me conformer à l'opinion de la majorité ; cette majorité se prononçant pour le duc d'Orléans, il peut venir à l'Hôtel de Ville en toute confiance. Je dois cependant vous prévenir, ajouta-t-il en souriant, que je tirerai de la circonstance le meilleur parti possible pour la liberté. »

Nous avons quitté le duc d'Orléans au moment où il montait les degrés du perron de l'Hôtel de Ville. Le

despotisme, d'aristocratie et de servitude. Le fils de votre immense frère est devenu un prince autrichien, et vous savez ce qu'est le cabinet de Vienne.

« Je connaissais à peine le duc d'Orléans. De vives inimitiés avaient existé entre son père et moi. Quelques rapports de parenté et de bons procédés ne m'avaient pas même conduit jusqu'à l'entrée du Palais-Royal, et néanmoins je savais qu'il y avait dans cette famille des vertus domestiques, des goûts simples, peu d'ambition et un sentiment français... Je me rappelais le jeune républicain de 89, le soldat de Valmy et de Jemmapes, le professeur de Suisse et le voyageur aux États-Unis. Il s'appelait Bourbon, *et c'est un nom fâcheux;* mais ce nom même était, plus que le vôtre, plus que celui d'une république, une garantie contre la guerre. Il n'empêchait point de constater, d'exercer *le principe de la souveraineté du peuple, de mettre les armes aux mains de deux millions de citoyens nommant leurs officiers, de rendre complète la liberté de la presse et d'avoir des institutions populaires.* Il m'a paru utile, dans les circonstances où nous étions, pour la paix du dedans et du dehors, que les diverses nuances d'opinion politique se réunissent sur cette combinaison. Mon adhésion n'a pu être l'effet d'aucune prévention ou affection antérieure, » etc.

prince avait trouvé, à l'intérieur, les escaliers encombrés d'hommes armés. Aux combattants placés sur son passage, « Vous voyez, dit-il, un ancien garde national de 89 qui vient rendre visite à son ancien général. » Le mot était heureux ; il n'obtint pourtant qu'un médiocre succès. Les visages exprimaient surabondamment au duc d'Orléans qu'il n'avait pas affaire qu'à des amis. Si la réception que lui ménageait Lafayette devait être excellente, celle que d'autres lui préparaient pouvait être terrible. Un jeune homme avait juré de l'immoler au moment où il mettrait le pied dans la salle Saint-Jean. Heureusement, quand il prit le pistolet, il ne put s'en servir : une main inconnue l'avait déchargé.

Le duc d'Orléans n'était pas encore entré dans la grande salle que déjà il entendait autour de lui des vociférations et des reproches adressés à la famille des Bourbons. Visiblement troublé, il agita sa main vers un groupe pour qu'on l'écoutât. A ces paroles « qu'il fallait qu'il se retirât, s'il venait au nom de Charles X, *le parjure,* » il répondit : « Vous vous trompez, messieurs, le Roi n'a jamais eu la pensée de violer la constitution. » Puis, continuant de s'exprimer avec chaleur et volubilité, l'ivresse de sa propre parole le gagna : il parla de son père, de Danton, du clergé, puis de ceci et de cela, s'embrouillant toujours davantage : il battait manifestement la campagne. Lafayette lui vint fort heureusement à la rescousse.

Le général et la Commission municipale, placés à l'entrée des appartements, se trouvaient enfin en sa présence. Lafayette accueillit le lieutenant général avec une gracieuse cordialité et se fit son introducteur dans le grand salon. Quand tout le cortége fut réuni, un député, M. Viennet, futur thuriféraire du règne, saisissant des mains de M. Laffitte la déclaration de la Chambre : « Donnez-moi cela, dit-il, j'ai une voix superbe, » et il en prononça la lecture. Au moment où il en était à ces mots : « Le jury pour les délits de presse, » le duc d'Orléans, se penchant vers Lafayette, lui dit avec une apparente bonhomie : « Il n'y aura plus de délits de presse. » Il avait recouvré toute son assurance. La lecture terminée, mettant la main sur son cœur, il prononça ces paroles ambiguës et singulières dans la circonstance : « Je déplore, comme Français, le mal fait au pays et le sang qui a été versé ; comme prince, je suis heureux de contribuer au bonheur de la nation. » Ce langage, qui trahissait de l'embarras, n'en fut pas moins accueilli par de nombreuses acclamations. Une foule compacte et animée de sentiments divers était entassée dans la salle. Au sentiment d'incertitude et de contrainte qui jusque-là régnait dans l'assistance, succéda un vif élan d'enthousiasme. C'était le fruit de l'accueil de Lafayette.

Mais à ce moment se produisit un incident inattendu. Un général improvisé, le même que nous avons vu essayer vainement de se faire entendre chez M. Laffitte, M. Dubourg, en uniforme, s'approchant du duc d'Orléans, lui montra la place de Grève, encombrée d'hommes armés. « Vous venez, dit-il avec solennité, de prendre de grands engagements, songez à les tenir ; car si vous veniez jamais à les oublier, ce peuple que vous voyez saurait bien un jour vous les rappeler. » Cette apostrophe subite, tout empreinte de la rudesse républicaine, avait excité des murmures dans l'entourage du prince. Le duc d'Orléans, d'abord troublé, ne tarda pas à retrouver sa présence d'esprit. « Monsieur, dit-il, vous ne me connaissez pas pour me tenir un pareil langage. Sachez que je suis un honnête homme, auquel on n'a jamais eu besoin de rappeler ses engagements. » De bruyants applaudissements couvrirent ces paroles dans la salle entière.

M. Bérard s'était vivement approché de M. Dubourg, pour lui reprocher son inconvenance. Mais celui-ci, loin de se laisser déconcerter, rentra avec dignité dans le cercle d'où il était sorti. Les rangs, qui s'étaient ouverts pour le laisser passer, se refermèrent alors sur lui : il disparut. Longtemps taxée par les courtisans d'hallucination d'un cerveau malade, cette interpellation saine et réfléchie était destinée à devenir plus tard une prophétie : la journée du 24 février 1848 devait en être la sanction, lui assurer pleinement son accomplissement, alors de tout point imprévu.

Lafayette, un drapeau tricolore à la main, en avait présenté un second au duc d'Orléans : ils parurent ensemble à l'une des fenêtres de l'Hôtel de Ville avec cet emblème magique. Le prince, pressant le général sur sa poitrine, l'embrassa avec effusion. Cette accolade patriotique produisit un immense effet. Les sentiments de la multitude éprouvèrent une transformation subite : de malveillante qu'elle était peu d'instants auparavant, elle devint enthousiaste. Au cri de *Vive Lafayette !* proféré seulement jusque-là, elle unit celui de *Vive le duc d'Orléans !* Ces acclamations redoublèrent encore à la sortie du lieutenant général. Elles assuraient son nouveau titre. Il était reconnu, accepté : la révolution était consommée.

CHAPITRE XXIV

Retour du duc d'Orléans au Palais-Royal. — Rencontre du duc de Chartres avec la duchesse d'Angoulême. — Grave danger couru par le prince à Montrouge. — La Commission municipale et la réunion Lointier. — Exaspération du parti démocratique. — Démarche de Lafayette au Palais-Royal et programme dit de l'Hôtel de Ville. — Visite des républicains au duc d'Orléans.

Nous venons de voir le duc d'Orléans, accompagné des acclamations de la foule, sortir de l'Hôtel de Ville pour retourner au Palais-Royal. L'issue de la visite ne pouvait être plus heureuse. Il devait, ce semble, en ressentir toute satisfaction, et, pour le surplus du programme, nourrir toute confiance. Dans le trajet, néanmoins, il fut loin de paraître exempt d'appréhensions. Les dangers qu'il avait pu courir en venant, s'offrirent à son esprit encore plus formidables au retour. On conçoit une défaillance morale momentanée avec l'épuisement des forces physiques, après une série d'émotions si prolongées. Ce fut le cas du prince : lui, si intrépide à l'aller, était presque craintif au retour. Sur le quai, séparé un moment de son escorte, il se troubla. A quelques pas de lui s'avançait à cheval un jeune garde national, combattant de juillet, que la multitude paraissait connaître. Le duc d'Orléans lui fit signe de se rapprocher de lui pour le protéger de sa popularité.

De danger effectif au retour, il ne devait, heureusement, pas davantage en rencontrer. Sa rentrée au Palais-Royal s'accomplit non-seulement sans protestations, mais au milieu des ovations de la multitude. Elle fut absolument libre de contradiction et d'entraves. Il n'en avait pas été de même, dans une situation différente, de son fils aîné, le duc de Chartres.

Au moment où éclata le mouvement qui devait porter sa famille sur le trône, le jeune prince tenait garnison à Joigny, comme colonel du 1er régiment de hussards, grade auquel, le 13 août 1825, il avait été promu par Charles X. Ce fut dans cette ville que, le 27 juillet 1830, il reçut la première nouvelle du soulèvement de Paris. Abandonnant son régiment, il partit incontinent pour rejoindre sa famille. Il était accompagné de M. de Boismilon, son secrétaire. Entre Joigny et Melun, il se rencontra avec la duchesse d'Angoulême, qui se dirigeait fugitive de Dijon sur Rambouillet. Montant dans sa voiture, le duc de Chartres lui témoigna en termes expressifs toutes ses sympathies, et, avec l'effusion des sentiments les plus chevaleresques, mit ses services à sa disposition. La princesse en parut profondément touchée[1].

Après avoir pris congé de la duchesse, le duc de Chartres avait poursuivi sa route dans une direction bien

---

[1] L'auteur du livre : *Deux ans de règne*, publié en 1833, sous les auspices du gouvernement de Juillet, ne parle de cette entrevue, si honorable pour le duc de Chartres, que pour la dénaturer indignement.

différente de celle que l'infortunée fille de Louis XVI était condamnée à suivre. A l'entrée du faubourg de Montrouge, il fut reconnu, conduit dans une auberge et retenu sous la garde de quelques hommes du peuple. Il avait réclamé la protection du maire. Ce magistrat, dans l'intérêt même de la sûreté du prince, maintint l'arrestation, mais il lui fit accepter, dans sa propre maison, un asile plus convenable. La population, au surplus, avait été pour lui pleine d'égards, mais elle ne pouvait se dessaisir de sa personne sans un ordre de la Commission de l'Hôtel de Ville. M. de Boismilon courut le chercher à Paris. Le maire le munit d'une lettre pour le général Gérard, et, à sa demande, lui adjoignit le commandant de la garde nationale de Montrouge.

M. de Boismilon apprit à Paris que ce n'était pas au général Gérard, mais à Lafayette, qu'il devait s'adresser. Il eut beaucoup de peine à pénétrer jusqu'au général, à l'Hôtel de Ville. Lafayette ne voyait aucune raison de priver le duc de Chartres de sa liberté; il s'en exprima publiquement dans ce sens. Mais ce n'était pas le sentiment des républicains de son entourage : avec un discernement plus subtil, ils avaient compris tout de suite le parti qu'ils pourraient, le cas échéant, tirer d'un pareil otage. « Il faut, au moins, dit M. Pierre Leroux, qu'on nous laisse le temps de délibérer, » et il traça rapidement l'ordre de maintenir l'arrestation. Il présentait le papier à Lafayette, qui était sur le point de le signer, lorsque parut à l'improviste M. Odilon

Barrot, dans son costume ordinaire de garde national. Le général lui en donna communication. « Dans un cas de cette importance, dit M. Barrot, ne serait-il pas à propos de s'entendre avec la Commission municipale? » Lafayette approuva l'avis, et, tenant toujours l'ordre à la main, entra avec M. Barrot dans une pièce voisine. Il reparut un moment après, suivi de M. Comte, l'un de ses aides de camp. Ce dernier, entraînant M. de Boismilon, sans autre explication, ils sortirent ensemble. M. Comte était chargé d'un message verbal pour le duc de Chartres. Il portait, en outre, l'injonction au maire de Montrouge de mettre immédiatement le prince en liberté. Je dois expliquer ici les causes du départ précipité de M. Comte et de l'ordre formel de l'élargissement du duc de Chartres.

Les républicains de l'Hôtel de Ville, flairant les intentions de la coterie orléaniste, n'avaient pas perdu un instant de vue Lafayette relativement à la conduite qu'il tiendrait à l'égard du fils aîné du duc d'Orléans. Sans même attendre sa décision, ils avaient quitté le cabinet du général, résolus à placer le duc de Chartres sous bonne garde. Ils avaient donné l'éveil à un groupe de combattants qui bivaquaient sous le péristyle du théâtre des Nouveautés. « C'est un prince, s'écrièrent ces hommes violents et audacieux, allons le fusiller, » et ils envoyèrent prévenir leur commandant, M. Étienne Arago, qui déjeunait à quelques pas de là dans un café. Celui-ci, peu soucieux de se divertir à cette besogne, s'efforça de les en dissuader. Mais à ses représentations ils demeurèrent sourds et inflexibles. Ne pouvant les retenir, M. Arago écrivit rapidement à Lafayette le danger que courait le fils aîné du duc d'Orléans ; il lui recommandait de se hâter s'il voulait sauver ses jours. Le billet, remis d'urgence au général, avait déterminé le brusque départ de M. Comte et de M. de Boismilon pour Montrouge.

Cependant, même après l'avis qu'il avait fait tenir à Lafayette, M. Étienne Arago était loin d'être rassuré sur le sort du prince. Dans l'impossibilité de maîtriser la résolution de ses volontaires, il eut recours à la ruse. La chaleur était accablante. En marche et à leur tête, il eut soin de multiplier les stations dans les cabarets. Les libations y furent copieuses. Par surcroît de bonheur, dans un quartier d'eux mal connu, chef et milice se perdirent. Après de longs détours, la bande atteignit enfin la barrière du Maine. Mais exténuée de fatigue et de boisson, elle était sur les dents : M. Arago la fit coucher dans les fossés qui bordaient alors la chaussée. Il mit encore à profit cette halte pour prévenir le commandant du poste voisin de ne point laisser sortir de Paris sa compagnie qui allait bientôt venir. Ce répit avait permis à M. Comte d'arriver à temps à Montrouge. Il avait immédiatement fait mettre en liberté le duc de Chartres. Le prince, libre de ses mouvements, reprit incontinent la route de Joigny. Ce ne fut pas au reste sans difficulté. A la Croix-de-Berny, le maire dut faire valoir sa qualité pour lui procurer des chevaux de poste. Le prince ne sut que plus tard la gravité du danger auquel il avait eu le bonheur d'échapper. M. Étienne Arago, de moitié avec Bacchus, avait sauvé à la révolution un crime qui l'eût souillée d'une tâche indélébile.

La visite du lieutenant général à l'Hôtel de Ville avait mis fin aux pouvoirs révolutionnaires de la Commission municipale : le siége incontesté du gouvernement se trouvait transporté au Palais-Royal. La partie semblait perdue pour les républicains. Cependant le parti démocratique n'avait pas perdu toute espérance.

De toutes les sociétés populaires, la plus influente était celle qui, tenant ses réunions dans les salons du restaurateur Lointier, en avait reçu le nom. Elle demeurait en permanence. Une députation fut chargée par elle de demander à la Commission municipale qu'aucun prince ne fût proclamé sans que le peuple eût été préalablement consulté. M. Odilon Barrot, secrétaire de la Commission, la reçut et lui fit une réponse évasive. Il s'ensuivit une fermentation toujours croissante, et, dans la soirée, on eut lieu de craindre une tentative violente en faveur de la république. La Commission municipale engageait le lieutenant général à faire doubler les postes. « Mais pourquoi donc ce mouvement, dit le duc d'Orléans ; ne suis-je pas républicain? ne l'ai-je pas toujours été? »

A la tournure que prenaient les événements, ce parti avait conçu une irritation qui allait maintenant jusqu'à l'emportement. Taxé d'imprévoyance, sinon de trahison, Lafayette était assailli de plaintes. On lui reprochait de n'avoir pas stipulé, en faveur de la liberté et des droits de la nation, des garanties plus étendues, plus positives que celles énoncées dans l'Adresse des députés. Jusqu'à un certain point la critique était fondée : elle porta coup. « Eh bien, dit le général, prenez la Charte, indiquez-moi les changements que vous croyez nécessaires ; j'irai les formuler ce soir au Palais-Royal, et j'augure assez favorablement des dispositions du successeur de Charles X pour être persuadé qu'il n'hésitera pas à les adopter. »

Ces modifications furent aussitôt discutées. Elles constituaient une sorte de programme dont l'adoption formerait une espèce de contrat entre le peuple et le pouvoir héritier de sa victoire[1]. Deux copies en furent faites. L'une fut remise à M. Bérard qui, préparant de son côté une révision de l'acte constitutionnel, élaborait en ce moment un projet qu'il devait sou-

---

[1] Voici le texte de ce programme tel que nous l'a conservé M. Cabet : « Souveraineté nationale reconnue, en tête de la constitution, comme dogme fondamental du gouvernement. — Point de pairie héréditaire, mais deux Chambres homogènes. — Renouvellement complet de la magistrature. — Lois municipale et communale sur le principe le plus large de l'élection. — Point de cens d'éligibilité. — Cens électoral à cinquante francs. — L'élection appliquée à toutes les magistratures inférieures, notamment aux justices de paix. — Plus de priviléges ni de monopoles. — Liberté entière des cultes et de l'enseignement. — Une école primaire gratuite par commune. — Liberté entière de la presse, sans timbre ni cautionnement. — Jury pour les délits de presse. — Jury d'accusation. — Garde nationale nommant directement ses officiers. — Responsabilité des agents secondaires, sans autorisation du conseil d'État. — Ces bases, adoptées provisoirement, devaient être soumises à la sanction de la nation, seule capable de s'imposer le système de gouvernement qui lui conviendrait. »

mettre à la Chambre. Lafayette, porteur de la seconde, se rendit, selon sa promesse, auprès du lieutenant général.

Dès que le duc d'Orléans l'aperçut, courant à lui, à son entrée au Palais-Royal, il l'embrassa de la manière la plus affectueuse. L'entrevue eut lieu sans témoins, le 1ᵉʳ août; elle était destinée à devenir plus tard le texte de controverses ardentes, et, à ce titre, elle mérite d'être enregistrée par l'histoire. Voici en quels termes Lafayette s'en explique dans ses *Mémoires* :

« Après cette visite d'apparat (celle du duc d'Orléans à l'Hôtel de Ville), Lafayette voulait savoir sur quoi compter. Entouré par une jeunesse ardente, par tout le parti républicain, qui était celui de ses inclinations personnelles, et se sentant chargé du sort de la patrie, il ne tarda pas à rendre au duc d'Orléans sa visite. Il eut lieu d'être content des professions du prince. »

Ces professions, cependant, durent être bien peu explicites, rien qu'à en juger par la conversation rapportée par le général.

« Vous savez, dit-il au duc d'Orléans, que je suis républicain et que je regarde la constitution des États-Unis comme la plus parfaite qui ait existé. — Je pense comme vous, répondit le duc d'Orléans ; il est impossible d'avoir passé deux ans en Amérique et de n'être pas de cet avis. Mais croyez-vous que, dans la situation de la France et d'après l'opinion générale, il nous convienne de l'adopter? — Non, lui dis-je ; ce qu'il faut aujourd'hui au peuple français, *c'est un trône populaire, entouré d'institutions républicaines, tout à fait républicaines*. — C'est bien ainsi que je l'entends. — Tenez, ajouta Lafayette, se livrant davantage, la constitution de 1791 était une constitution vraiment républicaine. — Ce n'est pas la mienne, reprit le duc d'Orléans ; l'expérience nous en a trop bien appris les inconvénients : il est impossible de marcher avec une seule Chambre. Tenons-nous-en, de votre aveu, aux États-Unis. Que peut-on désirer de plus ?

« Lafayette remit alors au duc d'Orléans le travail de révision de la Charte qu'il avait apporté. Le prince le parcourut. « Je n'ai personnellement, dit-il, aucune objection à faire contre les modifications proposées, elles me semblent toutes justes et raisonnables. Mais vous sentez, mon cher général, fit-il avec l'apparence du plus complet abandon, que je suis malheureusement condamné à ne pouvoir rien proposer ; je ne prendrai pas la couronne, je la recevrai de la Chambre des députés aux conditions qu'il lui conviendra de m'imposer. Des modifications à la Charte, quelles qu'elles soient, ne peuvent donc être faites que par elle seule. » Subjugué par ce scrupule, Lafayette, dans sa bonne foi native et sa naïveté crédule, se tint pour satisfait ; il ne fut plus question de la note qu'il avait apportée. Lui, dont la parole était indéfectible, il estima celle du duc d'Orléans à l'égal d'une signature qu'il n'aurait pu demander à un gentilhomme sans lui témoigner une injurieuse défiance.

De retour à l'Hôtel de Ville, il fit part à ses amis de l'impression qu'il avait reçue dans son entretien avec le duc d'Orléans. « Il est républicain, dit-il, aussi républicain que moi. » Au récit de sa démarche, ses auditeurs demeurèrent stupéfaits. C'était pour eux plus que de la crédulité : Lafayette leur parut tombé en enfance. Lui-même se sentait mal à l'aise, comme confus d'un pareil résultat. On a affirmé qu'il ne cessa, dans la suite, d'être obsédé de ce souvenir. A Armand Carrel, qui lui reprochait plus tard sa légèreté dans cette circonstance : « Que voulez-vous, mon ami, dit-il; à cette époque-là, je le croyais bon et bête. »

Comme on l'a fait observer depuis, et avec raison, il n'y eut pas, au Palais-Royal, de programme débattu entre les deux interlocuteurs. Par hasard ou à dessein, la communication compromettante de Lafayette fut prévenue grâce au caractère expansif de l'entretien que je viens de rapporter, et qui, sans engager gravement le prince, livrait à la sécurité du général la plupart des garanties propres à endormir ses exigences. Il importe encore de remarquer que le duc d'Orléans, tenant ses pouvoirs des Chambres, marchant d'accord avec elles, ne pouvait guère prendre d'engagement sans leur concours. Moins naïf que le général, le prince, dans cette célèbre entrevue, agit sur lui par voie de séduction. Il entra dans ses idées, les caressa même, tout en se gardant bien de rien préciser; et ses *professions*, si satisfaisantes qu'elles parurent aux yeux de Lafayette, lui permirent plus tard d'affirmer plausiblement qu'il n'avait rien promis, qu'il ne s'était engagé à rien [1].

[1] M. Renan a très-exactement défini la situation qui devait s'ensuivre

HISTOIRE DE LOUIS-PHILIPPE.   379

Le duc d'Orléans allait se montrer moins réservé dans un autre entretien non moins fameux, celui-là en présence de témoins et dont toutes les circonstances nous ont été conservées. Il eut lieu le jour même de l'entrevue que je viens de raconter ; et c'était M. Thiers qui en avait étourdiment pris l'initiative. Voici quelle en fut l'occasion.

Une scission venait de se produire dans la petite phalange qui se groupait autour du *National*. A part l'ambition et le désir de recueillir leur part des fruits de la victoire, les uns comme M. Thiers et M. Mignet, fidèles à leur culte pour la monarchie constitutionnelle, étaient décidés à soutenir de leur parole et de leur plume le nouvel établissement. Les autres, tels que MM. Godefroy Cavaignac, Guinard et Boinvilliers, attirés par tempérament ou conviction vers la république, se montraient ouvertement hostiles à une solution qu'ils considéraient comme un avortement de la révolution. M. Thiers, alors en relations suivies avec le duc d'Orléans, crut ou feignit de croire que de franches explications de part et d'autre auraient pour résultat de

pour Louis-Philippe, conséquence, au surplus, de l'origine complexe et hybride de la nouvelle royauté.

« Flottant entre le roi élu et le roi légitime, il se vit enchaîné à des démarches indécises, dont sa dignité souffrit. Je ne dirai pas qu'il manqua à ses promesses : il n'en avait pas fait ; mais on peut dire que la situation les avait faites pour lui. Il est certain qu'il se prêta d'abord à l'idée d'une origine toute populaire... Plus tard, il se rattacha à une autre théorie...; mais il ne sortit jamais de ce dilemme fatal : faible quand il était fidèle à ses origines, blessant quand il ne l'était pas, il se laissait arracher comme des concessions les actes que l'opinion dont il avait reçu l'investiture réclamait comme des droits. »

faire tomber chez ses amis ce qu'il regardait comme des préventions. Il les pressa d'accepter une entrevue avec le duc d'Orléans. Il paraît acquis aujourd'hui qu'il s'était d'avance entendu à ce sujet avec le prince, dont il n'avait pas eu de peine à obtenir le consentement, lui remontrant, avec sa faconde ordinaire, quel profit, dans l'occurrence, il retirerait, sinon du concours, au moins de la neutralité de ses anciens et toujours redoutables coopérateurs.

En conséquence, MM. Bastide, Godefroy Cavaignac, Boinvilliers, Thomas et autres, furent invités par lui à se rendre dans la soirée au Palais-Royal. Ils furent reçus immédiatement par le duc d'Orléans. Il existe différentes versions de la conversation qu'ils eurent avec le prince. Je m'en tiendrai au récit que donne M. Louis Blanc de cette conférence : mieux qu'un autre il s'est trouvé en position d'être exactement informé par ses relations intimes avec les interlocuteurs du duc d'Orléans.

Après les politesses et banalités d'usage, M. Boinvilliers, avocat loquace et prétentieux, ouvrit l'entretien.

« Demain, dit-il au duc d'Orléans, demain vous serez roi. »

A ces mots, le duc d'Orléans fit presque un geste d'incrédulité. Il dit qu'il n'avait pas aspiré à la couronne, et qu'il ne la désirait pas, quoique beaucoup de gens le pressassent avec ardeur de l'accepter.

« Mais enfin, continua M. Boinvilliers, en supposant que vous deveniez roi, quelle est votre opinion sur les traités de 1815 ? Ce n'est pas une révolution *libérale*, prenez-y garde, que celle qui s'est faite dans la rue, c'est une révolution *nationale*. La vue du drapeau tricolore, voilà ce qui a soulevé le peuple, et il serait certainement plus facile de pousser Paris vers le Rhin que sur Saint-Cloud. »

Le duc d'Orléans répondit qu'il n'était point partisan des traités de 1815, mais qu'il importait de garder beaucoup de mesure vis-à-vis des puissances étrangères, et qu'il y avait des sentiments qu'il ne fallait pas exprimer tout haut.

La seconde question que M. Boinvilliers lui adressa était relative à la pairie.

« La pairie, disait M. Boinvilliers, n'a plus de racines dans la société. Le Code, en morcelant les héritages, a étouffé l'aristocratie dans son germe, et le principe de l'hérédité nobilière a fait aujourd'hui son temps. »

Le duc prit la défense de l'hérédité de la pairie, mais avec mollesse. Il la considérait comme formant la base d'un bon système de garanties politiques. « Du reste, ajouta-t-il, c'est une question à examiner, et si la pairie héréditaire ne peut exister, *ce n'est pas moi qui l'édifierai à mes frais.* » Le duc parla ensuite des Cours royales et de la nécessité d'en respecter l'organisation, tout en rappelant des procès qu'il avait perdus ; il s'éleva contre la république avec beaucoup de fermeté ; il avoua qu'il avait été républicain, mais il condamnait ce système, surtout dans son application à la France.

« Monseigneur, lui dit alors M. Bastide, avec une

douceur presque ironique, dans l'intérêt même de la couronne, vous devriez convoquer les assemblées primaires. »

Le prince retira sa main qu'il appuyait négligemment sur le bras de M. Bastide, fit deux pas en arrière, changea de visage, et, s'emparant de la parole avec vivacité, s'étendit sur la Révolution, sur ses excès, sur tant de pages funestes à mettre en regard de quelques pages glorieuses ; — et il montrait du doigt deux tableaux représentant la bataille de Jemmapes et celle de Valmy. Il continua sur ce ton, attaquant en termes fort clairs le système suivi par la Convention, lorsque, attachant sur lui son regard dur et fixe qui déjouait le sien, M. Godefroy Cavaignac s'écria rudement : « Monsieur, vous oubliez donc que mon père était de la Convention ? — Le mien aussi, monsieur, répliqua le duc d'Orléans, et je n'ai jamais connu *d'homme plus respectable.* » Les assistants étaient attentifs à ce débat entre deux fils de régicides. Le duc d'Orléans se plaignit des calomnies répandues contre sa famille, et comme M. Boinvilliers avait manifesté la crainte de voir les carlistes et le clergé encombrer les avenues d'un trône nouveau : « Oh ! pour ceux-là, s'écria le duc énergiquement, ils ont porté de trop rudes coups à ma maison : une barrière éternelle nous sépare. » Puis, s'enivrant de sa propre parole et oubliant tout à fait son entrevue avec M. de Mortemart, il parla d'une rivalité, rivalité longue et terrible. « Vous savez ce que sont les haines de famille ? Eh bien ! celle qui divise la branche aînée et la branche cadette des

Bourbons ne date pas d'hier : elle remonte à Philippe, frère de Louis XIV. » Il fit l'éloge du Régent : le Régent avait été horriblement calomnié ; on n'avait pas su tous les services qu'il voulait et pouvait rendre ; beaucoup de fautes lui avaient été injustement imputées, etc., etc. Il aborda ainsi bien des sujets divers, s'exprimant sur toute chose longuement, sans éclat, sans profondeur, mais non sans maturité et avec une facilité d'élocution remarquable. Peut-être cédait-il de la sorte à un entraînement vaniteux. Peut-être aussi était-il bien aise de montrer en quoi son éducation avait différé de celle des autres princes... Au moment où les républicains allaient sortir, le duc d'Orléans leur dit d'une voix caressante : « Vous reviendrez à moi ; vous verrez ! » Et le mot *jamais* ayant retenti à son oreille : « Il ne faut jamais prononcer ce mot », ajouta-t-il, en rappelant un aphorisme vulgaire, et comme un homme qui croit peu aux convictions intraitables[1]. »

La divergence d'opinions et de sentiments était trop profonde des deux côtés, pour qu'on pût espérer de jamais s'entendre. A défaut d'un accord politique, impossible à établir, le duc d'Orléans entreprit de toucher une autre fibre, une corde plus sensible. Il dit à M. Charles Thomas « qu'il ferait un beau colonel ; » à M. Boinvilliers, il parla de « position administrative. » On se sépara sur ces questions délicates.

« Ce n'est qu'un deux cent vingt-un, » dit du prince

---

[1] *Histoire de dix ans*, t. I, p. 585.

M. Bastide, à la sortie du Palais-Royal. Le fait était vrai, le mot juste. Le tort était aux républicains d'avoir cherché en lui davantage. Le duc d'Orléans n'était et ne pouvait être autre chose que l'homme de la bourgeoisie, l'instrument dont les classes moyennes allaient se servir pour asseoir définitivement leur prépondérance et, politiquement parlant, compléter leur fortune.

Quant à M. Thiers, l'introducteur, il prit on ne peut plus gaiement la déconvenue de ses amis. « J'ai fait, dit-il, en se pâmant de rire, j'ai fait là, ma foi, une belle ambassade[1] ! »

A M. Thiers il était permis de rire, lui l'homme du fait, ne croyant ni à la monarchie, ni à la république, ni au droit divin, ni au droit populaire. Il avait mené à bien son œuvre, sans s'inquiéter si elle était viable. Il n'y portait pas la naïveté de Lafayette, encore moins le désintéressement de M. Laffitte. Il y trouvait son compte : peu lui importait la durée. Discoureur incomparable en dépit de sa faconde un peu caqueteuse, mais dépourvu de l'attribut essentiel de l'homme d'État, la supériorité du caractère, jamais il ne devait comprendre, malgré tout son esprit et son expérience des hommes et des choses, qu'un gouvernement, qu'il s'appelle république ou monarchie, ne saurait vivre que par la vérité du principe d'où il émane et par la moralité des actes qu'il accomplit. La famille d'Orléans, du

---

[1] *Louis-Philippe et la contre-révolution de 1830*, par B. Sarrans jeune, t. I, p. 357. — *Biogr. de Louis-Philippe*, par Michaud, p. 229.

commencement à la fin, ne le comprit pas davantage, témoin la scène lamentable du 24 février 1848, où, après que Louis-Philippe eut signé l'acte de son abdication, Marie-Amélie, se tournant vers M. Thiers, lui laissa ce douloureux adieu : « Monsieur, vous nous avez perdus ! » La reine se trompait. Le jour où M. Thiers l'avait perdue, ce n'était pas le 24 février, mais bien le 1ᵉʳ août 1830, à Neuilly, quand, pour son malheur, il réussit à l'entraîner, contre tout droit et toute moralité, à accepter la couronne.

CHAPITRE XXV

Formation d'un ministère. — M. Girod (de l'Ain) remplace M. Bavoux à la préfecture de police. — Perplexités et illusions de Charles X. Il confère la lieutenance générale au duc d'Orléans. — Double abdication du Roi et du Dauphin. — Le général de Latour-Foissac au Palais-Royal. — Lutte intérieure dans la famille d'Orléans. — Exhortations de la duchesse et, en sens inverse, incitations de Béranger. — Envoi de commissaires à Charles X. — Diatribes et libelles répandus à profusion dans Paris. — Dévergondage de la presse. — Retour des commissaires au Palais-Royal et expédition de Rambouillet.

L'entrée en fonctions du lieutenant général n'eut lieu que le 1er août. Antérieurement, le pouvoir issu des barricades, composé d'éléments, sinon hétérogènes, au moins divers et disparates, avait procédé à l'œuvre de son organisation. Sous le nom de commissaires provisoires, la Commission municipale avait composé comme suit le premier ministère de la révolution : M. Dupont (de l'Eure) à la justice, le baron Louis aux finances, le général Gérard à la guerre, M. de Rigny à la marine, M. Bignon aux affaires étrangères ; le duc de Broglie avait été placé à l'intérieur et M. Guizot à l'instruction publique.

Le public eut peine à se rendre compte de ces choix, d'autant que l'arrêté qui les portait était revêtu des signatures de M. Audry de Puyraveau, de M. Mauguin, de MM. Lobau et de Schonen. Loin d'offrir une majorité d'amis de la révolution, ils impliquaient un mouvement rétrograde. Les noms des nouveaux élus n'avaient d'autre explication plausible que l'influence de Casimir Périer, à qui ses relations et sa conduite ambiguë interdisaient de se mettre sur les rangs. La prudence lui commandait surtout d'éviter de les sanctionner de sa signature. On n'en sentait pas moins son action dans l'ombre où il se tenait[1]. M. Delaborde à la préfecture de la Seine, et M. Bavoux à la police, complétaient ces hautes nominations.

Le duc d'Orléans ne ratifia pas tous ces choix : déjà éclataient chez lui des préférences et des antipathies prononcées, et s'accusaient d'une façon plus ou moins marquée certaines tendances de son gouvernement. L'esprit général en était, dès ce moment, une opposition mal dissimulée au courant du jour. S'il conserva M. Dupont (de l'Eure) à la justice, le général Gérard à la guerre, M. Louis aux finances, c'est que ces noms lui

---

[1] A la première réunion des députés, qui eut lieu chez M. Alexandre Delaborde, Casimir Périer avait exprimé l'opinion que la Chambre avait été *bel et bien dissoute*, et il avait combattu l'idée d'une protestation contre les ordonnances. Sa conduite subséquente n'avait pas été moins circonspecte. Il appartenait certainement à cette fraction de l'opinion libérale qui aspirait à maintenir, sous des conditions plus ou moins rigoureuses, la dynastie de Charles X, tandis que l'autre voulait qu'on répondît aux ordonnances par une révolution. Casimir Périer s'était absolument refusé à signer la proclamation par laquelle la Commission municipale déclara la déchéance de Charles X. Son attitude au cours des événements avait été constamment pâle et équivoque.

étaient imposés par la situation. Mais il appela M. Guizot de l'instruction publique pour le placer à l'intérieur : il s'accommodait mal de la raideur et du ton dogmatique de M. de Broglie, esprit systématique et absolu. Il ne rencontrait pas le même fonds en M. Guizot, qui, sous des apparences à peu près semblables, masquait une docilité sans bornes, la complaisance la plus servile. Relativement aux autres portefeuilles, le lieutenant général nourrissait des vues particulières : pour leur donner des titulaires définitifs, il attendait le dénoûment d'intrigues qui s'agitaient en ce moment.

La préfecture de police, cette sentine de la grande ville, qui, à la chute de tout gouvernement, appartient toujours au premier occupant, M. Bavoux s'y était établi bien avant sa nomination régulière. Malgré son incontestable capacité, il devait y rester peu de temps en fonctions. Dans ce poste d'une importance capitale eu égard à la situation, le duc d'Orléans ne tarda pas à lui substituer M. Girod (de l'Ain).

Aucune nomination ne provoqua davantage les défiances du public. Le choix de M. Girod avait tout d'abord excité la surprise des amis de la révolution, tant il était imprévu et au rebours des prévisions générales. Médiocrité ou plutôt *fruit sec* d'une magistrature de favoritisme, disait M. Étienne, sans principes politiques ni indépendance, sans talents ni valeur appréciable, M. Girod (de l'Ain) avait cependant su faire sa fortune sous tous les régimes, en suivant les temps et en se pliant aux circonstances. Bien qu'il fût à Paris où il faisait nombre à la Cour d'assises, il n'avait pas paru une seule fois parmi les militants de l'insurrection. Tout au plus, le 30 juillet au soir, s'était-il montré derrière le bouclier de la lieutenance générale. Mais il avait un mérite inestimable aux yeux du duc d'Orléans : on le savait de cire à recevoir toutes les impressions, à revêtir toutes les formes, d'une souplesse et d'une obéissance sans égales. Le prince se sentait autrement à l'aise avec lui qu'avec M. Bavoux, qui n'avait jamais cessé, dans toute sa carrière, de faire preuve de patriotisme et d'indépendance, et avec lequel il eût fallu compter. Le duc d'Orléans n'avait à appréhender de son remplaçant rien de semblable, mais seulement une obséquiosité monotone.

Le 1er août, la Commission municipale était venue déposer ses pouvoirs entre les mains du lieutenant général, qui la pria de rester provisoirement chargée de tout ce qui concernait la sûreté de Paris. Le même jour, Lafayette avait pris, en sa qualité de commandant général, les mesures nécessaires à l'effet de hâter l'organisation de la garde nationale dans toute l'étendue du royaume. Une ordonnance déclara que la France reprenait ses couleurs et qu'il ne serait plus porté d'autre cocarde que la cocarde tricolore. Une autre ordonnance annonça que la Chambre des pairs et la Chambre des députés se réuniraient le 3 août. C'était la même date que Charles X avait antérieurement deux fois fixée. Les pairs et les députés allaient donc s'assembler au jour indiqué par le Roi lui-même ; mais un autre présiderait à sa place, sans son aveu, à cette solennité mémorable. Avant de la raconter, c'est au monarque déchu que je dois revenir.

J'ai dit l'événement qui avait déterminé Charles X à précipiter sa retraite sur Rambouillet. Il y fut rejoint à travers mille dangers par la Dauphine, qui était à Vichy lors de la publication des ordonnances. Avec de la résolution et un plan vigoureusement suivi de concentration de ses forces, avec l'emploi judicieux de ses dernières ressources, la partie était loin d'être perdue pour Charles X. Mais il ne pouvait se résoudre à prendre un parti et surtout s'y tenir. M. de Guernon-Ranville avait proposé de se retirer à Tours et d'y agglomérer les troupes qui restaient fidèles à la dynastie. Dans ce centre de résistance, on pouvait espérer de tenir assez longtemps pour désorganiser l'insurrection et déconcerter ses chefs. A ce plan le Roi avait paru adhérer. Mais au moment de passer à l'exécution, il contremanda tout, et les ministres furent avisés de pourvoir à leur sécurité personnelle. Aux irrésolutions de cette royauté incapable d'un effort soutenu devaient inévitablement correspondre la démoralisation des troupes, jusque-là dévouées, et la défection des chefs, livrés à eux-mêmes et profondément découragés.

Charles X, probablement étourdi sous le flot pressé des événements, conçut alors une détermination qui ne pouvait que consommer la ruine de sa dynastie : ce fut de conférer au duc d'Orléans les fonctions de lieutenant général du royaume, dont le prince avait déjà été investi par la Chambre des députés. Dans l'impossibilité où il se trouvait d'empêcher la réunion des Chambres qui devait consacrer sa déchéance aux yeux de la France et de l'Europe, il crut d'une politique habile de revêtir le duc d'Orléans du titre sous lequel il se préparait à ouvrir la session législative, et de donner ainsi à l'acte que son cousin allait accomplir l'apparence d'un devoir dont il l'aurait chargé. C'était là une résolution déplorable. Vainement deux de ses ministres, M. de Montbel et M. Capelle, s'efforcèrent-ils de la combattre, représentant au Roi qu'elle n'était autre chose que son abdication pure et simple. Mais Charles X avait réplique à tous leurs raisonnements. « Dans un tel désordre, dit-il, je veux tenter de faire un appel au duc d'Orléans. Je ne lui ai jamais fait que du bien : il ne peut être assez dénué de sentiment et d'honneur pour ne pas répondre à ma confiance[1]. » Il ne servit de rien à M. de Montbel

---

[1] « Charles X aimait beaucoup la famille d'Orléans ; il la croyait attachée et dévouée à sa personne. Un jour, entrant dans son cabinet pour lui parler d'affaires, je le trouvai se promenant dans la chambre d'un air gai et joyeux ; je m'en aperçus et je lui dis : « Le Roi me paraît sa-« tisfait aujourd'hui. — Oui, je le suis, répliqua-t-il, car je viens de faire « des heureux... » Infortuné monarque ! pendant que l'on conspirait sa perte, le bonheur des autres occupait ses pensées. Le Roi m'apprit bientôt quel était le motif de sa joie intérieure. Il venait de donner son consentement au testament de M. le duc de Bourbon, par lequel le duc d'Aumale, fils du duc d'Orléans, devenait légataire universel du prince. Ce consentement avait été exigé par M. le duc de Bourbon, dont la première idée avait d'abord été de laisser sa fortune à M. le duc de Bordeaux. « Je n'ai point accepté pour mon petit-fils, me dit le Roi ; il n'en aura « pas besoin, car la couronne lui revient de droit ; mais j'ai voulu lui « faire des amis qui l'aideront de leurs conseils et de leurs services. Je « sais que plusieurs personnes me blâmeront ; cependant il n'en serait

de retracer au Roi les trames ourdies par son cousin, ses liaisons, ses menées avec les instigateurs de la révolution, sa dissimulation et la fausseté de son caractère. M. Capelle, de son côté, rappela les rapports de police qui, dans des machinations de plus d'un genre, avaient mis à découvert l'inspiration et même la main du duc d'Orléans. Toutes les représentations furent inutiles : rien ne put dessiller les yeux de l'aveugle monarque obstiné dans son erreur. Avec son infatuation ordinaire, Charles X répondait que le duc d'Orléans trouverait dans sa mission même un moyen de se relever de ses fautes, en usant de son influence pour prévenir une nouvelle révolution [1]. Dans l'impossibilité de faire luire un rayon de lumière dans cette intelligence enveloppée d'épaisses ténèbres, de ramener à des idées saines un monarque en qui l'entêtement s'alliait à la privation totale de discernement, il ne restait plus aux deux ministres qu'à donner à leur maître une dernière preuve de fidélité. Ce fut avec un chagrin poignant qu'ils écrivirent sous sa dictée la déclaration par la-

« pas ainsi si elles pouvaient être témoins des manifestations d'attache-
« ment, d'amour et de reconnaissance que je reçois tous les jours de la
« famille d'Orléans. Peu avant votre arrivée chez moi, elle m'exprimait
« encore les mêmes sentiments de la manière la plus touchante à l'occa-
« sion du consentement donné par moi au testament du duc de Bourbon.
« Si vous aviez entendu les paroles de dévouement et de fidélité du duc
« et de la duchesse d'Orléans, vous seriez convaincu, comme je le suis,
« que la vérité seule a pu les leur imposer ; aussi, lorsqu'ils m'ont quitté,
« j'étais, je crois, encore plus heureux qu'ils ne l'étaient eux-mêmes. »
(*Études historiques*, par le prince de Polignac, p. 427.)

[1] *Lettre* inédite de M. de Montbel, du 26 juin 1857, communiquée par M. Boullée.

quelle il instituait le duc d'Orléans lieutenant général du royaume et maintenait la convocation des Chambres pour le 3 août.

Ce message parvint au Palais-Royal dans la journée du 1ᵉʳ, au moment où le prince recevait les hommages d'une foule de gens impatients de prendre date. Toutes les ambitions se ruaient sur le Palais-Royal. M. de Pastoret, chancelier de France, M. de Sémonville, grand référendaire à la Chambre des pairs, M. Barbé-Marbois, premier président à la Cour des comptes, figuraient parmi les courtisans les plus empressés. A l'issue de la réception, seul M. de Pastoret, sous le sentiment de son ingratitude à l'égard de son roi légitime, sentit la honte lui refluer vers le cœur : il envoya le lendemain sa démission.

Passant dans son cabinet avec ses ministres et quelques-uns de ses conseillers intimes, le duc d'Orléans leur communiqua l'acte de Charles X. « Cette déclaration, dit-il, est une perfidie ; je connais la famille : ils veulent faire naître des doutes sur ma franchise et laisser croire que je suis d'accord avec eux. » A cette inculpation téméraire, la droiture de M. Laffitte s'émut : il prit hautement la défense de Charles X. « La perfidie, dit-il, suppose l'adresse ; or si, à Rambouillet, on avait eu l'intention que vous croyez, on aurait fait concorder les dates et votre nomination serait du 30 juillet, tandis que le pauvre Roi vous écrit à la date de ce matin, 1ᵉʳ août. » Le duc d'Orléans demanda alors captieusement quel usage il devait faire de cette pièce.

M. Laffitte opina pour l'envoi au *Moniteur* ; le plus grand nombre, au contraire, pensaient qu'il fallait la passer sous silence. M. Dupin aîné était d'avis de répondre au Roi pour lui accuser réception de l'acte et lui déclarer en même temps que « le duc d'Orléans était lieutenant général par le choix de la Chambre. » Trembleur ou résolu, selon la tournure des événements, ce personnage déployait maintenant une énergie toujours croissante en raison du succès. Il se chargea de rédiger la réponse séance tenante. Elle était pleine de rudesse, dure à l'excès, sans égards ni ménagements pour une si haute infortune. Le duc d'Orléans en prit connaissance, la signa, la mit sous enveloppe, et il présentait à la bougie la cire pour la cacheter, quand se ravisant tout à coup sous l'impulsion d'un meilleur sentiment : « Ceci, dit-il, est trop grave pour que je ne consulte pas ma femme ; » et il sortit. Il reparut quelques instants après, tenant à la main la lettre qui fut remise à l'envoyé de Charles X. C'était bien le même pli, mais la réponse incluse n'était plus la même : elle était devenue affectueuse, pleine de protestations de dévouement et de fidélité. Remise à Charles X dans la matinée du 2, elle émut doucement le cœur du vieux monarque. Elle lui donna une telle confiance dans l'affection et la loyauté de son cousin, que, de ce moment, toutes ses hésitations s'évanouirent. De fait, sous Louis XVIII, et au cours de son règne, il n'avait pas discontinué d'être le bienfaiteur de la famille d'Orléans. Il s'était montré son défenseur envers et contre tous. A l'encontre des répugnances que nombre de courtisans, plus clairvoyants que lui, faisaient éclater contre le prince, il n'avait pas cessé de se porter garant de sa fidélité, de répondre de ses sentiments. De sa générosité, de son attachement sincère, tout récemment encore il venait de fournir une preuve non équivoque, en ordonnant au général Trogof, son aide de camp, d'anéantir tous les exemplaires des *Mémoires de Maria-Stella*, publication dirigée contre le duc d'Orléans et en grand succès à la cour. Il se crut donc sûr d'avoir rencontré le protecteur naturel de son petit-fils, et, convaincu que la loyauté de son cousin était la meilleure garantie, le plus solide rempart du duc de Bordeaux, il réalisa une idée qui n'avait été jusque-là qu'à l'état d'inspiration vague dans son esprit. Non content d'abdiquer la couronne pour son compte, il usa encore de l'empire absolu qu'il exerçait sur le Dauphin pour le faire consentir à une renonciation de ses droits, et il ne douta plus du salut de sa dynastie !

C'était là une inspiration plus malheureuse encore, s'il est possible, que celle qui l'avait déterminé à ratifier la lieutenance générale du duc d'Orléans. Ainsi se trouvait en quelque sorte reconnue et sanctionnée l'œuvre de la révolution. La double abdication de Charles X et de son fils était une mesure fausse et impolitique que rien absolument ne justifiait. Le duc d'Angoulême, en dépit de la médiocrité de son esprit, était loin de partager la foi et la confiance aveugles de son père dans la sincérité et le désintéressement du duc d'Orléans. Aussi ne se décida-t-il qu'avec répugnance à cet acte inouï de soumission. Cette double résolution fut consignée dans une lettre adressée, le 2 août, au lieutenant général. Le Roi lui confiait le solennel mandat de faire proclamer, sous le nom de Henri V, l'avénement au trône de son petit-fils, le duc de Bordeaux. Elle était conçue en ces termes :

« Mon cousin,

« Je suis trop profondément peiné des maux qui affligent ou qui pourraient menacer mes peuples, pour n'avoir pas cherché un moyen de les prévenir. J'ai donc pris la résolution d'abdiquer la couronne en faveur de mon petit-fils, le duc de Bordeaux.

« Le Dauphin, qui partage mes sentiments, renonce aussi à ses droits en faveur de son neveu.

« Vous aurez donc, par votre qualité de lieutenant général du royaume, à faire proclamer l'avénement de Henri V à la couronne. Vous prendrez, d'ailleurs, toutes les mesures qui vous concernent pour régler les formes de gouvernement pendant la minorité du nouveau roi. Ici, je me borne à vous faire connaître ces dispositions ; c'est un moyen d'éviter encore bien des maux.

« Vous communiquerez mes intentions au corps diplomatique, et vous me ferez connaître le plus tôt possible la proclamation par laquelle mon petit-fils sera reconnu roi sous le nom de Henri V.

« Je charge le lieutenant général vicomte Latour-Foissac de vous remettre cette lettre. Il a l'ordre de s'entendre avec vous pour les arrangements à prendre en faveur des personnes qui m'ont accompagné, ainsi que pour les arrangements convenables pour ce qui me concerne et le reste de ma famille.

« Nous règlerons ensuite les autres mesures qui seront la conséquence du changement de règne.

« Je vous renouvelle, mon cousin, l'assurance des sentiments avec lesquels je suis votre affectionné cousin,

« CHARLES.

« LOUIS-ANTOINE. »

Le général de Latour-Foissac, porteur de l'acte d'abdication de Charles X et du Dauphin, arriva au Palais-Royal dans la soirée du 2 août. Prévenu de sa visite, le duc d'Orléans donna des ordres pour qu'il ne pût pénétrer jusqu'à lui. A toutes les instances de l'envoyé de Charles X, la consigne fut inflexible : l'aide de camp de service se refusa obstinément à l'introduire. Pendant ce temps, vestibule et escaliers du Palais-Royal étaient encombrés d'hommes du peuple, d'individus de toutes les classes, les uns couchés sur les dalles et sur les degrés des escaliers, les autres allant et venant partout en liberté. L'entrée des appartements du lieutenant général n'était fermée qu'au messager de Charles X.

L'embarras de M. Latour-Foissac était extrême. L'idée

lui vint de se rendre chez le duc de Mortemart et d'invoquer ses bons offices. Vers onze heures du soir, le duc et lui revinrent ensemble au Palais-Royal. M. de Mortemart put seul se faire admettre auprès du duc d'Orléans. Le prince prit connaissance de la dépêche, mais persista inflexiblement dans son refus de recevoir l'envoyé du Roi.

Dans l'impossibilité de remplir régulièrement sa mission, le général de Latour-Foissac sollicita un entretien de la duchesse d'Orléans. Il lui fut accordé, et on l'introduisit dans l'appartement de la princesse. Il remit à Marie-Amélie deux lettres, l'une de madame de Gontaut, l'autre de la jeune sœur du duc de Bordeaux. Elle les lut avec attendrissement, et, sans s'expliquer autrement sur les intentions du duc d'Orléans, elle assura M. de Latour-Foissac que « son mari était un honnête homme et que la famille royale pouvait compter sur lui. »

On remarquera que c'était par une simple lettre que Charles X, observateur en toute circonstance, même jusqu'au ridicule, des lois puériles de l'étiquette, changeait l'ordre de successibilité au trône. Pour comprendre cette étrange dérogation de sa part, il faut tenir compte de son état d'abattement et de la confiance excessive qu'il avait placée dans le duc d'Orléans. La lettre même dans sa teneur en fournissait la preuve : le duc d'Orléans était laissé maître absolu des dispositions accessoires à prendre; on lui ouvrait le champ libre pour agir au mieux des intérêts de Henri V; on s'en remettait à sa prudence, à son pouvoir discrétionnaire pour parer à tous les événements [1].

Le duc d'Orléans était ainsi mis en demeure de prendre une résolution décisive et telle qu'elle devait influer souverainement sur le reste de sa vie. S'il acceptait la tutelle de l'enfant royal, il conciliait ses devoirs envers la branche aînée avec ses intérêts sainement entendus. Il aurait pour longtemps les jouissances du pouvoir, l'avenir en plus ouvert devant lui, sans ébranler les traditions ni les fondements de la monarchie. Ce parti était le plus honorable, il était en même temps le plus sûr, à tel point que plusieurs de ses conseillers intimes, croyant lire dans son âme, n'hésitèrent pas à s'y ranger et même à abonder dans ce sens.

Mais telle n'était pas la disposition d'esprit de son ambitieuse sœur, madame Adélaïde : elle encourageait, elle, ouvertement son frère à déposer tout scrupule, à

---

[1] « Charles X et le duc d'Angoulême ne doutaient pas du résultat de leur abdication et de la bonne volonté du duc d'Orléans. Depuis le message de M. de Mortemart, une circonstance particulière était venue les confirmer dans cette idée, que le chef de la branche cadette leur était tout dévoué. Le duc d'Orléans ayant appris, par un billet signé de la main même de Charles X, que la cour de Rambouillet manquait d'argent et qu'elle avait besoin tout de suite de six cent mille francs en or, écrivit sur-le-champ au baron Louis, pour l'inviter à remettre cette somme au général Trogof, porteur de la lettre du roi : « Je couvrirai, avait-il dit, le trésor public de cette avance. » La couronne de France fut achetée six cent mille francs! (*Hist. de la chute des Bourbons*, t. III, p. 317.)

Cette anecdote est confirmée par M. de Montalivet dans sa brochure : *le roi Louis-Philippe et la liste civile*, publiée au mois de novembre 1850. Seulement, l'ex-confident du roi des Français la place à l'avénement de Louis-Philippe au trône, date supposée et absolument inadmissible.

monter hardiment les degrés du trône. A ce moment, Marie-Amélie était loin de s'associer à cette résolution. Elle paraissait mieux pénétrée des obligations de son époux envers la famille royale, et son instinct simple et honnête, à défaut d'une intelligence étendue, lui donnait le sentiment profond des conditions périlleuses dans lesquelles son époux allait affronter le pouvoir suprême. Déjà elle s'en était expliquée et avait communiqué ses perplexités à cet égard au grand référendaire de la Chambre des pairs, M. de Sémonville, qui, toujours adorateur du soleil levant, entretenait surtout depuis quelque temps des rapports intimes avec la famille d'Orléans. M. de Sémonville lui avait exprimé sentencieusement son avis « que la couronne de France brûlerait tout autre front que celui du roi légitime. — Ah! M. de Sémonville, s'écria la duchesse, dites donc bien cela au duc d'Orléans. »

Ce ne fut pas là, dans la conjoncture, la seule manifestation des sentiments particuliers à la duchesse d'Orléans. Dans un entretien intime qui n'a pu se dérober aux investigations de l'histoire, Marie-Amélie, non moins vivement émue, n'épargna aucune considération propre à détourner son époux du dessein de prendre la couronne. « Cette couronne, dit-elle, est souillée de sang et de boue; » et arrosant de ses larmes les mains d'un haut personnage qui assistait à l'entretien : « Monsieur, s'écria-t-elle, faites venir ici le duc de Bordeaux, il sera le plus cher de mes enfants... Philippe, reniez-vous Bordeaux? » A ces généreuses tentatives le duc d'Orléans n'opposait que des difficultés de situation. Il ne tarissait pas sur ses répugnances pour le pouvoir ; mais, en même temps, discutant avec vivacité ses conditions, il s'étendait avec complaisance sur les inconvénients d'une régence. Il poussait si loin ses prévisions à cet égard, qu'il lui échappa de dire : « Mais songez-y donc ! qu'Henri V ait une douleur d'entrailles, me voilà convaincu d'être un empoisonneur : on m'accuserait d'avoir attenté à ses jours, comme on a fait de mon aïeul. N'ai-je donc point assez des *torts* de mon père ? »

A contre-balancer les exhortations aussi sensées que généreuses de la duchesse d'Orléans, s'employaient alors sans relâche nombre de gens animés de mobiles divers. Le plus acharné de tous à cette œuvre était, sans contredit, le chansonnier Béranger. Cédant à des sentiments particuliers de haine contre la branche aînée, il estimait, lui, qu'il fallait précipiter le dénoûment, établir une barrière infranchissable, creuser un abîme entre les deux branches de la maison des Bourbons. A cet avis se rangeaient naturellement tous ceux qui avaient leur fortune à faire et ceux qui, empressés de complaire au prince, croyaient avoir pénétré avec certitude ses secrets desseins.

Le duc d'Orléans avait fait déposer à la Chambre des pairs l'acte d'abdication de Charles X. Mais cet acte, un événement décisif pouvait l'en faire sortir ; c'était là pour lui le sujet d'un cuisant souci. Des appréhensions sérieuses lui venaient encore des nouvelles et informations qu'il recevait coup sur coup. Charles X était à Rambouillet à la tête de onze à douze mille hommes de troupes fidèles. Cette royauté déchue était encore gardée par trente-huit bouches à feu. Le Roi était, dans tous les cas, absolument à l'abri d'un coup de main. Péniblement affectées avec leurs chefs, mécontentes même de tout ce qu'elles voyaient, ces troupes n'étaient pourtant point encore démoralisées. Il suffisait d'une impulsion soudaine et hardie pour les entraîner. S'il se fût présenté un chef autorisé, voire même un simple officier de fortune ayant carte blanche, il eût très-probablement changé la face des événements et fait repentir le duc d'Orléans de son jeu double, de son insigne duplicité. Les généraux Vincent et de La Rochejacquelin n'attendaient qu'un signe de Charles X. Aux informations qui venaient au duc d'Orléans de Rambouillet se joignaient celles des camps de Saint-Omer et de Lunéville, où les troupes s'ébranlaient pour rejoindre le Roi. A Paris, on le croyait encore, à ce moment, résolu à attendre de pied ferme le résultat des dernières négociations.

Il n'en était rien. Seule de toute la famille, la duchesse de Berry se tenait à la hauteur des événements. Elle était prête à accomplir une résolution que lui avait suggérée madame de Gontaut : c'était d'amener son fils dans la capitale et de le confier à la générosité du peuple de Paris. Elle en fut empêchée par la résistance aveugle et la pusillanimité de Charles X[1]. Sans doute si la du-

---

[1] « Pendant que la canonnade retentissait, Madame (la duchesse de Berry) avait voulu quitter Saint-Cloud pour se rendre à Paris. Sentant

chesse fût venue à Paris confier son fils au peuple, elle eût eu à vaincre d'énergiques résistances ; mais il est à croire que le parti d'Orléans n'eût pas osé lever le masque, et que la révolution eût été escamotée par les libéraux à leur profit, sous l'égide de la minorité d'Henri V, comme elle l'a été par eux, sous le patronage du duc d'Orléans. Les républicains n'ayant pas consolidé leur victoire dès le jour du triomphe, la couronne devenait le prix de la course pour le duc de Bordeaux, les Bonaparte et les d'Orléans. M. Laffitte s'employa pour les d'Orléans ; les amis du duc de Bordeaux s'effacèrent, les Bonaparte étaient trop loin et n'avaient rien préparé,

que chaque pas qui l'éloignait du centre des événements éloignait son fils du trône, elle reprit son projet quand la cour fut arrivée à Rambouillet. Un officier de sa maison se rendit chez le sous-préfet, M. de Frayssinous, neveu de l'évêque d'Hermopolis, et lui porta l'ordre de se procurer des chevaux de poste. Pendant que l'on faisait ces dispositions, Madame descendit chez Charles X, qui lui répondit que jamais il ne consentirait à ce que son petit-fils courût des chances aussi périlleuses et vînt s'exposer à la fureur des partis. Madame répondit : *Eh bien ! je n'emmènerai pas Henri ; j'irai seule, j'irai seule.* Mais les instances de madame la Dauphine furent si vives, les ordres du Roi si positifs, qu'après bien des efforts la duchesse dut renoncer à sa détermination. La lutte fut longue et opiniâtre ; la calèche, attelée de six chevaux de poste, resta depuis midi jusqu'à sept heures dans la cour du palais, et l'on vit alors Madame pleurer en contre-mandant l'ordre de départ. Il y avait dans ces larmes l'intelligence d'une situation politique. Dans la crise où l'on se trouvait, c'était tout d'être présent. Madame la duchesse de Berry, une fois à Paris, pouvait agir sur la population, neutraliser M. le duc d'Orléans, et embarrasser la Chambre. La fortune est comme les hommes, elle donne tort à l'absence. » (*Mémoires historiques* de S. A. R. Madame, duchesse de Berry, par Alfred Nettement, t. II, p. 295.)

La duchesse de Berry était digne de tenter cette aventureuse et noble démarche : *dux femina facti !* Si elle n'eût pas réussi, au moins peut-on affirmer que son caractère et son courage auraient été à la hauteur.

les hommes du 9 août triomphèrent. La mère du duc de Bordeaux se trouva donc entraînée dans le naufrage qui emporta sa race [1].

La résolution de la duchesse de Berry ébruitée causa au Palais-Royal des transes indicibles, d'inexprimables angoisses. Résolu à conjurer ce péril, le lieutenant général décida de forcer à tout prix Charles X à s'éloigner.

Sous prétexte de le protéger contre les éclats de la colère publique, il fut convenu avec ses conseillers qu'on lui enverrait des commissaires chargés de hâter son départ. Leur mission ostensible était d'accompagner, comme escorte d'honneur, le monarque déchu. Le choix du duc d'Orléans s'arrêta sur M. Odilon Barrot, sur M. de Schonen, ancien *carbonaro* et conseiller à la Cour royale de Paris, et sur le maréchal Maison, le même qui, en 1814, avait reçu et complimenté Louis XVIII à son débarquement en France. Seize années à peine depuis ce jour s'étaient écoulées. Comblé de biens par Louis XVIII et promu au degré le plus élevé de la hiérarchie militaire par Charles X, le maréchal se chargeait aujourd'hui de l'expulsion de la branche aînée des Bourbons ! Un homme de cœur, si peu accessible qu'il fût au sentiment de l'honneur, eût décliné à sa place cette déshonorante mission. Lui, il l'accepta, il l'outrepassa même, comme on le verra plus loin. Mais il ne suffisait pas d'arrêter le choix des commissaires, il fallait

---

[1] *Biographie des hommes du jour*, par G. Sarrut, et B. Saint-Edme, art. de la duchesse de Berry, t. V, 2ᵉ partie, p. 156.

encore leur ménager accès auprès de Charles X. Il paraissait, en effet, bien douteux, à leur désignation, qu'il consentît à les recevoir. A cette fin, et sur l'indication de M. Sébastiani, on leur adjoignit le duc de Coigny, son beau-frère, personnellement connu et estimé du Roi. Il devait leur servir d'introducteur et donner à leur mission une sorte de caractère de protection respectueuse.

Les commissaires se rendirent au Palais-Royal pour recevoir leurs dernières instructions de la bouche du duc d'Orléans. Il leur dit que *c'était Charles X lui-même qui sollicitait une sauvegarde et lui en avait formellement adressé la demande.* C'était un mensonge dont ils ne furent pas dupes. M. de Schonen lui ayant maladroitement demandé ce qu'ils auraient à faire si on leur remettait le duc de Bordeaux : « Le duc de Bordeaux ! fit vivement le lieutenant général, mais c'est votre roi. » A ces mots la duchesse d'Orléans, qui était présente, se jetant dans les bras de son époux : « Ah ! Philippe, s'écria-t-elle, vous êtes le plus honnête homme du royaume. » Ce mouvement théâtral fut-il vrai ou simulé ? De la part de la duchesse, je suis porté à le croire sincère. Quant au fond des sentiments du duc d'Orléans, il me suffira de dire, pour l'édification du lecteur, que le même jour il faisait publier par le *Courrier français*, feuille dévouée à sa maison, une ridicule et honteuse protestation, accompagnée des plus stupides commentaires, contre la naissance du duc de Bordeaux, celle-là même qu'il avait fait insérer clandestinement six ans auparavant, en Angleterre, dans le *Morning Chronicle*, et démentir le lendemain, comme *une affreuse calomnie !*

Colportée sous forme de brochure, cette protestation était criée dans tous les carrefours de Paris en même temps que nombre d'autres publications éhontées, éclosion, au surplus, inévitable dans tous les grands changements politiques, où la société est remuée jusqu'à la lie. Dans un de ces libelles effrontés, on allait jusqu'à faire peser sur Louis XVIII la mort de l'infortuné duc de Berry. « Lorsque Louis XVIII, y lisait-on, décida la mort du duc de Berry, il avait, dans son adroite politique, des vues qu'il est aisé d'apprécier ; il voyait dans ce prince une ardeur belliqueuse qui l'effrayait, et il avait décidé de s'en défaire, sans pourtant donner à la branche d'Orléans l'espoir de régner un jour[1]. »

Ces écrits cyniques, on les criait à tue-tête dans l'enceinte et autour du Palais-Royal, sous les fenêtres et jusque sur les degrés du grand escalier du palais. C'est là que se débitaient également, avec l'éloge emphatique et imposteur de la branche cadette, d'impudentes et calomnieuses diatribes contre la famille déchue. On y vociférait *les amours scandaleuses de Charles X et de la duchesse de Berry, ou dialogue entre la duchesse, le duc de Bordeaux et Grigou, conscrit*, et nombre d'autres élucubrations aussi immondes que ridicules. Des

---

[1] *Précis historique sur la naissance du duc de Bordeaux.*

crieurs soudoyés hurlaient ces infamies dans toutes les rues. Non-seulement la presse reproduisait sans pudeur la protestation de 1821, mais des journaux, en pleine débauche d'imagination, parlaient de donner à la rue qui portait le nom du duc de Bordeaux l'appellation nouvelle de rue de l'*Enfant trouvé*. Les feuilles orléanistes allaient jusqu'à voir, dans l'acte d'abdication de Charles X, un piége tendu à la bonne foi du pays. « Le ci-devant roi, disait le *Constitutionnel*, n'a plus le droit de renonciation : il a signé son abdication du jour où il a signé ses infâmes ordonnances. Il ose encore penser qu'un enfant dont l'origine est plus que suspecte, pourrait être un jour à la tête d'une nation que son prétendu aïeul a fait massacrer, que nos fils verraient la couronne de France sur le front d'un prince équivoque, qui n'aurait d'autre légitimité que celle du crime. Tant de folie est impossible[1]... »

[1] Ce dévergondage de la presse aux gages du lieutenant général provoque de la part d'un écrivain l'observation suivante sur la différence de procédés du duc d'Orléans et de Charles X. Après avoir raconté une visite qu'il eut l'occasion de faire, à Saint-Cloud, au général Trogof, aide de camp du Roi, M. Alex. Mazas continue en ces termes : « J'aperçus dans un coin de son appartement une pile d'exemplaires des *Mémoires de Maria-Stella*, libelle fort bizarre et fort extraordinaire, publié contre e duc d'Orléans : « Que faites-vous de tous ces exemplaires de la même « brochure? » demandai-je au général. « Le Roi m'a ordonné, répon- « dit-il, de saisir tous les volumes de ce genre que je trouverais dans le « château de Saint-Cloud ; il ne veut pas permettre qu'un libelle publié « contre le duc d'Orléans puisse circuler dans sa demeure. » Depuis les événements de juillet, je me suis bien souvent rappelé cette particularité, surtout lorsque j'entendais publier dans les rues, et principalement au Palais-Royal, les infamies les plus atroces contre les princes de la branche aînée. » (*Mémoires pour servir à l'histoire de la révolution de 1830*, par M. Alex. Mazas, p. 52.)

Sur ces entrefaites, M. Odilon Barrot, M. de Schonen, le maréchal Maison et le duc de Coigny s'étaient mis en route pour Rambouillet. Il était nuit quand ils arrivèrent. Charles X refusa de les recevoir. Loin d'avoir demandé une sauvegarde à son cousin, il trouvait étrange, presque impertinent, qu'on lui envoyât quatre hommes pour le garder au milieu de son armée. A leurs instances réitérées pour être admis auprès de lui, il fit répondre que les usages de sa maison ne lui permettaient pas de donner audience à pareille heure. Au surplus, il leur offrait pour la nuit l'hospitalité dans le château.

Le 3 août, au matin, les commissaires étaient de retour au Palais-Royal. Le duc d'Orléans, qui était au lit, alla lui-même en caleçon leur ouvrir. A la différence de Rambouillet où, au sein d'un immense désastre, l'étiquette était encore minutieusement respectée, au Palais-Royal on poussait le mépris des formes jusqu'à l'oubli des plus vulgaires convenances. Ce fut l'occasion d'une saillie triviale de M. de Schonen, magistrat obèse et balourd, courant toujours après l'esprit, qu'il n'attrapait jamais. Rencontrant M. Mauguin, « Nous avons, lui dit-il, mieux qu'un républicain, nous avons un prince *sans-culotte*, » et il lui raconta la particularité du matin.

Les commissaires avaient trouvé le lieutenant général animé de dispositions bien différentes de celles qu'il avait précédemment témoignées. Dépouillant tout artifice et toute contrainte, il s'écria à plusieurs reprises avec impatience: « Il faut qu'il parte, il faut absolument qu'il parte, il faut l'effrayer. » Pour l'effrayer, de tous les moyens proposés, le plus chanceux fut celui qu'on adopta. Il consistait dans une manifestation armée, dans une sorte d'expédition dont le *Moniteur* lui-même a pris soin de nous expliquer les motifs.

« On ne pouvait, dit-il, laisser subsister aux portes de la capitale une force armée qui ne relevait pas du gouvernement établi, et qui par sa seule présence aux portes de Paris y entretenait une irritation dangereuse. Le lieutenant général du royaume reconnut la nécessité de devancer le mouvement que la prolongation du séjour du roi Charles X à Rambouillet ne pouvait manquer de produire dans les masses populaires, afin de placer à sa tête des chefs qui, en le régularisant, prévinssent les excès qu'on aurait pu redouter. Il sentit même que les sentiments personnels d'affection et de parenté lui dictaient cette mesure autant que ses devoirs envers la patrie, et qu'elle lui était surtout commandée par le devoir d'arrêter l'effusion du sang, et d'empêcher les Français de s'entr'égorger de nouveau. Le lieutenant général se détermina donc à prendre à temps une détermination subite et vigoureuse. Il ordonna au général Lafayette de faire marcher 6,000 hommes de garde nationale dans la direction de Rambouillet, espérant que cette démonstration suffirait pour déterminer Charles X à prendre le parti que tant de circonstances se réunissaient pour lui faire adopter, celui de s'éloigner et de dissoudre le rassemblement dont il était entouré[1]. »

A cette fin, M. Jacqueminot fit battre le rappel dans tous les quartiers de Paris. L'émotion du combat subsistait encore dans toute sa force parmi la population. Au bruit partout répandu d'un retour offensif de Charles X, on vit alors accourir de toutes parts jeunes gens et hommes faits, adolescents et vieillards, en costumes civils et militaires de toutes époques, de formes et de couleurs les plus disparates. Gardes nationaux et pompiers de banlieue offraient les plus étranges travestissements ; on eût pu se croire à une exhibition de masques, un jour de folie carnavalesque. Ces miliciens improvisés étaient munis d'armes de genre et de provenance de toute espèce : carabines et fusils de chasse, épées et vieux sabres, voire même de lances et de piques, comme aux beaux jours des saturnales de la Révolution. Une distribution de cartouches eut lieu dans le jardin du Palais-Royal. On mit en même temps en réquisition tous les moyens de transport qu'on put trouver, on fit main basse sur tous véhicules pour le service de l'armée citoyenne. Après les équipages du lieutenant général, ce fut le tour des voitures publiques et particulières, diligences et omnibus, fiacres et cabriolets. Cet amalgame offrait le spectacle d'une bigarrure et d'un pêle-mêle indescriptibles. La cohue armée, se dirigeant sur Rambouillet, couvrait les Champs-Élysées sous les ordres du général Pajol, que

---

[1] *Moniteur* du 6 août.

le lieutenant général n'aimait pas à cause de sa rudesse et de son franc parler et auquel il n'avait pas été fâché de confier cette extravagante mission et non moins hasardeuse entreprise.

Cette foule sans nom s'arrêta à Cognières, hameau distant de trois lieues de Rambouillet, où elle établit son campement. Elle pouvait, d'un moment à l'autre, se trouver en présence de la garde royale, qui demeurait encore immobile.

Le général Pajol a raconté depuis que si, à ce moment, un seul coup de canon eût été tiré, si seulement la charge d'un escadron eût été ordonnée, c'en était fait de son armée. Un militaire expérimenté, le général Talon, sollicita de Charles X, avec les plus vives instances, l'ordre de marcher, promettant de ramener ce jour-là même le roi dans sa capitale. Le général Vincent appuya son avis de l'autorité de son expérience[1]. Les chefs de la garde royale répondaient de l'élan et de l'ardeur de leurs soldats. Ce fut en vain : à l'égal de son frère, l'infortuné Louis XVI, Charles X était incapable d'une détermination énergique. Son attitude sans virilité démentait absolument le langage qu'il avait tenu à l'occasion des fatales ordonnances : « Qu'il

---

[1] « Un pair de France, le comte du Bouchage, étant allé voir, peu de temps après la révolution de Juillet, Casimir Périer, son compatriote et son ami, celui-ci, après avoir hautement déploré les événements qui venaient d'avoir lieu, lui dit en propres termes : « Vous êtes de singulières gens ! on vous a envoyé à Rambouillet toute l'émeute désarmée, et vous l'avez laissée revenir !... » (*Biogr. univ.*, art. Casimir Périer, t. LXXVI, p. 460.)

aimait mieux monter à cheval qu'en charrette. » Il n'y avait plus, heureusement, de charrette pour les rois, mais toujours la proscription et l'exil.

CHAPITRE XXVI

Ouverture des Chambres : 3 août 1830. — Discours du lieutenant général. — Réception des fonctionnaires publics au Palais-Royal. — Suite de la mission des commissaires à Rambouillet; leur entretien avec Charles X et impostures du maréchal Maison. — Départ du Roi pour Maintenon et sa résolution de quitter la France, à Cherbourg.

Attitude mieux dessinée du lieutenant général : ordonnances et actes caractéristiques. — Arrogance des orléanistes. — Manége et artifices du duc d'Orléans pour accroître sa popularité. — Sa tactique pour concentrer dans ses mains les affaires étrangères. — M. Bignon. — M. Sébastiani.

Proposition de M. Bérard et révision de la Charte. — Tumulte autour de la Chambre des députés. — Accès d'aliénation mentale de M. Girod de l'Ain et éclipse de M. Dupin aîné. — Intervention de Benjamin Constant et de Lafayette. — Reprise par la Chambre de ses délibérations. — Appel au trône du lieutenant général.

Délibérations au sein de la famille d'Orléans. — Entrevue du prince et des siens avec M. de Chateaubriand. — Déclaration des députés. — Réponse du lieutenant général. — Négociation particulière de Bertin de Vaux près de M. de Chateaubriand. — Discours de ce dernier à la Chambre des pairs. — Séance royale du 9 août 1830. — Banquet au Palais-Royal et paroles caractéristiques de Louis-Philippe.

Tandis que l'expédition qu'on vient de voir s'éloignait de Paris à destination de Rambouillet, le vieux roi, conservant encore toutes ses illusions sur la puissance de son droit, attendait avec impatience la nouvelle de la proclamation de son petit-fils.

Le 3 août, en effet, les pairs et les députés se réunissaient au palais Bourbon pour la solennité d'ouverture de la session, le jour même indiqué dans les lettres closes de Charles X. Rien n'avait été changé au cérémonial des séances royales de la Restauration. L'estrade était couverte des mêmes draperies de velours cramoisi parsemées de fleurs de lis, le trône surmonté du même dais entouré de panaches blancs. Seulement, témoignage unique mais éclatant de la révolution accomplie, le drapeau aux trois couleurs flottait au-dessus de la couronne royale.

Les pairs étaient au nombre d'environ soixante, les députés de deux cent quarante, dont une vingtaine de l'extrême droite, la plupart fort abattus. Tous portaient l'habit bourgeois ; mais l'intérêt de la séance faisait oublier la simplicité du costume.

La duchesse d'Orléans et ses filles venaient à peine de prendre place dans une tribune réservée, que le canon des Invalides annonça l'arrivée du lieutenant général. Une députation de pairs et de députés se porta à sa rencontre. On remarqua qu'il ne prit pas séance sur le fauteuil royal, mais sur un pliant placé à droite du trône, et le duc de Nemours, son second fils, sur un autre pliant placé à sa gauche. Après avoir salué l'assemblée d'un air ému, le prince invita les pairs et les députés à s'asseoir, se couvrit, et, d'une voix ferme, prononça le discours suivant :

« Messieurs les pairs, messieurs les députés !

« Paris, troublé dans son repos par une déplorable violation de la Charte et des lois, les défendait avec un courage héroïque.

« Au milieu de cette lutte sanglante, aucune des garanties de l'ordre social ne subsistait plus : les personnes, les propriétés, les droits, tout ce qui est précieux et cher à des hommes et à des citoyens courait les plus graves dangers.

« Dans cette absence de tout pouvoir public, le vœu de mes concitoyens s'est tourné vers moi; ils m'ont jugé digne de concourir avec eux au salut de la patrie; ils m'ont invité à exercer les fonctions de lieutenant général du royaume.

« Leur cause m'a paru juste, le péril immense, la nécessité impérieuse, mon devoir sacré. Je suis accouru au milieu de ce vaillant peuple, suivi de ma famille, et portant ces couleurs qui, pour la seconde fois, ont marqué parmi nous le triomphe de la liberté.

« Je suis accouru, fermement résolu à me dévouer à tout ce que les circonstances exigeraient de moi, dans la situation où elles m'ont placé, pour rétablir l'empire des lois, sauver la liberté menacée, et rendre impossible le retour de si grands maux, en assurant à jamais le pouvoir de cette Charte dont le nom, invoqué pendant le combat, l'était encore après la victoire.

« Dans l'accomplissement de cette noble tâche, c'est aux Chambres qu'il appartient de me guider.

« Tous les droits doivent être solidement garantis; toutes les institutions nécessaires à leur plein et libre exercice doivent recevoir les développements dont elles ont besoin.

« Attaché de cœur et de conviction aux principes d'un gouvernement libre, j'en accepte d'avance toutes les conséquences. Je crois devoir appeler dès aujourd'hui votre attention sur l'organisation des gardes nationales, l'application du jury aux délits de la presse, la formation des administrations départementales et municipales, et, avant tout, sur cet article 14 de la Charte qu'on a si odieusement interprété.

« C'est dans ces sentiments, messieurs, que je viens ouvrir cette session.

« Le passé m'est douloureux; je déplore des infortunes que j'aurais voulu prévenir; mais au milieu de ce magnanime élan de la capitale et de toutes les cités françaises, à l'aspect de l'ordre renaissant avec une merveilleuse promptitude après une résistance pure de tout excès, un juste orgueil national émeut mon cœur, et j'entrevois avec confiance l'avenir de la patrie.

« Oui, messieurs, elle sera heureuse et libre cette France qui m'est si chère; elle montrera à l'Europe, qu'uniquement occupée de sa prospérité intérieure, elle chérit la paix aussi bien que les libertés, et ne veut que le bonheur et le repos de ses voisins.

« Le respect de tous les droits, le soin de tous les intérêts, la bonne foi dans le gouvernement, sont les meilleurs moyens de désarmer les partis et de ramener dans les esprits cette confiance dans les institutions, cette stabilité, seuls gages assurés du bonheur des peuples et de la force des États.

« Messieurs les pairs, messieurs les députés,

« Aussitôt que les Chambres seront constituées, je ferai porter à votre connaissance l'acte d'abdication de Sa Majesté le roi Charles X; par ce même acte, Son Altesse royale Louis-Antoine de France, dauphin, renonce également à ses droits. Cet acte a été remis entre mes mains hier, 2 août, à onze heures du soir. J'en ordonne ce matin le dépôt dans les archives de la Chambre des pairs et je le fais insérer dans la partie officielle du *Moniteur.* »

Des cris répétés de : *Vive le duc d'Orléans!* avaient accueilli l'entrée du prince dans la salle : son discours fut interrompu, à plusieurs reprises, par de non moins bruyantes acclamations. Mais le dernier paragraphe excita les murmures des royalistes, étonnés d'entendre annoncer l'abdication de Charles X sans la réserve stipulée en faveur du duc de Bordeaux. À l'exception d'un petit nombre de pairs et de députés dont l'air morne et taciturne présageait à coup sûr l'opposition à la révolution nouvelle, la joie rayonnait sur tous les visages.

Aussi peu profondément pensé que négligemment écrit, le discours filandreux du lieutenant général n'avait produit, en réalité, qu'une impression superficielle. Il ne décelait aucune connaissance, aucune idée tant soit peu juste de l'état moral et matériel du pays. Il n'annonçait pas davantage, chez son auteur, une aptitude hors ligne. Il y manquait l'indication précise de la marche que le gouvernement comptait suivre pour soustraire la France à l'imminence de l'anarchie. En somme, tout y était pauvre, mesquin, presque maladroit. Cependant il avait été bien accueilli de l'assistance, et la fin, surtout, avait été couverte des applaudissements partis de tous les bancs et des tribunes.

Profondément ému à ces manifestations, à cette scène imposante, le lieutenant général fut reconduit par les grandes députations des deux Chambres; il se retira au milieu des mêmes acclamations. Dans son trajet du palais Bourbon au Palais-Royal, il fut encore l'objet d'ovations populaires auxquelles se mêlèrent pourtant quelques signes de mécontentement. Ils venaient d'un parti peu nombreux, mais ardent, auquel la nomination du lieutenant général causait un pénible mécompte. Mais les protestations clair-semées des républicains se perdaient dans l'enthousiasme des masses. A Paris, on subissait encore l'ivresse du triomphe; on s'y complaisait dans toute sorte de perspectives et de rêves, de ceux surtout que toute révolution ne manque jamais de faire naître dans les imaginations des ambitieux et des intrigants.

Rentré dans son palais, le duc d'Orléans n'avait pas tardé à le voir envahi, et ses salons encombrés du troupeau des fonctionnaires de tout rang et de tout ordre, empressés à protester de leur dévouement et à l'assurer de leurs services. Cette multitude compacte, sans cesse renouvelée, était encore considérable à onze heures du soir! A tout ce monde, se confondant en hommages et en adulations, il lui fallait répondre. Sa parole abondante et banale y suffit amplement. De ces démonstrations il en était plusieurs qui, poussées à un excès excluant toute pudeur, auraient pu causer de l'embarras à un homme doué de moins d'assurance que le duc d'Orléans. Ainsi l'on vit un membre du parquet de la Seine, se déchaînant sans vergogne contre son supérieur hiérarchique, qualifier M. Billot, dernier procureur du roi Charles X, de « meuble de bourreau! » Il avait bien tardé à s'en apercevoir, pour s'être fait jusque-là son aide et l'exécuteur de ses œuvres! Louis-Philippe eut la faiblesse plus tard de faire un président de cour royale de ce magistrat éhonté : tant il est vrai que la bassesse sait encore tirer parti de son abjection! L'attitude et le langage des fonctionnaires de l'ordre administratif et militaire furent plus dignes.

A cet empressement fastidieux, à ces flatteries de toute provenance et couleur, le lieutenant général, obligé de les subir, n'avait apporté qu'une attention distraite, un front soucieux. C'est qu'il était sans nouvelles des commissaires qu'il avait relancés à Rambouillet. Il était extrêmement préoccupé du résultat de leur mission. Il ne fut tiré de son inquiétude qu'à une heure et demie du matin par la missive suivante :

« Rambouillet, le 3 août 1830, à 10 heures du soir.

« Monseigneur,

« C'est avec bonheur que nous vous annonçons le

succès de notre mission. Le roi se détermine à partir avec toute sa famille. Nous vous apporterons avec la plus grande exactitude tous les détails et tous les incidents de ce voyage. Puisse-t-il se terminer heureusement ! Nous suivrons la route de Cherbourg ; nous partons dans une demi-heure ; toutes les troupes sont dirigées sur Épernon, et, demain matin, on déterminera quelles seront celles qui suivront définitivement le roi.

« De Schonen, maréchal Maison, Odilon Barrot. »

Par suite du noble refus du duc de Coigny de s'associer plus longtemps à leur œuvre, les commissaires s'étaient trouvés finalement réduits à trois. Ils avaient pu facilement devancer l'armée populaire. Le duc de Raguse les introduisit auprès de Charles X.

Le maréchal Maison prit la parole le premier. Il dit à Charles X que soixante mille Parisiens s'avançaient sur Rambouillet, que cette foule était fort animée et que les commissaires venaient se mettre à sa disposition comme sauve-garde. « Pourquoi les Parisiens me poursuivent-ils jusqu'ici ? répondit aussitôt Charles X. Je m'en irai en pays étranger. Voilà bien longtemps que j'en ai envie. Mais j'aurais voulu prendre mon temps, choisir ma retraite. Que veulent-ils ? me tuer ? Je saurai bien mourir[1]. »

Après le maréchal, M. Odilon Barrot, avec son élo-

---

[1] *Chronique de Juillet* 1830, par Rozet.

quence ampoulée et marquée au coin d'une sensibilité d'apparat, s'adressa à Charles X.

« Je ne doute pas, Sire, que vous ne soyez prêt à faire le sacrifice de votre vie ; mais au nom de ces serviteurs qui les derniers vous sont restés fidèles et qui, par ce motif, doivent vous être plus chers, évitez une catastrophe dans laquelle ils périraient tous sans utilité. Vous avez renoncé à la couronne, votre fils a abdiqué...
— Et mon petit-fils ! s'écria Charles X avec vivacité : j'ai réservé ses droits. Je les défendrai jusqu'à la dernière goutte de mon sang. » Je l'interrompis ici, rapporte M. Barrot. « Quels que soient, Sire, les droits de votre petit-fils, soyez bien convaincu que, dans l'intérêt même de ces espérances, vous devez éviter que son nom soit souillé du sang français. — Que faut-il faire? dit le Roi en se tournant vers le duc de Raguse. — Il faut, Sire, consommer votre sacrifice et à l'instant même, » lui dis-je, en lui prenant les mains avec une émotion que je sentais bien profondément. Nous nous retirâmes[1].

A quelques moments de là, le Roi faisait appeler le maréchal Maison. « Monsieur le maréchal, lui dit-il avec solennité, vous êtes militaire, et, par conséquent, homme d'honneur. Je m'en rapporterai à votre parole. Êtes-vous certain que le nombre des insurgés en marche sur Rambouillet soit aussi considérable que vous me l'avez dit ? — Oui, Sire, répondit imperturbable-

---

[1] *Lettre de M. Odilon Barrot à M. Sarrans jeune.* (*Louis-Philippe et la contre-révolution de* 1830.)

ment M. Maison ; » et il enchérit encore sur le chiffre, qu'il éleva à plus de quatre-vingt mille hommes. « Au surplus, ajouta-t-il, Votre Majesté pourra bientôt apprécier par elle-même la gravité du mouvement. — Quoi ! vous croyez que tout ce monde veut nous attaquer avant le jour ? reprit vivement le Roi. — Sire, vous serez attaqué dans la nuit, si vous restez. — Allons, dit Charles X ébranlé, après un assez long silence, je partirai. »

Les affirmations du maréchal étaient autant d'impostures, et à lui moins qu'à tout autre il appartenait de s'en faire l'organe.

Charles X avait ajouté quelques mots relativement aux droits de son petit-fils. M. Maison l'arrêta court en lui faisant observer qu'ils étaient seuls. « En révolution, dit-il, on devient facilement suspect, et ma position particulière me commande la plus grande réserve. » A l'entendre ainsi avouer avec cynisme qu'il voulait se ménager toutes chances avec les ennemis de son trône et de sa race, le vieux roi ne put retenir une exclamation de douloureuse surprise. « Quoi ! vous aussi ! » s'écria-t-il. Puis, après un moment de silence, du ton le plus calme et avec une froide dignité, il ajouta : « Vous pouvez vous retirer. » — « Pauvre race humaine ! » disait un jour Napoléon à Sainte-Hélène, en parlant de quelques-uns de ses anciens lieutenants. M. Maison était du nombre.

Le duc de Raguse fit prévenir les commissaires que le Roi irait coucher à Maintenon : il partit effectivement à onze heures du soir. Après son départ, les autorités de la ville prirent possession du château. Les commissaires demandèrent alors au maire un drapeau tricolore pour l'arborer dans cette résidence affectionnée de Charles X. « Il est tout prêt, répondit ce fonctionnaire ; nous n'attendions que le départ du roi pour le planter. » C'était le même homme qui, à l'arrivée de Charles X, lui avait donné l'assurance que « quoiqu'il advînt on demeurerait à Rambouillet *sage et fidèle sujet du roi*[1] ! » Pauvre race humaine !

Les commissaires rejoignirent la famille royale au château de Maintenon. Ici se produisit un incident de peu d'importance, mais significatif. Madame de Gontaut, gouvernante du duc de Bordeaux, se trouvait dans le salon du duc de Noailles assise auprès de M. de Schonen. Le petit prince venait de se laisser glisser presque sur le *gros magistrat*[2]. « J'ai bien envie, lui dit cette dame, avec un sourire mélancolique, de laisser cet enfant sur vos genoux. — Je ne le prendrais pas, madame, » répondit vivement M. de Schonen. Quel mystère cachait donc cette réponse, s'écrie à ce sujet un historien, et que s'était-il passé depuis que le duc d'Orléans avait dit à M. de Schonen : « Cet enfant est votre « roi[3] ? »

En dépêchant au duc d'Orléans le message dont j'ai

---

[1] *Chronique de Juillet* 1830.
[2] C'est ainsi que le désignait Charles X : M. de Schonen était d'une forte corpulence.
[3] M. Louis Blanc, *Hist. de dix ans.*

parlé, les commissaires avaient en même temps fait prévenir le général Pajol du départ de Charles X. Le général n'avait donc plus qu'à faire rebrousser chemin à ses volontaires : le lendemain ils reprirent la route de Paris. Ils ramenaient triomphalement dans la cour du Palais-Royal les carrosses dorés du duc d'Orléans. La somptuosité des équipages, le luxe des attelages formaient un singulier contraste avec les guenilles de cette multitude débraillée, étendue sur des coussins de satin blanc, juchée sur les siéges galonnés des cochers. « Tenez, crièrent-ils, en entrant, aux gens du prince, voilà vos voitures ! » De fait, pas une ne manquait, pas le moindre ornement n'avait disparu. Mais à l'aspect de cet amas d'hommes aux bras nus et aux visages noircis, quelques-uns encore armés de piques et de haches, la duchesse d'Orléans se montra fort effrayée. Le lieutenant général, au contraire, parut tout à fait rassuré ; le sourire ne cessa d'animer ses lèvres.

Charles X, depuis six jours, n'avait fait que fléchir et céder. Ces continuels sacrifices tenaient moins encore à l'abattement de son esprit, qu'à une résignation religieuse qui lui faisait accepter les événements comme la volonté de Dieu même. Tel est l'infaillible effet du bigotisme, principalement sur les caractères sans trempe, sur les natures faibles ou énervées. A Maintenon, où il était arrivé le mardi 4 août, le Roi fit appeler Marmont pour lui annoncer qu'il renonçait à se rendre sur la Loire, ainsi que le lui avait conseillé le maréchal, et que son intention était de gagner Cherbourg pour s'y embarquer et dire adieu à la France. Le duc de Raguse porta ces résolutions à la connaissance des troupes dans un ordre du jour qui se terminait ainsi : « Le Roi transmet pour la dernière fois ses ordres aux braves troupes de la garde qui l'ont accompagné : c'est de se rendre à Paris où elles feront leur soumission au lieutenant général du royaume, qui a pris toutes les mesures pour leur sûreté et leur bien-être à l'avenir. »

Charles X quitta Maintenon à dix heures du matin, accompagné des commissaires qui, désormais, n'allaient plus s'en séparer qu'à Cherbourg.

La future royauté triomphait sur toute la ligne. Jusque-là réservé et cauteleux, le duc d'Orléans commença de s'affranchir à ce moment des ménagements qu'il avait cru jusque-là indispensable de garder. Il se sentait fort de l'appui des classes moyennes dont les intérêts et les passions se liaient étroitement à sa cause. Et pourtant il était loin encore d'être à l'abri des critiques ouvertes et des contradictions déclarées.

Il avait rendu, le 3 août, deux ordonnances. La première, qui portait nomination de M. Pasquier à la présidence de la Chambre des pairs, souleva une désapprobation presque générale. Dépourvu de convictions politiques, déterminé prêteur de serments à tous les gouvernements, ce personnage réussissait ainsi à surnager dans tous les naufrages politiques. Ce choix indiquait chez le duc d'Orléans une tendance rétrograde nettement accusée. La seconde ordonnance conférait la faculté aux ducs de Chartres et de Nemours d'assister aux séances de la pairie. Une telle condition politique faite à ses fils dont l'un était encore enfant, l'autre en pleine adolescence, n'eût été, dans des circonstances ordinaires, qu'un enfantillage ridicule. Dans les conjonctures graves du jour, elle devenait une choquante absurdité.

Ce qui lui donnait encore plus de relief, c'était le grade de grand'croix de la Légion d'honneur, qui était simultanément attribué aux deux princes. La jeunesse du duc de Nemours, à peine âgé de seize ans, et l'absence du duc de Chartres prouvaient surabondamment qu'ils étaient demeurés étrangers à ces actes bizarres. Beaucoup s'offusquèrent de ces distinctions créées le lendemain même d'une révolution opérée contre les priviléges de naissance.

Le succès enflant leur audace, les orléanistes s'étaient montés au plus haut point d'arrogance. Des traîneurs de sabre, militaires d'antichambre dont le duc d'Orléans avait recruté son nombreux personnel d'aides de camp, se signalaient entre tous par leur turbulence, par la fougue et la violence de leurs emportements. C'était le premier symptôme d'un mal que nous verrons toujours croissant sous le règne de Louis-Philippe: aux Tuileries, la *camarilla* en épaulettes remplacera la *camarilla* en soutane.

En ce moment, tous ceux qui avaient écrit ou élevé la voix contre le duc d'Orléans étaient dénoncés par ces bretteurs comme des satellites déguisés, des suppôts de a dynastie déchue, ou tout au moins comme des ennemis du bien public. Gens de parade et d'esclandres, ils ne connaissaient ni frein ni mesure. Un trait entre plusieurs fera juger de leur audace. M. Dubourg, cet officier qui avait si courageusement interpellé le duc d'Orléans à l'Hôtel de Ville, était de leur part l'objet d'attaques véhémentes et d'une animosité implacable. Un aide de camp du lieutenant général se porta publiquement à son égard à une insulte grossière à l'instant réprimée par l'indignation des assistants. Le spadassin, dûment châtié, lui adressa un cartel que M. Dubourg eut le bon sens de refuser : aussi bien, il était en position de se prévaloir contre l'agresseur de la raison décisive de Mirabeau [1]. Affranchis de tout scrupule, les Orléanistes se faisaient encore moins faute de calomnies contre leurs adversaires. Ils s'efforçaient de faire passer M. Dubourg pour *un ancien émigré, un agent de Charles X, un traître!* Dans une visite que cet officier fit à l'Hôtel de Ville, il n'avait pas franchi les premiers degrés, qu'il se vit assailli par des furieux et en danger de perdre la vie, si des gardes nationaux accourus à temps ne l'eussent dégagé de leurs mains.

Le courant orléaniste emportait tout. Un homme eût pu encore maîtriser la situation et faire acte de prévoyance : Lafayette, à qui son emploi de commandant général des gardes nationales du royaume maintenait une formidable puissance, véritable dictature,

---

[1] Appelé un jour en duel, le grand tribun refusa le cartel. Un de ses amis lui en témoignait sa surprise : « Eh quoi ! repartit Mirabeau, voudriez-vous que j'allasse hasarder un homme d'esprit comme moi contre un sot comme lui ? »

malheureusement paralysée, inerte dans ses mains séniles et vacillantes. L'artificieux lieutenant général s'étudiait à le circonvenir, lui et M. Laffitte, affectant de se livrer à eux sans réserve, leur prodiguant les cajoleries, s'humiliant presque en leur présence, certain qu'il était de les dominer en fin de compte, grâce à la supériorité que lui assuraient sur eux sa dissimulation et son astuce. Lafayette, si ferme autrefois, si redouté de Philippe-*Égalité*, était maintenant le jouet du fils, qui lui faisait démolir pièce à pièce son œuvre. Le duc d'Orléans en obtenait, les unes après les autres, le sacrifice des conquêtes des trois jours. Le général avait fait inscrire sur les drapeaux de la garde nationale : *Liberté, égalité, ordre public*. M. Girod (de l'Ain) vint le trouver de la part du prince pour le supplier de faire effacer ce mot *égalité* qui lui rappelait de lamentables souvenirs. Lafayette hésitait; M. Girod (de l'Ain) s'écria : « C'est un fils qui vous en prie au nom de la mémoire de son père. » Le général se rendit. D'une si humble et si soumise attitude, le lieutenant général ne devait pas tarder à se relever : de ce moment sa pensée était bien arrêtée de se débarrasser de Lafayette [1].

---

[1] « Placé dans des conditions à peu près pareilles à celles qui avaient conduit Octave et Henri IV au trône, Louis-Philippe avait beaucoup de la ruse du premier César et de la fausse bonhomie du fondateur de la dynastie bourbonienne. L'un était arrivé par les Césariens, et la première chose qu'il avait faite avait été de sacrifier Antoine ; l'autre était arrivé par les protestants, et son premier soin avait été de sacrifier Biron. Louis-Philippe était arrivé par les républicains, et sa première pensée était de

Le duc d'Orléans s'était trop hâté de laisser voir, dans son discours à la Chambre, qu'il comptait bien n'être que le successeur de la Restauration, et que son premier et plus impérieux besoin serait de fléchir l'Europe. La question fut soulevée dans des publications où ses prétentions à la couronne étaient vivement discutées. On se demandait si une révolution faite au prix de tant de sang devait tourner au tour de gobelet, et si le passé allait trouver, à peu de chose près, sa continuation dans le nouveau régime. Le lieutenant général s'aperçut de l'effet fâcheux qu'il avait produit. Pour s'être trop avancé, il se vit alors obligé de reculer, de masquer mieux ses intentions, et, pour cela, d'user de sa dissimulation et de ses manéges ordinaires. Ses actes recommencèrent d'être empreints d'une candeur toute républicaine, ses paroles d'exhaler un parfum de libéralisme sans mélange. Parlait-il de la liste civile, c'était pour dire combien il avait jugé celle de Charles X excessive, écrasante pour le peuple. Les fonds secrets! il avait constamment trouvé leur emploi aussi abusif qu'immoral, et, à l'appui de sa thèse, il citait des faits particuliers à sa connaissance. Sous la Restauration, il avait toujours pris la défense des écrivains persécutés, il avait même favorisé la fuite de plusieurs. Comment aller à l'encontre de si convaincantes justifications? Aussi M. Laffitte était-il dans l'enchantement, et l'austère Du-

---

sacrifier Lafayette. » (*Histoire politique et privée de Louis-Philippe*, par M. A. Dumas. Paris, 1852, t. I, p. 294.)

pont [(de l'Eure) lui-même sentait décroître, sinon s'évanouir, ses défiances. « J'ai, disait-il, tout espoir dans la loyauté du duc d'Orléans, qui me paraît animé des meilleures intentions, mais qui n'a pas toujours le degré de lumières que l'on pourrait désirer. »

Le lieutenant général jouait tout le monde. Il ne se montrait ni impatient ni avide de domination : il attendait qu'on vînt à lui. Son but était de rehausser sa valeur et ses mérites dans l'opinion des classes moyennes et de l'Europe, de se donner les honneurs de l'abnégation en se présentant, lui et sa famille, comme des victimes dévouées qui avaient fait au bien public le sacrifice de leurs goûts modestes et de l'existence de leur choix.

Les plus infimes condescendances attestaient tout le prix que le duc d'Orléans attachait à accroître sa popularité, à exalter encore la bonne renommée dont il jouissait dans les dernières classes du peuple. Ils furent nombreux ceux qui, en ce temps-là, purent se vanter d'avoir pressé dans leurs mains calleuses celle du duc d'Orléans et porté à leurs lèvres un verre choqué au contact du sien! Il n'était pas jusqu'au grossier parapluie du prince qui n'eût son emploi utile dans cette habile et populaire représentation. De ses actes les plus communs, de ses paroles les plus ordinaires, des plus insignifiantes circonstances, on tirait en sa faveur un texte inépuisable d'éloges et des conséquences de tout point à son honneur. Ses travers avérés et reconnus, on trouvait encore moyen de les tourner pour lui à louange. De ses habitudes parcimonieuses, par exemple, on induisait les trésors d'économie qui allaient en découler pour l'État. Don inestimable et inespéré de la Providence, pour la France allait, par lui, naître le *gouvernement à bon marché*. De la royauté citoyenne et populaire, ce Phénix devait, comme par enchantement, surgir!

J'ai parlé précédemment d'intrigues qui s'agitaient dans les sphères élevées du gouvernement touchant la formation définitive du ministère. C'était le duc d'Orléans qui, au moyen de son familier Sébastiani, en tenait lui-même les fils. Les relations extérieures étaient, à ce moment, sa préoccupation la plus vive : il entendait les gouverner à sa guise, en plaçant à ce département un instrument souple de ses volontés, un simple exécuteur de ses desseins. Sûr de la docilité, de la complaisance à toute épreuve de M. Sébastiani, c'était à lui qu'il avait résolu de faire passer le portefeuille des affaires étrangères.

Le duc d'Orléans se savait maintenant assuré du trône. Il ne devait y apporter aucun caractère vraiment politique, aucune opinion bien réfléchie et arrêtée en matière de gouvernement. L'ambition avait toujours été sa passion dominante. Sauf l'amour de l'argent, elle avait éteint chez lui les appétits vulgaires. Elle allait s'allier, désormais, à une crainte excessive des puissances étrangères, particulièrement de l'Angleterre. Il comprenait que les cabinets ne lui pardonneraient pas de révolutionner leurs États, et, au moyen de la propagande, de soulever les peuples contre les rois. Il se sentait déjà à la merci de leurs ambassadeurs qui, dans tout le cours de son règne, devaient constamment l'influencer et parfois le dominer. A gagner les bonnes grâces des chancelleries, il était entièrement disposé à subordonner sa politique. Mais, pour cela, il lui fallait, au département des affaires étrangères, un ministre aussi docile que peu clairvoyant. Le titulaire actuel, M. Bignon, était loin de remplir ces conditions.

C'était la Commission municipale qui lui avait attribué ce ministère. Si naturel et distingué qu'il fût, ce choix ne pouvait être du goût du duc d'Orléans, épouvanté rien qu'à la seule pensée de se brouiller avec l'Europe.

Soldat dans les armées de la république, diplomate, administrateur, sous-secrétaire d'État aux affaires étrangères sous l'Empire, ministre de ce département dans le gouvernement provisoire de 1815, député pendant la Restauration, M. Bignon avait souvent exercé une influence prépondérante sur les affaires de son pays. Sa fortune politique était née d'un acte singulier. Pauvre mais brillant lauréat du collège de Lisieux, il avait adressé un matin au Directoire exécutif une pétition en vers où il demandait une place de secrétaire d'ambassade. Dans ce temps-là, heureusement pour lui, les hommes au pouvoir étaient loin de ressembler à ceux d'aujourd'hui : ils avaient un tact et un discernement disparus depuis des hautes sphères gouvernementales où nous ne voyons plus s'agiter de nos jours que des médiocrités outrecuidantes, des nullités émérites ou précoces, si même la place n'est pas remplie par l'écume de la société portée à la surface par le flot troublé des révolutions. M. Bignon eut la bonne fortune de rencontrer en Talleyrand, on lui doit cette justice, un appréciateur à l'esprit suffisamment élevé pour ne pas s'offusquer de la capacité et du mérite chez autrui. Frappé de la manière dont l'auteur d'une si étrange requête s'exprimait sur les qualités et les devoirs d'un bon diplomate, le ministre des relations extérieures nomma Bignon secrétaire de la légation française près les cantons helvétiques. Celui-ci, dans ses remercîments au ministre, promit que la *raison* remplirait dignement l'emploi que la *rime* avait obtenu : il tint et au delà parole.

M. Bignon, homme d'esprit et de caractère, et d'une probité indéfectible, avait traversé avec honneur et distinction l'Empire, signalant courageusement en toute occasion les déprédations des généraux et les exactions des fournisseurs, qui s'étaient efforcé vainement de l'associer à leurs concussions et à leurs rapines. La Restauration lui avait fait des loisirs, *otium cum dignitate*, qu'il avait noblement employés à la composition d'importants ouvrages historiques. Les doctrines libérales qu'il y développait, les droits des peuples par lui énergiquement revendiqués, la conquête de la liberté politique qu'il y prêchait, cadraient mal avec les arrière-pensées du duc d'Orléans, bien résolu de ce moment à ne point faire obstacle aux despotes de l'Europe en lutte avec leurs peuples, dont ils s'efforçaient de river les chaînes. Aussi, le 11 août, le lieutenant général fit prier M. Bignon d'échanger son portefeuille contre celui de l'instruction publique. Mais il ne devait pas le conserver beaucoup plus longtemps qu'il n'avait tenu celui des affaires étrangères. Le 27 octobre, le duc de Broglie lui était substitué. M. Bignon devint ministre sans portefeuille.

C'était une fonction qu'avaient imaginée des gens qui ne voulaient pas ou plutôt n'osaient pas encore être ministres, et qui, néanmoins, prétendaient exercer une action directe dans le gouvernement et pétrir à leur guise la pâte de la nouvelle révolution. Ces sortes de ministres *in partibus* étaient M. Laffitte, M. Casimir Périer, M. Dupin aîné et le duc de Broglie, avec qui M. Bignon se trouva faire un échange. Cette institution, si l'on peut donner ce nom à une organisation essentiellement provisoire et momentanée, était une des plus vicieuses que l'on pût imaginer. Les ministres sans portefeuille, et, par conséquent, sans responsabilité, opinaient dans le conseil aussi bien que les autres, et peut-être y exerçaient-ils une plus grande influence. Mais les conséquences des mesures qui s'y décidaient les touchaient peu, parce que ce n'était pas à eux qu'on pouvait s'en prendre de leurs résultats. Dans un conseil ainsi composé, on sent combien il devait y avoir de tiraillements. Les propositions inconsidérées, les mesures incohérentes y abondaient, et ceux dont elles engageaient la responsabilité n'étaient pas les maîtres de s'y soustraire.

Le duc d'Orléans réservait *in petto* le portefeuille des affaires étrangères à M. Sébastiani, provisoirement placé à la marine. Ce département avait été originairement destiné à M. de Rigny, neveu du baron Louis. Mais il était absent, et ce n'est pas en politique que les absents n'ont jamais tort.

Ce n'était pas chose facile au lieutenant général de trouver temporairement un successeur plausible à M. Bignon au département des affaires étrangères en attendant qu'il osât y placer M. Sébastiani, son âme damnée. Ce dernier le tira d'embarras en lui suggérant de conférer provisoirement le portefeuille au vieux maréchal Jourdan. Ce maréchal, l'une des gloires les plus pures de la Révolution, avait près de soixante-quinze ans; il était de plus accablé d'infirmités. Quelle que fût son illustration, c'était pour un poste si actif un choix bizarre et singulier. Aussi cette nomination inattendue ne manqua pas d'exciter la verve sarcastique des plaisants. Et ce n'était pas la première fois que ce glorieux vétéran de nos grandes guerres tombait sous leur coupe malicieuse. Déjà, autrefois, ils l'avaient cruellement raillé au titre le moins légitime. Le maréchal Jourdan, au cours de sa longue et honorable carrière, était destiné à fournir un exemple de plus de la portée meurtrière d'un trait malin et piquant, de l'effet mortel du ridicule en France. Dans sa dernière campagne d'Allemagne, après l'échec de Stockach, obligé de céder à la supériorité du nombre et d'opérer sa retraite, il s'était replié en bon ordre sur le Rhin, sans rien perdre de son sang-froid et en déployant une très-grande bravoure. Cela n'avait pas empêché ses ennemis de le mettre en caricature dans un dessin où il était représenté à cheval sur une écrevisse avec cette inscription tirée des psaumes : *Vidit et fugit* ; *Jordanis conversus est retrorsum !* Le Directoire, sous le coup du ridicule si injustement déversé sur l'illustre guerrier, avait dû cesser de l'employer malgré son incontestable capacité et son intégrité exemplaire.

Le maréchal Jourdan était bien l'homme qui pour le moment convenait au duc d'Orléans : de ce doyen d'âge il n'avait pas à redouter de contradiction sérieuse, jusqu'à ce que l'heure fût venue de le remplacer par M. Sébastiani, sa créature.

De ces médiocrités prétentieuses montées au ton d'une suffisance hautaine, en tout temps et surtout de nos jours si communes, M. Sébastiani était le type accompli. De sa capacité, il avait une idée transcendante depuis les missions diplomatiques qu'autrefois, sous Napoléon, il n'avait dû de remplir qu'aux chaudes recommandations de Caroline. Son port avantageux et sa tournure cavalière avaient attiré les regards de l'épouse de Murat ; les agréments physiques d'un si bel homme achevèrent de lui tourner la tête. M. Sébastiani, en effet, avait mérité de l'abbé de Pradt le surnom de *Cupidon* de l'Empire. La volage reine de Naples avait délaissé pour lui l'agréable ambassadeur d'Autriche, le coquet prince de Metternich, dont la diplomatie d'une séduction irrésistible valait alors à l'Autriche, en compensation de ses revers sur le continent, d'éclatants succès, de brillantes conquêtes dans les salons de Paris. C'était là, sous l'Empire, une décoration de surcroît pour les têtes princières et les hauts personnages, le partage privilégié des illustrations. A la cour dissolue de Napoléon, un mari auquel sa femme n'eût pas procuré de l'éclat eût été relégué au rang des êtres disgraciés.

M. Sébastiani tenu ainsi en réserve, le lieutenant général s'occupa de pourvoir à d'autres soins également urgents.

A l'état actuel des choses il fallait le manteau légal, une consécration définitive, d'autant que les partis hostiles commençaient de s'agiter. Les bases de l'ordre politique à ce point ébranlées, on sentait déjà confusément combien serait mouvant le sol où l'édifice nouveau allait s'élever. L'établissement de juillet recueillait les premiers fruits de son origine bâtarde et équivoque : régime hybride et chimérique que celui d'une *royauté entourée d'institutions républicaines*, une démocratie royale ! Quelles seraient ces institutions ? Ce fut à la solution de ce problème que s'empressa de s'appliquer un député que j'ai déjà eu plusieurs fois l'occasion de nommer, M. Bérard, qui s'était donné la mission de reviser la Charte.

Dès le 3 août, il s'était concerté avec M. Laffitte et plusieurs de ses collègues, qui l'avaient vivement exhorté à presser son travail par le besoin qu'on éprouvait de sortir du provisoire. Il importait de satisfaire sans plus tarder aux réclamations du dehors, d'où commençaient de s'exhaler des plaintes sur la lenteur du gouvernement à se constituer.

Dans le choix de la personne chargée d'attacher le grelot, on n'eût pu mettre la main sur un homme qui fût mieux dans les convenances du duc d'Orléans. Nullement familier, encore moins créature du prince, M. Bérard était le marchepied le plus commode dont il pût se servir pour gravir les degrés du trône. Lui tout le premier se faisait illusion à cet égard, ne s'apercevant pas qu'il n'était qu'un jouet, un instrument aux mains d'un intrigant habile, le journaliste Cauchois-Lemaire, complétement inféodé à la maison d'Orléans. On se rappelle la lettre dans laquelle, autrefois, il avait engagé un peu prématurément son patron à ramasser la couronne, qu'il voyait alors à terre. De la proposition pour l'intronisation nouvelle, Cauchois-Lemaire fut le secret instigateur, avec cet avantage que, passant par l'intermédiaire de M. Bérard, elle était affranchie de toute espèce d'inconvénient.

Ce député subissait, en outre, l'influence et les inspirations du poëte Béranger. Celui-ci, esprit délié et fin politique, s'il partageait l'avis de M. Laffitte relativement à la convenance du choix du duc d'Orléans, n'avait pas devant les yeux le même bandeau que son aveugle ami. Il était même loin de s'associer pleinement à la confiance que témoignait Dupont (de l'Eure). Exempt de l'enivrement où la vanité avait jeté M. Laffitte, il s'efforçait de mettre des sourdines à son engouement. Il avait l'intuition de l'avenir, comme le prouve le langage vulgaire, mais significatif, qu'il tenait au célèbre financier : « Vous allez donc nous glisser votre roi républicain? A la bonne heure! autant lui qu'un autre, puisqu'il en faut un ; ce sera un *mariage de raison*, la durée dépendra de sa conduite ; la république plus tard, c'est mon avis. Vous réussirez, je le crois, par trois raisons, comme M. Pincé : franchise, volonté, grande clientèle. Mais pas trop d'engouement, si vous pouvez : à quoi bon mettre le cœur lorsqu'il suffit de la tête ? Aimez-le, puisque vous êtes ainsi bâti et que vous croyez à son ingénuité ; mais retournez à votre boutique quand vous l'aurez établi dans la sienne. J'attends Dupont (de l'Eure), pour lui donner le même conseil. »

L'austère garde des sceaux lui-même commençait à concevoir une juste défiance : par leurs démarches indiscrètes et leurs propos inconsidérés, les meneurs du parti lui avaient dessillé les yeux. Il voyait clair maintenant dans leurs agissements, dans leurs combinaisons et calculs tout personnels. « Nous sommes, s'écriait-il, envahis par une faction aristocratico-doctrinaire[1] qui emploie tous ses efforts à faire avorter les germes de li-

---

[1] Entre les libéraux et les royalistes, il s'était élevé, sous la Restauration, un parti intermédiaire qui, déclarant ne pas séparer les droits de la couronne de ceux du pays, affichait la prétention de les servir, de les vouloir également, et d'avoir ainsi la véritable intelligence de la Charte et de la constitution. Ce parti reçut de très-bonne heure le nom de *doctrinaire*, qu'il ne répudia pas, parce que le mot indiquait qu'il avait des doctrines. Dans la Chambre des députés, il était représenté par M. Royer-Collard; à

berté semés par la révolution et qu'il serait de notre devoir de féconder. Je n'ai d'espoir pour déjouer ses projets que dans la loyauté du duc d'Orléans, qui me paraît animé des meilleures intentions, mais qui n'a pas toujours le degré de lumières que l'on pourrait désirer. »

Cependant M. Bérard s'était mis à l'œuvre, et son projet de révision de la Charte était à peu près sur ses pieds. Indépendamment des réformes énoncées dans la déclaration de la Chambre des députés, il réclamait plusieurs garanties, telles que l'égalité des cultes, l'élimination des étrangers de l'armée nationale, l'abolition de la noblesse ancienne et nouvelle, l'initiative des lois également attribuée aux trois pouvoirs, etc. Soumis aux délibérations des ministres, le projet fit éclater parmi eux des divergences profondes. Le duc d'Orléans intervint à plusieurs reprises dans la discussion.

Il eut l'adresse de l'amoindrir, d'en restreindre considérablement la portée, en proposant d'adapter la proposition de M. Bérard à la Charte de 1814. C'é-

---

la Chambre des pairs, par le duc de Broglie; dans la presse, par M. Guizot et M. Duvergier de Hauranne.

De cette petite Église, M. Étienne avait fait ses gorges chaudes et tracé un portrait piquant. « On veut, dit-il, nous prouver l'excellence d'une coterie qui a la prétention de tout faire, de tout connaître, de tout juger; coterie où se groupent quelques hommes qui professent quand il faut agir, régentent quand il faut gouverner; qui sont en admiration permanente devant eux seuls, et en hostilité ouverte contre tous les autres; qui changent de doctrines en changeant d'intérêts; philosophes suivant la cour; sages ne méprisant pas les richesses; austères épicuriens qui savent concilier la morale et les honneurs, les principes et les complaisances, et montent de la chaire et de la tribune aux emplois les plus élevés de l'État. » (*Minerve française*, t. VII. p. 178. Lettre sur Paris.)

tait en faire simplement l'objet d'une révision. Ce dernier s'en explique comme suit : « Je dois attribuer à celui de qui elle émane l'idée de modifier immédiatement la Charte de 1814, et de convertir ma proposition toute de principes destinés à être soumis à une discussion ultérieure, en un nouvel acte constitutionnel définitif. C'est le duc d'Orléans qui l'a conçue et qui chargea de Broglie et Guizot de l'exécution[1]. » Bref, la majorité du conseil fut d'avis que le projet de M. Bérard avait besoin d'être revu et amendé.

M. Bérard reçut, le 6 août, des mains de M. Guizot son œuvre modifiée ou plutôt complétement transformée. Ce travail était tout entier de la main de M. de Broglie. M. Bérard et Cauchois-Lemaire lui-même, à qui il le communiqua, ne se montrèrent nullement satisfaits des changements qu'il portait. Cauchois-Lemaire était pourtant dans les confidences du Palais-Royal, et, à ce titre, il devait être instruit de la direction qu'en haut lieu on se proposait de donner à la nouvelle révolution. Mais il paraît qu'en cette occurrence le lieutenant général ne s'était pas complétement ouvert à lui sur les modifications que certainement il avait concertées d'accord avec MM. de Broglie et Guizot.

Le préambule du projet amendé, œuvre de M. de Broglie, vaut la peine qu'on s'y arrête : on peut y lire la pensée du règne qui n'a pas encore commencé.

« Prenant en considération, dans l'intérêt public,

[1] *Souvenirs historiques*, p. 199.

l'impérieuse nécessité qui résulte des événements des 26, 27 et 29 juillet et jours suivants, et la situation générale de la France; vu l'acte d'abdication de Sa Majesté le roi Charles X, en date du 2 août dernier, et la renonciation de Son Altesse royale Louis-Antoine, dauphin, du même jour ; considérant, en outre, que Sa Majesté le roi Charles X et Son Altesse royale Louis-Antoine, dauphin, et tous les membres de la branche aînée de la maison royale sortent en ce moment du territoire français ;

« La Chambre des députés déclare que le trône est vacant et qu'il est indispensablement besoin d'y pourvoir ; déclare que, dans l'intérêt universel et pressant du peuple français, elle appelle au trône Son Altesse royale Louis-Philippe d'Orléans, duc d'Orléans, lieutenant général du royaume, et ses descendants à perpétuité. »

On voit distinctement le but où court ce préambule : donner à la dynastie nouvelle le baptême de la légitimité. M. Bérard ne pouvait s'abuser sur la portée du travail de M. de Broglie. A son tour, il y apporta des modifications profondes, notamment par la suppression de ce qui avait trait à l'acte d'abdication, ainsi qu'il le raconte en ces termes :

« L'une des améliorations les plus vivement réclamées était l'abaissement du cens électoral et de celui de l'éligibilité. Le duc de Broglie conservait l'un et l'autre comme ils étaient dans la Charte de 1814 ; seulement il diminuait l'âge. Il introduisait ainsi dans la nouvelle Charte un principe plus aristocratique que celui de l'ancienne ; car il était évident que les jeunes gens destinés à une fortune considérable auraient été en général les seuls qui pussent profiter de ces dispositions. J'ai renvoyé les conditions autres que celles de l'âge à la loi électorale à intervenir, parce que je craignais de donner ouverture à de trop grandes difficultés en les établissant immédiatement.

« Je ne m'arrête pas à quelques améliorations de détail, et j'arrive à la nomenclature des lois qui doivent compléter notre édifice constitutionnel. C'est ici que l'adresse, pour ne pas dire la perfidie, du doctrinaire s'est le plus exercée. D'abord, on n'indique pas dans quel délai ces lois seront rendues : on se borne à dire qu'elles le seront successivement, ce qui en laisse la présentation tout à fait à l'arbitraire du pouvoir. Ensuite on parle de l'organisation de la garde nationale ; mais on oublie de dire par qui les officiers seront choisis. On annonce un code militaire ; mais en ayant soin d'omettre qu'il devra assurer d'une manière légale l'état des officiers de tous grades. On rappelle les lois sur l'administration départementale et municipale ; mais on se garde bien de rappeler aussi que les citoyens devront intervenir dans la formation de ces administrations. Enfin, on fait connaître qu'il y aura une loi sur l'instruction publique ; mais on ne stipule pas qu'elle aura pour base la liberté de l'enseignement. Je rétablis ces nombreuses omissions que je ne veux pas qualifier d'un nom plus sévère[1]. »

[1] *Souvenirs historiques*, p. 218.

On peut juger par là combien était fondée la répulsion de Dupont (de l'Eure) pour le parti doctrinaire. Au surplus, plusieurs des fidèles du duc d'Orléans réclamèrent eux-mêmes contre les étranges remaniements de M. de Broglie et les conséquences qu'ils comportaient. M. Dupin aîné, tout le premier, approuva l'insistance de M. Bérard à maintenir les bases fondamentales de son projet. Il n'en fut pas de même de M. Guizot, l'*alter ego* du duc de Broglie. Rencontrant M. Guizot dans un des couloirs de la Chambre. « Vous avez voulu, lui dit M. Bérard, faire de la légitimité ; eh bien, moi, je suis rentré dans le vrai en faisant de l'usurpation. — Vous avez le plus grand tort, repartit son interlocuteur : on ne vous le pardonnera jamais. — Je ne sais, répliqua M. Bérard, si on me le pardonnera ; mais ce que je sais, c'est que, grâce à moi, on montera sur un trône dont, avec votre manière de faire, on aurait pu être exclu à jamais. »

Le jour était venu où M. Bérard allait donner communication à la Chambre de la proposition d'où devait sortir pour le duc d'Orléans la couronne.

« Une loi supérieure, dit-il, celle de la nécessité, a mis au peuple de Paris les armes à la main. Afin de repousser l'oppression, cette loi nous a fait adopter, comme chef provisoire et comme unique moyen de salut, un prince ami sincère des institutions constitutionnelles. La même loi veut que nous adoptions sans délai un chef définitif de notre gouvernement... Vainement on voudrait prétendre qu'en agissant ainsi nous outre-passons nos droits. Je détruirais une pareille objection, si on osait me la faire, en rappelant la loi que j'ai invoquée, celle de l'impérieuse, de l'invincible nécessité. »

La nécessité qu'alléguait M. Bérard existait-elle réellement? Non. Eût-elle même été établie, il dépendait encore du duc d'Orléans de s'y soustraire, d'en conjurer les pernicieuses conséquences par une démarche aussi généreuse que politique. Le mot de la situation, le député l'avait prononcé dans son apostrophe à M. Guizot : « Usurpation ! »

La proposition avait été accueillie à la Chambre avec des marques nombreuses d'adhésion. Après M. Bérard, le général Demarçay parut à la tribune.

« Ce seul fait, dit-il, de conserver la Charte suffit dans mon esprit pour faire rejeter la proposition. Qu'on vienne en ce moment proposer la rédaction d'une suite de principes, de vérités fondamentales sur lesquelles devra reposer notre ordre social, rien de mieux ; j'y souscris volontiers, j'en vois la raison et la nécessité. Qu'après l'adoption de ces conditions, le lieutenant général du royaume soit appelé à les accepter, et qu'ensuite il soit proclamé roi, j'y consens ; mais adopter une proposition qui a pour objet le maintien de la Charte avec plusieurs dispositions antipathiques à l'opinion publique, contraires à l'intérêt du pays, voilà ce que nous ne devons pas souffrir. »

En l'état où étaient les choses, ce ne pouvait être là, au point de vue parlementaire, qu'une proteslation vaine et stérile. Cependant de l'exaspération des esprits au dehors elle empruntait une gravité extrême.

Cette vérité, que la Chambre, avec ses pouvoirs périmés, n'avait plus le droit de rien faire, parfaitement sentie des masses, se traduisait en ce moment, dans Paris, par des manifestations capables de tout remettre en question. On annonça tout à coup aux députés que des groupes menaçants encombraient les avenues du palais Bourbon. Dans une conjoncture si grave, l'un d'entre eux, M. de Kératry, proposa de tenir une séance de nuit. Des vociférations tumultueuses retentissaient au dehors : *A bas d'Orléans ! Point de roi ! Vive la république !* On s'attendait à voir d'un moment à l'autre la salle envahie. Il y régnait une inexprimable confusion, une indicible épouvante. Les députés entourent Lafayette, Benjamin Constant et Labbey de Pompières, invoquant leur popularité et sollicitant humblement leur protection. Plus effaré encore, M. Girod (de l'Ain) est subitement frappé d'un accès d'aliénation mentale. Il sort, et, rencontrant sur les degrés du péristyle son compatriote M. Lhéritier : « Vous connaissez Montebello ? lui dit-il. — Oui. — C'était un brave, n'est-ce pas ? — Sans doute. — Eh bien, *sa fille est mon gendre*[1]. » M. Dupin aîné, bouleversé, éperdu entre tous, s'était blotti dans un compartiment de vestiaire où on le retrouva à moitié déshabillé, n'attendant que l'occasion de s'échapper à la faveur d'un déguisement.

[1] *Lettre de MM. Flocon et Lhéritier. — Tribune*, 25 mars 1832.

Cédant aux supplications de leurs collègues, M. Benjamin Constant et M. Labbey de Pompières se présentèrent sous le péristyle au moment où l'émeute allait forcer l'entrée de la Chambre. Lafayette vint à son tour. A sa vue, la foule parut se calmer un peu, les clameurs devinrent plus intermittentes, mais pas moins énergiques. Les cris : « Vous êtes sans pouvoirs ! vous nous trahissez ! » continuaient de se faire entendre. Et Lafayette de répondre avec une voix affaiblie par l'âge et presque suppliante : « Mes amis, mes bons amis, nous veillons à vos intérêts. Nous reconnaissons que nous sommes ici sans mandat. Mais, de grâce, retirez-vous, je vous en conjure. »

La garde nationale arriva fort à propos pour dégager le palais Bourbon. La Chambre, à la suite de ce désordre, put enfin tenir séance. Mais pour cela il fallut courir après les députés, la plupart épars au dehors ou dispersés dans les jardins ! Ce fut une besogne laborieuse pour les huissiers. Aucun d'eux ne s'attendait plus à cette tâche. Il est certain que sans l'intervention de la garde nationale et surtout de son généralissime, le trône du duc d'Orléans eût été culbuté avant d'avoir été dressé, et qu'à sa place, ce jour-là, la république eût été proclamée.

M. Dupin aîné, qu'on croyait perdu dans la bagarre, fut retrouvé dans l'endroit que j'ai dit par un garde national de service[1]. Il était plus mort que vif, en proie

---

[1] M. Henri Bonmas. C'est de sa bouche et de celle d'un autre garde

à un trouble et à une frayeur extrêmes. S'imaginant qu'on en voulait à sa vie, il dit à son libérateur : « Faites la république, si vous voulez, mais laissez-moi m'en aller. » Ses collègues, auxquels on le ramena, eurent toutes les peines du monde à le ranimer, à lui faire reprendre ses sens. Enfin, convaincu que tout danger avait disparu, il se décida à monter à la tribune pour faire son rapport sur la proposition de M. Bérard.

La discussion ne pouvait immédiatement suivre : il était neuf heures et demie du soir; les députés, à bout d'émotions, étaient exténués de fatigue. Sur les observations de M. Benjamin Constant, appuyé par M. Eusèbe de Salverte, la délibération fut renvoyée au lendemain.

Dans l'intervalle, des précautions furent prises pour empêcher le renouvellement des scènes de la veille. Nonobstant, on se sentait si peu rassuré que le bureau de la Chambre recourut à un expédient singulier. La séance du lendemain avait été indiquée pour dix heures; des lettres adressées pendant la nuit aux députés les prévinrent qu'elle était avancée. Aussi, dès huit heures du matin, vit-on arriver au palais Bourbon les membres de la Chambre. La délibération allait s'ouvrir en l'absence des journalistes et du public des tribunes en ce moment complétement vides. Une clandestinité si choquante, où l'on pouvait voir une sorte d'escamotage des votes, provoqua des réclamations de la part de plusieurs

national, M. Jallon, que je tiens le fait, raconté au surplus à bien d'autres.

députés. Le général Demarçay, s'élançant à la tribune, apostropha vivement ses collègues sur cette royauté qu'on voulait faire en cachette, sur ce prince qu'on prétendait placer furtivement sur le trône. Un sentiment de pudeur fit différer de deux heures la discussion.

Les débats ne commencèrent donc qu'à l'heure primitivement fixée. Deux cent cinquante députés étaient présents dans la salle quand, le 7 août 1830, l'assemblée eut à se prononcer sur la proposition de M. Bérard.

M. de Conny, député royaliste, monta le premier à la tribune.

« La consécration du principe de la légitimité, dit-il, de ce principe reconnu par la Charte, peut seul préserver notre pays du plus redoutable avenir. Ce principe sacré, je l'invoque dans la tempête, comme je l'invoquerais en des jours plus heureux. C'est là qu'est l'ancre de salut. » En terminant, M. de Conny déclara que tant que le principe de légitimité ne serait pas reconnu par la Chambre, il ne se croirait pas le droit de participer à ses délibérations[1]. Benjamin Constant se chargea de lui répondre.

[1] M. de Conny avait été nommé fort jeune, par la protection de la duchesse d'Angoulême, à la sous-préfecture de La Palisse, lorsque le comte d'Artois, accompagné du duc d'Orléans, traversa cette ville, se rendant à Lyon pour y rallier les troupes et s'opposer à la marche de Napoléon, qui venait de débarquer à Cannes. Averti du passage des princes, M. de Conny courut en toute hâte à la poste où relayaient leurs voitures, mais, dans sa précipitation, la cocarde blanche se détacha de son chapeau, et ce fut sans cet insigne que le jeune sous-préfet parut devant les princes. Le comte d'Artois, qui connaissait tout son dévouement, l'accueillit avec

Il le fit avec ampleur et éclat, en s'élevant graduellement aux accents de la plus haute éloquence. Parlant de la violation de la Charte par Charles X, qui avait juré de la maintenir : « J'ai toujours cru, dit-il, que dans un État paisible la transmission héréditaire du trône écartant tous les concurrents, faisant taire toutes les ambitions, était une institution heureuse pour l'État. Mais la soumission d'un peuple à une famille qui le traite selon son bon plaisir, le pouvoir absolu d'enchaîner les citoyens, de violer ce qu'ils ont de cher et sacré, le pouvoir de mitrailler celui qui tenterait de résister, si c'est là une légitimité, je la déteste et la repousse. »

Le discours de Benjamin Constant avait été couvert d'applaudissements. M. Hyde de Neuville et M. de Lézardières, qui lui succédèrent à la tribune, s'étaient moins proposé d'ébranler des convictions faites que de remplir un dernier devoir envers la royauté déchue. M. Berryer, après eux, reconnut à la Chambre le droit de modifier la constitution, mais non celui de changer la dynastie. Ce fut là l'occasion pour M. Villemain d'une volte-face soudaine. Nous avons vu que, dans une réunion précédente, il ne se reconnaissait pas le droit de faire un

---

bonté ; mais le duc d'Orléans, fixant les yeux sur son chapeau sans cocarde, lui parla avec sévérité, et le dialogue se termina ainsi : « Vous n'oublierez pas, je l'espère, dit le prince en élevant la voix, que votre devoir est de vous opposer au passage de l'usurpateur. — Oui, monseigneur, répliqua M. de Conny; et dans toutes les circonstances, j'en prends l'engagement, je combattrai les usurpateurs. » (*Biogr. des hommes du jour*, par G. Sarrut et B. Saint-Edme, art. de Conny, t. II, p. 107.)

roi. Cette fois il n'hésita pas à se prononcer contre les réserves de M. Berryer. Il est vrai qu'on était désormais assuré du succès! Invoquant l'exemple de l'Angleterre en 1688, il ne déclina plus sa participation au changement de la dynastie. La discussion générale ayant été close, la Chambre adopta le préambule de la proposition : il déclarait que le trône était vacant en fait et en droit et qu'il y avait nécessité d'y pourvoir.

On passa ensuite à l'examen des modifications proposées aux articles de la Charte. Il donna lieu à une discussion ardente, parfois confuse et saccadée. Je ne m'y arrêterai pas : le temps a enlevé presque tout intérêt à ces débats rétrospectifs. Quant aux questions qu'on ne put ou qu'on ne voulut pas résoudre, elles furent renvoyées à des lois spéciales.

Enfin le président donna lecture de la conclusion : c'était l'appel au trône du duc d'Orléans et de ses descendants à perpétuité.

« Cette proposition, disait le rapport, a pour objet d'asseoir et de fonder un établissement nouveau, nouveau quant à la personne appelée et surtout quant au mode de vocation. Ici la loi constitutionnelle n'est pas un octroi du pouvoir qui croit se dessaisir, c'est tout le contraire, c'est une nation en pleine possession de ses droits qui dit, avec autant de dignité que d'indépendance, au noble prince auquel il s'agit de déférer la couronne : « A ces conditions écrites dans la loi, voulez-vous régner sur nous? »

Toute la révolution se résumait dans ce paragraphe, comme elle allait se personnifier dans le prince qui y était désigné. Au moment de passer aux voix, un député, M. Fleury (de l'Orne), demanda que le vote fût ajourné. « Modifions la Charte, dit-il, perfectionnons nos institutions; mais pour décider la question considérable de l'élection d'un roi, laissons au lieutenant général le soin de convoquer à bref délai les colléges électoraux. Pour un objet si important, il faut un mandat spécial que nous n'avons pas... » — « Allons donc! » s'écria Casimir Périer avec humeur; et la Chambre adopta le paragraphe qui décernait la couronne au duc d'Orléans. Elle vota ensuite au scrutin secret sur l'ensemble de la proposition. Il y eut 219 voix pour l'adoption : elles proclamaient Louis-Philippe roi des Français.

On n'avait pas daigné s'arrêter à la demande d'ajournement de M. Fleury (de l'Orne). On ne fit pas davantage état de la motion de M. Demarçay et de M. de Corcelles, tendant à soumettre le vote à la ratification de la nation. Seul de tous les députés de l'opposition, M. de Cormenin s'abstint de voter. L'inflexible logicien tenait à protester autant qu'il dépendait de lui contre une usurpation sans exemple. Consulter la nation était, en effet, indispensable, puisqu'on proclamait le principe de la souveraineté du peuple.

A quelques jours de là, M. de Cormenin adressait à ses collègues la lettre suivante : « Je n'ai pas reçu du peuple un mandat constituant, et je n'ai pas encore sa ratification. Placé entre ces deux extrémités, je suis absolument sans pouvoir pour faire un roi, une Charte, un serment. Je prie la Chambre d'agréer ma démission. Puisse ma patrie être toujours heureuse et libre! » Pour contre-balancer l'effet de cette démission, les orléanistes répandirent le bruit que M. de Cormenin était un carliste déguisé.

Il était quatre heures et demie quand la Chambre sortit du palais Bourbon pour se rendre au Palais-Royal. Ainsi, en moins de six heures, deux cent dix-neuf députés qui, dans les temps ordinaires, n'auraient formé qu'une majorité de deux voix, avaient, à la suite de la discussion la plus confuse et la plus précipitée, modifié la constitution, prononcé la déchéance d'une dynastie, improvisé une monarchie nouvelle! Et ces députés avaient été élus sous l'empire d'une Charte qu'ils bouleversaient à leur gré, sous le règne d'un prince dont ils proscrivaient la famille! Et tout cela venait de s'accomplir en vertu du principe de la souveraineté du peuple! « C'est du peuple, proclamait M. Persil, du peuple seul que part la souveraineté; il faut le dire bien haut, surtout au moment où le peuple se choisit un chef et délègue à une nouvelle dynastie l'exercice d'une partie de cette souveraineté. » On a vu si le peuple avait participé à de telles énormités, et quelle délégation il avait faite. Au surplus, j'aurai à raconter du même bien d'autres arlequinades.

Sans attendre ni autrement se soucier de l'adhésion de la Chambre des pairs, les députés, porteurs de leur déclaration, s'étaient mis en marche pour le Palais-Royal. Le mépris qu'ils affichaient pour la pairie n'était que trop justifié par sa prostration actuelle.

Digne héritière du sénat de l'Empire, formée de toutes les défections dont trente ans de secousses politiques avaient fourni l'occasion et donné au monde le scandale, ramassis, à quelques exceptions près, d'apostats et de renégats de tous les régimes, la pairie avait été jugée par les députés apte seulement à se courber sous une nouvelle servitude. Elle leur avait paru dépourvue même du sentiment de dignité suffisant pour sentir un si humiliant affront. De fait, elle n'allait plus subsister, sous Louis-Philippe, qu'à l'état d'institution de retraite, sorte de refuge d'invalides politiques, où devait s'accumuler d'une façon plus avilissante encore, sous le second Empire, un résidu de valets.

Antérieurement à l'arrivée des députés, de graves et suprêmes délibérations s'étaient tenues au Palais-Royal, au sein de la famille d'Orléans. La réponse solennelle que le duc allait faire à la Chambre devait être la circonstance la plus importante de sa vie, un événement capital pour la France et pour l'Europe. Sans doute il était bien tard pour changer d'attitude et détourner la consécration fatale du principe insurrectionnel de 1830. Que si, cependant, surmontant ses convoitises et résistant à l'entraînement de la situation, il était capable d'un effort héroïque, si difficile qu'en fût à cette heure l'accomplissement, quel avenir de bonheur! quelle source inépuisable de prospérité il se ménageait à lui et à sa famille! quelle longue et amère série de calamités il s'épargnait à lui, aux siens, à la France et au monde! Il allait dépendre du duc d'Orléans, selon qu'il ouvrirait ou fermerait la main, de fermer ou d'ouvrir l'outre des tempêtes, de clore ou de prolonger l'ère des révolutions et des bouleversements politiques. A en croire M. de Sémonville en ses *Mémoires* inédits, Talleyrand, au dernier moment, aurait eu l'intuition, le pressentiment des graves conséquences qui devaient découler de l'accession du duc d'Orléans à l'Adresse des députés. Le trône de Charles X mis en éclats, l'inauguration d'une nouvelle et illégitime dynastie auraient subitement frappé son sens politique et ouvert à son esprit la vue sûre de l'avenir. Il aurait émis l'avis, devant le lieutenant général, de faire prolonger jusqu'à vingt-cinq ans, sous sa régence, la minorité du duc de Bordeaux. Le prince eût de la sorte recueilli tous les profits du pouvoir en s'en épargnant les chances fâcheuses. La duchesse d'Orléans, toujours d'après M. de Sémonville, aurait encore corroboré de considérations de sentiment les raisons politiques de Talleyrand et itérativement supplié son époux « de ne pas ramasser une couronne souillée de sang et de boue. » Mais rien n'aurait été capable de fléchir l'ambition du duc d'Orléans et de faire accepter à son esprit une combinaison si favorable à la conciliation des partis, une transaction aussi heureuse que politique.

Il est assez difficile de concilier l'affirmation de M. de Sémonville touchant l'attitude de la duchesse d'Orléans, dans cette circonstance solennelle, avec celle que lui prête M. de Chateaubriand dans ses *Mémoires*. Un revirement s'était-il produit dans les idées et les sentiments de Marie-Amélie? Il faut l'admettre pour expliquer les versions contradictoires des deux narrateurs. Voici, au surplus, en quels termes M. de Chateaubriand s'en explique : on sait qu'il était alors en rapports suivis avec le Palais-Royal.

« Charles X, dit l'illustre écrivain, avait dédaigné mes services ; Philippe fit un effort pour m'attacher à lui. D'abord, M. Arago me parla avec élévation et vivacité de la part de madame Adélaïde ; ensuite le comte Anatole de Montesquiou vint un matin chez madame de Récamier et m'y rencontra. Il me dit que madame la duchesse d'Orléans et M. le duc d'Orléans seraient charmés de me voir, si je voulais aller au Palais-Royal. On s'occupait alors de la déclaration qui devait transformer la lieutenance générale du royaume en royauté. Ces ouvertures de M. de Montesquiou me surprirent ; je ne les repoussai cependant pas : car, sans me flatter d'un succès, je pensai que je pouvais faire entendre des vérités utiles. Je me rendis au Palais-Royal avec le chevalier d'honneur de la reine future. Introduit par l'entrée qui donne sur la rue de Valois, je trouvai madame la duchesse d'Orléans et madame Adélaïde dans leurs petits appartements.

« Madame la duchesse d'Orléans me fit asseoir auprès

d'elle, et sur-le-champ elle me dit : « Ah ! monsieur de Chateaubriand, nous sommes bien malheureux ! si tous les partis voulaient se réunir, peut-être pourrait-on encore se sauver ! Que pensez vous de tout cela ?

« — Madame, répondis-je, rien n'est si aisé : Charles X et monsieur le dauphin ont abdiqué : Henri est maintenant le roi ; monseigneur le duc d'Orléans est lieutenant général du royaume : qu'il soit régent pendant la minorité de Henri V, et tout est fini.

« — Mais, monsieur de Chateaubriand, le peuple est très-agité ; nous tomberons dans l'anarchie.

« — Madame, oserai-je vous demander quelle est l'intention de monseigneur le duc d'Orléans ? Acceptera-t-il la couronne si on la lui offre ? »

« Les deux princesses hésitèrent à répondre. Madame la duchesse d'Orléans repartit après un moment de silence :

« Songez, monsieur de Chateaubriand, aux malheurs qui peuvent arriver. Il faut que tous les honnêtes gens s'entendent pour nous sauver de la république. A Rome, monsieur de Chateaubriand, vous pourriez rendre de grands services, ou même ici, si vous ne vouliez plus quitter la France !

« — Madame n'ignore pas mon dévouement au jeune roi et à sa mère ?

« — Ah ! monsieur de Chateaubriand, ils vous ont si bien traité !

« — Votre Altesse royale ne voudrait pas que je démentisse toute ma vie.

« — Monsieur de Chateaubriand, vous ne connaissez pas ma nièce : elle est si légère!... pauvre Caroline!... Je vais envoyer chercher M. le duc d'Orléans, il vous persuadera mieux que moi. »

« La princesse donna des ordres, et Louis-Philippe arriva au bout d'un demi-quart d'heure. Il était mal vêtu et avait l'air extrêmement fatigué. Je me levai, et le lieutenant général du royaume, en m'abordant :

« — Madame la duchesse d'Orléans a dû vous dire combien nous sommes malheureux.

« Et sur-le-champ il fit une idylle sur le bonheur dont il jouissait à la campagne, sur la vie tranquille et selon ses goûts qu'il passait au milieu de ses enfants. Je saisis le moment d'une pause entre deux strophes pour prendre à mon tour respectueusement la parole, et pour répéter à peu près ce que j'avais dit aux princesses.

« — Ah! s'écria-t-il, c'est là mon désir! Combien je serais satisfait d'être le tuteur et le soutien de cet enfant! Je pense tout comme vous, monsieur de Chateaubriand : prendre le duc de Bordeaux serait certainement ce qu'il y aurait de mieux à faire. Je crains seulement que les événements ne soient plus forts que nous. — Plus forts que nous, monseigneur? N'êtes-vous pas investi de tous les pouvoirs? Allons rejoindre Henri V; appelez auprès de vous, hors de Paris, les Chambres et l'armée. Sur le seul bruit de votre départ, toute cette effervescence tombera, et l'on cherchera un abri sous notre pouvoir éclairé et protecteur.

« Pendant que je parlais, j'observais Philippe. Mon

conseil le mettait mal à l'aise ; je lus écrit sur son front le désir d'être roi. « Monsieur de Chateaubriand, me dit-il sans me regarder, la chose est plus difficile que vous ne le pensez ; cela ne va pas comme cela. Vous ne savez pas dans quel péril nous sommes. Une bande furieuse peut se porter contre les Chambres aux derniers excès, et nous n'avons rien encore pour nous défendre.

« Cette phrase échappée à M. le duc d'Orléans me fit plaisir, parce qu'elle me fournissait une réplique péremptoire. « Je conçois cet embarras, monseigneur ; mais il y a un moyen sûr de l'écarter. Si vous ne croyez pas pouvoir rejoindre Henri V, comme je le proposais tout à l'heure, vous pouvez prendre une autre route. La session va s'ouvrir : quelle que soit la première proposition qui sera faite par les députés, déclarez que la Chambre actuelle n'a pas les pouvoirs nécessaires (ce qui est la vérité pure) pour disposer de la forme du gouvernement ; dites qu'il faut que la France soit consultée, et qu'une nouvelle assemblée soit élue avec des pouvoirs *ad hoc* pour décider une aussi grande question. Votre Altesse royale se mettra de la sorte dans la position la plus populaire ; le parti républicain, qui fait aujourd'hui votre danger, vous portera aux nues. Dans les deux mois qui s'écouleront jusqu'à l'arrivée de la nouvelle législature, vous organiserez la garde nationale ; tous vos amis et les amis du jeune roi travailleront avec vous dans les provinces. Laissez venir alors les députés, laissez se plaider publiquement à la tribune la cause que je défends. Cette cause, favorisée en secret par vous, obtiendra l'immense majorité des suffrages. Le moment d'anarchie étant passé, vous n'aurez plus rien à craindre de la violence des républicains. Je ne vois pas même qu'il soit très-difficile d'attirer à vous le général Lafayette et M. Laffitte. Quel rôle pour vous, monseigneur! vous pouvez régner quinze ans sous le nom de votre pupille ; dans quinze ans, l'âge du repos sera arrivé pour nous tous; vous aurez eu la gloire unique dans l'histoire d'avoir pu monter au trône et de l'avoir laissé à l'héritier légitime; en même temps vous aurez élevé cet enfant dans les lumières du siècle, et vous l'aurez rendu capable de régner sur la France : une de vos filles pourrait un jour porter le sceptre avec lui. [1] »

---

[1] « Ambition à part, dit M. Villemain, et pour qui a vu de près le sens droit et juste, l'esprit un peu défiant et moqueur, l'égoïsme nettement résolu de Louis-Philippe, cette poétique d'un acheminement si habile à la régence, et d'une régence si paisible, n'était pas convaincante. Quoi! tromper le parti républicain, non pas pour obtenir, mais pour éviter la couronne ! se laisser porter aux nues par lui, et favoriser, *en secret*, le parti de la légitimité, qui, victorieuse à la tribune, ne manquerait pas d'être très-reconnaissante pour le prince, dont elle n'aurait eu l'appui qu'*incognito;* tout cela était trop fabuleux et trop complexe pour persuader au duc d'Orléans de courir tant de périls contre son intérêt. Dans la réalité, l'esprit frappé des souvenirs de sa maison, de la régence de son aïeul, des fautes de son père, il avait toujours en effroi l'idée d'une régence.

« C'est en ce sens qu'un jour il répondait à Louis XVIII, dont la prévoyance, plus maligne que résignée, lui indiquait cette chance de l'avenir : « Moi, sire, plutôt retourner en Sicile! plutôt l'exil à jamais ! on peut « tout supporter, excepter le pouvoir, au prix d'une accusation perpétuelle « d'empoisonnement. Non, sire, tant de malheurs n'arriveront pas, pour « m'en infliger un plus grand. Mais je ne le subirais pas ; et devant ces in- « stitutions que j'aime, devant la liberté de la presse et les factions qui en « abusent, jamais je ne serai le nouveau Philippe d'Orléans d'un nouveau « Louis XVI. » (*Chateaubriand, sa vie, ses écrits*, etc., p. 495.)

« Philippe promenait ses regards vaguement au-dessus de sa tête : « Pardon, me dit-il, monsieur de Chateaubriand ; j'ai quitté, pour m'entretenir avec vous, une députation auprès de laquelle il faut que je retourne. Madame la duchesse d'Orléans vous aura dit combien je serais heureux de faire ce que vous pourriez désirer ; mais, croyez-le bien, c'est moi qui retiens seul une foule menaçante. Si le parti royaliste n'est pas massacré, il ne doit sa vie qu'à mes efforts.

« — Monseigneur, répondis-je à cette déclaration si inattendue et si loin du sujet de notre conversation, j'ai vu des massacres : ceux qui ont passé à travers la Révolution sont aguerris. Les moustaches grises ne se laissent pas effrayer par les objets qui font peur aux conscrits. »

« S. A. R. se retira, et j'allai retrouver mes amis :

« — Eh bien ? s'écrièrent-ils.

« — Eh bien, il veut être roi.

« — Et madame la duchesse d'Orléans ?

« — Elle veut être reine.

« — Ils vous l'ont dit ?

« — L'un m'a parlé de bergeries, l'autre des périls qui menaçaient la France et de la légèreté de la *pauvre Caroline ;* tous deux ont bien voulu me faire entendre que je pourrais leur être utile, et ni l'un ni l'autre ne m'a regardé en face. »

« Madame la duchesse d'Orléans désira me voir encore une fois. M. le duc d'Orléans ne vint pas se mêler à cette conversation. Madame Adélaïde s'y trouva comme à la première. Madame la duchesse d'Orléans s'expliqua plus clairement sur les faveurs dont monseigneur le duc d'Orléans se proposait de m'honorer. Elle eut la bonté de me rappeler ce qu'elle nommait ma puissance sur l'opinion, les sacrifices que j'avais faits, l'aversion que Charles X et sa famille m'avaient toujours montrée, malgré mes services. Elle me dit que si je voulais rentrer au ministère des affaires étrangères, Son Altesse royale se ferait un grand bonheur de me réintégrer dans cette place ; mais que j'aimerais peut-être mieux retourner à Rome, et qu'elle (madame la duchesse d'Orléans) me verrait prendre ce dernier parti avec un extrême plaisir, dans l'intérêt de notre sainte religion.

« — Madame, répondis-je sur-le-champ avec une sorte de vivacité, je vois que le parti de monsieur le duc d'Orléans est pris, qu'il en a pesé les conséquences, qu'il a vu les années de misères et de périls divers qu'il aura à traverser ; je n'ai donc plus rien à dire. Je ne viens point ici pour manquer de respect au sang des Bourbons ; je ne dois, d'ailleurs, que de la reconnaissance aux bontés de Madame. Laissant donc de côté les grandes objections, les raisons puisées dans les principes et les événements, je supplie Votre Altesse royale de consentir à m'entendre en ce qui me touche.

« Elle a bien voulu me parler de ce qu'elle appelle ma puissance sur l'opinion. Eh bien ! si cette puissance est réelle, elle n'est fondée que sur l'estime publique ; or je la perdrais, cette estime, au moment où je changerais de drapeau. Monsieur le duc d'Orléans aurait cru acquérir un point d'appui, et il n'aurait à son service qu'un misérable faiseur de phrases, qu'un parjure dont la voix ne serait plus écoutée, qu'un renégat à qui chacun aurait le droit de jeter de la boue et de cracher au visage. Aux paroles incertaines qu'il balbutierait en faveur de Louis-Philippe, on lui opposerait les volumes entiers qu'il a publiés en faveur de la famille tombée. N'est-ce pas moi, madame, qui ai écrit la brochure *De Bonaparte et des Bourbons*, les articles sur l'*Arrivée de Louis XVIII à Compiègne*, le *Rapport dans le conseil du roi à Gand*, l'*Histoire de la vie et de la mort de M. le duc de Berry*? Je ne sais s'il y a une seule page de moi où le nom de mes anciens rois ne se trouve pour quelque chose, et où il ne soit environné de mes protestations d'amour et de fidélité ; chose qui porte un caractère d'attachement individuel d'autant plus remarquable que madame sait que je ne crois pas aux rois. A la seule pensée d'une désertion, le rouge me monte au visage ; j'irais le lendemain me jeter dans la Seine. Je supplie madame d'excuser la vivacité de mes paroles ; je suis pénétré de ses bontés ; j'en garderai un profond et reconnaissant souvenir, mais elle ne voudrait pas me déshonorer ; plaignez-moi, madame, plaignez-moi. »

« J'étais resté debout, et, m'inclinant, je me retirai. Mademoiselle d'Orléans n'avait pas prononcé un mot. Elle se leva, et, en s'en allant, elle me dit : « Je ne vous plains pas, monsieur de Chateaubriand, je ne vous plains pas ! » Je fus étonné de ce peu de mots et de l'accent avec lequel ils furent prononcés[1]. »

On a prétendu qu'après les incitations de sa sœur, madame Adélaïde, la résolution du duc d'Orléans fut principalement déterminée par l'adhésion tacite de quelques-uns des membres du corps diplomatique et par l'assentiment direct et formel de plusieurs autres, nommément des ambassadeurs d'Angleterre et de Russie. Voici ce qu'on a raconté à ce sujet :

Pendant les trois journées et les premiers jours d'août, non prévenus des ordonnances et laissés sans direction, les ambassadeurs des cours étrangères étaient restés incertains de la conduite qu'ils devaient tenir. Ils demeuraient dans l'immobilité et l'irrésolution. Le ministre de Suède proposa que, sans tarder davantage, le corps diplomatique se rendît à Saint-Cloud[2]. Le nonce du Pape et le ministre de Sardaigne appuyèrent vivement cet avis. Mais l'ambassadeur de Russie, M. Pozzo di Borgo, gagné, dit-on, par les instances de madame Adélaïde, s'y serait fortement opposé et celui d'Angleterre se serait tout à fait rangé à son sentiment. Ç'aurait été le coup de grâce porté par les grandes puissances à la cause de la branche aînée.

Il est bien difficile de croire que l'attitude de M. Pozzo di Borgo ait été aussi décidée qu'on le prétend, si l'on réfléchit à la politique effective et si tranchée de

---

[1] *Mémoires d'outre-tombe*, t. V, p. 88 et suiv.

[2] Dans des circonstances analogues et sans appel officiel, les représentants des puissances européennes s'étaient réunis spontanément autour de don Juan, roi de Portugal, et, plus tard, ils agirent de même à l'égard de don Pedro, empereur du Brésil.

Charles X à l'égard de la Russie. Ce monarque, au caractère éminemment ouvert et français, et, sous ce rapport, si différent de Louis-Philippe, avait eu l'intelligence de comprendre, au milieu de toutes ses fautes, que la Russie est notre alliée naturelle à l'inverse de l'Angleterre, toujours indifférente à notre égard quand elle n'est pas notre ennemie. Sa politique, en harmonie avec les besoins de la France, avait été constamment conforme à cette prévoyante et judicieuse donnée. Ce n'est pas son gouvernement qui se fût jamais associé sottement à l'Angleterre, comme on l'a vu de nos jours, dans l'absurde expédition de Crimée au profit exclusif de l'influence et de la suprématie britanniques. Un appui de la légation russe, direct et formel, comme on l'a prétendu, à l'usurpation du duc d'Orléans, était une aberration politique qu'il est impossible d'admettre et qu'on ne saurait attribuer, selon moi, à une chancellerie dont toutes les vues et les actes ont toujours été marqués au sceau d'une intelligence saine et réfléchie des intérêts de son pays. Cette faute grossière, la diplomatie russe était incapable de la commettre [1].

[1] Voici sur ce point le propre témoignage du ministre des affaires étrangères de Charles X : « Je suis loin de prétendre, dit M. de Polignac, qu'il (le comte Pozzo di Borgo) méditât rien de directement hostile contre le trône ; renverser le ministère n'était sans doute que le but qu'il se proposait. Mais il ne pouvait ignorer qu'en rendant victorieux le principe antimonarchique, il mettait la couronne en danger. Tant il est qu'il s'aboucha et intrigua avec les chefs de l'opposition des deux Chambres législatives. Il assistait à de secrets conciliabules, lesquels se tenaient pour la plupart chez madame de B... Le sincère attachement que je porte à la famille de cette dame m'empêche d'achever son nom. » (*Études historiques*, par le prince de Polignac, p. 278.)

Quant à l'Angleterre, sa participation occulte à l'établissement de la dynastie nouvelle ne saurait faire l'objet d'un doute. Dans la circonstance, le cabinet de Saint-James agit sous l'impulsion de ses rancunes contre le ministère français ; il conservait un profond ressentiment de l'expédition d'Alger, accomplie à son humiliation par le gouvernement de Charles X. Les débats qui ont eu lieu au parlement anglais, en juin 1847, à l'occasion des affaires de Portugal, ont éclairé d'un jour lumineux ce point intéressant de l'histoire de Louis-Philippe. M. Hume put dire, à ce propos, sans être contredit, que c'était au duc de Wellington que le lieutenant général était redevable de sa couronne.

Cette couronne, les députés venaient de l'apporter au duc d'Orléans.

Nous avons laissé la députation de la Chambre au Palais-Royal. Quand elle entra dans le salon du duc d'Orléans, il avait pris son parti. Le lieutenant général reçut les députés entouré de sa famille. M. Laffitte ayant lu la déclaration de la Chambre, le prince prit la parole d'un air modeste et pénétré.

« Je reçois, dit-il, avec une profonde émotion la déclaration que vous me présentez. Je la regarde comme l'expression de la volonté nationale, et elle me paraît conforme aux principes politiques que j'ai professés toute ma vie.

« Rempli des souvenirs qui m'avaient toujours fait désirer de n'être jamais destiné à monter sur le trône, exempt d'ambition et habitué à la vie paisible que je menais dans ma famille, je ne puis vous cacher tous les sentiments qui agitent mon cœur dans cette grande conjoncture. Il en est un qui les domine tous, c'est l'amour de mon pays. Je sens ce qu'il me prescrit et je le ferai. »

Cette réponse laconique était habilement conçue. En la terminant, le prince se précipita dans les bras de M. Laffitte. Un enthousiasme général éclata alors au dehors : les acclamations du peuple amassé sur la place du Palais-Royal appelaient le duc d'Orléans. Il parut au balcon, accompagné de Lafayette, qu'il embrassa avec effusion. Le général était ému : « Voilà, dit-il au peuple, en lui montrant le nouveau roi, voilà le prince qu'il vous fallait; voilà ce que nous avons pu faire de plus républicain. » Ce mot, à travers une apparence de satisfaction personnelle, déguisait mal le regret de n'avoir pu doter la France de cette démocratie pure, objet depuis tant d'années des prédilections secrètes du vétéran de 1789 [1]. Les cris de : *Vive Lafayette! vive le duc d'Orléans!* à peine interrompus, avaient repris avec une nouvelle vivacité.

Ces banales acclamations de la multitude, invariablement acquises à tous les gouvernements nouveaux comme à tous les spectacles inusités, devaient longtemps encore se prolonger dans leur fragile et décevant écho. En même temps, mais dans un milieu plus solennel, allait retentir la dernière voix qui dût protester

[1] *Histoire de France pendant la dernière année de la Restauration*, par un ancien magistrat (M. Boullée), t. II, p. 154.

en faveur du principe tutélaire, du dogme conservateur de la légitimité avant sa catastrophe irrémédiable. C'était, au Luxembourg, celle de M. de Chateaubriand. On avait annoncé qu'envers et contre tous il allait y donner l'exemple du courage, protester une dernière fois en faveur de la monarchie vaincue, dénoncer les amis qui l'avaient égarée, les parents qui l'avaient trahie.

On en conçut une vive inquiétude au Palais-Royal. Il y fut résolu qu'on conjurerait ce danger à tout prix. Dans ce dessein, on fit appeler immédiatement M. Bertin de Vaux, propriétaire du *Journal des Débats* et ami particulier de M. de Chateaubriand. Il promit de s'entremettre à cet effet.

Sur cette négociation délicate, qu'il ne faut pas confondre avec les entretiens que j'ai précédemment rapportés, M. de Chateaubriand garde un silence absolu dans ses *Mémoires*. Là-dessus, M. Bertin de Vaux n'a pas été non plus, que je sache, bien explicite de son vivant. Je me trouve ici dans le champ des conjectures. Pour suppléer les renseignements qui manquent, je n'ai guère que les inductions, assez probantes, il est vrai, tirées du tempérament, des habitudes et de la moralité de l'un et l'autre personnage. Ce qui est manifeste, c'est l'intérêt immense qu'avait le duc d'Orléans à amortir, sinon à étouffer la voix de M. de Chateaubriand. Ce qui est certain encore, c'est que M. Bertin de Vaux s'y employa avec ardeur. Mais au delà, je le répète, on tombe dans le domaine des suppositions, des versions contradictoires et hasardées.

Dévoré de besoins, toujours assiégé d'embarras par suite du désordre perpétuel de ses affaires, M. de Chateaubriand donnait facilement prise sur lui en pareille occurrence. Quant à l'intermédiaire chargé de débattre les conditions du marché prétendu, il ne pouvait être mieux choisi : M. Bertin de Vaux était bien l'homme de la situation. Si l'on se réfère à ses principes et à ses habitudes constantes pendant et depuis la Restauration, notamment à la façon cynique dont il avait mis le marché à la main à M. de Villèle lors du brusque renvoi de M. de Chateaubriand du ministère, on présumera sans peine qu'il n'aura pas dérogé, dans la circonstance, à sa religion et à son âpreté ordinaires.

Le *Journal des Débats*, propriété alors à peu près exclusive des frères Bertin, n'alimentait leur faste qu'à l'aide des subventions du pouvoir. Du sommet, la vénalité avait suinté dans les bas-fonds; après Geoffroy, elle avait empreigné le corps entier de la rédaction au point de décrier dans l'opinion une feuille qui avait été longtemps le plus autorisé de ses organes. En recrutant leurs collaborateurs parmi les hommes éminents dans les lettres, les sciences et les arts, en en formant une pléiade d'élite, en maintenant dans leur journal les saines traditions du style, l'esprit et la verve de Voltaire, MM. Bertin devaient néanmoins perpétuer leur influence dans la presse, en dépit du scandale de leurs palinodies et de la déconsidération qui s'attachait à leur phalange. A part un petit nombre de notabilités de la rédaction, il manquait généralement à ceux qui la composaient une haute moralité, l'indépendance, la dignité de la vie[1].

De ce personnel, l'homme le plus éminent était sans contredit M. de Chateaubriand. Au *Journal des Débats* il puisait une influence, un ascendant qui, on peut le dire, étaient pour lui une des principales ressources de son existence. Son état constamment besoigneux ne saurait cependant être une raison suffisante d'admettre le marché honteux auquel on le fait souscrire. On doit ne pas oublier les exemples aussi nombreux qu'éclatants de désintéressement qu'il avait donnés sous l'Empire et même après la restauration des Bourbons. A l'égard d'illustrations de ce caractère, l'historien, qui remplit en quelque sorte l'office de juge d'instruction, a le devoir de n'admettre que des preuves, et, contre M. de Chateaubriand, je le répète, il n'en existe d'aucune nature. Je me bornerai donc, pour satisfaire à l'obligation d'un récit complet, à donner la version la plus accréditée à ce sujet, sans, bien entendu, en répondre.

Dans l'hypothèse où le duc d'Orléans serait resté lieutenant général, M. de Chateaubriand lui aurait demandé de lui garantir par écrit cinq cent mille francs de rente, le titre de duc et la charge de gouverneur du petit-fils de Charles X. Au cas, au contraire, où il confisquerait à son profit les droits du duc de Bordeaux, l'illustre écrivain se serait rabattu sur une somme de

---

[1] *Histoire du Journal des Débats*, par M. Nettement, *passim*. — Documents particuliers communiqués par M. Boullée.

quatre millions une fois payés. La négociation, très-laborieusement suivie, aurait échoué devant la garantie exigée et l'énormité de la somme[1].

M. Bertin de Vaux a expliqué à sa façon son entremise dans cette affaire. Suivant sa version toute vertueuse, le duc d'Orléans lui aurait représenté combien il importait, dans la circonstance, qu'aucune accusation téméraire ou allégation inconsidérée ne vînt fournir des armes à la calomnie. C'est à ce point de vue seulement qu'il l'aurait engagé à s'interposer entre lui et le noble pair, depuis si longtemps son ami. Tout cela est bien vague et n'explique rien. Il est difficile d'admettre que les pourparlers du duc d'Orléans avec le propriétaire du *Journal des Débats* se soient renfermés dans des termes exclusivement platoniques. Il semble bien que le moindre rôle qu'il ait pu jouer, dans l'occurrence, soit celui de tentateur. En somme, que des offres aient été faites à M. de Chateaubriand, cela me paraît hors de doute; qu'il les ait repoussées, je suis fort enclin à le penser, je dirai mieux, c'est ma conviction profonde. Il y a dans les conditions énoncées une exagération qui leur ôte presque toute créance. M. de Chateaubriand, d'ailleurs, après la négociation, demeura notoirement aussi gêné, aussi nécessiteux qu'avant. Il me paraît indubitable que, dans la conjoncture, le parti d'Orléans a fait contre lui usage de son arme habituelle, de son trait empesté, la calomnie. Le tort

[1] *Biographie de Louis-Philippe*, par Michaud, p. 242.

le plus réel du noble écrivain fut sans doute de s'être une fois de plus accolé à Bertin de Vaux, qui ne pouvait manquer sur lui de déteindre.

Quoi qu'il en soit, il est sûr que M. de Chateaubriand promit d'adoucir les formes de son langage; et, à l'égard de l'élu du jour, d'user de ménagements, de tempéraments exceptionnels. On en eut bientôt la mesure à la Chambre haute. Ce ne fut pas contre le successeur de Charles X qu'il déversa les trésors de sa colère, qu'il exhala le fiel de sa passion. Son discours, d'une modération remarquable tant qu'il remplit la tâche facile de démontrer que la raison politique et l'intérêt de la France conseillaient également la transmission de la couronne sur la tête du duc de Bordeaux, devint âpre et violent quand l'orateur fut conduit à porter un jugement sur les causes de la catastrophe où avait sombré la branche aînée. Jamais paroles plus dures, plus impitoyables ne furent jetées à des hommes dont la position commandait tout au moins quelque retenue. Jamais plus hyperboliques éloges ne furent prodigués au peuple de Paris. Jamais aussi, ajouterai-je, le sentiment d'une orgueilleuse personnalité ne se montra plus à découvert dans un moment qui le comportât moins. Mais à une nature si richement douée, en M. de Chateaubriand il y avait une lacune considérable : la faculté maîtresse, le jugement, lui avait été refusé, et il devait lui manquer jusqu'au terme de sa carrière. Il n'avait pas la mesure, cette qualité native sans laquelle toutes les autres sont inutiles ou de peu de profit; la mesure, ce rayon divin, don si rarement imparti même aux plus belles intelligences; la mesure, sans laquelle les plus admirables facultés ne servent souvent qu'à fourvoyer l'homme qui les possède, à l'entraîner à sa ruine, témoin Napoléon, le plus éclatant exemple dans les temps modernes.

Avec sa légèreté et son inconséquence ordinaires, M. de Chateaubrind oubliait quelle large part ses fougueuses passions et ses implacables rancunes avaient eue à la chute des Bourbons. Ses propres égarements, ses déplorables écarts politiques auraient dû lui fermer décemment la bouche. Plus qu'aucun autre, en effet, il avait creusé l'abîme où venait de s'engloutir la monarchie.

Il ne fut guère moins implacable pour la pairie. Traçant à grands traits le tableau de sa servilité, il mit sous ses yeux un miroir trop fidèle ; il fit honte à l'Assemblée de sa longanimité dans l'abaissement. Son discours se termina par une déclaration assez étrange, où l'ont crut voir une adhésion implicite au nouvel établissement : « Quelles que soient les destinées qui attendent M. le lieutenant général, je ne serai jamais son ennemi, s'il fait le bonheur de ma patrie. Je ne demande à conserver que la liberté de ma conscience et le droit d'aller mourir partout où je trouverai indépendance et repos. »

Au cours de cette véhémente philippique, on put voir quelques pairs s'agiter dans leurs fauteuils et, par leurs gestes et leur physionomie, trahir le trouble et l'agitation de leur conscience. Mais ce fut une émotion passagère. A l'atteinte infligée à leur dignité et à leurs droits par la Chambre élective, la masse se montra généralement insensible. La pairie parut se complaire à mettre le comble à son avilissement par la plus basse flatterie, « s'en rapportant à la prudence du prince » sur la question de savoir si elle serait ou non outrageusement mutilée. La délibération de l'Assemblée n'avait guère duré plus d'une heure. La députation se rendit au Palais-Royal où M. Pasquier, son président, passé maître en matière de harangues louangeuses, la présenta au lieutenant général. « Vous avez, monseigneur, lui dit-il, autrefois défendu, les armes à la main, nos libertés encore nouvelles et inexpérimentées. Aujourd'hui, vous allez les consacrer par les institutions et les lois. Votre haute raison, vos penchants, le souvenir de votre vie entière nous promettent un roi-citoyen. Vous respecterez nos garanties qui sont aussi les vôtres.

— Messieurs, répondit le prince, vous me témoignez une confiance qui me touche profondément. Attaché de conviction aux principes constitutionnels, je ne désire rien tant que la bonne intelligence entre les deux Chambres. Vous m'imposez une grande tâche : je m'efforcerai de m'en rendre digne. »

Le duc d'Orléans s'en tint pour les pairs à cette laconique réponse, qui avait la couleur d'une mordante épigramme. Le fond et la forme disaient assez le cas qu'il faisait d'eux. Aussi bien la pairie avait accompli son suicide. Comme grande influence politique et contrepoids salutaire dans le gouvernement, elle avait cessé d'exister. Dans la première moitié de la Restauration, avant qu'elle eût été altérée dans son essence et faussée dans sa composition, elle avait jeté un vif éclat, rempli un rôle pondérateur, parfois même prépondérant. Désormais, elle n'allait plus que végéter à l'état d'ombre d'elle-même, pour aboutir à la décrépitude et, finalement, être enterrée dans la fosse commune des assemblées tuées par le mépris.

C'était à la magnanimité de Dupont (de l'Eure) que M. Pasquier devait de la présider. L'ancien et austère magistrat avait contre-signé sa nomination, oubliant l'injure qu'il en avait autrefois reçue. En 1818, M. Pasquier, alors garde des sceaux, l'avait destitué pour son indépendance des fonctions de président à la cour de Rouen, qu'il remplissait avec honneur. M. Pasquier, par sa nature, avait la propriété du liége : dans toutes les tempêtes politiques, il était insubmersible. Après Napoléon, Louis XVIII l'avait rappelé aux affaires, ou plutôt il s'était faufilé dans la faveur du Roi ni plus ni moins qu'un royaliste de vieille roche. Homme d'esprit et homme du monde, il avait, sous la Restauration, figuré comme un assez beau jouteur dans les combats de la tribune, acceptant tous les défis, cachant une profonde dissimulation sous le vernis de l'affabilité et des bonnes manières, une impudeur presque sans exemple sous les apparences du stoïcisme. Prompt à la réplique, rapide dans sa manœuvre, ses adversaires parvenaient rarement à le déconcerter. Déiste en politique, il croyait au pouvoir, mais peu lui importaient les formes extérieures du culte: absolutisme, droit divin, constitution, système représentatif, tout allait à son tempérament complexe, à sa nature de caméléon, tout lui était égal[1].

Pendant ce temps, on s'occupait activement dans les régions officielles de parachever l'œuvre dynastique, de mettre la dernière main à l'édifice de la royauté nouvelle. Il y avait encore des accessoires à régler, des questions de forme à résoudre, et à celles-là certaines gens attachaient une haute importance.

Au titre de roi de France se liait l'idée de propriété de la monarchie : on y substitua la qualification de roi des Français. On pensait par là établir une distinction tranchée entre le régime ancien et le pouvoir nouveau. Mais elle parut insuffisante à plusieurs, et on lut sur les murs de Paris des placards invitant le duc d'Orléans à prendre le titre d'empereur des Français. « Ce titre est grand, y était-il dit, il est populaire... Il rappelle notre gloire et ouvre devant nous un nouvel avenir. »

C'était pour le duc d'Orléans une raison de plus de le répudier, décidé qu'il était à prendre le contre-pied des idées et des sentiments d'un passé qui, au surplus, eût été alors un anachronisme et que bien peu de gens, en France, se souciaient alors de voir renaître. Au sentiment du duc d'Orléans, la monarchie ne recommençait pas, elle continuait. Il avait en horreur les souvenirs de gloire ; il tenait par-dessus tout à n'engager d'aucune manière l'avenir de son gouvernement.

---

[1] *Histoire de la chute des Bourbons*, t. I, p. 405.

Le lieutenant général eût pu prendre le nom de Philippe VII ou de Louis XIX, comme descendant et continuateur de soixante rois ses ancêtres[1]. Mais des colporteurs ayant crié dans les rues la déclaration de la Chambre des députés, qui appelait au trône « S. M. Philippe VII, » il s'ensuivit une sorte de scandale. La chose fut jugée si sérieuse, que le général Matthieu Dumas, malgré son état de cécité, se fit conduire auprès du duc de Chartres, et le supplia d'obtenir de son père qu'il fît choix d'un autre nom. Lafayette et M. Dupin insistèrent dans le même sens. Le nom de Louis-Philippe Ier parut tout concilier. On doit croire que ce fut à son grand regret que le duc d'Orléans se résigna à cette exigence du parti révolutionnaire[2].

On retrancha de l'intitulé des actes royaux la formule « *par la grâce de Dieu,* » le principe de la nouvelle monarchie reposant, non sur l'allégation absolue du *droit divin*, comme précédemment, mais sur un

---

[1] « Cette idée semblait sage, car il était absurde de prétendre que la qualité princière du duc d'Orléans, sa proximité du trône, n'eussent pas influé sur son élévation. Lafayette la combattit comme impliquant une pensée de légitimité ; son opinion prévalut, et Louis-Philippe en l'informant de sa détermination, lui écrivit gracieusement : *You see, you have carried the point.* »(*Biog. univ.*, art. *Lafayette*, t. LXIX, p. 396)

[2] Voir dans l'opuscule de M. Dupin intitulé : *Révolution de* 1830, et dans ses *Mémoires*, t. II, p. 166, à quels débats puérils donna lieu la solution de cette question. M. de Broglie et M. Guizot (*Mémoires*, t. II) soutenaient que le duc d'Orléans arrivait à la royauté *parce qu'il* était Bourbon. M. Dupin, au contraire, prétendait qu'il était appelé au trône *quoique* Bourbon. Un déluge de brocards et de traits piquants fondit à cette occasion sur les partisans du *quoique* et sur les défenseurs du *parce que*. Cette querelle de mots avait provoqué au sein du conseil les discussions les plus animées!

droit positif et conventionnel. Par la même raison, on supprima l'énonciation de ces mots : *l'an de grâce*, ainsi que la formule absolutive : *car tel est notre plaisir*. Enfin le terme de *sujet* disparut de la formule exécutoire adressée à la suite des lois aux agents du pouvoir exécutif et aux tribunaux, pour indiquer que l'obéissance qui lui était due, désormais toute légale et constitutionnelle, n'était plus comme autrefois exigée à titre de vasselage, de sujétion et de servitude. On renvoya à une ordonnance ultérieure le changement à apporter au sceau de l'État[1], les trois lis qui ornaient l'écusson de la branche aînée ne devant pas continuer à former les armoiries de la nouvelle dynastie, qui n'en était pas l'héritière. Les armes d'Orléans avec le lambel, signe de la branche cadette, étaient les armes personnelles de cette branche et ne pouvaient pas d'emblée revêtir un caractère de nationalité.

L'acceptation du nouveau roi et la formule de son serment furent rédigées par M. Dupin, qui s'était constitué en quelque sorte le notaire de cette transaction politique. C'est lui qui nous apprend encore, avec le plus grand sérieux, « que le procès-verbal de la céré-

---

[1] Cette ordonnance, rendue le 14 août 1830, décida que « les sceaux et cachets des autorités judiciaires et administratives et des officiers publics porteraient à l'avenir pour toute légende, dans l'intérieur du médaillon, le titre du corps du fonctionnaire ou de l'officier public, sur les actes desquels ils devaient être apposés. » En 1831, après les scènes de l'archevêché et de Saint-Germain-l'Auxerrois, le sceau de l'État fut encore changé ; on en retira les armoiries et on prit simplement pour écusson un livre ouvert avec ces mots à l'intérieur : *Charte de 1830*. (Ordonnance du 16 février 1831.)

monie qui devait avoir lieu le lendemain fut rédigé par lui d'avance, afin que tout fût régulièrement exprimé *en termes de droit!* »

Ces préliminaires réglés, il ne restait plus qu'à donner à la transmission de la couronne la consécration solennelle d'une séance d'apparat, complément indispensable pour la multitude.

Le lundi 9 août 1830, tout était prêt au palais Bourbon pour une séance royale. Sur l'estrade on avait élevé un trône resplendissant, ombragé de drapeaux tricolores et surmonté d'un dais en velours cramoisi. Devant le trône, trois pliants pour le lieutenant général et ses deux fils, le duc de Chartres et le duc de Nemours, ce dernier destiné à quitter le palais Bourbon, dix-huit ans plus tard, dans un tout autre appareil!

Le duc d'Orléans fit son entrée au bruit du canon des Invalides et au chant de *la Marseillaise.* Quand il eut pris place, il se couvrit et invita les membres des deux Chambres à s'asseoir. Puis il s'adressa au président de la Chambre pour la lecture de la déclaration du 7 août. M. Casimir Périer y procéda d'une voix accentuée, insistant sur plusieurs passages, notamment sur celui-ci : « Le trône est vacant en fait et en droit. » Au dernier paragraphe, ayant prononcé ces mots : « appelle au trône Son Altesse royale Philippe d'Orléans, duc d'Orléans, » le prince, qui suivait attentivement la lecture, reprit vivement : « Louis-Philippe » M. Pasquier lut, à son tour, l'adhésion de la Chambre des pairs. Les deux actes furent remis au roi, qui les transmit à

M. Dupont (de l'Eure), garde des sceaux. Puis, au milieu du silence, le lieutenant général lut son acceptation en ces termes :

« Messieurs les pairs, messieurs les députés !

« J'ai lu avec une grande attention la déclaration de la Chambre des députés et l'acte d'adhésion de la Chambre des pairs. J'en ai pesé et médité toutes les expressions.

« J'accepte sans restriction ni réserve les clauses et engagements que renferme cette déclaration et le titre de roi des Français qu'elle me confère, et je suis prêt à en jurer l'observation. »

Louis-Philippe se leva alors, ôta son gant, se découvrit et prononça la formule de serment que lui remit M. Dupont (de l'Eure) : « En présence de Dieu, je jure d'observer fidèlement la Charte constitutionnelle, avec les modifications exprimées dans la déclaration ; de ne gouverner que par les lois et selon les lois ; de faire rendre bonne et exacte justice à chacun selon son droit, et d'agir en toutes choses dans la seule vue de l'intérêt, du bonheur et de la gloire du peuple français. »

A ce moment, s'approchant du prince, les maréchaux lui présentèrent les attributs de la royauté : le sceptre, la couronne, l'épée et la main de justice. Louis-Philippe signa les originaux de la Charte et de son serment. Le pliant du milieu ayant été enlevé, le nouveau roi monta sur le trône, se couvrit et fit signe qu'il allait parler.

« Je viens, dit-il, de consacrer un grand acte ; je sens profondément toute l'étendue des devoirs qu'il m'impose; j'ai la conscience que je les remplirai. C'est avec pleine conviction que j'ai accepté le pacte d'alliance qui m'était proposé.

« J'aurais vivement désiré ne jamais occuper le trône auquel le vœu national vient de m'appeler. Mais la France, attaquée dans ses libertés, voyait l'ordre public en péril; la violation de la Charte avait tout ébranlé : il fallait rétablir l'action des lois et c'était aux Chambres qu'il appartenait d'y pourvoir. Vous l'avez fait, messieurs : les sages modifications que nous venons de faire à la Charte garantissent la sécurité de l'avenir, et la France, je l'espère, sera heureuse au-dedans, respectée au dehors, et la paix de l'Europe de plus en plus affermie. »

Les cris de : *Vive le roi! vive la reine! vive la famille royale!* avaient éclaté à la fin de ce discours. Ils accompagnèrent encore Louis-Philippe à sa sortie du palais Bourbon.

La nouvelle reine, sortie de sa tribune immédiatement après le roi, s'arrêta quelque temps dans la salle dite des *conférences*, où elle reçut, non sans quelque embarras, les hommages des assistants et les félicitations banales des femmes des nouveaux dignitaires de l'État.

Le couple couronné regagna ensuite le Palais-Royal où l'accompagnèrent les fragiles empressements, les inconstantes acclamations de la multitude. Louis-Philippe était capable d'apprécier aussi bien qu'Olivier Cromwell la valeur du sentiment populaire. Il put se rappeler le mot fameux du Protecteur répondant à son chapelain,

fier de voir la foule entourer la voiture de son maître :
« Il y en aurait une égale et tout aussi joyeuse, si l'on me menait pendre. » C'était celle-là qui, sustentée au cours d'un hiver rigoureux par la bienfaisance de Philippe-*Égalité*, son père, l'avait ensuite escorté avec délire à l'échafaud ; et ce devait être encore celle-là qui, dix-huit ans plus tard, formerait le dernier cortége du roi des Français, accablant Louis-Philippe de ses imprécations dans sa fuite précipitée des Tuileries ! Déplorables et courtes affections du peuple : *breves et infaustos populi amores*[1]*!*

Le Roi, dans le trajet, avait jusqu'à l'affectation prodigué à la foule les témoignages d'une affection cordiale et populaire. Rentré au Palais-Royal[2], au milieu du troupeau des fonctionnaires, toujours empressés de sauvegarder leur position sous tous les régimes, il broda de plus belle sur son canevas favori, développant son thème ordinaire : à la France et à l'Europe, il entendait apparaître comme un prince nécessaire qu'on n'avait été que trop heureux de rencontrer, de trouver disposé à échanger, dans l'intérêt du bien public et du repos du monde, sa situation paisible et florissante contre les agitations et le fardeau de la couronne. Aussi bien, lui-même ne se doutait probablement guère alors combien il devait un jour s'en trouver endolori, à quel point elle allait lui meurtrir le front.

[1] Tacite, *Ann.*, II, xli.
[2] Les Tuileries étaient encore inhabitables par suite des dégâts qu'y avait causés l'insurrection. On travaillait activement à les réparer.

Mais, encore qu'il s'efforçât de donner le change sur le fond de ses sentiments, à quelques instants de là la secrète ambition de toute sa vie allait se dévoiler dans des paroles que doit soigneusement enregistrer l'histoire. Il y avait au Palais-Royal un grand couvert auquel assistaient la plupart des personnages qui avaient pris part à la nouvelle révolution. M. Bérard, l'auteur de la proposition qui avait mis la couronne sur la tête du duc d'Orléans, était au nombre des convives. Après le dîner, Louis-Philippe voulut le présenter lui-même à la reine. « Voilà, dit-il, l'homme qui nous a rendu tant de services, et auquel nous avons tant d'obligations[1]. » Et là-dessus la nouvelle reine, la même qui, peu de temps auparavant, exhortait si vivement son époux à ne pas déshonorer par l'usurpation la double religion de la reconnaissance et de la fidélité, prenant les mains de M. Bérard, lui exprima, dans les termes les plus chaleureux et avec une effusion marquée, toute la reconnaissance qu'elle et son époux lui conserveraient à jamais! Mais il ne devait pas s'écouler longtemps avant que le principal artisan du nouveau trône, tombé en pleine disgrâce, fît l'expérience, lui aussi, de la valeur des assurances des têtes couronnées, de la sincérité des protestations sorties des bouches royales!

[1] *Souvenirs historiques.*

CHAPITRE XXVII

Voyage et embarquement de Charles X à Cherbourg. — Prévoyance inexorable du gouvernement. — Entretien de M. Dumont d'Urville avec Louis-Philippe. — Portrait du nouveau roi et de sa famille.
Détresse de la classe ouvrière. — Mécomptes de la finance. — Arrêté scandaleux du ministre des finances Louis.

Pendant que le duc d'Orléans régularisait sa prise de possession du trône, le triste monarque qui venait d'en être précipité par sa faute, entouré de sa famille consternée, s'acheminait lentement vers l'exil.

J'ai dit que les commissaires chargés d'accompagner Charles X jusqu'à Cherbourg avaient pour mission moins de lui faire honneur et de le protéger, que d'accélérer sa marche et sa sortie du royaume. Le vieux roi quitta la France à petites journées, avec dignité. A plus d'une des stations de ce douloureux voyage, les illustres exilés reçurent, malgré la présence des commissaires, les marques d'un intérêt vif et touchant. A Dreux seulement, il y eut quelques démonstrations haineuses et malveillantes : on était sur les terres du duc d'Orléans. La famille a son caveau dans cette ville et elle est propriétaire des forêts environnantes. Les manifestations populaires, alors qu'il s'agissait de la conservation de sa couronne, avaient pu faire chanceler le courage de Charles X; elles furent impuissantes sur l'âme du monarque détrôné, proscrit et presque captif. L'homme, en lui, se montra supérieur au roi. Mais cela ne faisait pas le compte de la dynastie nouvelle.

Fortuite ou calculée, la lenteur de cette pénible retraite irritait l'impatience du Palais-Royal. Louis-Philippe eut recours, dans la circonstance, à des moyens qui excluaient la dignité autant que le respect dû au malheur. Afin de faire croire à l'Europe que c'était du vœu de la France entière que Charles X abandonnait sa couronne, son gouvernement eut soin de susciter, sur la route que suivait la famille déchue, des soulèvements factices, des semblants d'émeute. Il y trouvait cet autre avantage d'empêcher la famille royale de séjourner longtemps dans les mêmes lieux.

Dès le 10 août, le général Gérard, ministre de la guerre, avait prescrit au commandant de Cherbourg d'organiser une colonne mobile à l'effet de se porter au-devant de l'escorte du monarque détrôné et, le cas échéant, d'avoir raison de toutes les résistances. Dans la circonscription limitrophe, le ministre confirmait au général Hulot les pouvoirs les plus étendus. Au Palais-Royal, on avait hâte d'atteindre au dénoûment.

Un marin distingué, M. Dumont d'Urville, le même qui devait rencontrer plus tard un trépas si funeste[1], était chargé de transporter la famille royale hors de

---

[1] Le 8 mai 1842, dans la catastrophe du chemin de fer de la rive gauche.

France. Bizarre rapprochement! en 1814, simple enseigne de vaisseau sur *la Ville-de-Marseille*, M. Dumont d'Urville avait ramené de Sicile en France la branche d'Orléans. Seize ans après, il allait déposer sur la terre d'exil l'autre branche de la famille royale. Il devait cette dernière et pénible mission à son libéralisme notoire et à son antipathie manifestée sans réserve contre le pouvoir déchu.

Le 16 août, Charles X, debout sur le pont du *Great-Britain*, dit adieu à la France qu'il ne devait plus revoir. A ce moment, un courrier attardé remit à la duchesse de Berry une lettre de sa tante, la reine des Français, qui lui mandait qu'une sauvegarde avait été placée dans son château de Rosny. La princesse en conçut de l'humeur. « Ils ont bien soin de nos guenilles, dit-elle, et ils prennent la couronne de mon fils. »

Le navire voguait sur la mer, portant le désastre de la branche aînée. Mais les éléments et le courroux des flots étaient ses moindres périls. Un brick, commandé par le capitaine Thibault, avait pour mission de l'escorter et de le couler bas pour peu que Charles X fît mine d'agir en maître. Cette prévoyance inexorable fut heureusement superflue. On l'a justement qualifiée de dénaturée, venant des d'Orléans comblés des bienfaits de Charles X[1].

Au terme de ce douloureux voyage, Charles X, avec une magnanimité qui ne s'était pas un instant démentie,

---

[1] *Histoire de dix ans*, par M. Louis Blanc, t. I, p. 462. — *Relation publiée en* 1852, par M. de Lourdoueix.

remercia M. Dumont d'Urville de ses bons procédés. Dans un dernier entretien, le capitaine ayant insisté sur le caractère inopiné des événements, le roi lui répondit qu'il était désormais fixé à cet égard. Il ne doutait plus maintenant qu'ils ne fussent « le résultat des machinations ourdies par le duc d'Orléans. »

Ses illusions s'étaient donc évanouies, mais trop tard, à l'endroit de son cousin, et, maintenant, comme il arrive toujours en pareil cas, il lui attribuait une part à sa chute beaucoup plus large qu'il ne convenait de porter à son compte. Charles X exagérait en parlant des *machinations* du duc d'Orléans : il était lui-même, sinon l'unique, au moins le principal auteur de sa catastrophe. S'il voyait plus clair maintenant dans les agissements du premier prince du sang, son aveuglement persistait pour le reste : les errements de son règne lui paraissaient tout naturels, et il les eût volontiers récidivés, s'il en eût été le maître ! Le renversement de sa dynastie était impuissant à le convaincre de cette vérité, qu'à marcher à reculons, les gouvernements, à la différence des individus, vont très-vite... à leur ruine ! Dans les derniers chapitres de cette histoire, j'aurai à rapporter de Louis-Philippe un trait analogue et non moins inouï d'aveuglement. On y verra le roi des Français, d'abord à Dreux, ensuite sur les bords de la mer, consumer de longs jours à se bercer d'un chimérique espoir, avec l'idée fixe, que, l'effervescence passée et l'émotion calmée à Paris, la nation s'empressera de le rappeler et opérera d'elle-même son rétablissement sur le trône. Il n'a pas conscience de son double et impardonnable méfait à l'égard du pays : la magistrature corrompue, la justice décriée et avilie, descendant la pente où l'on verra plus tard son représentant le plus élevé aboutir au rôle d'entremetteur dans une ignoble intrigue de concubinage adultère. Louis-Philippe, au fol espoir dont il se leurre, en est à s'étonner de son désastre ; il a l'esprit et les yeux fermés à cette justification par elle-même suffisante et providentielle de sa chute : les sources de l'élection par lui partout viciées et corrompues en France. Aussi bien, je n'ai pas à relever ici une autre et non moins incroyable hallucination, un rêve plus extravagamment caressé encore, au moment même où j'écris, par un dernier potentat déchu, celui-là que ses débordements, son ineptie et sa lâcheté ont mis de son vivant au pilori de l'histoire, avec son entourage de drôles et son cortége de chenapans, justifiant bien les paroles du chef de la famille : « Le trône a ses poisons; à peine y est-on assis qu'on en ressent la contagion ; » et : « on ne saurait se coucher dans le lit des rois sans y gagner la folie. J'y suis devenu fou[1] ! » En fait de démence, il y a presque parité chez les despotes ; la diversité des cas établit tout au plus entre eux des différences. Mais que la noble couronne de France ait pu ceindre le front de l'aventurier à nous si longtemps infligé, c'est à s'abandonner à cette mélancolique et douloureuse réflexion de Tacite :

---

[1] *Récits de la captivité de Sainte-Hélène,* par le comte de Montholon, t. II.

« Quant à moi, plus je réfléchis sur les événements anciens ou modernes, et plus j'observe dans toutes les affaires de ce monde les jeux et les caprices du hasard, la vanité des choses humaines. En effet, par leur réputation, par l'attente légitime, par l'estime publique ; combien de gens semblaient être plutôt destinés à l'empire, que celui que la fortune réservait en secret pour futur empereur : *Mihi quanto plura recentium seu veterum revolvo, tanto magis ludibria rerum mortalium cunctis in negotiis observantur. Quippe fama, spe, veneratione potius omnes destinabantur imperio, quam quem futurum principem fortuna in occulto tenebat*[1]. »

Louis-Philippe était curieux et impatient d'apprendre toutes les circonstances du voyage de Charles X. M. Dumont d'Urville, à peine de retour à Paris, fut mandé au Palais-Royal. Il nous a conservé le récit de la conversation qu'il eut alors avec son nouveau souverain.

« Louis-Philippe, dit-il, s'avança vers moi d'un air très-amical, et me dit en me tendant la main : « Eh bien ! mon ami, comment s'est fait le voyage? — Fort bien, Sire. — Et vos passagers vous ont-ils parlé? que vous disaient-ils? vous ont-ils entretenu de moi ? — Oui, Sire, et je ne dois pas vous dissimuler qu'ils ne vous traitaient pas fort bien, et qu'ils voyaient même en vous le chef d'une conspiration qui les aurait renversés. — Vraiment ; contez-moi donc cela. » Alors je lui fis le

---

[1] *Ann.*, III, xviii.

résumé de plusieurs de mes conversations avec Charles X, ce qui parut le divertir beaucoup. Il me témoigna souvent sa satisfaction de ce que je lui avais affirmé que le duc d'Orléans n'était à la tête d'aucun complot. « Vous avez très-bien fait de dire tout cela, s'écria le roi. — Mais il n'a pas voulu me croire, ai-je répondu, et il est encore persuadé qu'il existait un complot. — Oh! c'est bien là Charles X ; je lui avais prédit ce qui arriverait : mais cet homme ne pouvait admettre qu'on pût gouverner constitutionnellement. »

Dans cet entretien, comme dans celui avec M. de Salvandy, que j'ai précédemment rapporté, Louis-Philippe prétend qu'il n'avait pas épargné les avertissements à Charles X. A l'en croire, il se serait efforcé, à diverses reprises, de lui ouvrir les yeux, notamment dans une longue conversation aux Tuileries, le 14 juin 1830. Il n'avait donc point à se reprocher l'issue fatale qui devait nécessairement résulter de son aveugle obstination. A ces dires, l'histoire ne saurait entièrement souscrire. Ces avis et représentations, ni Charles X, ni aucun des membres de sa famille, ni aucun témoignage digne de foi ne les ont jamais confirmés. Rien même ne donne lieu de les soupçonner; d'ailleurs, Charles X, jaloux à l'excès de son autorité, les eût difficilement supportés, quelque adoucie qu'en eût été la forme. Louis-Philippe a donc maladroitement cherché là une justification aussi peu probante qu'inutile. Mais il s'est de plus défendu, et non moins énergiquement, d'avoir jamais participé à aucun complot, fomenté aucune sédition, de s'être jamais mêlé à des trames, à des menées quelconques contre la branche aînée. A cet égard il faut s'entendre. Jamais, sans doute, il ne fut affilié aux sociétés secrètes, aux *ventes de la Charbonnerie*, mais il en connaissait, il en suivait attentivement les machinations occultes. En ne les désavouant pas, il s'en faisait pour ainsi dire le complice. Dans cette œuvre ténébreuse, il avait à son service maints ouvriers, un intérêt marqué et positif. De cette conspiration souterraine et permanente contre la branche régnante, il tenait en quelque sorte les fils au moyen des principaux adeptes, MM. de Schonen, Barthe, Mérilhou et consorts, tous ses familiers, commensaux du Palais-Royal, et plus tard magnifiquement récompensés sous son règne. Sous le manteau et le couvert du républicanisme, ils travaillaient en réalité pour la maison d'Orléans.

Il est avéré aujourd'hui que le prince n'ignorait rien de ce qui se tramait dans les conciliabules des sociétés secrètes. M. de Saint-Aulaire, qui devint plus tard un de ses ambassadeurs, avait particulièrement soin de le tenir au courant de ce qui se passait dans les réunions des écoles. Le premier prince du sang avait donc, dans les œuvres clandestines de l'époque, une main beaucoup plus active qu'on ne l'a cru depuis. Quant à la duchesse, sa femme, confinée dans son intérieur, livrée tout entière à la vie de famille, à des soins domestiques, tout donne lieu de supposer qu'elle ignorait complétement les menées de son époux. Il avait un confident plus sûr, sinon plus naturel, dans son ambitieuse sœur madame Adélaïde, qui était loin de s'appliquer à combattre chez son frère des dispositions pour ainsi dire innées. Mon jugement sur le duc d'Orléans, si affirmatif et rigoureux qu'il paraisse, s'appuie sur des preuves positives, sur des témoignages inédits qu'il n'est pas encore temps de produire ni de publier. Les historiens se sont donc trompés en niant les liens mystérieux qui unissaient le prince à toutes les fractions de l'opposition, même la plus subversive.

Je vais prendre ici congé du duc d'Orléans : j'aurai désormais à raconter l'histoire du roi Louis-Philippe. Mais avant d'aborder le règne, il me paraît à propos de jeter un dernier regard sur le prince et sa famille. C'est le duc d'Orléans que le lecteur a toujours sous les yeux, pas encore le monarque. Ce dernier, j'aurai à le juger plus tard sévèrement, sans me départir jamais de la justice, de l'impartialité dont je me suis fait une loi absolue. Ce coup d'œil rétrospectif, je m'y livre d'autant plus volontiers que je dois dire que l'homme a épuisé à ce moment ses meilleures années.

Le portrait du duc d'Orléans, au physique et au moral, je pourrais sans doute entreprendre par moi-même de le tracer. Je n'ai vu, il est vrai, qu'une seule fois de près, mais bien vu, et attentivement considéré Louis-Philippe, plusieurs années après 1830, lorsque j'eus l'honneur, comme lauréat, d'être reçu à Neuilly, à la table royale. Mais j'étais alors très-jeune. A mon appréciation particulière, je préfère substituer celle d'un écrivain qui, à l'époque où nous sommes, a souvent approché le duc d'Orléans, l'a étudié de près et fréquemment, partant concilie plus de poids et d'autorité à son témoignage.

« Louis-Philippe, dit M. Rittiez, avait cinquante-sept ans lorsqu'il fut nommé roi. Il était dans toute la force de l'âge mûr, doué d'une santé robuste, presque toujours inaltérable. Sa taille était grande et bien prise; il avait beaucoup de souplesse dans tous ses mouvements et se faisait remarquer par une grande agilité. Son regard était vif, sans fixité, pénétrant et quelque peu hagard; il avait le front haut et dénudé, le teint brun, le nez aquilin, les joues fortement développées et couvertes d'épais favoris. On trouvait dans ses traits et dans son air quelque ressemblance avec Louis XIV, ayant beaucoup moins de soin dans sa tenue, des formes plus familières et plus de laissez-aller. De ses mœurs on n'a rien à dire de fâcheux, et c'est à peine si la petite chronique de cour pourrait y trouver à glaner. Il était avant tout homme sérieux, se faisait peu de loisir, s'occupant beaucoup de ses propres affaires, et décidément processif. Il aimait à augmenter sa fortune quoique fort considérable, se rendait compte des moindres dépenses et se montrait souvent parcimonieux jusqu'à l'avarice[1].

[1] « Le duc d'Orléans professait une économie qui touchait à l'avarice : sans doute les habitudes que nous allons consigner ici étaient des habitudes prises dans les temps de malheur et dans les jours d'exil. Nous dirons plus : peut-être pour tout autre que pour un prince ayant six millions de revenu, peut-être même enfin pour ce prince chargé d'une nombreuse famille, cette économie était-elle une vertu ; mais, à tort ou à raison, nous

Quoique excellent père, il était sans faiblesse envers ses enfants, qu'il traitait parfois avec beaucoup de hauteur et de sévérité. Il affectait des dehors simples et d'une

nous rappelons qu'elle n'était point regardée comme telle, et que c'était un des défauts que lui reprochaient ses ennemis, sans que ces reproches, si acerbes qu'ils fussent, aient jamais pu l'en corriger.

« Chez M. le duc d'Orléans, tous le marchés se faisaient à forfait ; il y avait un marché pour la table, par exemple, c'était un M. Uginet qui tenait ce marché; on lui payait douze mille francs par mois, cent quarante-quatre mille francs par an, et, sur ce marché, on défalquait le gibier envoyé deux fois par semaine des nombreuses forêts de M. le duc d'Orléans, et dont le surplus était revendu à Chevet par le contrôleur de la bouche.

« Tous ces comptes étaient revus, annotés, approuvés par M. le duc d'Orléans. Un jour, en les remettant au net, je trouvai cette annotation de la main même du prince : « Quatre sols de lait pour madame Dolo-
« mieu. »

« La duchesse suivait cet exemple. M. Oudard, son secrétaire, repassait après elle toutes ses additions ; beaucoup de ces additions étaient au bas de mémoires de blanchisseuses écrits de la main même de Marie-Amélie, et comme madame la duchesse d'Orléans avait à cette époque des enfants fort jeunes, les détails de ces mémoires de blanchisseuses, prouvaient victorieusement que pour être princes, les Altesses royales de six mois n'en sont pas moins soumises à toutes les petites misères de l'humanité.

« Pendant que madame la duchesse d'Orléans faisait le compte des couches de M. de Montpensier et des langes de la princesse Clémentine, le duc réglait la dépense de ses aînés.

« Qu'on nous permette de mettre sous les yeux de nos lecteurs un petit travail de M. le duc d'Orléans, tombé entre nos mains le 24 février 1848 au moment où, pour la seconde fois, le front incliné et pensif, nous visitions les Tuileries envahies par le peuple.

« La première fois, c'était le 29 juillet 1850.

« Parmi des papiers déchirés, souillés, jetés à terre, gisait ce chiffon; je reconnus l'écriture du Roi, je le ramassai, et c'est sur ce chiffon que je copie les lignes suivantes :

« MARS 1828. — NOUVEAU TARIF DE L'ENTREPRISE POUR LA TABLE DES PRINCES. LE MÊME POUR CELLE DES ENFANTS.

		fr.	c.
« Jeunes princes et instituteurs:	Six soucoupes à 90 cent. .	5	40
	Sept pains à 20 cent. . . .	1	40

grande débonnaireté; mais sous cette apparente simplicité, il cachait une grande finesse qui allait parfois jusqu'à la duplicité. Peu scrupuleux sur les moyens de

Princesses Louise et Marie et madame de Mallet	Un potage à deux soucoupes.	1	80
	Deux pains.	»	40
Princesse Clémentine et madame Angelet.	Un potage.	1	50
	Une soucoupe.	»	90
	Deux pains.	»	40
	Viande froide.	1	50
Duc de Nemours et M. de Larnac, qui emportent au collége, plus du sucre payé à part.	Entremets.	3	»
	Deux soucoupes.	1	80
	Deux pains	»	40
	Total par jour. .	18	50
Sans le café payé à part.			
Plus 10 centimes par soucoupe. . .		1	10
	Total général. . . .	19	60

« Ainsi, le déjeuner des deux jeunes princes et de leurs instituteurs ; des princesses Louise et Marie, et de madame de Mallet; de la princesse Clémentine et de madame Angelet; du duc de Nemours et de M. de Larnac, c'est-à-dire de onze personnes, était coté vingt francs dans le budget princier de M. le duc d'Orléans.

« Peut-être pense-t-on que les malheureux enfants, obligés de rester sur leur appétit au déjeuner, se rattrapaient au dîner. Nous allons bien voir.

DÎNER OU SOUPER.

Potages.	2 fr.	50 c.
Entrées.	4	50
Rôt ou flan.	6	»
Entremets.	2	50
Assiette de dessert.	1	50
Total. . . .	17	»

Pain, café et thé, comme ci-dessus.

« Au reste, comme on aurait peut-être peine à croire ce que nous rapportons ici, nous invitons nos éditeurs à donner un *fac-simile* des trois notes qui sont entre nos mains.

« A côté de cela, hâtons-nous de le dire, le duc d'Orléans faisait sans ostentation d'excellentes choses. Il y avait au Palais-Royal trois bureaux

succès, il ne s'inquiétait guère que des résultats, et, quoique très-jaloux de sa qualité de Bourbon, il savait, dans son intérêt, dissimuler un outrage et endurer une injure; et sa fierté ne fut jamais mise à de si rudes épreuves qu'il ne sût les supporter. Temporisateur et d'une nature patiente, il voulait toujours arriver à ses fins sans rien donner au hasard ni courir aucun risque. Il voulait surtout qu'on laissât faire au temps son œuvre de rénovation. Le progrès lui paraissait un élément nécessaire au bien-être social, mais il n'admettait le progrès que dans des limites étroites et de tout point circonscrites.

« Ses libéralités, ses largesses se ressentaient toujours du vice de son caractère. On le vit cependant parfois se montrer assez empressé de venir en aide à des artistes ou gens de lettres nécessiteux. De ce côté, il

de secours : un dirigé par M. de Broval, et dont le duc faisait les frais, un second, dirigé par M. Oudard, et qui puisait au coffre de la duchesse, enfin un troisième, remis aux mains de M. Lamy, et qu'ordonnançait madame Adélaïde. Ces trois bureaux distribuaient de cinq à sept cents francs par jour

« J'ai longtemps été chargé de faire les listes qui devaient être présentées au duc d'Orléans, et de mettre sous ses yeux les demandes de secours; eh bien, il y a une chose que je dirai hautement, c'est que j'ai toujours obtenu, en faveur des pauvres, tout ce que j'ai pu demander sans intermédiaire au duc d'Orléans; jamais les diminutions de chiffres ne venaient de lui, elles venaient de son entourage; on le savait parcimonieux, et on lui faisait sa cour en flattant une faiblesse; il y a plus : une fois roi, une fois ma démission donnée, j'ai plus d'une fois encore, quoiqu'il me gardât rancune de mon départ, eu recours à lui pour qu'il vînt au secours de profondes infortunes ; jamais il n'a repoussé la demande que je lui faisais, et presque aussitôt la demande parvenue à lui, la personne était secourue. » (*Histoire de la vie politique et privée de Louis-Philippe*, par A. Dumas, t. I, p. 211.)

suivait, autant qu'il pouvait, la tradition de Louis XIV, quoiqu'il n'eût rien des habitudes fastueuses et frivoles de ce monarque, et qu'il ne partageât pas plus son goût pour le luxe qu'il ne partageait ses goûts de guerre et de conquêtes.

« Ses opinions religieuses et politiques étaient empreintes de scepticisme. On voyait bien que le dix-huitième siècle avait passé par là. Cependant il avait quelque attachement pour le régime constitutionnel, qu'il regardait comme préférable à tout autre. Dans ses relations, il se montrait toujours affable et poli, souriait fréquemment, mais son sourire avait quelque chose d'affecté, et son front, couvert de nuages, s'éclaircissait rarement. Louis-Philippe était foncièrement, sinon triste, du moins soucieux et pensif. Il se complaisait dans les soins de la vie domestique, aimait autant à bâtir qu'à paperasser, à faire remuer la terre qu'à approfondir une question litigieuse[1]. »

A ces traits, on voit que le nouveau souverain avait des vertus et de précieuses qualités, de celles que la vie de famille met en relief, que rehausse encore le rang de prince, mais qui ne sauraient suffire au chef d'une grande nation, à un monarque sur le trône. A l'homme que sa naissance ou le hasard des événements a placé au faîte de la société, il faut des aptitudes d'un ordre plus élevé, d'un genre et d'un degré supérieurs. Il y a donc lieu, selon moi, d'appliquer à Louis-Philippe, à

---

[1] *l'istoire du règne de Louis-Philippe*, par F. Rittiez, t. I, p. 93.

peu près sans restriction, un jugement qui semble avoir été formulé exprès pour lui, trait profond et piquant dont Tacite a peint un empereur, le vieux Galba : « Il parut, dit le prince des historiens, au-dessus d'un particulier tant qu'il fut dans la condition privée, et, de l'aveu général, digne de l'empire s'il n'eût été empereur : *Major privato visus, dum privatus fuit, et omnium consensu capax imperii, nisi imperasset* [1]. »

La duchesse d'Orléans, maintenant reine des Français, simple, modeste, livrée tout entière à l'éducation de ses enfants, vivait, comme je l'ai dit, en dehors des émotions de la politique. Peu portée pour les spectacles, les fêtes et les plaisirs, elle se consacrait entièrement à ses devoirs de famille. Elle chérissait ses enfants et en était chérie. Ses moments libres étaient employés aux bonnes œuvres qu'elle pratiquait discrètement et en silence. Sa piété était sincère, mais peu éclairée, voire même superstitieuse. Ses goûts modérés avaient plus que leur satisfaction dans la grande position qu'elle occupait au Palais-Royal et à Neuilly, sa résidence d'été, deux centres brillants que n'effaçaient pas les splendeurs des Tuileries.

Le seul marquant à cette époque des fils du roi était le duc de Chartres, devenu duc d'Orléans par l'élévation de son père au trône. Lorsque la révolution de 1830 éclata, il avait vingt ans et figurait parmi les plus brillants officiers de l'armée. Il était de haute stature, blond,

---

[1] *Hist.*, I, XLIX.

bien fait, la physionomie seulement un peu efféminée.
L'affabilité et la franchise étaient les traits distinctifs
de son caractère. Ses études au collége Henri IV, sans
avoir jeté d'éclat, avaient été satisfaisantes[1]. Il parlait
avec une égale facilité l'italien, l'anglais et l'allemand.
J'ai dit qu'il avait été nommé, le 13 août 1825, colonel
du 1er régiment de hussards. L'année suivante, Charles X,
bienfaiteur inépuisable de sa famille, lui avait conféré,
ainsi qu'à tous les d'Orléans, le titre d'Altesse royale,
que Louis XVIII avait refusé à toutes les sollicitations de
son père. Le jeune duc de Chartres faisait les délices
des fêtes données par la duchesse de Berry à Trianon, et
le bruit avait couru qu'elle lui destinait la main de sa
fille Caroline. En 1829, en compagnie de son père, il
avait voyagé à l'étranger, selon l'usage anglais, qui fait
des voyages le complément indispensable d'une solide
éducation. De retour en France, il s'était rendu à Lunéville, où son régiment tenait garnison, puis à Joigny.

[1] « En 1823, le duc d'Orléans qui voyait son fils aîné, le duc de Chartres, déjà fort avancé dans ses études classiques, désirait lui donner un gouverneur. Il avait d'abord pensé au général Foy; mais Foy était le principal orateur de l'opposition; on craignit que ce choix n'en prît le caractère; le général lui-même en fit la remarque. » (*Mémoires* de M. Dupin, t. 1, p. 376.)

Le duc d'Orléans jeta alors les yeux sur le général Drouot retiré à Nancy, sa ville natale, et demeuré étranger aux partis et aux luttes politiques. Mais le prince ne put vaincre les refus du modeste guerrier : le sage Drouot était effrayé de la responsabilité. Il alléguait, en outre, ses fatigues et l'affaiblissement de sa vue. Il finit effectivement par devenir aveugle.

Le duc d'Orléans tenait à ce que son fils ne restât point étranger aux lois de son pays. A cet effet, M. Dupin lui donna des leçons de droit qui se continuèrent de 1823 à 1825.

C'est là, comme on a vu, qu'il avait reçu la première nouvelle de l'insurrection de Paris. On sait le grave danger qu'il y courut. Reparti pour Joigny, il était de retour à Paris, le 3 août, à la tête de ses hussards, et fut, cette fois, reçu à la barrière de Charenton par son père, qui n'était encore que lieutenant général du royaume.

Des autres fils du roi, le duc de Nemours et le prince de Joinville suivaient encore à cette époque les cours du collège. Les jeunes ducs d'Aumale et de Montpensier demeuraient près de leur mère avec leurs sœurs, les princesses Louise, Marie et Clémentine, qui attiraient déjà l'attention par beaucoup de grâce et par une beauté, sinon ravissante, comme l'ont répété les chroniqueurs de cour, du moins assez remarquable. Sous l'égide et à l'école de leur mère, les filles du duc d'Orléans avaient été formées à la pratique de toutes les vertus. La duchesse n'avait rien négligé pour en faire des femmes d'élite, des épouses accomplies[1].

Telle était la nouvelle famille royale, nombreuse et

---

[1] Voici la nomenclature complète de la famille :
Ferdinand-Philippe-Louis-Charles-Henri, duc de Chartres, né à Palerme, le 3 septembre 1810; Philippe-Raphaël, duc de Nemours, né à Paris, le 25 octobre 1814; François-Ferdinand-Philippe-Louis, prince de Joinville, né à Neuilly, le 14 août 1818; Henri-Eugène-Philippe-Louis, duc d'Aumale, né à Paris, le 16 janvier 1822; Antoine-Marie-Philippe-Louis, duc de Montpensier, né à Neuilly, le 5 juillet 1824.

Les filles :
Louise-Marie-Thérèse-Caroline-Élisabeth, mademoiselle d'Orléans, née à Palerme, le 3 avril 1812.
Marie-Christine-Caroline-Adélaïde, mademoiselle de Valois, née le 12 avril 1813.
Marie-Clémentine-Caroline-Léopoldine, mademoiselle de Beaujolais, née à Neuilly, le 3 juin 1815.

florissante, resplendissante de beauté et de jeunesse, merveilleusement apte à décorer la cour la plus brillante de l'univers. Sa subite fortune était née au milieu de l'enchantement général. Personnes et choses nouvelles exerçaient leur prestige accoutumé. On répudiait le passé, on ne voulait voir que l'avenir. Ainsi qu'il arrive dans toute révolution, on faisait puérilement disparaître tout ce qui pouvait rappeler à l'extérieur la monarchie déchue. La rue Charles X s'appelait maintenant rue Lafayette; la rue d'Artois prenait le nom de rue Laffitte. Le soir, dans les théâtres, à l'hymne des *Marseillais*, on mêlait la *Parisienne*, chant médiocre, improvisation froide et compassée du poëte Casimir Delavigne. A ces distractions éphémères se joignaient des soins pieux, de plus sérieuses préoccupations. On célébrait des services funèbres pour les combattants de juillet, on ouvrait des souscriptions en faveur de leurs veuves et de leurs enfants. La sollicitude publique s'était émue du sort des orphelins et surtout des blessés, qui encombraient les hôpitaux.

Les morts, hélas! semblaient à cette heure mieux partagés que les vivants. Déjà se révélait pour le peuple une effrayante détresse, résultat immédiat et le plus clair pour lui de la révolution. Une proclamation de l'autorité affichée dans Paris commençait par ces mots : « Braves ouvriers, rentrez dans vos ateliers. » Les malheureux y rentrèrent et n'y trouvèrent plus d'ouvrage!

La nouvelle révolution s'était accomplie tout entière à l'avantage des classes moyennes : banquiers, grands industriels et manufacturiers, médecins et avocats allaient plus particulièrement en recueillir le profit. La finance qui, durant la Restauration, l'avait préparée et s'était, par ses subventions, fait en quelque sorte sa complice, devait pourtant en recueillir un premier et amer déboire. A la Bourse, un très-petit nombre de spéculateurs, qui avaient eu flair des ordonnances, s'étaient mis à la baisse : tant le secret avait été consciencieusement gardé! Par contre, la haute banque, M. de Rothschild entre autres, n'y croyant pas ou comptant sur une répression instantanée de l'émeute, avaient joué la hausse sur un pied formidable. L'événement, comme il arrive presque toujours, déconcertait leurs prévisions. Mais les joueurs à la hausse étaient du côté des vainqueurs. Louis, ministre des finances, déjà lancé dans de vastes opérations sur les terrains de Bercy, s'était de plus fait croupier de maisons de jeu. Il était en ce moment engagé à la hausse sur la rente dans des proportions colossales [1]. Le duc d'Orléans, à son instigation et malgré les plus sages représentations, rendit une ordonnance qui prorogea la liquidation de fin du mois au 9 août. C'était donner le temps à de puissants capitalistes, un moment dévoyés, d'agir sur les cours d'une manière décisive mais déloyale. Au moyen d'achats énormes, ferme et à prime, habilement calculés

---

[1] Le baron Louis, sous le titre de commissaire aux finances, exerçait réellement toutes les attributions d'un ministre. Ses spéculations ont été révélées au cours de sa polémique avec Bricogne, l'adversaire constant de ses plans financiers.

et échelonnés, ils étaient certains de ramener la hausse. Ils l'exagérèrent même et purent de la sorte réparer l'erreur commise, non-seulement récupérer leurs pertes, mais réaliser encore des bénéfices considérables.

Mais méconnaître à ce point le caractère essentiellement aléatoire des spéculations de Bourse, favoriser arbitrairement les uns au détriment des autres dans des opérations de jeu, bâtir pour quelques privilégiés sur les ruines amoncelées du plus grand nombre d'immenses et odieuses fortunes, c'était là une nouveauté dont jamais la Restauration n'avait donné le scandale[1]. C'était le premier anneau de la chaîne, le premier pas marqué dans cette voie qui devait justement aboutir pour Louis-Philippe et sa dynastie à la catastrophe finale, à coup sûr aussi méritée, peut-être même encore mieux justifiée que celle où avait sombré la branche aînée des Bourbons !

[1] « La mort inattendue de l'empereur Alexandre, dit M. de Neuville, fournit au comte de Villèle une nouvelle occasion de montrer avec quel soin on évitait tout ce qui pouvait amener l'abus des dépêches télégraphiques. Celle qui annonçait la mort de ce prince était parvenue au président du conseil après l'heure où elle pouvait être utilement affichée à la Bourse. Non-seulement le ministre garda à cet égard le secret le plus absolu, mais il pria instamment le roi de vouloir bien agir de même. Grâce à ces précautions, il n'y eut aucun mouvement dans les cours du jour. » (*Notice sur le comte de Villèle*, p. 134.)

FIN DU TOME DEUXIÈME

DOCUMENTS HISTORIQUES

ET

PIÈCES JUSTIFICATIVES

I

(Page 17.)

INTIMITÉ DE L'ÉLYSÉE ET DU PALAIS-ROYAL.

« La duchesse de Berri avait toujours ressenti une vive affection pour la duchesse d'Orléans, sa tante. Son arrivée en France établit entre la branche aînée et la branche cadette des rapports plus fréquents et une intimité plus grande. Elle aimait à se rendre sans étiquette et sans suite au Palais-Royal, et les habitants du Palais-Royal se montraient continuellement à l'Élysée.

« Ce fut dans une de ces visites inattendues, par lesquelles madame la duchesse de Berri se plaisait à surprendre sa tante d'Orléans, qu'eut lieu un fait où le caractère de la jeune princesse, qu'on avait jugé jusque-là légère et naïve, se dessina avec une fierté et une énergie que personne ne lui avait soupçonnées.

« Madame la duchesse de Berri s'était rendue au Palais-Royal. Suivant son habitude, elle ne voulut point être annoncée, et entra chez sa tante sur les pas de l'huissier qui la précédait. Mais arrivée sur le seuil, elle aperçut lord Bentinck, assis devant la duchesse d'Orléans et conversant avec cette princesse, qui paraissait lui faire le plus bienveillant accueil. A cet aspect, le souvenir de cette triste journée où elle avait vu son aïeule bannie de la Sicile par cet arrogant étranger se retraça à la pensée de madame la duchesse de Berri. Elle recula vivement en arrière, et sortit du Palais-Royal sans avoir dit une seule parole à sa tante. Le lendemain, madame la duchesse d'Orléans s'empressa de se rendre à l'Élysée, pour savoir quel motif avait pu causer le départ si brusque de Son Altesse royale. Alors madame la duchesse de Berri lui dit : « Je « n'ai pu vous voir de sang-froid faire un si bon accueil à un « homme que je regarde comme le meurtrier de votre mère. » (*Mém. de la duchesse de Berri*, par Alfred Nettement, t. I, p. 253.)

Ce fait, néanmoins, n'altéra en rien les rapports d'intimité qui unissaient la nièce et la tante, et bientôt la duchesse de Berry en donna la preuve en s'employant avec ardeur, mais sans succès, comme je l'ai raconté, pour obtenir de Louis XVIII le titre d'Altesse royale, si ardemment convoité par le duc d'Orléans.

II

(Page 56.)

LIAISON DE M. LAFFITTE AVEC LE DUC D'ORLÉANS.

J'ai dit quelle avait été l'occasion des premiers rapports de M. Laffitte avec le duc d'Orléans. M. Nettement donne de cette liaison une version un peu différente de la mienne. Comme elle est encore plus à l'honneur de M. Laffitte, je dois ici la reproduire.

« A l'époque des Cent-Jours, le banquier avait rendu au premier prince du sang un service qui avait peut-être été l'origine des relations intimes qui, lors de la seconde Restauration, s'établirent entre eux. Surpris, comme tout le monde, par la catastrophe du 20 mars, M. le duc d'Orléans avait été obligé de quitter précipitamment la France. Toutes ses ressources disponibles dans ce moment se montaient à quinze ou seize cent mille francs de valeurs, provenant de coupes de bois auxquelles le gouvernement impérial avait mis opposition. La négociation de ces valeurs, partout tentée, avait échoué partout. En vain M. le duc d'Orléans avait-il offert de consentir à perdre vingt pour cent sur le montant de la somme ; aucune maison de banque n'avait voulu courir la chance d'une affaire qui devenai tdésastreuse, si la fortune se rangeait du côté de Napoléon. Ce fut alors qu'un agent de Son Altesse sérénissime se présenta chez M. Laffitte, qui reçut au pair ces mêmes valeurs qu'on avait inutilement tenté de négocier à vingt pour cent de perte dans toutes les maisons de banque de la capitale. » (*Mém. de la duchesse de Berri*, t. I, p. 266). — Voy. encore Alb. Maurin, *Hist. de la chute des Bourbons*, t. I, p. 351.

III

(Page 67.)

PROTESTATION DU DUC D'ORLÉANS CONTRE LA NAISSANCE DU DUC DE BORDEAUX.

« S. A. R. déclare, par les présentes, qu'il proteste formellement contre le procès-verbal daté du 29 septembre dernier, lequel acte prétend établir que l'enfant nommé Charles-Ferdinand-Dieudonné est fils légitime de S. A. R. madame la duchesse de Berri.

« Le duc d'Orléans produira en temps et lieu les témoins qui peuvent faire connaître l'origine de l'enfant et de sa mère ; il produira toutes les pièces nécessaires pour rendre manifeste que la duchesse de Berri n'a jamais été enceinte depuis la mort infortunée de son époux ; et il signalera les auteurs de la machination dont cette très-faible princesse a été l'instrument.

« En attendant qu'il arrive un moment favorable pour dévoiler toute cette intrigue, le duc d'Orléans ne peut s'empêcher d'appeler l'attention sur la scène fantastique qui, d'après le susdit procès-verbal, a été jouée au pavillon Marsan.

« Le *Journal de Paris*, que tout le monde sait être un journal confidentiel, annonça, le 20 août dernier, le prochain accouchement dans les termes suivants :

« Des personnes qui ont l'honneur d'approcher la princesse nous
« assurent que l'accouchement de Son Altesse royale n'aura lieu
« que du 20 au 28 septembre. »

« Lorsque le 28 septembre arriva, que se passa-t-il dans les appartements de la duchesse?

« Dans la nuit du 28 au 29, à deux heures du matin, toute la maison était couchée et les lumières éteintes ; à deux heures et demie, la princesse appela, mais inutilement, la dame de Vathaire, sa première femme de chambre ; la dame Lemoine, sa garde, était absente, et le sieur Deneux, l'accoucheur, était déshabillé.

« Alors la scène changea : la dame Bourgeois alluma une chandelle, et toutes les personnes qui arrivèrent dans la chambre de la duchesse virent un enfant qui n'était pas encore détaché du sein de sa mère.

« Mais comment cet enfant était-il placé ?

« Le médecin Baron déclare qu'il vit l'enfant placé sur sa mère et non encore détaché d'elle.

« Le chirurgien Bougon déclare que cet enfant était placé sur sa mère et encore attaché par le cordon ombilical.

« Ces deux praticiens savent combien il est important de ne pas expliquer plus particulièrement comment l'enfant était placé sur sa mère.

« Madame la duchesse de Reggio fait la déclaration suivante :

« J'ai été informée sur-le-champ que Son Altesse royale res-
« sentait les douleurs de l'enfantement ; j'accourus auprès d'elle
« à l'instant même, et, en entrant dans la chambre, je vis l'enfant
« sur le lit et non encore détaché de sa mère. »

« Ainsi l'enfant était sur le lit, la duchesse sur le lit, et le cordon ombilical introduit sous la couverture.

« Remarquez ce qu'observa le sieur Deneux, accoucheur, qui, à deux heures et demie, fut averti que la duchesse ressentait les douleurs de l'enfantement, qui accourut sur-le-champ auprès d'elle, sans prendre le temps de s'habiller entièrement, qui la trouva dans son lit et entendit l'enfant crier.

« Remarquez ce que dit madame de Gontaut qui, à deux heures et demie, fut informée que la duchesse ressentait les douleurs de l'enfantement, qui vint sur-le-champ et entendit l'enfant crier.

« Remarquez ce que dit le sieur Franque, garde-du-corps de Monsieur, qui était en faction à la porte de Son Altesse royale, et qui fut la première personne informée de l'événement par une dame qui le pria d'entrer.

« Remarquez ce que dit M. Lainé, garde national, qui était en faction à la porte du pavillon Marsan, qui fut invité par une dame à monter, monta, fut introduit dans la chambre de la duchesse, où il n'y avait que le sieur Deneux et une autre personne, et qui, au moment où il entra, observa que la pendule marquait deux heures trente-cinq minutes.

« Remarquez ce que vit le médecin Baron, qui arriva à deux heures trente-cinq minutes, et le chirurgien Bougon, qui arriva quelques instants après.

« Remarquez ce que vit le maréchal Suchet, qui était logé, par ordre du roi, au pavillon de Flore, et qui, au premier avis que Son Altesse royale ressentait les douleurs de l'enfantement, se rendit en toute hâte à son appartement, mais n'arriva qu'à deux heures quarante-cinq minutes, et qui fut appelé pour assister à la section du cordon ombilical quelques minutes après.

« Remarquez ce qui doit avoir été vu par le maréchal de Coigny, qui était logé aux Tuileries par ordre du roi, qui fut appelé lorsque Son Altesse royale était délivrée, qui se rendit en hâte à son appartement, mais qui n'arriva qu'un moment après que la section du cordon avait eu lieu.

« Remarquez enfin ce qui fut vu par toutes les personnes qui furent introduites après deux heures et demie, jusqu'au moment de la section du cordon ombilical, qui eut lieu quelques minutes après deux heures trois quarts. Mais où étaient donc les parents de la princesse pendant cette scène, qui dura au moins vingt minutes? Pourquoi, durant un si long espace de temps, affectèrent-ils de l'abandonner aux mains de personnes étrangères, de sentinelles et de militaires de tous les rangs? Cet abandon affecté n'est-il pas précisément la preuve la plus complète d'une fraude grossière et manifeste? N'est-il pas évident qu'après avoir arrangé la pièce, ils se retirèrent à deux heures et demie, et que, placés dans un appartement voisin, ils attendirent le moment d'entrer en scène et de jouer les rôles qu'ils s'étaient assignés?

« Et, en effet, vit-on jamais, lorsqu'une femme, de quelque classe que ce soit, était sur le point d'accoucher, que, pendant la nuit, les lumières fussent éteintes ; que les femmes placées auprès d'elle fussent endormies ; que celle qui était le plus spécialement chargée de la soigner s'éloignât ; que son accoucheur fût déshabillé ; et que sa famille, habitant sous le même toit, demeurât plus de vingt minutes sans donner signe de vie ?

« S. A. R. le duc d'Orléans est convaincu que la nation française et tous les souverains de l'Europe sentiront les conséquences d'une fraude si audacieuse et si contraire aux principes de la monarchie héréditaire et légitime.

« Fait à Paris, le 30 septembre 1820. »

IV

(Page 118.)

OUVERTURES SECRÈTES DU DUC D'ORLÉANS AU PRINCE EUGÈNE.

« En 1821, lord Kinnaird vint à Munich pour voir le prince Eugène ; il était chargé pour lui d'une mission du duc d'Orléans, plus tard roi des Français. Ce prince, voyant que tout allait mal en France, et prévoyant de nouveaux bouleversements, faisait demander au prince Eugène, par son ami, s'il voulait consentir à une promesse réciproque de s'entendre, de se soutenir, de faire cause commune ; enfin, et si le sort favorisait l'un plus que l'autre, le moins heureux devait rester en France, soutenu par le plus heureux. Le prince Eugène répondit qu'il consentirait volontiers, pour le bonheur de la France, à s'associer au duc d'Orléans, ancien ami de son père, et dont il connaissait l'honorable caractère, mais qu'il devait en même temps le prévenir que, si le sort le rendait le maître, ce serait toujours pour ramener en France le fils de Napoléon ; qu'accepter la première place pour lui, lui paraîtrait une trahison, et que, si la France en décidait autrement, il bornait toute son ambition à la servir comme simple particulier. » (*Mémoires du prince Eugène*, t. X, p. 285.)

L'éditeur déclare qu'il ne saurait « garantir l'authenticité du fait, bien qu'il lui ait été affirmé par des gens dignes de foi, ayant approché de près le prince Eugène, de qui ils prétendent le tenir. »

Quant à lord Kinnaird, agent de cette négociation, c'est le même intermédiaire dont le duc d'Orléans se servit pour faire passer des secours aux Français réfugiés à l'étranger.

V

(Page 142.)

JUGEMENT DU TRIBUNAL ECCLÉSIASTIQUE DE FAENZA, DU 29 MAI 1824.

(Je dois avertir que je reproduis cette pièce avec toutes ses incorrections.)

« Cour ecclésiastique de Faenza.

« Ayant invoqué le très-saint nom de Dieu, nous, séant dans notre tribunal, et n'ayant devant les yeux que Dieu et la justice; par notre sentence définitive que, sur les traces des juriconsultes, par ces écrits prononçant dans le procès, ou les procès qui s'agitent par-devant nous en première, ou tout autre plus véritable instance; entre son excellence Marie Newboroug-Sternberg, domiciliée à Ravenne, demanderesse, d'une part, et M. le comte Charles Bandini, comme curateur judiciairement député par M. le comte Louis et la comtesse de Joinville, et pour tout autre absent qui aurait ou qui prétendrait avoir intérêt en cause, défendeur convenu, comparu en justice, ainsi que l'excellentissime docteur Thomas Chiappini, domicilié à Florence, également défenseur convenu, non comparu en justice ; considérant que, par-devant cette curie épiscopale, comme tribunal compétent à cause des actes ecclésiastiques sous-indiqués, assujétis à sa juridiction, la demanderesse a requis qu'il soit ordonné, moyennant annotation convenable, la correction de son acte de baptême, etc.; que de la part du curateur-défendeur convenu, il a été requis que l'instance de la demanderesse soit rejetée, les frais refondés; que l'autre défendeur convenu, le docteur Chiappini, n'est point comparu en justice, quoique par le moyen d'un huissier archiépiscopal de Florence, il ait été deux fois régulièrement cité, suivant la coutume de cette curie, et que l'effet de sa contumace a été joint à la décision du procès.

« Vu les actes, etc.; ayant entendu les défenseurs respectifs, etc.; considérant que Laurent Chiappini, étant près du terme de sa vie, a, par une lettre qui fut remise à la demanderesse après le décès du susdit Chappini, révélé à la même demanderesse le secret de sa naissance, en lui manifestant clairement qu'elle n'est pas sa fille, mais la fille d'une personne qu'il déclare ne pouvoir nommer; qu'il a été légalement reconnu par les experts que cette lettre est écrite de la main de Laurent Chiappini; que le dire d'un homme moribond fait pleine preuve, puisqu'il n'a plus intérêt à mentir, et que l'on présume qu'il ne pense qu'à son salut éternel; qu'on doit regarder un tel aveu comme un serment solennel, et comme une disposition faite en faveur de l'âme et de la cause pie; qu'en vain M. le curateur essaierait d'ôter à ladite lettre sa vigueur, attendu qu'il n'y est point indiqué quels étaient les vrais père et mère de la demanderesse, puisque, quoiqu'il y ait réellement le défaut de cette indication, on a eu néanmoins recours, de la part de la même demanderesse, à la preuve testimoniale, aux présomptions et aux conjectures; que lorsqu'il y a commencement de preuve par écrit, comme dans le cas présent, on peut même, dans les questions d'État, introduire la preuve testimoniale et tout autre argument; que si, dans les causes d'État, à la suite du principe de preuve par écrit, celle au moyen de témoins est aussi admissible, on devra à plus forte raison la retenir dans cette cause, où l'on ne requiert qu'une pièce, pour s'en servir après dans la question d'État; considérant que des dépositions judiciaires et assermentées des témoins Marie et Dominique-Marie, sœurs Bandini, il résulte clairement avoir eu lieu la convention entre M. le comte et le sieur Chiappini, de troquer leurs enfants respectifs dans le cas où la comtesse donnerait le jour à une fille et la femme Chiappini à un garçon; *que le troc convenu s'effectua convenablement*, et, le cas prévu s'étant vérifié; que la fille fut baptisée dans l'église du prieuré de Modigliana, sous le nom de *Maria-Stella*, en l'indiquant faussement fille des époux Chiappini; qu'elles déposent, unanimement, de l'époque du troc, laquelle coïncide avec celle de la naissance de la demanderesse, et qu'elles allèguent la cause de la science, etc.; — considérant que c'est également en vain que M. le curateur oppose l'invraisemblance de cette déposition, puisque non-seulement on ne rencontre aucune impossibilité dans leurs dires, mais qu'ils sont au contraire appuyés et vérifiés par une très-grande quantité d'autres présomptions et conjectures; qu'une très-forte conjecture se déduit de la voix publique et du bruit qui alors se répandirent sur le fait du troc, laquelle voix publique, par rapport aux choses anciennes, se compte pour une vérité et pour une pleine science; que cette voix publique est prouvée, non-seulement par les dépositions des sœurs Bandini sus-dites, mais encore par l'attestation de M. Dominique de La Valle, et par celle des autres témoins de Brisighella, et de ceux de Ravenna, toutes légalement et judiciairement examinées dans leurs pays et devant les tribunaux respectifs; que les vicissitudes auxquelles fut assujéti M. le comte convainquent de la réalité du troc; qu'il est prouvé aux actes que, par suite des bruits répandus à Modigliana sur l'échange en question, le comte de Joinville fut contraint de quitter ce lieu pour se réfugier dans le couvent de Saint-Bernard de Brisighella, d'où étant sorti pour se promener, il fut arrêté, et, après avoir été gardé pendant quelque temps au palais de Brisighella, il fut conduit par les gardes suisses de Ravenna par-devant son éminence monseigneur le cardinal légat, qui le remit en liberté, etc.; que M. le comte Nicolas Biancoli-Borghi atteste, dans son examen judiciaire, que tandis qu'il dépouillait les anciens papiers de la maison Borghi, il lui tomba sous la main une lettre de Turin à M. le comte Pompée Borghi, dont il ne se rappelle pas la date, signée Louis C. Joinville, laquelle portait *que l'enfant troqué était mort, et qu'il ne restait plus de scrupule à son égard;* — considérant que le même comte Biancoli-Borghi allègue la science comme motif de sa déposition, etc.; que le fait du troc est aussi prouvé par le changement en meilleure fortune de Chiappini, etc.; que celui-ci parla du troc à un certain don Bandini de Varioso, etc.; que la demanderesse reçut une éducation convenable à son rang distingué, et non pas comme on aurait élevé la fille d'un geôlier, etc.; qu'il résulte clairement de toutes les choses jusqu'ici motivées, et de plusieurs autres existant aux actes, que *Maria-Stella* fut *faussement* indiquée dans l'acte de naissance comme étant fille des époux Chiappini, et qu'elle doit sa naissance à M. le comte et madame la comtesse de Joinville; qu'il est en conséquence de toute justice d'accorder la correction de l'acte de naissance que réclame maintenant cette même Maria-Stella; enfin que M. le docteur Thomas Chiappini, au lieu de s'opposer à la demande, s'est rendu contumax, etc.; ayant répété le très-saint nom de Dieu, nous disons, arrêtons et jugeons définitivement que l'on doit rejeter, ainsi que nous rejetons, les exceptions de M. le curateur susdit, défendeur convenu; nous voulons et ordonnons qu'on les tienne comme rejetées; et, par conséquent, nous avons aussi dit, arrêté et définitivement jugé que l'on ait à rectifier et corriger l'acte de naissance du 17 avril 1773, inséré aux registres baptismaux de l'église priorale de Saint-Étienne, pape et martyr, à Modigliana, diocèse de Faenza, où il se trouve que *Maria-Stella* est indiquée comme étant fille de Laurent Chiappini et de Vincence Diligenti, et qu'on ait, au contraire, à l'indiquer fille de M. le comte Louis et de madame la comtesse N. de Joinville, Français; auquel effet nous avons également arrêté que la rectification dont il s'agit soit opérée d'office par notre greffier, avec faculté aussi à M. le prieur de l'église de Saint-Étienne, pape et martyr, de Modigliana, diocèse de Faenza, de délivrer copie de l'acte ainsi rectifié et corrigé à tous ceux qui pourraient la demander, etc... Considérant que j'ai prononcé, le chanoine prévôt, *signé* VALERIO BOSCHI, provicaire-général. Le présent jugement a été prononcé, donné, et, par ces écrits, promulgué par le très-illustre et très-révérend monseigneur provicaire-général, séant en son audience publique, et il a été lu et publié par moi, notaire-greffier, soussigné, l'an de la naissance de Notre-Seigneur Jésus-Christ 1824, indiction XII, aujourd'hui 29 mai, sous le règne de notre seigneur Léon, pape XII, P. O. M., l'an Ier de son pontificat, y étant présents, outre plusieurs autres, M. Jean Ricci, notaire, et M. le docteur Thomas Beneditti, tous deux plaidants de Faenza, témoins. *Signé* Ange Morigni, notaire-greffier-général épiscopal. »

Rectification de l'acte de naissance.

« Ce jourd'hui 24 juin 1824, séant en la sainteté de notre seigneur le pape Léon XII, souverain pontife, heureusement régnant, l'an Ier de son pontificat, indiction XII, à Faenza. Le délai de dix jours, temps utile pour interjeter appel, s'étant écoulé depuis le jour de la notification respective du jugement prononcé par ce tribunal ecclésiastique de Faenza, le 29 mai dernier, dans le procès de Son Excellence lady Marie Newboroug, baronne de Sternberg, contre M. le comte Charles Bandini, de cette ville, comme curateur judiciaire député à M. le comte Louis et madame la comtesse N. de Joinville, et à tout autre absent non comparu qui aurait ou prétendrait avoir intérêt en cause, ainsi que contre M. le docteur Thomas Chiappini, demeurant à Florence, État de Toscane, sans que personne ait interjeté appel; moi, soussigné, en vertu des facultés qui m'ont été données par le jugement sus-énoncé, j'ai procédé à l'exécution du même jugement, moyennant la rectification du certificat de naissance produit aux actes du procès, qui est de la teneur ci-après : « Au nom de Dieu, *amen*. Je, soussigné, cha-
« noine, chapelain, curé de l'église priorale et collégiale de Saint-
« Étienne, pape et martyr, en la terre de Modigliana, dans les
« États de Toscane et du diocèse de Faenza, certifie avoir trouvé
« dans le quatrième livre des actes de naissance le Mémoire sui-
« vant : Maria-Stella-Petronilla, née hier des époux Lorenzo, fils
« de Ferdinand Chiappini, huissier public de cette terre, et de
« Vincenzia Diligenti, fille de feu N. de cette paroisse, fut bapti-
« sée le 17 avril 1773, par moi, chanoine, François Signani, l'un
« des chapelains. Les parrain et marraine furent François Bandel-
« loni, archer, et Stella Ciabatti. En foi de quoi, etc... A Modiglia-
« na, le 16 avril 1824. *Signé* Caétan Violani, chanoine, etc. » J'ai, dis-je, procédé à l'exécution du jugement sus-énoncé, moyennant la rectification susdite, laquelle s'opère définitivement dans les formes et termes ci-après : « Maria-Stella-Petronilla, née hier des
« époux M. le comte Louis et madame la comtesse N. de Joinville,
« Français, demeurant alors dans la terre de Modigliana, fut baptisée
« le 17 avril 1773, par moi, chanoine, François Signani, l'un des

« chapelains. Les parrain et marraine furent François Bandelloni,
« archer, et Stella Ciabatti. *Signé* Ange Morigni, notaire-greffier
« du tribunal épiscopal de Faenza. »

VI

(Page 167.)

PRÉLÈVEMENTS DU DUC D'ORLÉANS SUR LE MILLIARD D'INDEMNITÉ,
ET BILAN DE SA FORTUNE.

Départements.	Indemnités obtenues.	
	fr.	c.
Ardennes	289,209	60
Aube	10,800	»
Côtes-du-Nord	333,158	81
Côte-d'Or	46,686	15
Eure	1,696,130	95
Eure-et-Loir	1,871,026	28
Indre-et-Loire	1,083,258	52
Loir-et-Cher	102,403	16
Loiret	549,613	32
Manche	72,122	43
Haute-Marne	1,515,221	54
Oise	254,251	80
Orne	124,168	30
Seine	5,777,715	10
Seine-Inférieure	804,644	90
Seine-et-Marne	2,851,963	99
Seine-et-Oise	545,247	20
Somme	1,442,132	64
Total de l'indemnité dans 18 départements	17,169,734	58
Restitution des domaines confisqués sur la duchesse-mère	26,000,000	00
Somme payée en l'an II aux créanciers de Philippe-*Égalité* par l'État, qui se substitua en leur lieu et place	37,740,000	00
Total	80,909,734	58

VII

(Page 179.)

AFFAIRE DE LA RIVIÈRE D'OURCQ AVEC LA VILLE DE PARIS.

(Extrait du procès-verbal du conseil général du département de la Seine, du 11 avril 1824.)

La commission chargée de discuter, de concert avec M. le préfet, les bases et les détails du traité projeté sur les différends survenus, à cause de la dérivation de la rivière d'Ourcq, entre la ville de Paris et S. A. R. monseigneur le duc d'Orléans, fait son rapport en ces termes :

« Messieurs,

« Déjà plus d'une fois vous avez eu à vous occuper des difficultés existantes entre la ville de Paris et S. A. R. monseigneur le duc d'Orléans, relativement aux eaux de la rivière d'Ourcq ; vous n'ignorez pas les demandes élevées originairement au nom du prince, pour réclamer la propriété entière et exclusive des eaux de l'Ourcq. Un pareil système ne tendrait à rien moins qu'à mettre la ville dans l'alternative de consentir, soit à l'anéantissement total d'un monument créé au prix de tant de sacrifices, soit à l'addition d'un capital énorme aux dépenses qu'elle y avait déjà consacrées. Depuis, les demandes du prince ont présenté, sous le voile de modifications apparentes, une perspective non moins funeste pour la ville. Leur objet était de limiter la quantité des eaux dont le canal nouveau devait rester doté ; leur résultat eût été de rendre incomplète l'exécution de cette grande entreprise, et de la soumettre à des discussions continuelles qui l'eussent chaque jour entravée dans sa marche.

« Il est inutile de rentrer ici dans l'exposé des faits ; deux mémoires rédigés par le conseil du prince ont développé ses prétentions excessives ; la ville a répondu victorieusement, et sa délibération du 1er août 1822 établit ses droits d'une manière incontestable. Aucun de nous, messieurs, n'a douté un seul instant de ses droits ; aucun de nous n'a redouté l'issue d'un procès jugé d'avance par les termes formels de la loi du 29 floréal an X. Cependant le conseil n'a pas repoussé les offres de conciliation qui lui ont été faites ; il a jugé plusieurs fois qu'une aussi grande entreprise demandait de la célérité dans son exécution ; que les délais entraînaient avec eux des inconvénients dont l'exécution du jugement le plus favorable ne pourrait jamais réparer les suites ; que, d'ailleurs, ce jugement, en conférant à la ville de Paris la propriété des eaux de la rivière d'Ourcq, à partir du point de prise d'eau fixé par la loi du 29 floréal, ne la garantirait pas des difficultés presque inévitables avec le prince, resté possesseur du cours supérieur de la rivière et de l'ancien lit de la rivière inférieure ; qu'enfin un arrangement amiable pourrait, sinon éteindre toutes ces contestations, du moins prévoir et prévenir les plus graves.

« Quoi qu'il en soit, tout espoir de rapprochement a paru détruit vers le mois d'avril 1822, époque à laquelle la compagnie avait signifié que ses travaux étaient prêts pour recevoir les eaux dans le canal ; cette introduction se trouvant suspendue par l'opposition de Son Altesse, les plaintes de la compagnie devinrent chaque jour plus pressantes et furent bientôt suivies, de sa part, de demandes toujours croissantes d'indemnités et de dommages-intérêts. Obligée de recourir aux voies légales, la ville obtint enfin, le 21 juillet 1823, un jugement du conseil de préfecture, qui a décidé que la loi du 29 floréal an X avait ordonné la dérivation totale de la rivière d'Ourcq, pour ladite rivière être amenée à Paris, et qui, en conséquence, a autorisé M. le préfet, au nom de la ville de Paris, à continuer les travaux pour introduire les eaux de ladite rivière dans le canal dont l'ouverture a été ordonnée. Ce jugement venait enfin de recevoir l'exécution provisoire, qui d'abord avait été paralysée sous divers prétextes, lorsque de nouvelles propositions furent soumises au conseil municipal par l'intermédiaire de Son Excellence le ministre de l'intérieur. »

Le rapporteur de la commission, après avoir exposé les causes principales qui ont nui au succès des négociations, et la proposition faite par la commission de constituer par la ville de Paris, au profit de S. A. R., une rente annuelle, remboursable au denier vingt, de vingt-cinq mille francs, exprime en ces termes les prétentions du duc d'Orléans à être remboursé au denier vingt-cinq :

« Sans rejeter nos calculs, les mandataires du prince se sont attachés à discuter non la quotité, mais la nature du revenu offert. Vous reconnaissez, disaient-ils, qu'il y a lieu de remplacer au prince un produit annuel de vingt-cinq mille francs ; or, ce revenu, dont il se trouve privé, est d'une nature immobilière, susceptible par conséquent d'une évaluation proportionnée à la valeur des biens-fonds ; comment mettre sur la même ligne une rente constituée au denier vingt, dont le prince est obligé de réaliser tout de suite le capital pour satisfaire au remploi prescrit par l'ordonnance royale du 10 décembre 1823? Au moment où l'État trouve des emprunts à quatre pour cent, peut-on évaluer au-dessus de vingt mille francs de revenu immobilier les cinq cent mille francs, capital réel de la rente proposée. Ils concluaient donc à demander l'appréciation d'un revenu immobilier de vingt-cinq mille francs sur le pied du denier vingt-cinq, ce qui portait le capital à six cent vingt-cinq mille francs, et la création d'une rente cinq pour cent sur ce capital, c'est-à-dire de trente et un mille deux cent cinquante francs ; enfin, ils ont rappelé, comme *ultimatum* du prince, son consentement à recevoir une rente de trente mille francs, au capital de six cent mille francs. — Vous aurez à prononcer, messieurs, sur ce point resté indécis entre S. A. R. et votre commission. »

Le rapport aborde ensuite la question de l'indemnité réclamée par la compagnie concessionnaire.

« Le traité du 19 avril 1818, relatif à la confection du canal de l'Ourcq, en assurant les droits de la ville, lui avait imposé des obligations, et la plus importante sans doute était celle de mettre la compagnie en jouissance des eaux destinées au canal, aussitôt que les travaux permettraient de les y introduire ; arrêtée dans l'accomplissement de cette condition par l'opposition de S. A., la ville était en butte à de justes demandes d'indemnités ; mais elle avait pris ses mesures pour se conserver son recours contre le prince, si, comme tout devait le faire présumer, il était définitivement déclaré mal fondé dans le trouble qu'il venait de faire éprouver à la ville et à la compagnie ; un article aussi important devait être d'une haute considération dans la discussion de l'arrangement avec S. A.; mais sur ce point votre commission a, dès le principe, éprouvé une résistance invincible; pour ne pas rompre la négociation, il a fallu céder au refus positif fait au nom du prince de contribuer au payement de l'indemnité dans une proportion quelconque. Néanmoins, dans tout le cours des débats, vos commissaires n'ont pas omis de se servir de ce moyen pour repousser ou atténuer les prétentions qu'ils avaient à combattre, et surtout pour motiver leur insistance contre la fixation de la rente aux trente mille francs demandés au nom du prince; quoi qu'il en soit, la ville s'est trouvée dans la nécessité de pourvoir seule à une indemnité dont le principe ne pouvait être contesté. »

La commission termine en ces termes :

« Néanmoins, vous vous rappellerez que votre commission ne vous offre aucun avis positif sur la quotité de la rente à créer par suite du traité avec le prince; les motifs qu'elle vient d'exposer lui feraient penser que la fixation à vingt-cinq mille francs serait suffisante, mais elle ne peut répondre que le refus d'accéder aux trente mille francs ne soit le prétexte d'une nouvelle rupture; elle abandonne cette observation à la sagesse du conseil. »

Suit le projet de traité, dans lequel la commission avait laissé en blanc la quotité de la rente en rédigeant ainsi le premier paragraphe de l'article 8 ; — « Enfin, et indépendamment des conditions résultant des articles précédents, la cession est faite à titre de forfait, moyennant une rente annuelle et perpétuelle de . . . . . , exempte de retenue, que M. le préfet crée et constitue au profit de S. A. R. sur la ville de Paris. »

Au bas du projet est écrit avec le paraphe du duc d'Orléans : « Approuvé le projet ci-dessus, sous la condition que la rente, stipulée en l'article 8, ne sera pas moindre de trente mille francs par an... »

Enfin, vient une délibération du conseil, lequel, « en rappelant les efforts précédemment tentés pour parvenir à un arrangement avec S. A. R. et annonçant l'intervention officieuse de Son Excellence le ministre de l'intérieur, à l'effet de renouer de nouvelles négociations, » arrête « que la rente à créer en faveur de monseigneur le duc d'Orléans est fixée à trente mille francs.

VIII

(Page 189.)

LOUIS XVIII, LE DUC D'ORLÉANS ET *la Marseillaise*.

J'emprunte à la *Biographie des hommes du jour*, de MM. Sarrut et Saint-Edme, art. Mongin de Montrol (t. VI, Ire part., p. 290), l'anecdote suivante :

« Il (M. de Montrol) avait loué une campagne à Vitry-sur-Seine, près de Choisy. Louis XVIII dirigeait souvent sa promenade sur cette route. Un jour que Rouget de l'Isle, qui s'était pris d'une grande affection pour M. de Montrol, était chez lui et qu'ils chantonnaient ensemble *la Marseillaise*, M. de Montrol n'entend point le bruit de l'escorte royale arrêtée à la porte pour relayer; il regarde qui passe, et, sans interrompre le refrain prononcé, il achève :

« Aux armes, citoyens, formez vos bataillons,
« Marchons, qu'un sang impur abreuve nos sillons.

« Louis XVIII jette sur cette fenêtre qui s'entr'ouvrait un regard d'étonnement. Toute l'escorte tressaille. L'officier, qui se tient à la portière, monte vers le chanteur, suivi de plusieurs cavaliers de l'escorte... Il veut savoir si c'est une insulte, une provocation que cette *Marseillaise* ainsi chantée à la face du roi.

« — Ni l'un ni l'autre, répond M. de Montrol avec un imperturbable sang-froid; vous m'apprenez que c'est le roi qui passait; j'avais cru que c'était le duc d'Orléans. »

« On rapporta la réponse à Louis XVIII, qui se prit à rire et dit : « Alors c'était une réminiscence que lui causait la vue de « mon cousin. » Puis il passa, et le soir, à la cour, chacun commenta le mot de l'homme de lettres et du roi. En effet, le duc d'Orléans venait quelquefois près de Vitry pour voir sa nièce; mais ce n'était que douze ans plus tard qu'on eût pu chanter impunément devant lui *la Marseillaise*, et lui remémorer qu'autrefois il l'avait chantée. »

IX

MÉMOIRES AUTOGRAPHES DE LOUIS-PHILIPPE.

Les *Mémoires* manuscrits de Louis-Philippe, depuis sa naissance jusqu'en 1814, ont été recueillis dans le sac des Tuileries, le 24 février 1848, et ont heureusement échappé à la destruction. Déposés à la bibliothèque de la ville de Paris, ils ont été ensuite remis à M. Vavin, liquidateur de la liste civile, qui a dû les restituer à la famille d'Orléans. C'est à la bibliothèque de l'Hôtel de Ville que j'ai pu en prendre à loisir communication. Leur lecture est facile, grâce à la grosse et très-nette écriture de Louis-Philippe.

Cette source, je dois le dire, a été loin de répondre à mon attente : Louis-Philippe s'y place trop souvent à côté de la vérité. Au surplus, il n'est pas un seul des faits et circonstances qu'il rapporte qui n'aient ailleurs leur justification.

Louis-Philippe a certainement entendu que ses *Mémoires* verraient le jour, et je ne vois pas l'intérêt que la famille d'Orléans aurait à se refuser à leur publication. Dans tous les cas, elle ne saurait, si elle a lieu, nous dédommager du préjudice si grave que Louis-Philippe a causé à l'histoire, en achetant au poids de l'or et en livrant discrètement au feu les Mémoires autrement étendus et complets, avec nombreuses pièces justificatives, du conseiller d'État Réal, dont on sait le rôle actif dans les événements d'un demi-siècle. Il fallait qu'il eût de bien fortes raisons pour anéantir des révélations historiques d'un intérêt considérable. Cette destruction des *Mémoires* de Réal est irréparable. Les deux volumes in-8° publiés, en 1835, par Musnier-Desclozeaux, n'en sont absolument que des bribes.

X

ADRESSE AU PEUPLE DE PARIS, PLACARDÉE LE 30 JUILLET 1830, PAR LES RÉPUBLICAINS COMPOSANT LA RÉUNION LOINTIER.

(Elle fut déterminée par les efforts que MM. Larréguy, Combes-Sieyès et autres agents du duc d'Orléans avaient déployés dans les salons de Lointier pour lui recruter des partisans.)

« AU PEUPLE.

« Citoyens,

« Nous sommes aujourd'hui ce que nous étions hier.

« Vous avez conquis la liberté par votre courage et au prix de votre sang. On veut profiter de la lassitude qu'on vous suppose, après de si glorieux travaux, pour vous imposer un autre gouvernement sans consulter ni vos vœux ni ceux de la France.

« On vous montre un Bourbon comme lieutenant général, et autour de lui des ministres qui n'ont pas la confiance du peuple. C'est un moyen de vous ramener dans six mois Charles X, l'auteur des massacres qui viennent d'ensanglanter Paris. Et, dans tous les cas, n'aurez-vous donc conquis qu'un homme par trois journées de carnage? Ce sont des garanties qu'il nous faut, mais des garanties qui assurent à jamais notre mémorable conquête?

« Ne songeons en ce moment qu'à affermir notre triomphe, respectons le droit du peuple de constituer le gouvernement qui convient.

« Que tous les citoyens assurent aujourd'hui la liberté qu'ils viennent de conquérir, en remettant par acclamation la présidence à Lafayette. »

XI

ADRESSE DU COMITÉ CENTRAL DU XIIe ARRONDISSEMENT DE PARIS A SES CONCITOYENS.

« Une proclamation vient d'être répandue au nom du duc d'Orléans, qui se présente comme lieutenant général du royaume, et qui, pour tout avantage, offre la charte *octroyée* sans améliorations ni garanties préliminaires.

« Le peuple français doit protester contre un acte attentatoire à ses véritables intérêts et doit l'annuler.

« Ce peuple, qui a si énergiquement reconquis ses droits, n'a point été consulté pour le mode de gouvernement sous lequel il est appelé à vivre.

« Il n'a point été consulté; car la Chambre des députés et la Chambre des pairs, qui tenaient leurs pouvoirs du gouvernement de Charles X, sont tombées avec lui, et n'ont pu en conséquence représenter la nation.

« Ses intérêts sont violés; car les principes essentiellement conservateurs des droits du citoyen n'ont point été proclamés, et ils doivent l'être avant qu'aucun pouvoir soit constitué. Ces principes ont été consacrés par la déclaration de la Chambre des représentants, du 5 juillet 1815, et toute mesure qui tendrait à un autre but que d'assurer d'abord, comme condition vitale, l'observation de ces principes, serait une trahison envers le peuple français.

« Ne reconnaissons donc point, braves citoyens, cette lieutenance qui ne présente aucun élément de sécurité ni surtout aucune garantie des droits de la nation. Que le gouvernement provisoire, à la tête duquel la reconnaissance nationale a porté Lafayette reste en permanence jusqu'à ce qu'une constitution soit délibérée et arrêtée comme base fondamentale du gouvernement, et que cette constitution adoptée par la nation, jurée par tous ses enfants, sympathisant avec tous ses intérêts, tous ses vœux, soit notre *véritable charte,* celle qui désormais empêchera le retour de tous les abus, et garantira la gloire comme la prospérité de la patrie. »

II

ASPIRATIONS ANCIENNES ET PERSISTANTES DU DUC D'ORLÉANS AU TRÔNE.

M. Guizot, au t. II, p. 12 de ses *Mémoires,* les nie contre toute évidence. Mais un de ses suivants a pris soin d'en établir la réalité d'une façon aussi curieuse qu'édifiante. M. Granier de Cassagnac, dans son *Histoire de la chute de Louis-Philippe* (t. I, p. 51), a consigné l'aveu suivant :

« Entré dans la vie politique par la voie de ces idées philosophiques et constitutionnelles qui eurent en France un grand crédit en 1791, le duc d'Orléans leur resta toujours fidèle. Il grandit, il vécut et il est mort élève de madame de Genlis et de Dumouriez. Comme tous les princes de sa race, il pensa que la branche cadette de la maison de Bourbon avait toujours été et devait toujours se tenir en opposition de principes avec la branche aînée; et cette pensée qui constituait à ses yeux la foi politique de la maison d'Orléans, constituait aussi son titre éventuel à la couronne. Fortifié et guidé par cette croyance, il attendit son jour avec calme et même avec confiance; car, dès les premières années de la Restauration, il ne cachait pas aux confidents intimes de ses pensées la chance qu'il se croyait de personnifier un jour la monarchie représentative.

« Cette conviction de régner un jour, que les luttes de la Restauration avaient fortifiée dans l'esprit du duc d'Orléans, éclate dans sa correspondance secrète et inédite avec Dumouriez.

« Le 3 mars 1820, on apprenait l'assassinat du duc de Berry, le général Dumouriez écrit au duc d'Orléans :

« J'attendais avec une grande impatience de vos nouvelles, et
« votre lettre du 22 février m'a fait grand plaisir, parce qu'elle me

« rassure sur les *inquiétudes que j'avais sur votre position*, rela-
« tivement aux circonstances effroyables qui viennent de plonger
« dans le deuil la France entière.

« Quand les *ultras* auront exhalé toute leur rage, j'espère qu'ils
« cesseront leurs projets de vengeance, et que les hommes raison-
« nables et les bons citoyens commenceront à ramener les esprits
« égarés, et à faire tendre le vœu général de la nation vers le vrai
« patriotisme, dont jusqu'ici je ne vois aucune trace dans tout ce
« qui s'est passé depuis ce funeste événement. »

« Justement ému des soupçons dont il était l'objet, le duc d'Orléans se retira à Neuilly et l'annonça à Dumouriez par une lettre
du 11 mai. Dumouriez lui répondit le 25, et apprécia sa situation en ces termes :

« J'ai reçu hier votre lettre du 11, et j'ai été fort aise de la
« voir datée de Neuilly... La tranquillité d'esprit occasionnée par
« votre absence de la capitale, devenue le théâtre de toutes les
« agitations les plus dangereuses, vous donnera une existence à
« peu près calme, et vous mettra à l'abri d'être compromis dans
« ce moment de crise.

« Je pense comme vous qu'il n'y a que la sécurité qui puisse
« vous garantir des dangers quelconques. Je conçois l'exagération
« des alarmes des personnes qui vous sont attachées ; je ne les
« partage pas, parce que je crois que vous n'êtes point un but
« direct. Le procès de Louvel prouvera que son crime ne se ratta-
« che à rien de politique. Ainsi j'approuve fort la fermeté de votre
« âme qui, dans tous les cas, est préférable à toutes les précau-
« tions qu'on pourrait vous suggérer. »

« Dans une troisième lettre du 12 octobre 1820, Dumouriez se
montra plus explicite. Pendant une mission de M. Decazes à Londres, le général avait eu divers pourparlers avec lui, dans le but
d'obtenir une position en France. Le 12 octobre, Dumouriez écrivait au duc d'Orléans et faisait allusion, en ces termes, à l'in-
succès de ses démarches et à la naissance du duc de Bordeaux :

« Je vous envoie le brouillon de la dernière lettre que j'ai écrite
« à M. Decazes; elle est restée sans réponse, comme je m'y atten-
« dais. Cela dépendait du sexe de l'enfant.

« Le bonheur qu'on a eu va achever de tourner les têtes, et

« produira de nouveaux dangers, parce qu'on abusera de la faveur
« de la Providence. Tenez-vous plus *quiet*, plus tranquille que
« jamais, et attendez ! » (*Lettres inédites de Dumouriez au duc
d'Orléans*, faisant partie de la collection d'autographes de l'auteur.)

FIN DES PIÈCES JUSTIFICATIVES.

ERRATA

Pages 12, lignes 2. *Au lieu de* jouteurs, *lisez :* joûteurs, etc.
— 13, — 23. *Au lieu de* ministère public naturellement, *lisez :* ministère public, naturellement, etc.
— 17, — 1. *Au lieu de* de Palais-Royal, *lisez :* du Palais-Royal, etc.
— 30, — 12. *Au lieu de* d'appui le principe, *lisez :* d'appui, le principe, etc.
— 59, — 8. *Au lieu de* jouteur, *lisez :* joûteur, etc.
— 81, — 12. *Au lieu de* à la jeune Anglaise, *lisez :* à Sophie, etc.
— 107, — 7. *Au lieu de* Du Cayla, *lisez :* du Cayla, etc.
— 109, — 20. *Au lieu de* gouailleuse, *lisez :* goailleuse, etc.
— 111, — 19. *Au lieu de* dans des sorties, *lisez :* par des sorties, etc.
— 123, — 7. *Au lieu de* hétéroclite, dont, *lisez :* hétéroclite dont, etc.
— 127, — 19. *Au lieu de* Du Cayla, *lisez :* du Cayla, etc.
— 128, — 28. *Au lieu de* Du Cayla, *lisez :* du Cayla, etc.
— 129, — 7. *Au lieu de* héroïque, *lisez :* stoïque, etc.
— 130, — 21. *Au lieu de* jouteurs, *lisez :* joûteurs, etc.
— 134, — 2. *Au lieu de* charte, *lisez :* Charte, etc.
— 161. — 8. *Au lieu de* bouledogue, *lisez :* boule-dogue, etc.
— 208, — 12. *Au lieu de* épuisé à sur, *lisez ;* épuisé sur, etc.
— 245, — 5. *Au lieu de* faisai, *lisez :* faisait, etc.
— 252, — 1. *Au lieu de* Carre, *lisez :* Carrel, etc.
— 275, — 8. *Au lieu de* jour et prévint, *lisez :* jour au mardi 1er juin 1830 et prévint, etc.
— 284, — 4. *Au lieu de* M. Dupin et M. Thiers à Neuilly, *lisez :* Visite de M. Dupin à Neuilly, etc.
— 289, — 5. *Au lieu de* consterné, *lisez :* atterré, etc.
— 299, — 20. *Au lieu de* d'autres, *lisez :* d'autre, etc.
— 311, — 1. *Au lieu de* M. Thiers à Neuilly, *lisez :* Pressantes sollicitations de M. Thiers à Neuilly, etc.
— 335, — 24. *Au lieu de* otages, *lisez :* ôtages, etc.
— 340, — 14. *Au lieu de* sensible, aux sentiments, *lisez :* sensible aux sentiments, etc.
— 350, — 12. *Au lieu de* visie, *lisez :* visite, etc.
— 358, — 29. *Au lieu de* a, *lisez :* la, etc.
— 371, — 25. *Au lieu de* otage, *lisez :* ôtage, etc.
— 372, — 28. *Au lieu de* de se divertir, *lisez :* de divertir, etc.
— 388, — 1. *Au lieu de* appela, *lisez :* rappela, etc.
— 388, — 5. *Au lieu de* fonds, *lisez :* fond, etc.
— 437, — 25. *Au lieu de* reviser, *lisez :* réviser, etc.
— 440, — 16. *Au lieu de* discussien, *lisez :* discussion, etc.
— 460, — 30. *Au lieu de* excepter, *lisez :* excepté, etc.
— 475, — 22. *Au lieu de* jouteur, *lisez :* joûteur, etc.
— 487, — 27. *Au lieu de* fixe, que, *lisez :* fixe que, etc.

TABLE DES MATIÈRES

CHAPITRE XI

Rappel du duc d'Orléans. — Mot attribué à Louis XVIII. — Prétendue démarche du duc au sujet de Ney. — Adieux à Dumouriez. — Souscription en faveur des réfugiés. — Active surveillance exercée sur le prince. — Procès avec le Théâtre-Français. 1

CHAPITRE XII

Mariage du duc de Berry. — Intimité de l'Élysée et du Palais-Royal. — Efforts de la duchesse de Berry pour obtenir au duc d'Orléans l'Altesse royale. — Visite d'Alexandre et du roi de Prusse à Louis XVIII. — Exclusion du duc d'Orléans. — Son manége pour recouvrer son siége à la Chambre des pairs. — Découragement de son parti. — Opposition constitutionnelle. — Coryphées de l'orléanisme : MM. Laffitte, Benjamin Constant, Manuel, Foy et Talleyrand. — Position à part de Lafayette. — Tactique du duc d'Orléans. — Le duc de Chartres au collége Henri IV. — Entretien de Louis XVIII avec le duc d'Orléans. — Pamphlet de Courier. 17

CHAPITRE XIII

Assassinat du duc de Berry. — Le duc d'Orléans préside à ses obsèques. — Naissance du duc de Bordeaux. — Protestation du duc d'Orléans. — Sa démarche inconvenante auprès du maréchal Suchet. — Irritation de la cour et délibération de famille. — Vues divergentes des politiques. — Le duc d'Orléans cherche à se faire oublier. — Mort de la duchesse douairière, sa mère, et accroissement considérable de sa fortune. — Commencement des relations de la famille d'Orléans avec madame de Feuchères. — Procès avec Maret, duc de Bassano. — Piquante réplique du duc d'Orléans à Louis XVIII. 60

CHAPITRE XIV

Fautes multipliées, entraînements funestes de la Restauration. — Réveil du parti libéral. — Basses persécutions de la police et surveillance dont elle entoure le duc d'Orléans. — Fête à Saint-Ouen. — Popularité croissante du duc d'Orléans. — Pamphlet de Courier. — Restauration du Palais-Royal et réformes du duc d'Orléans. — Maladie et mort de Louis XVIII, 16 septembre 1824. 94

CHAPITRE XV

Avénement et antécédents de Charles X. — Adulation servile des corps de l'État et des fonctionnaires publics. — Le duc d'Orléans obtient l'*Altesse royale*. — La légitimité de sa naissance est contestée. — Maria-Stella-Petronilla. 130

CHAPITRE XVI

Vote à la Chambre des députés de la liste civile de Charles X et de l'apanage du duc d'Orléans. Opiniâtreté et passion des débats. — Loi dite du *milliard d'indemnité*. — Sacre et couronnement de Charles X. — Retour à Paris du duc d'Orléans et collation du brevet de colonel à son fils, le duc de Chartres 147

CHAPITRE XVII

Continuation de la liquidation du passif de Philippe-*Égalité*. — Méot ; la Duthé. — Le duc d'Orléans et son conseil de contentieux. — Action contre les communes de la Manche ; intervention de Charles X. — Les fils du duc d'Orléans au collége. — Obsèques du général Foy. — Souscription du duc d'Orléans. — Jubilé de février 1826. 172

CHAPITRE XVIII

Voyage du duc d'Orléans aux eaux d'Aix. — *La Marseillaise* et le général Rouget. — Aventure scandaleuse d'un comptable du Palais-Royal. — Résistance du duc d'Orléans à la réduction de ses aides de camp. — Mort et prédiction de Stanislas de Girardin. — Suite des relations de la famille d'Orléans avec le duc de Bourbon et madame de Feuchères. — Intrigues au sujet de l'adoption du duc d'Aumale. 189

CHAPITRE XIX

Physionomie politique du duc d'Orléans. — Lettre de Cauchois-Lemaire — Le prince défini par M. de Rambuteau. — Fautes et impopularité de Charles X. — Immixtion du duc d'Orléans dans les affaires de Grèce. — Nouvel ordre de succession en Espagne, dit *abolition de la loi salique*. — Protestation sollicitée par le duc d'Orléans. 216

CHAPITRE XX

Suite et fin de la revendication d'état de Maria-Stella-Petronilla. . . 247

TABLE DES MATIÈRES.

CHAPITRE XXI

Fondation du *National* : MM. Thiers, Mignet et Carrel. — Session des Chambres du 2 mars 1830. — Pronostic de M. Méchin. — Adresse des 221. — Dissolution de la Chambre des députés. — Intrigues ténébreuses à l'encontre du duc d'Orléans. — Réception du roi et de la reine de Naples au Palais-Royal. — Mot de M. de Salvandy au duc d'Orléans. 252

CHAPITRE XXII

Résultat des élections. — *Te Deum* et harangue de l'archevêque de Paris. — Trouble du duc d'Orléans à Neuilly. — Ferme contenance de madame Adélaïde. — Démarches de M. Laffitte. — Triomphe de l'insurrection. — Visite de M. Dupin à Neuilly. — Irrésolution de Charles X à Saint-Cloud. — Incertitudes des députés et intrigues à Paris. — Négociation de MM. de Mortemart et d'Argout. 284

CHAPITRE XXIII

Séance des députés du 30 juillet 1830. — Sollicitations pressantes de M. Thiers à Neuilly. — Délibérations des Chambres. — M. de Sussy au palais Bourbon. — Le duc d'Orléans lieutenant général. — Sa rentrée à Paris. — Entrevue du prince et de M. de Mortemart au Palais-Royal. — Abattement de Charles X à Trianon. — Sa retraite sur Rambouillet. — Réception des députés par le duc d'Orléans. — Sa visite à Lafayette à l'Hôtel de Ville. — Courageuse et prophétique interpellation du général Dubourg. — La révolution consommée.. 311

CHAPITRE XXIV

Retour du duc d'Orléans au Palais-Royal. — Rencontre du duc de Chartres avec la duchesse d'Angoulême. — Grave danger couru par le prince à Montrouge. — La Commission municipale et la réunion Lointier. — Exaspération du parti démocratique. — Démarche de Lafayette au Palais-Royal et programme dit de l'Hôtel de Ville. — Visite des républicains au duc d'Orléans. . . 369

CHAPITRE XXV

Formation d'un ministère. — M. Girod (de l'Ain) remplace M. Bavoux à la préfecture de police. — Perplexités et illusions de Charles X. Il confère la lieutenance générale au duc d'Orléans. — Double abdication du Roi et du Dauphin. — Le général de Latour-Foissac au Palais-Royal. — Lutte intérieure dans la famille d'Orléans. — Exhortations de la duchesse et, en sens inverse, incitations de Béranger. — Envoi de commissaires à Charles X. — Diatribes et libelles répandus à profusion dans Paris. — Dévergondage de la presse. — Retour des commissaires au Palais-Royal et expédition de Rambouillet. 386

CHAPITRE XXVI

Ouverture des Chambres : 3 août 1830. — Discours du lieutenant général. —

Réception des fonctionnaires publics au Palais-Royal. — Suite de la mission des commissaires à Rambouillet ; leur entretien avec Charles X et impostures du maréchal Maison. — Départ du Roi pour Maintenon et sa résolution de quitter la France, à Cherbourg.

Attitude mieux dessinée du lieutenant général : ordonnances et actes caractéristiques. — Arrogance des orléanistes. — Manége et artifices du duc d'Orléans pour accroître sa popularité. — Sa tactique pour concentrer dans ses mains les affaires étrangères. — M. Bignon. — M. Sébastiani.

Proposition de M. Bérard et révision de la Charte. — Tumulte autour de la Chambre des députés. — Accès d'aliénation mentale de M. Girod (de l'Ain) et éclipse de M. Dupin aîné. — Intervention de Benjamin Constant et de Lafayette. — Reprise par la Chambre de ses délibérations. — Appel au trône du lieutenant général.

Délibérations au sein de la famille d'Orléans. — Entrevue du prince et des siens avec M. de Chateaubriand. — Déclaration des députés. — Réponse du lieutenant général. — Négociation particulière de Bertin de Vaux près de M. de Chateaubriand. — Discours de ce dernier à la Chambre des pairs. — Séance royale du 9 août 1830. — Banquet au Palais-Royal et paroles caractéristiques de Louis-Philippe. 413

CHAPITRE XXVII

Voyage et embarquement de Charles X à Cherbourg — Prévoyance inexorable du gouvernement. — Entretien de M. Dumont d'Urville avec Louis-Philippe. — Portrait du nouveau roi et de sa famille.

Détresse de la classe ouvrière — Mécomptes de la finance. — Arrêté scandaleux du ministre des finances Louis. 484

ocuments historiques et pièces justificatives 505

FIN DE LA TABLE DU TOME DEUXIÈME.

www.ingramcontent.com/pod-product-compliance
Lightning Source LLC
Chambersburg PA
CBHW071202240426
43669CB00038B/1562